全景再现中国抗日战争风云纪实

八年抗战

中国抵抗日本侵略的一场民族性的全面战争

陆　城◎编著

团结出版社

图书在版编目（CIP）数据

八年抗战 / 陆城编著. —— 北京：团结出版社，
2014.9（2022.11重印）
ISBN 978-7-5126-3081-9

Ⅰ.①八… Ⅱ.①陆… Ⅲ.①长篇小说—中国—当代
Ⅳ.①I247.5

中国版本图书馆CIP数据核字(2014)第206338号

出　　版：团结出版社
　　　　　（北京市东城区东皇城根南街84号　邮编：100006）
电　　话：（010）65228880　　65244790（出版社）
　　　　　（010）65238766　　85113874　　65133603（发行部）
　　　　　（010）65133603（邮购）
网　　址：http://www.tjpress.com
E-mail：zb65244790@163.com（出版社）
　　　　　fx65133603@163.com（发行部邮购）
经　　销：全国新华书店
印　　刷：三河市华晨印务有限公司

开　　本：710毫米×1000毫米　　16开
印　　张：20
字　　数：300千字
版　　次：2014年9月　第1版
印　　次：2022年11月　第4次印刷

书　　号：978-7-5126-3081-9
定　　价：88.00元

前　言

中华民族的抗日战争是自 1937 年 7 月至 1945 年 8 月，中国人民历时八年针对日本帝国主义的侵略进行顽强反抗的具有伟大历史意义的民族解放战争。这场战争，是全国人民团结一心，以国共两党合作为基础，由我国各界人士广泛参加，全民皆兵奋勇抗敌的全民族抗战。在第二次世界大战中，中国抗日战争是一个重要的组成部分。

抗日战争分为三个阶段。第一阶段是战略防御阶段。这个时期内，从卢沟桥事变开始直到次年的广州武汉相继失守，日本侵略者的主要作战对象还是国民党军队。在全国抗战初期，先后进行了平津会战、忻口会战、徐州会战、太原会战、武汉会战等重要战役，并且在台儿庄战役中取得了巨大胜利，成功阻塞了日军进攻的脚步，将日军狂妄的三个月灭亡中国的计划彻底击碎。第二阶段是战略相持阶段。这个阶段中，战局逐渐扩大，日本侵略者已经开始出现了兵力物力严重不足的情况，共产党的敌后游击战使得日军焦头烂额，随着抗日根据地的不断增多，日军无法再发动大规模的战略进攻。直到 1943 年底，日军在严重的兵力不足的情况下，只得无奈收缩战线。第三阶段是战略反攻阶段。国民党的正面战场出现了大溃败的局面，共产党领导的敌后军发动了针对日军的大规模春夏季攻势，将多个解放区连接起来。1945 年，德军投降，苏联对日宣战。美国向日本的广岛、长崎投掷了两颗原子弹。8 月 9 日，毛泽东发表了《对日寇的最后一战》的声明，号召 "八路军、新四军及其他人民军队，应在一切可能条件下，对于一切不愿投降的侵略者及其走狗实行广泛的进攻"。1945 年 8 月 15 日，迫于重重压力，日本宣告投降。

整个抗日战争期间，中国军队共进行大规模和较大规模的会战 22 次，重要战役200 余次，大小战斗近 20 万次，总计歼灭日军 150 万余人、伪军 118 万人。战争结束时，接收投降日军128万余人，接收投降伪军146万余人。

本书真实地记录了抗日战争的历史进程和各条战线艰苦卓绝的斗争，众多重要战役、战斗都有所收录，既突出了重点，又兼顾了战争进程中的方方面面。

本书对战争过程中的各个阶段均有涉及，多角度、多方面地反映了这场波澜壮阔、绚丽多彩的民族战争，生动形象地讴歌了伟大的共产党的军事思想，颂扬了中国军队无攻不克、无坚不摧的形象。

2

目 录

4

第一篇　军事抗战

第一章　共产党的军事抗战

忻口、太原会战

1937 年 10 月 1 日，日军突破茹越口、平型关一带的内长城防线后，以一部兵力在山西省北部作战，同时命令以第五师团为主力在代县集结，准备攻占太原。

中国第二战区司令长官阎锡山，将兵力集中于宁武、代县、原平一带，以主力占领原平、阳方口地区既设阵地，两翼依托五台及宁武各山脉，决心与日军进行决战。故将部队编为右、中、左及预备等 4 个集团：以第十八集团军及第七十三、第一〇一、新编第二师为右集团，归第十八集团军总司令朱德指挥，在五台山至峨口之线占领阵地；以第十四集团军、第九、第十五、第十七、第十九军等部为中央集团，归第十四集团军总司令卫立煌指挥，在蔡家岗、南怀化、大白水一线占领阵地；以第六十四、第七十一、第一二〇师及独立第七旅等部为左集团，归第六集团军总司令杨爱源指挥，占领在黑峪至阳方口之线的阵地；以第三十四、第三十五、第六十一军及第六十六师等部为总预备军，归第七集团军总司令傅作义指挥，配置于定襄、忻县地区。决心以主阵地之部队竭力阻止日军前进，以第十八集团军第一一五、第一二〇师分别由平型关及雁门关施行包抄，截断日军后方联络线，包围日军于原平以北山地而歼灭之。

1. 忻口战役

忻口位于太原以北，与忻县、崞县、定襄三县交界，东托五台山，西倚云中山，滹沱河从两山穿流而过，同蒲铁路和一条公路沿河岸纵贯南北，自古以来就是战略要地。

板垣征四郎中将指挥日军第五师团、独立混成第一旅团、独立混成第二旅团、独立混成第十五旅团、堤支队、大泉支队、萱岛支队等部决心一举攻克忻口，为进攻太原扫清障碍。

为了有效迟滞日军的进犯，中国第二战区第十九军王靖国部凭借有利地形，对日军发起了有力抗击，为主力部队布防赢得了时间。同时，八路军深入日军后方广泛袭扰，有效地迟滞了日军。第一二〇师雁北支队于10月1日袭占朔县以北之井坪镇（今平鲁县城），4日收复平鲁县城（今平鲁镇），接着对同蒲铁路朔县至大同段展开破袭战，并于10日在辛庄伏击日军运输队，随即逼近大同。第一二〇师第三五八旅主力于10月8日夜袭宁武县城。接着，第一一五师独立团于10月10日夜攻占了涞源县城。

与此同时，中国军队抓紧进行战役部署。10月5日，第十四集团军先头第九军（前第四十七师），占领忻口附近之南怀化一带阵地。10日，第十四集团军主力，占领忻口东西一线阵地。12日，第七集团军总司令傅作义率第三十五军及第六十一军之独立第二、第三旅等部开赴忻口一带，协助中央集团军作战。中央集团军总司令卫立煌的部队将到达忻口一七一地区的部队分为三个兵团：以第十五军军长刘茂恩指挥第十五、第十七军为右翼兵团；以第九军军长郝梦龄指挥第十、第三十五、第六十一、第九军为中央兵团；以第十四军军长李默庵指挥第十四军及第八十五、第六十六、第七十一师为左翼兵团。各部队由卫立煌统一指挥，于12日前在忻口以北龙王堂、南怀化、大白水、南峪之线展开，准备与日军决战。

10月13日，忻口战役正式打响。板垣征四郎将混成第十五旅团及堤支队等部编为右翼队，第五师团为左翼队，在30余架飞机、50余辆坦克和50余门火炮的掩护下，采取中间突破的战术，向中央兵团第九军第五十四师之南怀化阵地及左翼兵团之阎庄阵地发起猛攻。战至10时许，南怀化沿河工事被毁，守军伤亡殆尽，日军乘机渡河，突破南怀化阵地。

南怀化为忻口的门户，一旦被占则忻口不保。为此，郝梦龄急令第十七军第二十一师的两个团增援堵击，卫立煌派第十四军之第十师及第六十一军新编第四旅夹击突入的日军。激战终日，毙伤日军3000余人，击毁坦克22辆，恢复了南怀化东南高地。

14日2时，卫立煌组织部队继续向日军实施反击，以围歼突入的日军。中央兵团之第三十五军第二一八旅向南怀化以北之弓家庄日军反击。日军1000余人则向第九军第五十四师第一六一旅下王庄阵地攻击。第二一八旅以一部增援第一六一旅，旅长董其武率另一部继续向弓家庄日军反击，并于7时攻克弓家庄。8时，日军1000余人在10辆坦克、15架飞机和20余门火炮的掩护下，向下王庄至弓家庄一线反扑。守军连续打退日军4次冲锋，董其武身受重伤，仍率部将日军击溃。与此同时，日军增兵向南怀化反扑。经一日激战，南怀化阵地又被日军占领。右翼兵团经一日激战，于20日将当面日军压迫于滹沱河东岸至灵山脚下一带；左翼兵团于拂晓攻占旧练庄，遇日军增援部队反扑，激战终日，成对峙状态。

14日20时许，卫立煌亲率独立第五旅至忻口督战，将指挥关系作了调整：由第六十一军军长陈长捷指挥第二十一师、独立第二、第三旅及新编第四旅，负责肃清南怀化附近日军；由郝梦龄指挥第五十四师附第二一七、第二一八旅及独立第三旅之第四团等部，守备忻口正面。

15日，忻口正面守军向中泥河、东泥河实施反击，曾一度攻占中泥河，

太原会战期间八路军占领的涞源插箭岭烽火台

但在日军增援到达后，被迫撤回。攻占南怀化的日军，自拂晓起，继续向一三〇〇高地攻击，情势极为严重。左、右翼兵团经一日激战，仍与日军处于对峙状态。

卫立煌鉴于南怀化被全线封锁，关系到忻口战役的全局，遂决定集中第二十一师、独立第二、第五旅及新编第四旅等部共5个旅的兵力，歼灭南怀化日军；以第六十八师由秦家庄、旧练庄向前后城头行动，夹击日军。同时，电令朱德总司令，截断日军后方交通，以阻击日军续增；并立即派出第七十三师及第一〇一师之第二〇一旅等部，迅速轻装赴忻县，归傅作义指挥。

16日2时，南怀化阵地反击战正式展开。第二一八旅由弓家庄向南怀化日军侧背攻击，7时攻占旧河北，9时占领南怀化北端河岸。这时，日军飞机10余架，协助其地面部队一再反扑，终被击退。

郝梦龄率部向占领南怀化之日军奋勇反击，经昼夜激战，歼灭占据南怀化以南之日军大部，但第九军军长郝梦龄中将（牺牲后被追晋为上将）、第五十四师师长刘家琪少将（牺牲后被追晋为中将）、独立第五旅旅长郑廷珍少将等不幸壮烈殉国。

连日鏖战，部队伤亡惨重，蒋介石即派第二十二集团军之第四十一军由潼关一带兼程驰援。阎锡山也急令第九十四师及第一七七师之第五二九旅由五台山之耿镇、龙泉关一带星夜赶赴兰台镇、二十里铺间，归卫立煌指挥。与此同时，日军也动用

3

400余辆汽车满载步兵由团城口向忻口增援。卫立煌遂决心固守阵地，以待援军到达后再行反击。遂令第二一七、第二一八旅分别撤至忻口附近集结，第十四师界河铺北岸之一部亦撤至界河铺以南占领预备阵地，将部队区分为左地区队、右地区队、中央地区队（即原左、中、右翼兵团），分别配置于张家庄、灵山、界河铺、大白水、南峪之线阵地，待后续部队到达，再由两翼转移攻势，包围歼灭当面的日军。

17日至19日，日军陆空协同不断向中央集团军之灵山、南怀化东北高地、官村、大白水等阵地猛烈攻击。守军击毁其坦克、装甲车各20余辆，使日军攻击未能得逞。自20日起，日军先后对中央集团阵地施放大量催泪性毒气，并向守军阵地实施爆破。22日，日军增援部队黄岛支队也投入了战斗。守军顽强抗击，并适时组织反击，双方形成拉锯战。

为了配合国民党军队的正面抗战，八路军在日军两翼及后方广泛开展了游击战。

八路军第一一五师经20余天的作战，先后收复县城10座，切断了张家口至代县间的日军后方交通线。

经过20多天激战，至10月31日，守军虽伤亡三分之二以上，但阵地仍巍然屹立，日军无法前进，其后方及交通运输线又受到第十八集团军游击战的严重威胁，陷于被动境地。但晋东守军防御失利，娘子关、平定、阳泉等地相继失守，部队正在向太原溃退。因此阎锡山于10月31日夜间决定将忻口地区的守军全线后撤，忻口随即被日军占领。

2. 娘子关拉锯战

娘子关位于平定县以东、井陉县以西的正太线上，为晋冀间要冲，是太原的东面门户。

10月10日，日军在攻陷石家庄后，以一部继续沿平汉线南侵，而以主力第二十师团等部沿正太线西进，企图迂回忻口、太原侧后，配合其在忻口正面进攻的部队夺取太原。一时间，娘子关地区的局势骤然紧张。

为确保山西，使晋北作战无后顾之忧，国民政府军事委员会在抽调第十四集团军用于晋北作战的同时，又命令第十战区第二十六路军、第二十七路军、第三军及第十七师等部用于娘子关南北之线，以掩护第二战区之右侧。阎锡山于10月10日夜派副司令长官黄绍竑赴娘子关统一指挥作战。此时，第二十六路军除留第三十师归第二十七路军总指挥冯钦哉指挥外，其余部队在第二集团军总司令（兼第二十六路军总指挥）孙连仲率领下入晋增援，正向太原输送中。冯钦哉将第十七师配置于娘子关与雪花山一带；第三十师及第一六九师在左翼之张家井、西板山、曹庄一带；第三军在右翼之九龙关、测鱼城、北障城一带。

11 日，没等守军全部进入阵地，日军即开始发起攻击。守军第十七师于井陉附近仓促应战。但在日军飞机大炮的轰击下，12 日 18 时，井陉被攻陷，长生口、大小龙窝等地也相继被日军占领。于是阎锡山急令孙连仲率部掉头东返娘子关，加强该线防守。

13 日晨，日军继续西犯。大小龙窝的 1000 余日军向第十七师右翼旧关猛攻，并于 14 时攻陷旧关。井陉日军则向第十七师正面雪花山阵地攻击，守军奋勇阻击，日军未能得逞。为迟滞日军的进攻，当夜，第十七师师长赵寿山率部趁夜幕向长生口日军出击，正当部队攻击进展顺利之际，不料雪花山阵地被日军攻占。赵寿山立即调部队反击，激战至拂晓，部队伤亡逾千人，阵地仍未恢复，不得不退守乏驴岭一带。

在雪花山一带战况紧急之时，黄绍竑即令第三军主力向左转移，以策应第十七师作战，令第十二师于 13 日夜移至新关一带。与此同时，孙连仲率部抵达娘子关。14 日，第二十七师等部向旧关、核桃园及大小龙窝等地日军发起反击，曾一度攻占核桃园及大小龙窝。15 日 1 时，阎锡山决定娘子关附近作战由孙连仲统一指挥，并限令 16 日消灭旧关日军。这样，在孙连仲的指挥下，中国军队向旧关日军发起了三次反击。

10 月 15 日拂晓，第三军第十二师唐淮源部向五家岭及旧关东南地区的日军发起首次反击。第二十七师第一五七团及第一五八团之一部继续扫荡关沟附近的日军。旧关日军为解关沟日军之围，乘晨雾弥漫时向第一五八团第二营发动猛烈攻击。15 时，日军 500 余人由井陉经大小龙窝向旧关增援。虽经守军截击，但未能将其阻止，日军仍进入旧关。入夜后，第三军第十二师第三十四旅袭占核桃园；第三十五旅攻占旧关东南高地，并继续向旧关以东高地攻击；第二十七师将由旧关出援关沟的日军逐回旧关。两日内，守军共毙伤日军第二十师团之第七十七联队长鲤登行一大佐以下 500 余人，但日军仍控制着高地，并在飞机、炮火掩护下不断组织反击。

16 日拂晓，守军向旧关日军发动第二次反击，日军也在炮火掩护下出击，双方激烈交战。15 日夜袭占核桃园的第三十四旅，在日军猛烈炮火及飞机连续轰炸下无法固守，被迫退回旧关东南高地。8 时，第二十七师的第一五七团将关沟附近日军肃清。正午，日军将守军工兵营阵地突破。这时，奉命增援的第三十八军教导团正好赶到，于是与工兵营一起同日军激战到 20 时，将突入的日军击退。双方激战了一整天，旧关仍在日军手中。当夜第二十六路军所辖第三十师派队向日军出击，亦未能奏效，于 17 日拂晓撤回。

19 日 2 时，守军向旧关日军发动第三次反击。第三十一师一部冲入旧关，经激烈肉搏和巷战后，日军退回旧关以东高地顽抗。拂晓后，日军援兵到达，向旧关反击，第三十一师突入旧关的部队被迫撤回原阵地。8 时，第三十五旅一部协同第三十一师攻占旧关东、西两侧高地，另一部向旧关以东进攻。战斗至14时，日军10余架轰炸机对反击部队反复轰炸，迫使各部队暂停攻击。18时，反击部队乘夜幕降临、日机飞走之际再兴攻势。第三十四旅及第二十九旅第三十七团将核桃园附近地区攻占，并以火力将通往旧关之路封锁；第三十旅迅速占领了核桃园，并以第一五九团一个营向旧关挺进，企图乘势肃清旧关日军。此时，其他方面友军动作未能协同，孙连仲命第八十旅部队撤回地都原阵地。

战至19日，守军歼日军2000余人，攻击虽有进展，但自己伤亡已近5000人，且第十七师阵地乏驴岭被日军攻占，遂不得不停止攻击，撤回原阵地。

日军对忻口正面攻击受阻，娘子关方面攻击进展缓慢，第一军遂抽调精锐部队在第一〇九师团一部支援下向太原发动攻势。令第二十师团以全力击败当面守军，以攻占阳泉；由第一〇九师团一部组成的"昔阳支队"，沿赞皇—九龙关—昔阳大道进攻昔阳。第二十师团根据上述命令，将部队分为两个纵队：以右纵队沿井陉—新关—石门口大道及其以北攻击；以左纵队沿微水镇（今井陉县城）—测鱼镇—石门口大道地区前进。

自21日起，日军增援部队逐次到达娘子关一带，以步、炮、空联合向守军阵地展开了全线攻击。守军将士顽强抗击，但因连日血战，部队减员过多，致使防线多处被日军突破。

在此紧急情况下，八路军总部命令第一二九师火速向娘子关东南的日军侧后方挺进，寻机歼灭日军。配合友军阻止日军西进。第一二九师于20日至24日，先后在长生口、东石门、马山村等地打击进犯日军。于26、28日，在七亘村至甲甫峪间地区两次设伏，歼灭日军400余人，缴获骡马300匹和大批军用物资，有力地打击了进犯的日军。

然而，由于国民党军仓促防御，战略上处处防守，兵力分散，此打彼看，不知呼应，以致未能有效阻止日军进攻。10月26日，娘子关失陷，守军全线撤退。30日，日军占领阳泉、平定后沿正太路及其南侧大道向太原、榆次继续进犯。晋东战局急转直下。

为了打击进犯日军，阻止和迟滞日军的西进行动，八路军总部于10月28日率第一一五师师部及第三四三旅由五台地区南下，30日抵达平定西南地区，统一指挥第一二九师及第一一五师主力，向沿正太路西犯的日军展开了连续的作战。11月2日，第一二九师之第三八六旅在师长刘伯承、旅长陈赓指挥下，于昔阳东南之黄崖底一带，伏击由东冶头向昔阳进犯的日军第一〇九师第一三六团一个营。11月4日，八路军第一一五师师部及第三四三旅在师长林彪率领下，进至昔阳以西之沾尚镇地区，

6

歼日军近1000余人，迫使日军不敢贸然西进，已进至松塔镇的两个团被迫返回广阳。八路军的这些作战给了日军沉重的打击，迟滞其行动达一个星期，掩护了沿正太路撤退的国民党军。

但是，从娘子关方面后撤的国民党军已不能组织有效的防御，致使平定、阳泉、寿阳于10月30日至11月2日相继沦陷。忻口、太原处于日军大包围之中。

千里河防保卫战

红军长征到达陕北后，陕甘宁边区成为中国共产党中央委员会和中共中央军事委员会的所在地。全国抗战爆发后，中共中央政治局于1937年8月在洛川召开的扩大会议上决定：八路军主力开赴华北抗日前线，建立敌后抗日根据地，党中央仍留在陕北。因此，这里既是当时全国抗日的政治中心，也是八路军和新四军的指挥中枢和总后方。根据中共中央军委的指示，八路军总部令第一一五师炮兵营、辎重营，第一二〇师第三五九旅第七一八团，第一二九师第三八五旅（前第七六九团）及后两师所属的特务营、炮兵营、工兵营、辎重营，共9000余人，留守陕甘宁边区，组成后方留守处。

陕甘宁边区东面紧临着奔流不息的黄河。这里的黄河河防范围，北起府谷以南的何家堡，南至宜川以北的屹针滩，蜿蜒约500公里，因此称之为"千里河防"。这段黄河，当时不仅是陕甘宁边区通向敌后抗日根据地的通道，也是阻止日军侵犯边区的天然屏障。

自1938年2月起，日军先后以第一〇九、第二十六师团及独立混成第三、第十六旅团等部向陕甘宁边区黄河防线进攻，攻陷临汾，占领黄河天险风陵渡，炮击潼关；晋西北方向，日军连陷宁武、神池、五寨、岢岚、偏关、保德、河曲七城及黄河要口军渡，并炮击西岸宋家川。日军的所有行动都企图切断边区与山西各抗日根据地的联系，并配合对晋西北抗日根据地的"扫荡"。这使边区处于日军的直接进攻之下，从而拉开了"千里河防"保卫战的序幕。

八路军虽然兵力薄弱，但对日军的进犯仍然采取了积极防御的方针，以游击性运动战、阵地战和"半渡而击"等战术手段，以逸待劳，经过大小78次战斗，坚决而巧妙地击退了日军的侵袭，使日军只能望"河"兴叹。在几十次的河防战斗中，规模较大的有七次。日军每次投入的兵力少则2000人，多则2万人，而八路军在主要防御方向上的部队最多为一个团，1000余人。日军每次投入的重炮均在20门以上，有时还有飞机助战，而八路军仅有迫击炮两门。双方力量虽然悬殊，但因八路军民同仇敌忾，众志成城，每次激战均以八路军胜利而告终。

1. 神府保卫战

1938年2月，日本侵略军在以8000余人首次围攻晋西北抗日根据地的同时，集中2000余人，附炮20余门，携带渡河器材于3月10日进占山西省静乐城，12日侵占兴县城。13日进抵陕西省神（木）府（谷）河防对岸后，即开始以大炮、机枪向黄河西岸留守兵团部队阵地进行射击，并以10架飞机轰炸了3个小时。接着，日军在火力掩护下西渡黄河。

此时，八路军河防部队警备第六团指战员沉着应战。在日军用飞机轰炸、用炮火轰击时，八路军隐蔽不动，待日军以密集队形渡河时，突然以猛烈火力予以还击。日军遭此打击，十分狼狈。趁日军慌乱之际，警备第六团将事先准备好的一部兵力迂回渡过黄河，突然袭击日军背后。腹背夹击之下，日军终于支持不住，被迫向兴县方向撤退。

此次战斗，共计击毙日军140余人，伤日军100余人，缴获步枪10余支及其他军用品一部。警备第六团仅伤亡6人。同时，第一二〇师在晋西北与日军作战，强攻收复晋西北岢岚，残余日军退到五寨，八路军穷追不舍，日军一直退到朔县以至大同附近。经过一周激战，八路军收复宁武、神池、五寨、岢岚、偏关、河曲、保德七城，粉碎了日军的首次围攻，保卫了陕甘宁边区。

2. 宋家川保卫战

1938年5月初，进占山西离石的日军第一〇九师团以约1个旅团的兵力，附炮30门，经柳林向黄河要塞军渡进犯，企图突破黄河，占领西岸宋家川（今陕西吴堡城）渡口，切断陕甘宁边区与晋西北抗日根据地的交通线。

判明日军的企图后，即令警备

在陕甘宁边区的红军主力部队

第8团团长文年生率主力东渡，在汾离公路沿线伏击、袭扰日军。10日晚，日军先头部队1个联队进抵黄河东岸军渡以东王老婆山地区。文年生所部准确地掌握了日军的行动，未等日军到达河边，即东渡黄河。乘其立足未稳之际，夜袭驻王老婆山的日军1个大队。经过几小时白刃格斗，歼其200余人，缴获步枪40余支、机枪2挺及其他军用品一部。此次战斗，日军在八路军突然打击下，未到黄河岸边即行溃败。

3. 凉水岩、马头关保卫战

1938年12月下旬，日军占领山西省大宁、吉县、永和后，即准备大批渡河器材。1939 年 1 月 1 日，日军兵分三路，每路 1000 余人，附炮 10 余门，进占黄河东岸马头关、凉水岩、泥金滩。这一回，日军接受了上次失败的教训，没有仓促渡河，而是先以炮火、机关枪火力疯狂射击黄河西岸留守兵团警备第五团阵地，并违反国际法，在 10 余架飞机进行轰炸、扫射之余投掷毒瓦斯弹。在破坏了警备第五团阵地数段以后，即在炮火、机关枪火力掩护下进行强渡。面对日军势在必得的强大攻势，八路军隐蔽等待日军，毫不慌张，直到日军步兵集结河岸，船只准备渡河时，警备第五团才进行猛烈还击，击沉船只和毙伤日军各一部。日军被迫撤向黄河东岸构筑工事，与河西岸阵地形成对峙，并不断以火力袭击河西岸。八路军第一一五师在黄河以东的部队则开展游击战，袭击日军运输车队。日军在攻击受挫、后方交通又受威胁的情况下，于 1 月 4 日晚开始向东撤退。警备第五团以一部兵力东渡黄河，发起追击，在大宁城西的曲峨镇与日军激战 3 个小时，歼灭日军一部。到 1 月 7 日，大宁、吉县亦为河东部队收复，河防部队安然撤回河西。这次战斗共毙伤日军 80 余人，缴获步枪 10 余支、马数十匹。警备第五团伤亡 8 人、中毒 10 余人。

4. 宋家川、马头关、凉水崖二次保卫战

日军 3 次受到重创，恼羞成怒，调集重兵再次向宋家川、马头关、凉水崖实施突破。1939 年 6 月 4 日，日军 1.5 万余人从山西离石向西进犯，相继进占黄河东岸柳林、军渡和孟门、碛石。随即以飞机、火炮向河西宋家川（今陕西吴堡城）、枣树坪、李家沟一线河防阵地狂轰滥炸。与此同时，6 月 1 日位于山西永和、大宁一带的日军 2000 余人，附炮 20 余门、飞机 10 余架，分两路向河西马头关、凉水岸渡崖口进犯，先以飞机、火炮向河西河防部队警备第 5 团阵地轰炸，掩护步兵强渡。

为了粉碎日军的图谋，河防部队沉着镇静，昼夜坚守阵地，依托工事进行还击，使日军强渡未逞。宋家川一带经过 3 天隔河对战，八路军依托坚固工事，以火力封锁河面，日军渡船始终不能越过河心。日军在正面遭受八路军沉重打击的同时，河东部队又猛击日军侧背，破坏其交通运输，日军腹背受挫，被迫全线撤退。八路军河防部队乘胜收复军渡以东之李家垣和柳林。马头关方向的日军在河滩集结撤退时，警备第五团以猛烈火力，毙伤日军 30 余人。9 日，日军退往蒲县黑龙关一带。

此次战斗，共毙伤日军 80 余人，缴步枪 10 余支，挫败了日军对黄河河防的又一次进攻。这也是日军对八路军陕甘宁边区河防发起的最大的一次进攻。

5. 宋家川三次保卫战

1939 年 9 月，国民党顽固派在山西制造了"新、旧军事件"，日军以为有机可乘，便集结 3000 余人，附炮 30 门，于 9 月 2 日占领了白霜。

9 月 4 日，进占山西军渡（今属柳林）的日军第三十六师团强迫群众修筑工事和公路，炮击宋家川，企图扼守，待机西渡黄河。为了粉碎日军的计划，八路军河东侦察部队乘其立足未稳，猛袭军渡以东的穆村、薛村，并派兵破坏军渡与薛村一带的交通。5日，军渡日军向河西八路军河防阵地发射数千发炮弹，同时会同碛口的日军进攻八路军河东部队。八路军河东部队审时度势，即刻放弃碛口，于孟门、留誉、暖泉等地抗击消耗日军。此时，八路军留守兵团警备第八团以一部兵力东渡黄河。迂回到日军后方，活动于柳林、穆村、军渡之间。日军被迫龟缩于柳林、穆村地区。此次渡河计划又告失败。

从9月4日至18日，经过10多天的战斗，共歼日军80余人，缴获步、马枪5支。

6. 碛口河保卫战

1939年11月20日，日军利用"晋西事变"，由各线增调1万余人，准备渡河器材，附炮30余门，分四路由大武镇、离石、柳林、穆村向碛口合围，强渡茛县渡口。日军为解除后顾之忧，首先大举扫荡八路军河东游击部队。23日，驻山西日军2.13万余人，在炮火掩护下，在碛口河滩集结，放船强渡。留守兵团警备第八团对集结和渡河的日军进行猛烈射击，将日军击退。此时，留守兵团河防左翼部队警备第六团以一部兵力，乘机渡河进至河东，袭击日军后方。经过5小时战斗，日军不支，分路逃窜。此次战斗，击毙日军100余人，俘虏日军2人，缴获步枪6支，留守兵团伤亡12人。日军的企图又成泡影。

7. 宋家河四次保卫战

1939年12月12日，进占山西李家垣、军渡（今属柳林）的日军4000余人，附炮20门，再次进犯军渡，炮击黄河西岸宋家川（今陕西吴堡城）一带阵地。八路军河东侦察部队在其向李家垣、军渡进犯时，于李家垣西南山地予以抗击，后又转向军（渡）离（石）公路线上频繁出击，打击日军。经过5天的战斗，毙其20余人。日军侧背不断遭受威胁，于16日向东撤到柳林。八路军河东部队乘机收复军渡、李家垣。

保卫河防作战的任务十分艰巨，因为它是保卫中共中央、中央军委，保卫各抗日根据地的指挥中枢和总后方的前提。在保卫河防作战中，担任河防任务的八路军部队在陕甘宁边区和晋西北人民群众的支援和地方武装的配合下，在中央军委的统一指挥下，机智勇敢，浴血奋战，进行大小战斗78次，打退了日军的23次进攻，以付出160余人伤亡、20余人中毒的代价，歼灭日军800余人，粉碎了日军对河防的进攻，保卫了陕甘宁边区。

晋西北作战

晋西北地区地处同蒲铁路大同至太原段以西，汾离公路以北，长城以南，黄河以东。在抗战时期，是陕甘宁边区东侧的一道屏障。从 1937 年 9 月中旬到 11 月上旬，沿着平绥线向西推进的日军，在相继攻陷大同、太原之后，继续将晋西北侵占，直接逼近了黄河东岸，直接威胁着陕甘宁边区。

9 月下旬，党中央和中央军委作下部署：师长贺龙、政委关向应率领八路军第一二〇师赶赴晋西北的宁武、神池地区，在日军后方展开武装斗争。

1938 年 1 月，侵华日军为了快速将津浦干线打通，从陕西调出来一部分兵力对东部战场进行增援。为了与东线的防御相互配合，国民党第二战区作出了一个作战计划，他们打算乘日军东调的机会，对太原和石家庄展开反攻，要求八路军配合他们的行动。根据八路军总部的命令，贺龙带领第一二〇师的主力大规模地破坏忻县至太原之间的铁路、公路干线，令同蒲铁路陷入了瘫痪，对国民党军正面战场的行动起到了非常大的配合作用。

1. 晋西北形势升级

在华北地区，八路军在日军后方所开展的大规模斗争，对日军造成了越来越严重的威胁与影响，日军感到非常震惊。为稳固后方，1938 年 2 月中旬，日军调集 1.2 万余人的兵力针对晋察冀根据地发起了四面围攻，同时调集了 1 万余人日伪军，向晋西北根据地发起全面进攻。刹那间，整个晋西北区域烽烟四起。

2 月下旬，日军驻扎在大同的第二十六师团黑田旅团共有 8000 余人，与伪蒙李守信部 3000 余人一起，兵分三路，从北侧向晋西北根据地攻入。第一路是千田联队，从朔县出发，攻占了宁武、神池后，再次分成两股，一股向西，于 28 日对黄河渡口保德发起进攻，一股沿义井南下，向五寨和岢岚发起攻势。第二路是竹内联队，从井坪出发，陆续将偏关、河曲占领，并派遣了少量兵力西渡黄河，攻占了陕甘宁边区的府谷。第三路是伪蒙李守信带领的部队，由绥远向南推进，攻占了清水河后，也抵达偏关县城，与竹内联队会合。日军第二十六师团师团长后宫口出狂言道："本师团要一举消灭河曲、五寨、偏关附近的反日根据地"，"预计一个月内"攻占晋西北各县。

同一时间里，在太汾公路集结的日军第一〇九师团，也将兵力分成两股向西进攻。第一路 2000 余人攻占了离石以后，在 26 日到达黄河东岸的军渡、碛口，隔着黄河向中国陕甘宁边区留守兵团的河防阵地实施了炮轰；另一路从文水、交城出发，侵占岔口、古交、河口地区后，向娄烦挺进。

南北两面日军的进攻目标都是河西，看起来像是要进攻陕甘宁边区。事实上，这仅仅是日军"声东击西"的策略罢了，他们的真实意图是想将晋西北第一二〇师主力全部围歼，或者将第一二〇师压迫到西渡黄河，将晋西北抗日根据地清除，从而保护日军后方的安全。

2. 一二〇师奋勇抗争

第一二〇师主力在贺龙师长的率领下，正全力破击同蒲铁路北段时，日军已经兵分五路侵入晋西北根据地。当贺龙得知日军侵入晋西北的消息时，果断下达命令："星夜回师，不惜代价，把日寇赶出晋西北。"

一道接一道的命令从师部传到第一二〇师各部队：第三五八旅从同蒲路上的忻县立即赶回离石、碛口以北地区，与留守兵团的河防部队相互配合，对可能西渡黄河对陕甘宁边区实施进攻的日军展开阻击；第三五九旅从同蒲线上的平社附近立即向岢岚地区进发，对从五寨前来南犯的日军实施迎头痛击，阻止日军向岚县、兴县发起进攻。

为了拖延、消耗日军，为主力部队的作战行动争取更多的时间，创造出相对有利的战局，贺龙另外派遣第七十四团、第七十八团、第七十九团、警备第六团、雁北支队等主力部队与地方游击队相互配合，对日军不停地实施袭击、干扰。

3月3日，第一二〇师抵达岚县，派出的各部也正在通往指定区域的途中。此时，晋西北战场上却局势动荡，有了新的局面。南侧侵占军渡、碛口的日军，在3月2日撤离了黄河渡口，与离石的日军会合北上进攻方山、临县，以配合北面日军的进攻；而占领黄河西岸府谷的日军也在3日退回到保德；北侧进攻五寨的日军则继续南下，在3日占领岢岚。

至此，日军的计划才暴露出来：进攻陕甘宁只是为了迷惑八路军，其本意是想要攻占晋西北根据地。

3月6日，毛泽东指示第一二〇师，要求第一二〇师集中主力部队攻破日军的其中一路，将日军的进攻计划破坏，保障晋西北根据地。在接到毛泽东主席的电令后，贺龙马上开了一个作战会议，商定具体战略方案。根据当时的局势，贺龙决定先从相对比较突出的日军千田联队突破，先将五寨、岢岚两城收复，然后再向神池、宁武方向发起进攻。计划确定好以后，贺龙迅速地部署了下去：第三五九旅负责将岢岚城围困；第三五八旅在岢岚北侧地区设好埋伏，准备突击日军的援兵。当岢岚的日军向北撤退时，集中两个旅主力，看准机会将日军消灭在运动中。其他部队积极开展偷袭扰乱的活动，把其他各路日军牢牢牵制住，以此配合第三五八旅和第三五九旅的行动。

3. 晋西门户之战

岢岚的地理位置属于晋西的门户，日军将该城攻占以后，立即遣千田联队的一个大队及炮兵、骑兵、工兵各一部，共1000余人驻扎在城中，增强城防，计划长久占领下去，并打算将宁武、朔县、大同连成一线，为侵入晋西北根据地部署一个桥头堡。

3月7日，第三五九旅将岢岚周围的制高点占领以后，开始向岢岚发起了一些突袭干扰性的攻击，同时将城内外的联系彻底切断。经过了3昼夜围困，城中的守敌已经粮草断绝饥渴难耐，只得被迫在10日下午3时向五寨方向发起了拼命突围。

当贺龙得知占领岢岚的日军已经逃窜，顿时大喜。他立即发出一道急令，派第三五九旅第七一七团在逃跑日军后面尾随，跟踪追击，同时派遣第三五八旅星夜将岢岚至五寨之间的有利地形占领，静待北逃的日军到来时展开截击。

再说从岢岚逃出的日军在逃窜到岢岚至五寨之间的三井镇时，得到了第三五八旅正向五寨以南前进的消息。这股日军害怕遭到伏击，不敢继续向北撤退，而是在三井镇开始构建防御工事，打算固守待援。驻扎在五寨的日军侦察到第一二〇师的主力正在集结，也迟迟不敢出城进行增援。

日军的胆怯，给第一二〇师造就了一个歼灭日军的良机。负责追击的第三五九旅第七一七团一路追到三井镇后，再一次将逃兵围困起来。为了将这股日军消灭，贺龙连夜亲自奔赴三井镇指挥作战。这时候，三井镇中的日军已然不到一个大队了，战意全无犹如惊弓之鸟。为了不让日军得到喘息的机会，贺龙决定令七一七团连夜进攻三井镇。刹那间，三井镇的四周枪炮声、喊杀声、军号声响成一片，在寂静的夜里尤其令人震撼。第七一七团的勇士们勇往直前直接攻入了城中，将日军杀得丢盔卸甲，四散奔逃。在第七一七团猛烈打击下，日军伤亡过半，仅余下300多人，龟缩到在镇北端几座坚固房子里顽抗到底。11日拂晓，残余日军拼死向外突围，向五寨逃窜。

4. 五寨伏击战

在三井镇的日军突围以后，贺龙命令第七一七团继续跟踪追击，一直逼近到五寨城下。此时，第三五八旅已经抵达五寨城郊。于是，两支部队会合在一起，将五寨层层包围。

此时，五寨的日军与岢岚逃进的日军加在一起大概有1000人，两路日军会合后，于12日集结400余人出城，向第一二〇师的包围圈发起反击，试图打开一条缺口突围。未曾想，这股日军刚刚行进到城南5公里处的河湾村附近时，就遭到第三五八旅第七一五团的猛烈打击。日军在留下了几十具尸体之后，匆忙往回逃窜，第七一五团乘胜追击，在当天夜里将五寨城南关夺回。

13

对于攻克五寨的具体战术，贺龙在思量之后，决定继续使用收复岢岚的方法，采用"围点打援"的战法。3月16日，贺龙对部队进行了具体安排和部署：第三五九旅第七一八团第二营与当地游击队一起对五寨实行围困；第三五九旅第七一七团在五寨至三岔堡之间集结，第三五八旅进驻到神池至义井镇之间，为阻击日军援兵做好准备；其他部队的任务不变，继续对各路日军进行干扰袭击，牵制他们的行动，掩护主力部队的行动。

果然不出所料，当得知了五寨被围困的消息以后，义井镇、神池、三岔堡的日军陆续派出援兵，前往增援解围。3月17日下午，当第三五八旅行进到义井镇以南虎北村、山口村区域时，遭遇了由神池出动的针对五寨之围的千余日军援兵。第三五八旅迅速将有利地形抢占，借助地势，居高临下地向日军援兵发动了猛烈的攻击，经过了6小时激烈战斗，消灭日军300余人。

贺龙将军

神池的日军援助部队在第三五八旅猛烈的炮火攻击之下，边战边退，最终逃入义井镇内，第三五八旅乘势追击到义井镇。第二天，原驻防义井镇的日军与逃入的日军会合，拼凑了大约800人，出城向第三五八旅实施反扑，却再次不敌，被第三五八旅击退。日军的残兵，一部分逃回了义井镇，一部分向神池逃去。同日，三岔堡的日军也派出了200余人，妄图增援五寨，不料途中又遭到了第七一七团的伏击。日军难以抵挡，只得留下数十具尸体，狼狈地逃回老窝。直到此时，日军各路援兵全部被第一二〇师击退，五寨的日军已成瓮中之鳖。

五寨之中的日军日子很难挨，其他地方的日军没能好到哪去。按照贺龙师长的战略部署，负责袭扰的部队针对各路日军展开了不分昼夜的袭扰战，令入侵晋西北的日军全部陷入了骑虎难下，岌岌可危的境地。日军欲将第一二〇师消灭或者迫使第一二〇师退过黄河的计划已然成为一场空谈。

"偷鸡不成蚀把米"的日军开始于3月20日从晋西北根据地全体撤退。当日，偏关、保德、河曲及五寨驻扎的日军全部弃城向东部撤走，第一二〇师不战而胜，将四座县城收复。

为了把战果扩大，贺龙令第一二〇师主力在日军撤退的路线上设置了层层埋伏。20日，保德与三岔堡的日军会合在一起后，于21日撤向神池。在行进到田家洼时，遭到了第七一七团的伏击，一部分被消灭，残兵逃入义井镇。而此时，五寨的日军也逃进了义井镇。贺龙敏锐地作出了判断：日军一定会继续向东部撤退。于是，贺龙立即将第三五八旅调遣至义井镇以东凤凰山埋伏。

不出所料，3月22日夜，汇集在义井镇的日军3个大队开始朝东部匆忙撤退，当他们逃至凤凰山附近后，进入了第三五八旅的埋伏圈。第三五八旅在日军没有防备的时候，以迅雷不及掩耳之势向日军发起了猛烈的突袭，一举将日军300余人消灭，摧毁汽车数辆。日军被从天而降的袭击打得晕头转向，他们不敢恋战，连夜继续向神池逃窜。第三五八旅乘胜追击，一路跟踪追到神池城下，准备与第三五九旅会合在一起实施攻城。23日，城中的日军非常害怕被全歼，在当天下午再次弃城，向朔县逃去。至此，第一二〇师再次不战而胜收复了神池县城。

5. 宁武战大捷

当神池被收复以后，日军在晋西北根据地内占领的城镇只剩下宁武了。宁武县城地处三关之中，位于同蒲路北段，南控静乐、娄烦，北连朔县、大同，是阳方口以南的一个非常重要的交通站点。日军攻入山西以后，曾经多次派兵攻打，都没有成功。这一次，日军夺取以后，便派出重兵把守，并修筑了不少战斗工事，打算长久占领此地。企图将宁武县城变成控制同蒲路北段及阳方口公路的桥头堡。

日军的小算盘自然瞒不过经验丰富的贺龙。他一下就把日军的如意算盘识破了。贺龙分析了一下宁武日军的守备情况，决定继续采用"围点打援"战法，先将宁武与外界的联系切断，造成瓮中捉鳖之势，逼迫宁武的日军不战而乱，不攻而逃，创造运动歼击日军的良机，将宁武一举收复。随后，贺龙做好了部署：第三五八旅第七一六团和第三五九旅第七一八团第二营将宁武城围困；第三五八旅第七一五团前往宁武以北、同蒲路西侧的斗沟地区；第三五九旅第七一七团、第七一九团前往同蒲路东侧的南庄子、前石湖地区，将宁武与阳方口之间的联系全部切断。

宁武城中驻守的日军，在第一二〇师围城部队的日夜袭击之下，处于既无粮草也无援兵的悲惨境地。每日只能用黑豆充饥，杀战马救急。他们焦急惶恐得犹如热锅上的蚂蚁，接连发出求救电报。望着一封封告急求援信息，驻大同的日军指挥部无奈只得放弃最初的计划，命令其弃城突围。

为了接应宁武突围的日军，31日，派出驻扎在阳方口日军步骑兵600余人，在飞机的掩护下，气势逼人地向宁武杀去。然而，这股日军仅仅才行进到石湖河、麻峪一带，便遭遇了第三五九旅的猛烈攻击，瞬时伤亡大半。看目前形势救援无望，为了不被全部消灭，这股日军慌忙逃入石湖河镇进行负隅顽抗。

宁武的日军见到了增援的援兵好像抓住了救命的稻草，千田联队长亲自带领500余人的小队杀出宁武城，向第三五九旅的侧后方实施攻击，打算造成前后夹击之势，一举突围。对日军的这一步棋，贺龙早已预料到了，第三五八旅第七一五团迅速出动，与第三五九旅配合对千田部实行了夹击。经过一天的激战，剿灭日军300余人，千田也身负重伤。

同一天，原平的日军也派出了千余人马，赶赴增援。早已在神山、上阳武地区等候多时的第七一八团展开了强大的阻击行动。日军的援兵想尽办法，也没能继续前进半步。与此同时，雁北支队针对平鲁、吴家窑、清水河和井坪镇等地不断袭扰，令朔县的日军不敢随便采取行动。

经过一天的激战以后，日军南北两线所派出的援兵伤亡惨重，也没能与宁武的日军会合。黄昏时分，这两路援兵眼见无法实行救援，只得拖着几百具尸体狼狈地退回原驻地。千田联队长也带着剩余残兵重新龟缩进宁武城中。

虽然，日军援兵被击退了，但宁武并未被夺回。贺龙断定，日军救援未果，宁武城内的日军一定会破釜沉舟，冒险突围。为了防止日军困兽犹斗，贺龙下令，各部队将包围圈紧缩，严阵以待，随时准备与突围的日军激战。

果不其然，4月1日晚，宁武的日军再也难以忍受煎熬，连夜拼死突围，分为多路纵队沿同蒲铁路向北溃逃。贺龙命令各部队立即追击，第三五八旅、第三五九旅在石咀子、石湖河附近各堵歼逃窜的日军一部，残余日军在阳方口日军的接应之下逃回朔县。第一二〇师乘势将宁武城收复了。

至此，历时38天的晋西北根据地对抗日军五路围攻的大作战终于落下帷幕。这一战，第一二〇师作战奋勇，打出了八路军的威势，振奋了全军士气，取得了接连将七城收复，将侵入日军全部驱赶出晋西北根据地的光辉胜利。经此一战，晋西北根据地更加固若金汤了。

陆房反围攻作战

在山东泰安的西南部，有一块纵横不足10公里的小盆地，盆地中央有一个名不见经传的小村子，叫陆房村。然而，就在这么个弹丸之地，1939年5月的一天，八路军第一一五师和山东的地方部队与日军进行了一场殊死的战斗。

1. 一一五师进击重镇樊坝

1938年，武汉沦陷后，日军增强了在山东的兵力，占据着山东大部分城市和交通要道，并开始向乡村伸展。一时间，山东地区的日军后方武装斗争形势陡然严峻

16

起来。为了加强山东地区日军后方游击战争的力量，1938 年 10 月，八路军总部命第一一五师由晋西开赴山东地区。12 月下旬，第一一五师第三四三旅的第六八九团作为先头部队由晋西进入山东微山湖地区，与当地的抗日武装——湖西人民武装抗日义勇队第二总队合编为苏鲁豫支队。1939 年 3 月 2 日，第一一五师第三四三旅主力在代师长陈光、政治委员罗荣桓的率领下，跨越同蒲、平汉铁路，到达鲁西地区。

当时的鲁西地区还没有建立较大的抗日武装和根据地，日伪、顽、匪各霸一方，弄得民不聊生。为了迅速打开鲁西地区的局面，第一一五师决定先打一个胜仗。

可是，从何处下手呢？经过对郓城地区各个据点情况的分析，第一一五师决定先拿由伪军驻守的郓城西北的重镇樊坝开刀。

3 月 3 日夜，第一一五师第六八六团在团长杨勇的带领下向樊坝发起攻击，经一夜激战，城内守军伪军 1 个团共 800 余人被全歼，团长刘玉胜被生俘。郓城的日军闻讯紧急出兵增援，结果被第一一五师的阻援部队击退。

这一仗打得干净利落，第一一五师顿时在鲁西地区声威大振。"八路军来了！"这喜讯在鲁西地区迅速传播开来。

樊坝告捷后，第一一五师留少量兵力在运（河）西地区发动群众，建立政权，扩大部队，主力继续东进泰西地区，与山东纵队第六支队和津浦支队会师。几路大军会师后，对东平、汶上、宁阳一带的伪军、汉奸及顽固派势力进行了坚决打击，使泰西根据地迅速扩大，并直接威胁日军的重要交通线——津浦路。

这一连串的胜利震撼了日伪，极大地鼓舞了指战员和人民群众。在遭到连续不断的打击之后，日军终于清醒过来，开始筹划对泰西根据地进行大规模的进攻。

2. 龟藏反击，一一五师死守陆房村

深入泰西的八路军第一一五师，好似插入日军心脏的一把尖刀，对泰安、济南和津浦路中段的日军构成了严重的威胁。驻山东日军最高指挥官、第十二军司令尾高龟藏整日坐卧不宁，各据点被袭扰的战报雪片般飞来。4 月底，尾高龟藏命手下的部队对抗日根据地发动了两次扫荡，但都被根据地的军民奋力击退。龟藏顿时被气红了眼。5 月初，龟藏纠集了济南、泰安、兖州、东平、汶上等 17 个城镇的日伪军共 8000 余人，并亲自带队，一路杀向泰西根据地。

为了除掉心头的"隐患"，龟藏这次下了狠心，将 8000 多兵马分成 9 路，形成"铁筒"式的围攻部署：第一路由泰安经天平店向王晋西南进犯；第二路由肥城向新镇及其以南进犯；第三路由东阿经后岭向钱庄以南进犯；第四路由东阿经双港、演马庄向大黄庄进犯，该路为日军此次围攻的主力，龟藏亲自督阵；第五路由东平经须城、马子峪向东北方向进犯；第六路由汶上经魏阳庄向岈山方向进犯；第七路由宁阳经白马庙向寨子方向进犯；第八路由大汶口经古城向西进犯；第九路由满庄向安临站方向进犯。

5月2日至8日，按照龟藏的如意算盘，日军开始对汶河以南的东平、汶上地区进行扫荡，驱逐根据地外围的部队。9日，9路日军采取"稳扎稳打，步步为营"的战术，同时对第一一五师的部队和活动于肥城、宁阳山区的抗日武装实施合围。至10日，各路日军彼此已能互相衔接，山口隘路均被日军严密封锁。狡猾的龟藏为了防止八路军跳出合围圈，还在各路之间派出了机动部队，企图将第一一五师主力驱赶到一起，聚而歼之，以解除心头的"隐患"。

当日军对根据地外围进行扫荡时，第一一五师已经预感到日军要有大的进攻行动。果不其然，9日，日军九路兵马突然杀向根据地。形势万分危急，第一一五师首长决定立即突围：山东纵队第六支队向西南方向突围；第一一五师机关、直属队与津浦支队向大峰山区转移；冀鲁边第七团向路东转移；第六八六团（欠第三营）坚持内线斗争，与日军周旋。然而，日军进展迅速，还未等第一一五师各部队转移出去，已经形成了合围圈。5月10日，第一一五师师部、第六八六团、津浦支队、冀鲁边第七团、山东纵队第六支队及部分地方党政机关共3000余人，被日军包围于肥城东南陆房村一带纵横不足10公里的小盆地内。

情况陡然严峻起来。然而，英勇的抗日战士并未被来势汹汹的日军所吓倒。第一一五师首长经过冷静分析，决定以少数兵力在正面阻击与钳制日军，其余部队和机关于当晚按原计划乘夜色突围转移。

夜幕渐渐降临。根据师首长的部署，第一一五师各部队开始分头行动。山东纵队第六支队利用夜色的掩护和对地形、道路熟悉的有利条件，躲过日军的机动部队，在日军合围圈极其狭小的缝隙中，于拂晓前顺利突出重围。但是，第一一五师机关、直属队和津浦支队这一路，在向大峰山突围的途中，与日军的机动部队遭遇。突围部队立即开火，以求杀开一条血路。但是，激烈的枪声惊动了四周的日军，日军纷纷围拢过来，再加上这一路突围部队人数较多，又携带大量辎重，行动缓慢，很快又被日军压回陆房村一带。这时，向路东转移的冀鲁边第七团也与日军遭遇，被迫退回。

听到泰西的八路军主力被包围的消息，龟藏禁不住喜形于色。既为自己心头的"隐患"即将消除而松口气，也为自己采取的战术即将"成功"而扬扬得意。于是，他一面下令各路日军紧缩包围圈，严加防范，一面命人准备酒肉，待明天一举歼灭八路军后，庆祝"胜利"。

眼见天色渐渐发亮，再要突围已经不可能了。第一一五师首长决定以陆房村为中心，依托周围小山组成环形防御，坚决固守，待天黑后再寻机突围。决心定下后，第一一五师首长立即对部队作了部署：以第六八六团第一营防守西南的峿山及其以北地区；第二营防守滑石峪、第三二四高地和肥柱山地区；津浦支队和师特务营、凤凰山和狼山至西界首地区；冀鲁边第七团防守九山、琵琶山、望鲁山和赵家村地区。命令下达后，各部队立即开始行动，抢修工事，进行紧张的战前准备。

5月11日拂晓，龟藏先令所有大炮对陆房一带八路军的阵地一通猛轰，接着指挥各路人马一齐向陆房村杀来。早已占领阵地的第一一五师各部队立即展开顽强抗击。

防守峿山阵地的第六八六团第一营以短促的火力和坚决的反冲击，多次打退了日军的进攻。坚守滑石峪的第二营也连续打退了日军的4次进攻，毙伤日军百余人。其中尤以第二营的第八连打得最为惨烈。在打退日军几次冲锋后，第八连的弹药全部用光，全连的勇士们便搬起山上的石头向日军猛砸，硬是把日军打了回去。在其他几个方向，防御战也打得异常艰苦。坚守凤凰山和狼山阵地的津浦支队和师特务营与日军展开殊死战斗，连续打退日军的6次进攻。坚守九山、望鲁山阵地的冀鲁边第七团也多次打退了日军的进攻，使日军伤亡惨重。

一时间，在这纵横不足10公里的小盆地里，硝烟弥漫，弹片横飞，枪炮声惊天动地。战至中午，第一一五师仍牢牢地坚守着阵地，日军在阵地前丢下了几百具尸体。

听到各路人马不仅进攻毫无进展，而且损兵折将的消息，龟藏昨天的高兴劲一扫而空，禁不住大发雷霆，责令各部不惜一切代价，死攻陆房村。下午15时，龟藏集中所有火炮对西部第一一五师第六八六团第一营坚守的峿山阵地又是一通猛轰，然后集中兵力猛攻，企图从这里打开一个缺口，瓦解第一一五师的防御体系。

面对日军一次比一次猛烈的攻击，第一营的勇士浴血奋战，连续粉碎了日军9次进攻。日军在遭到第一营的沉重打击后，被迫停止进攻，退至马蹄山附近进行整顿。在西北方向上，日军200余人一阵猛攻，一度从第六八六团第二营和津浦支队的结合部突入，逼近陆房村。如果让日军从此处撕开口子，那第一一五师的防御体系将面临严重威胁。第二营和津浦支队深知责任重大，立即组织力量对突入的日军实施了坚决的反冲击，硬是用刺刀、手榴弹将突入的日军全部击退，保证了防御体系的稳定。

日军的攻势越来越强，为了减轻防御部队的压力，第一一五师决定派骑兵连奇袭日军侧后的安临站，迫使日军抽兵回援。骑兵连迅猛出击，利用日军围攻部署的间隙，直插安临站。这一招果然奏效，得知身后的安临站遭袭，龟藏大吃一惊，一时又摸不清八路军的虚实，只得抽出一部分人马回援安临站。

残酷激烈的阵地攻防战整整持续了十几个小时，日军的尸体一片又一片地倒在第一一五师的阵地前。眼见被八路军围在这么一个弹丸之地，却损兵折将，久攻不下，龟藏真是又气又急。不知不觉，夜幕渐渐降临，龟藏整顿了一下兵马，决定在天黑前再发动一次进攻。一阵炮火之后，日军黑压压地蜂拥着冲向八路军的阵地。又是一通短兵相接的肉搏战，日军在付出重大伤亡后，终于在东南方向突破了冀鲁边第七团坚守的望鲁山阵地。可是突入的日军刚进至刘家村和寨子附近时，就遭到冀鲁边第七团的坚决反击，再也不能前进半步。

天黑后，龟藏知道八路军惯于夜战，怕自己"偷鸡不成反蚀把米"，让到嘴的"肥肉"跑掉，下令收缩兵力，天亮后再战。

3. 八路军不知所踪

日军的攻势终于停了下来。第一一五师首长命各部队检查伤亡情况，检查结果让师首长大吃一惊：经过 1 天 1 夜的激战，第一一五师各部队已伤亡 300 多人。

形势对第一一五师越来越不利。虽然在一天的战斗中，第一一五师共毙伤日军 1200 多人，可是日军在兵力上仍占绝对优势。天亮后，日军肯定会发动更加猛烈的进攻，如果死守，会造成更大的伤亡。为了摆脱这种不利的局面，第一一五师首长决定乘日军兵力收缩之际，利用夜色的掩护，实施夜间突围。具体部署是：师部和第六八六团向西南方向突围，津浦支队和冀鲁边第七团分别向东和向南突围。这一回，第一一五师吸取了上次突围失利的教训，让各部队将各种辎重物资就地掩埋，将伤员分散安置到群众家里，这样一来，既缩小了目标，减少了突围时暴露的可能，同时又增加了突围行动的灵活性。

11 日晚 22 时，夜幕低垂。第一一五师各部队在夜色的掩护下悄悄地按预定计划开始突围。师部这一路，以第六八六团第一营为前卫，师、团机关随后，第六八六团第二营担任后卫掩护。也许一天的激战使日军太疲惫了，放松了警戒，这一路突围部队沿岈山村的沟渠小路，竟未发一枪一弹，于 12 日拂晓前，胜利跳出日军的"合围圈"，安全转移到东平以东的南北陶城、无盐村地区。津浦支队和冀鲁边第七团也于当夜顺利冲出日军的重围。

第一一五师的突围行动隐蔽、神速，日军毫无察觉。12 日拂晓，经过一夜休整，日军似乎又恢复了元气，在一阵猛烈的炮火轰击之后，号叫着向早已空无一人的阵地发起攻击。在后面督战的龟藏见八路军的阵地毫无动静，感到很纳闷。这时，发起攻击的日军已经一窝蜂地冲上了阵地，可是左寻右找，也未见到一个八路的影子，禁不住惊呼："八路军飞上天了！"龟藏见状，也急忙来到阵地上。果然，阵地上空无一人，哪里还有什么八路军。龟藏这才如梦初醒，不得不佩服八路军的厉害。

陆房村一战，第一一五师共毙伤日军 1200 余人，其中包括一个日军大佐联队长。通过这次作战，第一一五师最终胜利跳出了日军的"合围圈"。

黄土岭战斗

1939 年 11 月 4 日至 8 日，八路军晋察冀军区与第一二〇师派出一支部队，在河北省涞源县城东南黄土岭地区，将执行"扫荡"任务的日军 1500 多人全歼，将日本侵华军"蒙疆驻屯军"最高司令兼独立混成第二旅团旅团长阿部规秀中将击毙，缴获了一大批武器和军事物资，取得了黄土岭战斗的巨大胜利！

阿部规秀在日本是非常有名的战术家，对日本帝国野心勃勃的霸业"赤胆忠心，战功卓著"，因而取得了日本军阀给予的"名将之花"的称号。然而，大日本帝国栽培的"名将之花"、法西斯将军中的"名花"，在中国抗日风暴的猛烈打击之下，这支名花也只能无奈地枯萎，"花落瓣碎"化为泥。

在黄土岭战斗中，阿部规秀被八路军击毙以后，日本朝野上下为之震动，陆军省发布了阵亡公报。日本《朝日新闻》以通栏的头版标题痛悼："名将之花"凋谢在太行山上。连登 3 天，这家报纸还悲凄如诉地写道："自从皇军成立以来，中将级军官的牺牲，是没有这样例子的。"日本其他报纸也纷纷报道缅怀阿部规秀的生平、战功、死讯。他的骨灰送回东京时，"帝都降半旗致哀"。

阿部规秀是中华民族在整个抗日战争期间消灭的职务最高的日军指挥官。将日军中将指挥官击毙，不仅是华北战场的第一次，在中国人民的抗战历史上也是第一次，军事及政治意义都非常重大。重温黄土岭之战的场景，看一看八路军是如何将这朵"名将之花"猎取的吧。

1. 首战顺利歼敌

1939 年 10 月中旬，日军集结 2 万余人的兵力计划对晋察冀军区"扫荡"。10 月 30 日，坐镇张家口的阿部规秀中将将其得力干将过村大佐派出，率领 1000 多日伪军官兵挺进涞源，分兵 3 路，大有向八路军银坊镇、走马驿、灰堡地区"扫荡"的意图。其主力 2 个步兵中队、1 个炮兵中队及一部伪军 600 余人，由过村大佐亲自指挥，经龙虎村、白石口、鼻子岭向八路军银坊镇地区逼进，妄图将在银坊一带活动的八路军消灭。

涞源地区是双方必须争夺的要地。八路军可以从涞源两侧经察南直接向北推进，直接攻入阿部规秀的老窝——张家口。而日军方面，则把张家口——涞源一线的据点，看成是插进晋察冀军区的一把"尖刀"，计划用这把"尖刀"，将无菌平西、察南、雁北根据地——割裂，以达到阻挡八路军向张家口进击，巩固其察南占领区的目的，因而在涞源一直驻有重兵，并以此为基点，不断向八路军根据地实行"扫荡"。9 月底，日军已从南线开始秋季"扫荡"的尝试，出动日、伪军共 1000 多人侵入我四分区之陈庄，但是却被围歼了个全军覆没。现在，日军又在北线展开其报复性的"扫荡"了。

这一带是中国历代抵御民族入侵的古战场。东连紫荆关、西接平型关、雁门关，南面，雄伟的内长城跨越过白石山，纪念民族英雄杨六郎的六郎峰、六郎庙就在白石山脉内长城边的插箭岭上。从涞源到银坊只有一条通道，过了内长城，是光秃峭立的石山。从白石口至雁宿岩一段，两侧都是高耸入云的大山，中间这是一条宽仅四、五十米的河套，这是一个天然的口袋。

依据这些先决条件，第一军分区司令员杨成武领导司令部参谋人员策划出一个基本作战方案。决定采用伏击战术，集中兵力消灭向白石口——银坊一线侵入的日军，伏击地点选择在雁宿岩附近，方案确立后立即向晋察冀军区聂荣臻司令员请示。聂司令员批准了军分区提出的作战方案，为了确保能够全部消灭日军，决定以第一、第二、第三团为主作战，并命令第一军分区司令员杨成武立即回分区负责这场战斗。

11月1日，杨成武从阜平（晋察冀军区所在地）抵达管头（分区司令部所在地）。次日，军分区在旅部开了一次作战会议，具体讨论怎样打击日军。经广泛研究后决定：以部分主力和地方游击队牵制堵击插箭岭、灰堡日军，第二团由团长唐子安、政委黄文明率领，第三团由团长纪亭榭、政委袁升平率领，分别在雁宿岩东、西两面进行埋伏，以一部游击队在白石口引诱日军深入，待日军进入伏击圈后，第一团由团长陈正湘、政委王道邦率领，从东北插至白石口将日军退路封锁。会后，干部分头察看地形，部队立即进入战斗位置。

聂荣臻司令

11月3日清晨，瓦尼乌云，灿烂的朝霞将山峰都映红了，太行山在这静谧的霞光之下显得格外壮丽。7时许，八路军与三路日军先后打响战斗。白石口日军在我游击队的诱击下，疯狂地向三岔口前进。当日军进入到雁宿岩时，八路军第二团、第三团突然从东、西两面漫山遍野地冲了下来，第一团则从日军背后杀出，200多挺轻重机枪一齐向山下的日军开火。手榴弹爆炸声、喊杀声震得山岳都颤抖了。日军突然遭到了如此猛烈的突袭，显得惊慌失措，但仍将河套附近的小高地占领，进行顽强抵抗，并以机枪大炮掩护，向第三团阵地组织5次反扑。第三团的指战员们以手榴弹、刺刀英勇地杀向日军，第一团、第二团从日军侧后猛烈扫射，将日军打得纷纷滚落山坡。

接着展开了全面攻击，至下午4时，日军已被杀伤大半，被压缩在上、下庄子附近和雁宿岩西北的一个高地上。

黄昏前，上、下庄子的日军被八路军全歼，只剩下西北高地上的日军。这时，我各路部队集结在高地下面，把日军团团包围。数千把雪亮的刺刀，在夕阳的照耀下，闪耀出万道金光。山顶上的日军炮兵，向八路军展开了疯狂轰击，发出临死前的哀号，群峰被蓝烟笼罩了。

第三团第一营负责对这个山头的主攻，营长赖庆尧冲在最前沿指挥。冲锋号一响，第三连的支部书记将棉衣棉裤脱下，高举驳壳枪，呐喊一声，带领全连犹如一阵狂风刮上山头，将日军压下。突然，一排六〇炮弹飞来，山头霎时成为一片火海，日军趁机反扑上来，第三连的勇士们被压下山腰。不一会，山腰上杀声冲天，三连又冲上去了，控制了整个山头。困兽犹斗的日军，再次拼命反扑，在山头上层展开了激烈的白刃战。支部书记身负数伤，浑身是血，仍挥动着染满鲜血的驳壳枪，指挥部队与日军殊死搏斗。但因后续部队没及时赶到，勇士们再一次被压下山去。

太阳已西沉，山头上已经开始渐渐的朦胧了，难道残存的日军还会有机会继续疯狂挣扎吗？第三次冲击已经开始。绰号"病号排"的曹葆全排也加入了战斗。冲锋号震荡山谷，枪弹像暴雨一样洒落在日军阵地上，神枪手孟宪荣的机枪指处，日军纷纷倒下。站在他旁边指挥的纪亭榭团长大声喝彩："好！神枪手狠狠地打啊！"随即，他振臂高呼："同志们！冲啊！"随着团长的呐喊，曹葆全排长领着全排像下山的猛虎一样冲在队伍的前头，刹那间就冲上了山顶，大军像狂潮一般汹涌而上。日军被压下沟底，手榴弹像冰雹似的倾泻在沟里，日军被浓烟烈火淹没了。600多名日伪军除了生俘的13名外，几乎都被击毙在河套里。

打扫战场时，在日军尸堆中找到了身负重伤的过村大佐。他依然要坚持"皇军"的"体面"，不让医务人员为他医治。后因伤势过重，死在雁宿岩上。其余两路的敌人，慑于八路军威力，匆忙逃窜，龟缩回涞源城去了。

2. 日中将陈尸黄土岭

过村大佐及其所属部队在雁宿岩被消灭，这使得号称"名将之花"的阿部规秀中将勃然大怒，决心向八路军实施报复，挽回"皇军的脸面"。11月4日，他倾张家口的兵力1000余人，亲自率领，出动卡车数百辆，沿着过村大佐的旧路，向涞源急速驶来。其罪恶企图是引诱八路军再次在雁宿岩埋伏，他则以优势兵力反击八路军，从而消灭八路军的主力，然后扑银坊，再西取走马驿或东进黄土岭、寨坨一带实行"三光政策"，以挽回"皇军"的"体面"，将其察南占领区的统治再次巩固。杨成武获悉，立刻将这一情况电告聂司令员。

23

阿部规秀是接替去年被八路军击毙的常岗少将，来领导独立混成第二旅团的。该旅团是日军中的精锐部队，而阿部规秀又是在日本军界享有盛誉的"名将之花"，对"新战术"的运用非常顺畅，是日本的"俊才"和"山地战专家"，以伪"蒙疆驻屯军总司令"的身份兼任独立混成第二旅团的旅团长。日军的旅团长一般由少将出任，中将够得上光荣担任的师团长之职了。阿部规秀上月刚刚晋升中将，并担任北线进攻边区的总指挥。

聂荣臻早已将日军每遭失败必图报复的特点摸透，已经料到了日军会来这一手。于是，他决定让阿部规秀这个"名战术家"领略一下毛泽东革命游击战争的战略战术，给他一个下马威。遂令第二十五团一部与日军保持接触，监视其动向；集中第一、第二、第三团及游击第一支队、第二十五团主力立刻做好了战斗准备，由杨成武领导，再次给日军以毁灭性打击。并命令第一二〇师特务团从神南北上，共同参与这次战斗。

聂荣臻指示杨成武以小部兵力在白石口一带迎战日军，将日军引向银坊，让他们扑空，然后隐蔽起来，将日军迷惑。尔后以游击队一部在银坊北出击，引诱日军东进，待日军进至黄土岭一带有利地形之后，集中主力将其包围消灭。

部队再一次进行了战前动员。"给阿部规秀中将一个下马威！""再打一个歼灭战！"等各种激昂的战斗口号，极大地鼓舞了指战员的信心。

11月5日，1000多日军从龙虎村向白石口前进，曾雍雅同志指挥的游击支队，在白石口与日军打响了战斗。以时而坚堵，时而大踏步后退的巧妙战术，成功引诱日军，将日军紧紧缠住，使日军求战不能，追又追不上。阿部规秀率队追击八路军到达银坊后，没有发现八路军主力，气得大发雷霆，下令放火焚烧银坊一带的民房。当天，银坊一带大火熊熊，彻夜不熄。

阿部规秀急于寻找八路军主力展开决战，次日便挥师东进。6日夜间，率领部队进入黄土岭一线。聂荣臻命令杨成武：如果日军明天继续沿黄土岭东进，八路军便利用这一带的地形全线出击。八路军放长线钓大鱼，丝毫没有惊动日军，让他们"安逸"地在黄土岭、司各庄一带安营扎寨。这时，八路军第一团和第二十五团在寨坨、煤斗店一带集结，卡住了日军的去路，第三团、特务团从大安出动，将黄土岭及上庄子以南的高山全部占领，第二团则绕至黄土岭西北，在日军后方尾随，形成了对日军的包围态势。

当夜，黄土岭上漆黑一片，寂如坟墓。从太行山上刮起的寒风发出了凄厉的声音，就像是为日本法西斯敲响的丧钟。

7日，黄土岭上下起了绵绵阴雨，群峰被白雾笼罩了。清晨，日军继续东进，12

时进到上庄子，先头部队抵达寨坨附近，15 时，大军队才离开黄土岭。一声号令，八路军第一团、第二十五团突然拦路杀出，第三团、特务团及第二团从西、南、北三面合击过来，将日军团团包围，压缩在上庄子附近约 2 公里长，宽不到 100 米的山沟里。数百挺轻重机枪喷射出的子弹交织成一张严密的火力网笼罩在日军头上，炮兵部队也以猛烈的炮火轰击沟底密集的日军。一时间，黄土岭上火光连连，硝烟蔽天。

日军受到突然袭击，阵势大乱，阿部规秀仰仗他雄厚兵力，丝毫不惧，指挥部队抢占了几个山头，并向寨坨阵地展开猛烈的炮火袭击，想一举冲出包围圈。聂荣臻要求杨成武调整部署，缩小包围圈，无论哪个方向都不能让日军得逞。日军与八路军展开了激烈的山头争夺战。但在遭到八路军的激烈反击后，见势不妙，乃掉头向黄土岭突围，企图回窜涞源。八路军第三团、特务团和第二团把口袋口紧紧扎住，迫使日军步步后撤。

战斗进行得非常激烈，部队因为连日奋战，吃不好饭，睡不好觉，伤员也渐渐增多。第一、第三军分区的群众全部行动起来，协助八路军共同作战。民兵全部出动，帮助八路军放哨，警戒，侦察敌情。青壮年组成担架队到火线抢救伤员，妇女们挑着热气腾腾的窝窝头、开水，送到前线作战部队的身边。群众参战的热潮，极大地增强了八路军攻击日军的信心。

日军将指挥部设在黄土岭东一个名叫教场的小村庄。这时，一群穿黄呢大衣的军官正站在一座独立院落的平坝前用望远镜朝战场瞭望。这一情况，恰巧被八路军炮兵发现。炮兵营长杨九秤马上命令炮群向那里轰炸。连续发出几枚炮弹，刚好打在日军指挥官人群中，日军官瞬时倒下一片。一发炮弹在距离阿部规秀几步的地方爆炸了，碎片打中了他左腹及两腿等数处，伤势非常严重。3 小时后，即 7 日晚 9 时 50 分，阿部规秀中将这朵"名将之花"就在八路军神勇的迫击炮兵的炮弹之下"花落瓣碎"了，这位双手沾满中国人民鲜血的刽子手得到了他应有的下场。

战后，阿部规秀的绣着两颗金星的黄呢大衣和金把钢质的指挥刀，也被送至延安，成为了八路军的战利品。

阿部中将被击毙后，日军非常恐慌，绿川纯治大佐下令抬着阿部规秀的尸体，在黄土岭展开突围，却遭到八路军的猛烈阻击。随后，他们又向寨坨突围，再次被八路军击退。这以后，日军反扑的势头锐减，战法也变得混乱不堪，只得收缩兵力固守了。8 日晨，5 架飞机飞来，投下了几个指挥官准备组织突围。八路军围攻日军至 8 日下午，消灭了 900 多日军。正在围歼日军残余的时候，聂荣臻从各方面送来的情报中得知：保定方面增援的日军第一一〇师团已经抵达黄土岭以南，驻大同的第二十六师团和驻张家口的独立混成第二旅团余部也陆续出动，从灵丘、涞源、唐县、完县、易县、满城分五路向黄土岭包围过来，均已经到达黄土岭15公里左右。日军计划在八路军的包围圈形成一个更大的包围圈，把八路军的参战部队一网打尽。战局发生变化，八路军要采取行动立即跳出包围圈。于是聂荣臻通知杨成武，迅速指挥部队脱离战场。八路军遵照军区的指示，主动撤离黄土岭，跃出外线，使日军扑了个空，只得望着漫山遍野的日军尸体和升腾的硝烟无能为力。

黄土岭围歼战取得了重大胜利，特别是将日军中将阿部规秀击毙，极大地鼓舞了晋察冀军民的抗战信心，人民群众都异常振奋，欢声如雷，热情慰问参战的英雄部队。八路军又再接再厉，不断从日军的侧背打击他们。到11月底，日军禁不住八路军的接连打击，终于灰心丧气地全线溃退，八路军取得了反"扫荡"的彻底胜利。

百团大战

1. 战前的不利形势

1936年8月，日本广田弘毅内阁根据世界和国内形势的变化，将国策调整为"南北并进"并实施大陆政策和海洋政策的对外政策方针，在侵略中国的同时，还将触手伸向东南亚和西南太平洋上英美法荷等国的殖民地。

1939年9月，德军闪击波兰，第二次世界大战爆发。德国军队连续发动闪电攻势，用了70天的时间，先后打败了丹麦、挪威、荷兰、比利时、卢森堡和号称世界陆军第一强国的法国，短时间内几乎整个欧洲都充斥着他们的身影。日本看到希特勒的辉煌战绩，变得更加野心勃勃了，对南进政策势在必行。当时，英法政府为了全力投入欧洲战场并使日本对欧战保持中立态度，作出了对日妥协，牺牲中国的战略决策。美国重新开始了所谓"美日谅解"活动，东方慕尼黑的危机再次出现。日本感到南进时机成熟了。

为了将中国变成"南进"的后方基地，1940年5月，日本陆军省制定了在1940年年底前，以全力迅速迫使国民党蒋介石政权屈服的策略。根据这一策略，日军从两方面入手，政治上加紧诱降中国政府，军事上也加重了对中国政府的打压。

1940年5、6月间，日军发动了襄宜战役，襄宜战役是自武汉会战以来规模最大的一次战役。6月12日攻占鄂西重镇宜昌，控制入川门户；接着便封锁了滇（云南）越（越南）国际交通线。日军以宜昌为基地，两个月内对重庆等城市进行了连番的持续性轰炸，多达4000余次，仅重庆一地就遭到日机3300多架次的袭击，投掷了2500多吨的炸弹，其中约2000吨落在重庆市内，炸死炸伤5500多人，使得重庆当局的气氛异常紧张。同时，日军还集结了重兵驻扎在开封和黄河北岸及山西南部的三角地带，散布"八月进攻西安"的空气，截断西北交通线。与此同时，日本加大

26

了对中国政府的诱降的力度。蒋介石集团在抗战初期的大溃败后，在对抗日感到力不从心，心灰意冷的同时，也在酝酿着妥协投降的计划，并打算与日本勾结，一起反共。他一面加紧策划反共高潮，制造"八路军游而不击"，"专打友军，不打日军"等种种谣言，在打压八路军的同时欺瞒广大民众，挑拨国统区人民与共产党的关系。一面派宋美龄、戴笠等人与日方进行秘密谈判。在谈判中，蒋方代表一再表示，国民党原则上承认伪满洲国，同意日本在华北驻兵等。在这种态势下，使得资产阶级以及一部分地方实力派开明人士等的中间势力的抵抗日军保家卫国的决心更加动摇。进步势力中一部分人对形势也产生了悲观情绪。妥协投降的空气在国统区弥漫。汪精卫伪政府在日军的操纵之下，在日蒋之间的秘密谈判紧锣密鼓地进行的时候，在南京开张了。一时间浓浓的投降，去做亡国奴的阴霾笼罩全国。

日军的诡计得到了施展空间，劝降工作空前顺利，计划困死共产党的"囚笼政策"开始大规模展开。日军以"铁路为柱，公路为链，碉堡为锁"，设有3000余个据点、1万个以上的碉堡和5000余公里铁路、3万公里公路。日军建设的这些据点、碉堡、公路、铁路等交织纵横，编织成一张大大的军事网。这张网将整个抗日根据地完全覆盖，将共产党牢牢把控在范围内，造成了非常严重的威胁。1939年秋，华北抗日根据地有近百个县城，在这种形势下，直到百团大战前夕，共产党根据地只剩下了两个县城，即太行山的平顺和晋西北的偏关。从1940年3月前后至7月，华北抗日根据地大片地迅速变为游击区。随着根据地日益缩减，八路军的补给越来越困难，弹药、粮饷、药品都严重匮乏，当时，八路军战士一天的口粮只有7两左右的小米，这种物质的极具匮乏严重地影响了八路军的战斗力。日军在总结对八路军作战的经验时曾评价说："仅就战斗力而言，八路军不过是一支土匪武装。"

面对这种危机的时刻，八路军对日军发起一次大反攻，已经是势在必行的了。

2. 明确作战计划

1939年底八路军总部开始策划反击日军，彭德怀认为，就八路军目前的情况而言，只有钻日军的空子，抓住日军后方的空虚，实行突然袭击，才能有力调动日军，给日军以最大的打击，恢复大后方抗日根据地。1940年早春，彭德怀基本形成了发动一场以袭击正太铁路为重点的战略思路。据李达回忆：7月中旬八路军副参谋长左权来到第一二九师师部，向刘伯承、邓小平谈了彭德怀策划的最近发动一次突袭来缴断日军交通干线的组织设想。当时刘伯承与邓小平听了以后，表示非常赞同。

当时日本华北方面军拥有9个师团、12个独立混成旅团、1个骑兵集团，是中国关内战场上最大的重兵集团。但是，与其接受的任务相比，这样的兵力却算不上雄厚：第一军的第三十六、第四十一师团长期被第一战区卫立煌部牵制在晋南；驻汾阳的独立混成第十六旅团主要用于对付第二战区阎锡山部和第八战区第九十军李文部；第八战区傅作义部牵制住了在归绥、包头的骑兵集团与伪蒙军主力，难以有什么其他动作；由于孙桐萱的第三集团军、何柱国的骑二军、于学忠的苏鲁战区以及八路军第一一五师、山东纵队和第四纵队等部的牵制，日军在山东的第二十军、豫东的第三十五师团和骑兵第四旅团、伪军张岚峰部等均无法抽调。因此，华北日军可用于防御八路军主力进攻的兵力仅2个师团又9个独立混成旅团。加之从第九和第四独立混成旅团抽调了6个步兵大队和1个山炮大队参加襄宜战役，对于八路军，日军却并没有建立起系统周密的防线。以军队为例，在每隔18公里的1个据点上驻有20人，一共分驻800多个据点，多数情况是1个师团差不多分散在200个地点；即使在正太铁路这一重要交通线上，也只能将第四、第八和第九十三个残缺不全的独立混成旅团部署成前后都难以照应的一字长蛇阵。因此，针对这种日军以少量兵力攻打大国，兵力部署难以铺开，兵力严重不足的情况，八路军策划的以袭击正太路为重点的破袭战，是恰如其分的。

1940年7月22日，八路军总司令朱德、副总司令彭德怀等下达了《战役预备命令》，并报中央军委和毛泽东。命令要求以不少于22个团的兵力，大举破袭正太铁路（石家庄—太原）；同时要求对同蒲（大同—风陵渡）、平汉（北京—汉口）、津浦（天津—浦口）、北宁（北京—沈阳）、德石（德州—石家庄）等铁路以及华北一些主要公路线，也部署适当兵力展开广泛的破袭，以配合正太铁路的破袭战。命令要求各部必须在8月10日前完成侦察、器材准备、部队调动等准备工作；并特别嘱咐，准备未完成以前，战役意图只准告知旅级首长。8月8日，八路军总部又下达了《战役行动命令》，进一步明确了战役部署及作战地域，并将战役发起时间定为8月20日。各部的任务分配是：

（1）聂集团（晋察冀军区）主力约10个团破坏平定（平定县不含）东至石家庄段正太线，破坏重点应在娘子关平定段，对北宁线、德州以北之津浦线、德石路、沧石路、沧保路，要重点针对元氏以北至卢沟桥段平汉线派出足够的兵力，确保能够拓宽正面的破袭，并狙击可能增援过来的日军，收复据点。同时要派出少量兵力对西北两侧的日军实行监视，另以有力部队向孟县南北积极活动，相继收复据点。

（2）刘邓集团（第一二九师）以主力8个团附总部炮兵团1个营，破击平定（含）至榆次段正太线，破坏重点为阳泉张净镇段，对元氏以南至安阳段平汉线、德石路、邯大路、榆次至临汾段、同蒲线平遥至壶关段、白晋线、临屯公路，应派遣大量兵力针对怀宽进行正面破坏，以达到阻止日军增援正太路的目的，同时向平辽公路派出一支有力的部队开展积极有效的活动，趁机收复沿线某些据点，另以1个团主力位于潞城至襄垣间地区。

（3）贺关集团（第一二〇师）以主力4个团破袭平遥以北同蒲线及汾离公路，破坏同蒲线部署，将部署的重点放在阳曲南北区域，阻止日军增援正太路。对晋北腹地内的日军据点和交通路，要分派几组部队进行袭击，趁机收复据点。

（4）总部特务团主力集结部署在下良、西营地区。

按照之前商榷好的计划，这一战役的目标是"较长期切断"正太线，"基本是以截断该线交通为目的"（7月22日命令）；"彻底毁灭"正太线和同蒲线忻县至朔县段，使晋东南、晋察冀、晋西北和陕甘宁边区大后方完全"连成一片"（8月31日命令）。而要达到上述目标，仅靠22个团是难以实现的，这就使得最终战场上的实际兵力达到了105个团20多万人（包括第一二〇师28个团，第一二九师41个团和晋察冀军区36个团）。

8月20日20时整，彭德怀没有等中央军委的正式命令下达，就指挥着在5000里长的日军后方战场上的八路军全体出击，按照部署展开行动，向华北主要交通线的破袭战打响了。

3. 正太路破袭

当时华北共有七条铁路干线，分别是正太线、同蒲线、平汉线、津浦线、平绥线、北宁线和胶济线，其中正太线处于中心位置，它连接平汉、同蒲两铁路，是贯通山西、河北的交通命脉。这条全长200多公里的铁路线，是日军实施"囚笼政策"的重要支柱之一。同时，这条线上还有天险娘子关和日军在华北的重要燃料基地阳泉、井陉煤矿。如果将正太路截断，山西境内日军战略物资的补充及外运都将面临极大的困难。日军狂妄地将正太铁路沿线称为"不可接近"的地区，用它隔绝太行抗日根据地与晋察冀边区的联系，并依托它来进攻抗日根据地，可以说，正太线是八路军必攻、日军必守的重中之重。

百团大战的第一阶段（8月20日至9月10日），八路军在正太、同蒲、平汉、津浦等主要交通线发起总攻，重点攻击正太路。

聂荣臻的晋察冀军区负责袭击正太路东段。8月20日夜，晋察冀军区以18个步兵团、1个骑兵团又2个骑兵营、5个游击支队，在部分炮兵和工兵配合下，组成左、中、右三路纵队，分别向日军独立混成第八旅大部和独立混成第四旅一部展开攻击。经过三小时的反复交战冲锋，右纵队攻入晋冀交界的重要突破口娘子关，这是正太线攻克的第一个重要战略据点。攻击井陉煤矿的中央纵队一部，在广大矿工的帮助和支援下，迅速将煤矿的主要设施破坏掉，迫使其停产长达半年之久。23日，因石家庄方向的日军西援，加上连日降雨，河水泛滥，严重妨碍作战行动，晋察冀军区部队改变拟订计划，将兵力转移至铁路、桥梁、隧道，实行全面破击。

在井陉煤矿战斗中，八路军战士在战火中遇到了一对日本小姑娘，把她们从战火中救了出来。小姑娘中，大的名叫美穗子。聂荣臻安排专人照顾她们，随后将她们送还陵城日军据点。聂荣臻还给日军写了一封信，信中这样写道："日阀横暴，侵我中华，战争延绵于兹四年矣。中日两国人民死伤残废者不知凡几，辗转流离者，又不知凡几。此种惨痛事件，其责任应完全由日阀负之。"此后，时隔40年，已经80高龄的聂荣臻元帅还常常挂念着那两个孩子，1980年5月29日，姚远方在《人民日报》发表了一篇文章《日本小姑娘，你在哪里呢?》并配发了当年的几幅照片，文章一经刊登，立即在中国和日本引发了轩然大波。

与此同时，负责破袭正太路西段的第一二九师，与日军正面交锋，展开了更激烈的战斗。第一二九师把主要打击力量预伏在狮垴山一线。狮垴山虎踞阳泉大门，从石家庄往西直到阳泉，整体地势都比较平缓，偶尔会有一两座高山。一过阳泉，则山势连绵，正太路正是从这里进入山区，狮垴山地处入口的咽喉。日军在阳泉的第四独立混成旅团部虽然已得到了八路军在该地集结的消息，但是根本没有放在心上，也没有作出任何部署和准备。当晚，第三八五旅突然袭击阳泉市区，愚蠢的日军第四独立混成旅团长片山省太郎中将大为震惊。因为这个时候，他手里可以用来保卫阳泉的兵力加上伪军和非战斗人员也仅仅有700多人，与八路军的进攻兵力相比实在悬殊太大了。片山只得组织起仅有的一点部队人手向八路军进行反击，准备生死一搏，经过四天激战，仍没有成功，暂时安置在阳泉的日侨，部队中的气氛非常绝望，已经有部分人换上了赴死的装束。到8月25日，正太路西段除寿阳等少数据点外，均为第一二九师所控制。刘伯承、邓小平抓住机会，下令部队对铁路公路进行全力破坏，提出"不留一根铁轨，不留一根枕木，不留一个车站，不留一个碉堡，不留一座桥梁，不留一根电杆"，期间发动了民众和铁路员工，采取搬拆、爆破、火烧、水淹等方法，大力破坏铁路、车站以及附属设施。很快，这条被日军成为命脉要道的"钢铁封锁线"顺利瘫痪了。

根据最初的部署，第一二〇师的任务是配合正太线的破袭作战，破袭同蒲线大同至阳曲段、汾（阳）离（石）公路和忻（县）静（乐）公路，重点在阳曲南北，阻击日军增援正太线。第一二〇师以20个团的兵力破袭同蒲铁路北段和铁路以西一些主要公路，并攻占阳方口、康家会、丰润村等据点，一举歼日伪800余人，将同蒲铁路北段和忻县至静乐、汾阳至离石等公路全部切断。

为配合正太铁路和同蒲铁路北段的破袭战，第一二九师和晋察冀军区还令所属部队出动50多个团的兵力，并与民兵、游击队展开配合，对平汉、平绥（今北京—

包头）、北宁、同蒲（南段）、白晋（白圭—晋城）、津浦、德石等铁路线和一些主要公路，以及日军占领的许多据点，进行了广泛的破击和袭击，扩展到除山东以外的整个华北地区和主要交通线。在5000里日军后方抗日战场上，105个团，20万余人一起奋战，形成了中国抗战史上，一道非常宏伟壮观的风景线。

至9月10日，八路军拟定的作战目标已然达成，正太路已全部陷入瘫痪，八路军总部下令结束第一阶段作战。在第一阶段作战中，由于八路军有计划有组织地猛烈突袭，一举破坏日军占领的交通命脉，使日军联络中断，供给不足，一度陷入了被动挨打的慌乱之中。尤其是汉奸伪军们，更是日日惴惴不安。沦陷区人民群情振奋，自发地组织支援八路军作战。

4. 继续破坏日军据点

9月16日，八路军总部发出第二阶段作战命令，要求各部队摧毁深入抗日根据地内的日伪军据点，并继续破坏日军交通线。详细部署是：第一二〇师主力彻底破坏同蒲路北段宁武至轩岗段；晋察冀军区主力破击涞（源）灵（丘）公路，并夺取涞源、灵丘两个县城；第一二九师重点破袭榆（社）辽（县）公路，收复榆社、辽县（今左权县）两个县城。这一阶段（9月22日至10月上旬）八路军主要开展了榆辽战役和涞灵战役。

八路军与日军反复争夺的涞源、灵丘地区深入晋察冀根据地西北部，是日军控制的打入根据地的一个大钉子。在历时3年的反复斗争中，四得五失涞源城，所爆发的战争都非常激烈，日军同样不惜代价，其常冈宽治少将、阿部规秀中将，就是在此地的战斗中毙命。1940年9月中旬，日军主力向西移动至绥西，驻扎此地的日军仅剩下第二独立混成旅团和第二十六师团各一部，约1500人，以及伪军1000余人。总部命令晋察冀军区主力，以8个团、3个游击支队、2个独立营组成左、右翼队和预备队，趁日军主力基本调走，没有完全返回防御的机会，于22日22时发动了涞灵战役。

经过一夜激战，由杨成武指挥的右翼攻击部队夺取了涞源县城东、西、南关和两个外围据点，日军见情势不好，龟缩在城内固守。但三甲村和东团堡两地却遭到日军的顽固抵抗，发生了持续性的交战，进展困难。

日军宣化至涞源公路上的后勤供应中继站和分割晋察冀根据地的战略支点地处东团堡，位于涞源城东。据守该据点的日军第二混成旅团的是士官教导大队，共130余人，成员全部是训练有素的各部队精英，装备非常精良，并且周围修筑有圆形防御工事。负责攻击东团堡的是第一军分区三团。

在22、23两日的进攻中，日军甚至以施放毒气弹等手段进行穷途末路的顽固抵抗，这种情势下三团的牺牲非常之大。24日晚，全团再次作出部署，下定决心要在当晚拿下东团堡。总攻开始后，40余名战士抬着云梯在火力掩护下，向日军的中心碉堡冲去。整整激战了一整夜后，日军基本被全歼，剩余残军分布于村中数间房屋内死守。25日，日军将据点库存武器、物资、粮食全部烧毁，准备突围。战败后，井田中佐强迫残存的27个日军跳火自焚，最后自己也葬身于火海之中。聂荣臻曾经感叹说："东团堡之战，是以顽强对顽强的典型战例。"

到26日，右翼队及平西军分区九团相继攻克了三甲村、金家井、北石佛、桃花堡东团堡等13个据点。然而，由于八路军阻击并不顺利，23日由张家口出动救援涞源之日伪军的推进非常迅速。28日中午，该路日伪军3000余人即到达涞源城。右翼队遂转移兵力于灵丘、涞源方向，协同左翼队先后攻占了南坡头、抢风岭、青磁窑等日军据点。

10月2日，晋察冀军区下达涞灵战役第二期作战命令，由邓华率左翼队及右翼队之一团、二团进攻灵丘。但是，由于八路军的部队调动被日军侦察到，所以进展不大。10月9日，又有大同日军1000余人来增援。晋察冀军区认为不宜再战，决定结束涞灵战役，将部队撤回根据地，策划组织反扫荡。

涞灵战役持续20天，双方伤亡均重。八路军战报称，此役毙伤日伪军1000余人，俘日军49人、伪军237人，八路军伤亡1419人。

榆辽公路由阳泉经平定、和顺、辽县到榆社，是日军深入太行根据地最远的一条公路。当时日军准备将这条公路由榆社再向西南地区拓展，经武乡与白晋路相连，达到分割太北根据地的目的。

第一二九师以第三八六旅和决死队第一纵队两个团组成左翼队，以第三八五旅（附第三十二团）组成右翼队，于9月23日发起榆（社）辽（县）战役，向守备榆辽公路的日军独立混成第四旅发起猛攻。

陈赓的第三八六旅的任务是攻击榆社。榆社是日军自正太路经平辽公路、辽榆大道向白晋路各据点输送补给的主要枢纽之一。日军将榆社建设成为一个大堡垒，尤其是修筑了以东门外榆社中学为核心据点的堡垒群，周围修成10到30多米的陡壁，密布大小碉堡，围圈铁丝网数道，整体部署的火力配置都非常严密。在多次进攻无果的情况下，陈赓决定挖一坑道到日军核心阵地内，用装满炸药的棺材实行爆破。坑道从榆社中学西北角的峭壁一直挖到中学里的碉堡下面，这个工程非常巨大，战士们挖了将近一个昼夜，到25日0时45分，终于完成了坑道作业。在实施坑道爆炸后，突击部队便迅速把握时机冲入了日军阵地。当黄昏来临时，第三八六旅终于攻占榆社县城，歼日军400余人。

32

陈锡联的第三八五旅负责攻击辽县。该旅 1937 年奇袭阳明堡飞机场后，一直将辽县作为根据地。在战前动员会上，陈锡联动情地说："我们第三八五旅的指战员要记住，辽县也是我们的家，我们的父老乡亲都在殷殷期盼着我们拯救他们于水火中，这一仗，如果打得不好，我们有什么脸再面见辽县父老啊。"根据刘伯承的部署，第三八五旅先扫清了榆辽公路上的两个据点——管头和石匣。至 9 月 30 日，主力转攻辽县。然而，正在这时，由于和顺、武乡日军分别向辽县增援，八路军总部命令停止进攻辽县，分派一支部队钳制和顺南下之日军，主力开往红崖头、关帝垴地区，先行歼灭武乡增援的日军。

第三八五旅在向伏击地域开进途中，在榆树节遭遇日军一支前来支援的 600 多人的部队。第三八六旅趁机从侧后展开攻击突击，对这支日军部队形成了四面包围之势。但是在 8 架飞机的掩护下，日军占领了一处高地，拼死抵抗。这场战斗持续了两天一夜，双方伤亡惨重，八路军连续发动了 10 次冲锋，但是仍然不能将日军剿灭。此时由顺出援的日军已经突破狼牙山阻击部队阵地。情况危急，第一二九师决定撤出战斗，榆社重新被日军占领。

至此，历时 9 天的榆辽战役结束，八路军共剿灭日军近 1000 人。

10 月 2 日，八路军总部命令各部结束第二阶段作战，为反"扫荡"作战作准备。6 日，参加出击的八路军各主力部队均撤回各根据地。在这一阶段的攻击中，八路军对日军进行了猛烈而沉重的打击，让日军受到了巨大的损失，但是原计划要拔除的据点，没有能够全部拔除。

5. 日军大扫荡

八路军进行了一个多月的大规模突击，打得日军措手不及，他们惊呼"对华北应有再认识"。日本华北方面军司令官多田骏决定对八路军进行报复性"扫荡"：10 月 6 日起，日军以近万人的兵力，对中共中央北方局、八路军总部等领导机关所在的太行抗日根据地榆社、辽县、武乡、黎城间地区进行连续"扫荡"；10 月 13 日起，日伪军以万余人"扫荡"平西（今北京以西）抗日根据地；从 11 月 1 日起，日军约 7000 人"扫荡"太岳区；11 月 9 日，日军又以万余人"扫荡"北岳抗日根据地；12 月中旬，日军以 2 万人的兵力对晋西北抗日根据地进行"扫荡"。

10 月 19 日，八路军总部下达反"扫荡"作战命令，到了这个时候，百团大战步入了空前胶着的反"扫荡"作战阶段。反"扫荡"作战异常惨烈，如关家垴战斗。关家垴位于太行区的中心，地势险要，易守难攻。10 月 28 日，日军冈崎大队与崛田大队于败退中在此会合。29 日下午，彭德怀抵达蟠龙镇的石门村，召集正在此地休整的第一二九师师旅干部开会，传达了八路军总部的军令，要求第一二九师在兄弟

33

部队的配合下，必须将关家垴攻克。

关家垴日军凭借着当地险要的地势，妄图龟缩固守，等待援兵。在八路军进攻前，已经筑起了由众多窑洞组成的攻防系统。每孔窑洞既可以独自构成一个火力点，还可以与其他窑洞互相掩护，互相支援，形成交叉火力网。窑洞前还挖有防弹壕，如果手榴弹没扔到位，掉到防弹壕里，就白白损失了一枚弹药，对日军无法造成丝毫威胁。日军还把相连的窑洞打通，形成了网一样的工事体系。

在这样的攻防体系下，八路军损失非常严重，其中担任主攻的第七七二团第一营仅剩80余人，双方对峙不前，气氛紧张惨烈。直到31日晨，关家垴仍未攻下，而武乡、辽县之日军2500余人已经出动，试图围歼第一二九师主力。在这种严峻的情势下，刘伯承打电话给彭德怀，建议先将部队撤回来，重新寻找战机。彭德怀听后大怒，在电话中告诉刘伯承："拿不下关家垴，就撤掉一二九师的番号，杀头不论大小。"

刘伯承无奈，只得整顿部署，组织新一轮的进攻。八路军第七七二团、第七六九团、第三十六团、第二十五团各以1个营，协同第三八五旅一部，向关家垴上的日军连续攻击18次，多次展开肉搏战，最终攻上了关家垴山顶。日军大部分被歼灭，残军60多人退守在一个狭小地域，固守待援。这时由黄烟洞方向前来援助的日军1500余人已逼近。彭德怀看到关家垴被围之日军基本歼灭，来援之日军又太多，为保持主动，再寻有利战机，只得下令部队撤离。八路军撤走后，日军极为愤怒，对关家垴周围地区进行了疯狂报复，数天之内屠杀群众竟然多达6000余人。

关家垴一战后，11月13日，日军陆续回到各自的据点，太行山区历时40天的反"扫荡"结束。

第一二九师所属太岳军区将主力编成沁（源）东、沁（源）西两个支队，与游击队和民兵相互配合，在沁河两岸组织活动，寻找机会打击日军，至11月27日，歼日军近300人，迫使当地日军于12月5日撤退。

12月3日至27日，晋察冀军区以4个团向阜平、王快的日军发动进攻，歼其500余人，日军不堪压力，决议全部撤出北岳抗日根据地。

第一二〇师部队和晋西北地区群众实行空室清野，坚持"区不离区，县不离县"的游击战。同时，派遣部分主力部队，破坏日军后方交通线，伺机对日军修路部队和运输队展开攻击，共歼灭日伪军2500余人，迫使日军于1941年1月下旬全部撤出晋西北抗日根据地。至此，历时3个半月的百团大战结束。3个半月中，八路军在民兵和群众的配合下，共作战1824次、毙伤日军2万余人、伪军5000余人，俘获日军280余人、伪军1.8万余人，拔除据点2900多个，破坏铁路470余公里、公路1500余公里，缴获各种炮50余门、各种枪5800余支（挺）；八路军也付出了伤亡1.7万

34

余人的代价。

百团大战是抗日战争中八路军在华北地区发动的规模最大、持续时间最长的一次带战略性的进攻性战役。日本军华北司令部将此战役称为"挖心战"，并将每年的8月20日，作为"挖心战"纪念日。

6. 美名留青史

百团大战在当时取得了非常巨大的影响，各方纷纷评论：

《大公报》1940年9月6日载文报道：

自上月20日以来，我军在北方发动了大规模的运动战，平汉、正太、同蒲三路同时发动反攻，铁路到处被破坏……这个攻势，方在发动，已凌厉无前，收获佳果；而三军用命，人人奋勇，攻势正猛，战果必仍将扩大。北方的胜利方在开始，而在全局上的意义尤其重大。

蒋介石向八路军总部发出嘉奖电称：

贵部窥此良机，断然出击，予敌甚大打击，特此嘉奖。

苏联《红星报》评论说：

华北之中国军队，目前正在山西省进行主动性之作战。第八路军正展开大规模之攻势。游击战在山东省与北平附近亦正趋于激化，中国人始终表现高度之民气，对自身力量具有信念。中国人民为自由独立、争取最后胜利而战，依然表现最大之决心而不能动摇。

美国著名记者史沫特莱写道：

整个华北地区，从晋北山区到东海岸，从南面的黄河到北面的长城，都成了战场。战斗夜以继日，一连厮杀了五个月。一百团打击了敌人的整个经济、交通线和封锁网。战斗是炽烈而无情的。敌人所有的煤矿、电厂、铁路、桥梁、公路车辆和电讯都遭到破坏。

百团大战进一步鼓舞和增强了全国人民夺取抗战胜利的信心，用事实验斥了国民党顽固派对共产党、八路军"游而不击"的诬蔑，提高了中国共产党和八路军的声威，发挥了中流砥柱的作用。日军参谋本部哀叹："共军的机动游击战法极为巧妙、顽强"，日军出师华北"三年来惨淡经营积累的资材几乎全部耗尽"。日军不得不承认"遭受共军'百团攻势'的我军，从各地的兵团直到各方面军，均由痛苦的经验中取得了宝贵的教训，改变了对共产党的认识"。日本士兵在日记中写道："八路军天天攻击，早上活着，就不知道晚上怎样。"日本兵在八路军凌厉的攻击下，有的跪着缴枪，并且哀求道："你们不杀，我们可以给你们扫地。"

中国共产党内对百团大战的评价，曾经几度大起大落。在百团大战期间及其后一段时间内，党内军内对百团大战都是非常赞赏的，毛泽东曾经对百团大战感到兴奋，在给彭德怀的电报中说："百团大战真是令人兴奋，像这样的战斗是否还可组织一两次。"但在经过 1941 年和 1942 年两年的艰苦斗争之后，针对过去作出系统总结时，无可避免地提到了"百团大战"问题。很多人对百团大战提出了不同看法。作为当事人，彭德怀在历次党内斗争中虽然承认在百团大战的指挥方面存在着问题，但总体是充分肯定百团大战的。关于这次战役，并不存在该打不该打的问题，需要研究的是如何打得更好，这方面是有一些教训应当吸取的。

大青山反扫荡作战

1942 年，华北各抗日根据地遭到了日本侵略者规模空前的大"扫荡"。日伪大"扫荡"的主要目标之一就是作为晋绥根据地一部分的大青山抗日游击根据地，因为它是日军想从绥察北攻蒙苏阴谋的主要障碍。日军驻蒙军队管区内的共军、西部的重庆第八战区军、北部的外蒙及苏联军早已被其作为敌人，准备随时发动攻击。要想北犯蒙苏，日军首先就是要把大青山抗日游击根据地里的八路军和抗日游击队消灭或赶走。

日军积极对兵力进行部署，除原有的驻蒙日军外，还在大青山抗日游击根据地周围分散配置了伪靖安军 3 个集团的全部兵力。在绥西地区配置第一集团，在绥中配置第二集团，在绥南配置第三集团，在绥中则配置了号称"防共劲旅"的防共第一师团。伪军的每个集团都配有 100 至 200 名组成便衣武装的宪兵、特务，侦察大青山抗日根据地，一旦发现骑兵支队的行踪，便马上派摩托化部队和骑兵进行突然袭击。

1. 勇突重围，保存有生力量

1942 年 7 月 25 日，日军对大青山抗日游击根据地绥中地区空前残酷的秋季大"扫荡"开始了。日军首先为了断绝交通，对绥中游击区周围所有山沟、道口、村庄，进行了严密封锁；建立 19 个临时据点和哨所，组成交叉火力网；在重要地点设置炮兵阵地，并且和各种口径的野炮、山炮和迫击炮搭配；动用 200 多辆汽车运送军队、武器弹药和给养。7 月 25 日，当日军开始对绥中地区进行"铁壁合围"时，早已严密封锁了所有村庄和各条通道，5000 余名日伪军官兵分五路对其中心地区进行合击。

经过对日军情况的调查分析得知，如果八路军领导机关和主力部队能够从日军的重兵重围中尽快突围，有生力量就能够保存，这样也会使日军绥中秋季大"扫荡"的主要计划遭到挫折。贺龙、徐向前、林枫等在这紧急关头，作出了就大青山地区对付日寇大"扫荡"问题的指示：大青山的游击战争必须坚持，不能放弃；骑兵支队司令部可以向右玉西山方向转移，留下一些部队和群众武装坚持绥中斗争；分散的部队可设司令部迷惑敌人。

面对日军的"扫荡"，只要能突围出去，那就是巨大的胜利，关键是怎么突出重围和突破口选在哪里。

为把目标减小并对日军进行迷惑，骑兵支队直属机关和骑兵第二团700余名指战员由骑兵支队政治部主任张达志率领，行署机关和武川、陶林县政府工作人员与游击队300余人由绥察行署副主任苏谦益率领，分别突围，转移到绥南的蛮汗山；留绥中地委、武川、陶林县委和县区政府人地皆熟的工作人员及所属游击队，化装成老百姓，留在绥中继续隐蔽，做群众、除奸、情报等工作。

依靠对地形的熟悉和群众的支持，突围部队每夜翻山越岭不停地转移，白天则在荒野之中隐蔽。每到一处，司令部都派排以上干部值班放哨和侦察员化装进行四处侦察。在绥中留下活动的地方小游击队则对日军专门进行袭扰来把日军的注意力转移到别处，对主力转移进行掩护。

夏末秋初的大青山地区，正值雨季，入夜气温就骤然下降，寒气侵骨。战士们肚子吃不饱，把携带的炒面吃光了以后，只好吃生土豆、生筱面，就着雨水或野菜充饥。由于情报工作完成得出色，八路军经常把日军搞得晕头转向，自己的队伍却可以在日军的缝隙中游刃有余。到8月1日，张达志率领的转移队伍已经与凶狠狡诈的日军进行了8个昼夜的周旋。8月2日，部队与绥察行署的一部分工作人员相遇，这时，侦察科长吴玉德带侦察员在一间房子找到了转移的突破口。这间位于旗下营与三道营之间的房子，虽有日军在左右数里以外重兵把守，在中间却只有零星的流动哨，而且三道营车站日军兵力并不多。张达志立即主持召开干部会议，决定当晚一定要突围过铁路。同时想办法把苏谦益通知到，当晚让行署机关和游击队也突围。

当天晚上，弥漫的雾气给突围创造了极好的条件。由特务连一个排担任掩护的骑兵支队骑兵队由特务连一个排担任掩护，大部队轻装疾进。战士们在到达这间房子时，加快速度，向突破口风驰电掣地冲去。守军虽然试图拦截，但是夜深雾大，根本摸不清突围部队的行踪。拂晓前，部队在蒙蒙细雨中翻越平顶山，从平绥铁路穿过，突围胜利了！向蛮汗山突围成功的骑兵支队指挥机关和骑兵第二团，已经取得了军事上的主动。

当夜，绥察行署突围人员由于驻地周围日军众多，而且还有一些失散的人员未能取得联系，无法立即行动。为了使革命力量尽可能多地保存，作出了再等一天的决定。"如果敌人不上山，我们就严密隐蔽、按兵不动。如果敌人发现并包围了我们，我们就与敌人决一死战！"慷慨激昂的游击队员们，争着抢着要担当掩护机关突围的重任，随时作着战斗与牺牲的准备。300多名干部战士在雨水浸泡和饥饿的胁迫中又度过了一天。8月4日，已经汇聚了大部分人员，也已准备好马匹。虽然山上有过往的日伪军，但八路军隐蔽地点并未被发现。两三天来，给养已经断绝，当晚既然要突围，就必须设法搞点食物充饥。但是这种状况下搞到吃的又谈何容易！就在这最艰难的时候，几位高木窑子的群众把仅有的两只羊主动杀了，挑来两担羊肉汤，给正在被围困的干部战士进行了支援。每个人分到一小块羊肉，并喝到一碗热乎乎的羊肉汤，大家顿觉精神倍增。这是大青山人民群众冒着生命危险送来的最及时、最珍贵的支援，这是他们对子弟兵的无限热爱和对日军的无比仇恨的凝结。

夜幕降临，陶武区地下党员王三娃侦察到了突破口。如果从高木窑子翻过岭东瓦窑沟口，日军兵力较弱。夜半时分，伴着几声枪响，日军流动哨被打跑，由此打开了突围缺口。大队人马立即冲向东罗家营通往平顶山的大路。此时日军梦破魂惊，只是盲目乱打枪。日军的大炮对八路军游击队也无可奈何。一路涉水攀山的干部与战士们，终于与骑兵支队在蛮汗山胜利会合。至此，日寇企图在绥中消灭八路军领导机关和骑兵部队的计划已经落空。

2. 转移歼敌两不误

八路军领导机关和骑兵主力越过平绥铁路转移绥南后，日寇令驻绥南、雁北的日伪军对八路军展开疯狂的围追堵截，想把其在绥中未能达到的目的实现。日军在杀虎口至和林新店子一线以重兵控制，以正面阻击和北线穷追的战术形成对八路军南北夹击的局面，妄图一举消灭八路军。

面对日军南北夹击的严重形势，八路军领导机关、骑兵第一、二团与绥中游击队决心给骄狂一时的日伪军一记迎头痛击。在张达志、邹凤山等指挥下，当日军进入伏击圈时，在和林牛山设置下伏击阵地的八路军骑兵主力一齐向日军开火，给了日军以重创。战斗从中午一直打到黄昏。天将黑时，八路军向和林石家窝铺转移。日军对其围追计划破产感到不甘心，向绥甫继续增兵。八路军灵活机动与日军周旋，又在凉城杏树背与日军激战了一次，尔后迅速撤出战斗。

8月15日，日军又从绥中分路增兵给绥甫，共计日军2000余人，进至十八沙户、白银厂汗一线的是伪防共第一师和伪靖安警备队第三集团第八、第九两个大队；同日，香火地与凉城之间有日军汽车9辆，载日军百余、伪蒙古保安队60余人进到毛不浪多拉索；17日，分路出动的这数千名日伪军，在八路军后面紧紧追赶，想与在杀虎口的日军连成一片，南北夹攻。

八路军领导机关和骑兵支队主力在连续转移作战、十分疲劳和双方众寡悬殊的情况下，为了把有生力量保存下来，对日军进行机动灵活的打击，制定了一套有效的行动方案，即一面继续坚持绥南、雁北斗争，一面待机重返绥中和必要时向晋西北偏关转移。

8月20日左右，八路军与日军在厂汗营、新店子、大小红城等地进行了数次战斗，骑兵支队直属机关转移到右玉东山破虎堡一带。8月23日，由苏谦益和第二团参谋长何益海率领绥察行军部队中机关及游击队、骑兵支队司令部杂务人员，沿长城内外，曲折行进，到达偏关以东老营休整。25日，又向东昌峪转移。去除司令部和其余部队，由张达志率领的骑兵则在右玉东、西山继续转移活动。经过长期连续的行军作战和转移，人困马乏，极度疲劳。行军部队中有20余位伤病员，马掌三分之二脱落；许多没有鞋穿的骑兵支队战士，只好光脚行路。粮草供给困难，得不到物资补充。

绥察行署机关和地方游击队近300人在这种情形之下，还是于8月30日抵达晋西北偏关，骑兵支队司令部与第二团第四连于9月6日暂到老营以西的村庄休整。经过侦察，由于绥中形势仍很严峻，各据点日军的搜山和袭扰也没有间断，上级命令其中一个连到右玉及蛮汗山一带活动，另一个连到偏关休整。这样，就没有使日军想在绥南、雁北把八路军政领导机关和骑兵主力消灭的计划得逞。

贺龙司令员于9月23日下达指示，雁北地区必须坚持住，以使晋西北与大青山的联系得到保证。骑兵支队主力可由雁北五分区统一指挥，暂在雁北活动，逐渐恢复绥中游击区工作。10月下旬，日军又频繁对绥南蛮汗山发动进攻，八路军骑兵第一团也从蛮汗山区暂时撤离，向右玉西山转移。此后，八路军骑兵主力经常在偏关、雁北地区活动，并依托偏关、雁北，在长城内外打击日军，待机回师绥南、绥中。

大青山抗日游击根据地军政领导机关和骑兵主力在日军以高出数十倍的兵力对绥中、绥南实行长期残酷大"扫荡"和游击根据地遍设据点的情况下，终于将重围突破，转移到晋西北根据地，从而粉碎了日军企图彻底消灭大青山抗日武装力量的大"扫荡"计划。共产党八路军在军事战略上的一次重大胜利就体现在这次转移的成功，它保存了今后继续坚持大青山抗日游击战争的有生力量，因此受到了中央军委和晋绥分区的表彰。

3. 彻底粉碎日寇"梳篦式清剿"

日寇对在绥中"铁壁合围"、在绥南围追堵截两次"扫荡"计划的失败，十分不甘心，于是从各方面积极布置对绥西游击区的大"扫荡"，企图消灭坚持绥西斗争的八路军党政军机关和骑兵第三团。八路军事先对日军在绥中、绥南"扫荡"后也会向绥西进攻有所估计，所以对过冬的棉衣进行了紧急准备，打算在更艰苦的环境中坚持斗争，把日军对绥西的大"扫荡"粉碎。

10月上旬，日军每日派10余辆汽车从归绥开往武川西部山区，在乌兰不浪、哈拉合少、六合营子、察素齐等地集中大批日伪军。10月15日，6000余名日伪军，将各山口要道突然包围了，继而大规模地"梳篦式清剿"了井儿沟、德胜沟、关沟子、西梁、大庙酒馆、万家沟等地。各路日伪军齐头并进，今日上山，明日下山；今日从南到北，明日从北到南，反复"扫荡"。日军到处对粮食进行抢夺、挖掘资财、增加据点的设置，随便抓人、杀害百姓或把他们赶离八路军游击区。绥西根据地军民所建房屋、窑洞大部被日军烧毁炸塌。日军还将在德胜沟、井儿沟、万家沟、白石头沟、一前响等地的绥西部队和党政工作人员700余人包围了，情况十分紧急。姚喆司令员等率领部队与日军战斗6次，然后命令各部化整为零，有准备地分散转移。突破日军重围的骑兵第三团1个骑兵连、独立营骑兵第三连及支直1个骑兵连，转移到了归武县的小井沟一带，到达绥中；步兵向萨县边山及平川地区转移，在那一带继续活动；随部队分散转移的则有绥西地委、专署及县区工作人员和游击队。带领教导大队的姚司令员在德胜沟西面设下埋伏。当200余名日军组成的一路纵队按计划进入沟内时，八路军突然向日军发动猛烈攻击，几十个日军应声倒地，侵略者的片片血迹留在了结冰的河沟里。乘日军混乱之际，教导队勇士们迅速转移了出去。为了把目标减小，教导大队只好分成小分队活动，姚司令员插入绥中时只带教导队1个班。

11月14日，历时1个月的日军对绥西的"扫荡"终于结束。日军要在绥西将八路军抗日力量彻底消灭的狂妄企图再遭挫败。八路军在绥西反"扫荡"中，消灭数十名日伪军，八路军也有20余人的损失。绥西部队和游击队在日军撤退后，再次返回原地，在这非常困难的情况下继续坚持大青山抗日游击根据地的斗争。

大青山军民反"扫荡"斗争的胜利，不仅使日军统治整个绥远的企图无法实现，也使它占领的据点和交通线遭受了严重的威胁，同时也为继续坚持大青山游击根据地的斗争创造了新的条件。

胶东1942反扫荡作战

1942年冬，中国军队还在进行着顽强不屈的抗击日本侵略者的战争，战争形势异常严峻。在太平洋战场，日军从主动进攻转变为了被动防御，至此中国大陆沿海成为当下的主要作战地区。其间，日军统帅一时间把大部分注意力都集中在了楔入黄海腰部的胶东半岛抗日根据地。随后，日军针对胶东抗日根据地，展开了一系列残酷的扫荡，并美其名曰"治安强化运动"。在与八路军对战中，日军勾结伪军，组成了一支强大的军队，对八路军展开了猛烈的进攻，意图一举消灭八路军主力，并全面摧毁抗日根据地。日军此次扫荡，不仅规模空前强大，而且战略部署缜密、战术多样，为胶东抗战史上所罕见。

40

1. 日重兵来袭，八路军形势危急

1942 年 11 月 8 日，冈村宁次（日本驻华北方面军司令官）前往烟台就扫荡的战略部署主持召开了会议。其实，早在之前，冈村宁次已经领导发动过了两次大"扫荡"，这一次冈村宁次决定发动"第三次鲁东作战"。扫荡以"歼灭以山东纵队第五旅及第五支队为基干的胶东军区共军，恢复山东半岛的治安，尤其是确保青岛、烟台间的交通"为总目标。

日军此次出动的兵力，主力为驻青岛的独立混成第五旅团，除此之外，还调派驻张店独立混成第六旅团、驻济南第五十九师团、驻惠民独立混成第七旅团各一部，共 1.5 万人，此外，还集结了 5000 名分散在胶东各地的伪军，并配备了舰艇 26 艘，用于对中国半岛沿海进行战略封锁，同时，调派 10 架飞机协同作战。自 11 月 19 日开始，至 12 月 29 日结束，战争历时 40 天，在作战上，日军运用了"铁壁合围"的策略，对胶东抗日根据地分区进行毁灭性的拉网大"扫荡"。这次大"扫荡"，日军采取了多种战术，如"梳篦式""拉网合围""分进合击"等，其根本目的就是要一举歼灭抗日根据地的八路军。白天，他们像梳头发一样，以密集的队伍齐头并进，不漏过一个村子；晚上，日军集中兵力，全面封锁各个山口、要道，并点着一排排的火堆，在周围数百里的地界，构成了密密麻麻的大火网。

日军的作战计划大概分为三个阶段，第一阶段以"拉网合围"战术为主，作战主要地点为烟（台）青（岛）公路以东，以牙山（栖霞县）、马石山（海阳县北）为中心展开；第二阶段以合围"清剿"战术为主，在中国东海地区全面展开；第三阶段以"合击"战术为主，在烟青公路以西的西海地区进行。战役的组织实

鲁南战役

施，由驻山东第十二军司令官土桥一次中将任全权指挥官，指挥处就设在山东烟台。

八路军为加强对胶东抗日根据地军事斗争的统一领导，于 7 月 1 日成立了胶东军区。全区设有 5 个团的主力部队。其中第五旅下辖 3 个团，包括第十三团、第十四团和第十五团，作战地区在烟青路以西。第五支队的番号已撤销，下辖第十六团和第十七团，直属军区领导指挥，烟青路东的海（阳）莱（阳）边区为其作战地区。而

栖霞县牙山地区由胶东抗大直接驻守。东海、北海、西海三个军分区独立团，实际兵力各有两个营，南海根据地正在组建当中。除此之外，再加上区中队和分散在各县中的独立营（县大队），成立起来的胶东军区总兵力共1.4万人。从兵力和装备的对比来看，在这场生死大搏斗中，八路军明显没有优势，作战形势很不利。

日军在烟台召开作战会议，胶东军区同时在驻地战场泊村召开营以上干部会议。会议就日军发动的大"扫荡"的特点作了初步分析，同时也总结了之前反"扫荡"作战的经验教训，八路军胶东军区确定了"保存有生力量，保卫根据地，分散活动，分区坚持"的方针。并决定建立两个指挥系统，在烟青一级公路两侧分别布置军队，包括一部分主力部队和地方武装：路西部队归第五旅指挥，路东部队归胶东军区直接指挥。同时提出了战斗口号，即日军要"拉网"，我们就破"网"；在划分地区上，规定各个部队以团、营或连为单位进行分散活动，带领群众开展游击战争，粉碎日伪军拉网合围大"扫荡"。

2. 众志成城，终破敌围

11月17日，日军集结了大量的兵力，并出动了600余辆汽车，载着物资和士兵一路浩浩荡荡地沿烟（台）青（岛）公路和烟（台）潍（坊）公路驶往莱阳、栖霞、福山等地。当下，战斗氛围就如同阴云不散的寒冬天空一样，让人顿感阴森和不安，一场血雨腥风即将到来。21日，猬集在这些地方的日伪军，分成无数小股，倾巢出动，驻牟平县水道的日伪军从东向西朝八路军挺进，余下的日伪军分兵从西和北向东面和南面平推。国民党暂编第十二师的赵保原部从他的老窝莱阳玩底（现万第），打起日军的"膏药旗"，突袭了位于东北面的日伪军。根据日军的战略部署，不难看出，其总战术是"合围"，当下，栖（霞）牟（平）海（阳）莱（阳）边区以牙山、马石山为中心的抗日根据地已经被日军从四面包围，日军此次大"扫荡"由此拉开序幕。

疯狂的日伪军倚仗人多武器好，对八路军根据地进行"梳篦式"推进。为了彻底搜索，日军天天都走十几公里的路途，一路烧杀抢掠、侮辱奸淫，无恶不作，行为之恶劣，罄竹难书。这时的胶东大地，特别是日伪扫荡地区，村村冒烟，户户挂孝，残垣断壁，惨不忍睹。

日伪军发动的此次大扫荡，抗大第一分校胶东支校及第十六、第十七团受到了攻击。21日，抗大胶东支校利用黄昏夜暗突出重围，转到栖霞、福山县境内，破袭公路，对日军行进的交通进行了阻断，并且抓住时机对福山县城发起了3次突袭，给予了日军较大打击。24日，日伪军紧紧包围了马石山，并准备在此收"网"。当日下半夜，在漆黑夜色的掩护下，第十六和第十七团的大多数兵力成功逃出合围，其中为了掩护 2000 余群众突围，小部指战员与地方干部、地方武装以及民兵一起与日伪军展开了激战。25 日，马石山被日伪军占领，随后，日伪军灭绝人性地对当地的百姓和没有及时撤退的伤病员、地方干部等，共约 500 人展开了大屠戮，老弱妇婴，无一幸免。这就是 1942 年冬季日军制造的"马石山惨案"，它是日军发动的扫荡中首个惨无人道的大惨案。

11 月 28 日，日军大"扫荡"进入第二阶段：日伪军向胶东东海地区合围"清剿"。合围时，日军出动了 6 艘军舰、20 艘汽艇，这些军舰和汽艇气势汹汹地驰骋在黄海和渤海海面，进行海上封锁；以 5000 余名日伪军严密封锁烟台至海阳的公路；在牟平、海阳一线构成了一道"断绝网"。随后，日军主力部队又自西向东推进，向荣成和文登进发，企图围歼胶东军区和胶东区的党政领导机关以及由马石山突出重围的部队，其根本目的是对抗日根据地和八路军战略后方设施进行全面摧毁。面对兵力雄厚的日军合围，胶东军区机关一部及第十六、第十七团，立即分散以营、连为单位，一面战斗，一面寻找包围圈缝隙，计划从西面逃出包围圈。除此之外，八路军小部队和部分民兵一直在内线坚持作战，他们以麻雀战的战术，到处打击日伪军，使其日夜处于惶恐之中。12 月 6 日，已经到达胶东半岛东端海岸一线的日伪军，随后进驻崂山村（位于荣成南面），残杀抗日军民 300 多人，这就是令胶东人民永生痛记的"崂山惨案"。它是日本侵略军在进行胶东"大扫荡"中制造的第二件惨案。

在日伪军"扫荡"烟青公路以东文登、荣成地区的时候，在烟青公路以西的莱（阳）、招（远）、蓬（莱）、黄（县）和掖（县）一带，八路军第五旅各部队根据罗荣桓同志的"翻边战术"，依据鲁中粉碎日军大"扫荡"的作战经验，机智灵活、积极主动地从侧背后给予了日军惨重打击。在指挥作战的指战员中，大部分是胶东本地人，在这片被日军残酷践踏的土地上，有他们的父母兄弟、亲朋好友，所以，在作战中，凭借人熟地熟，指挥也是如鱼得水。面对日军惨无人道的恶劣行径，无论是八路军战士还是当地群众，无不愤恨不已。第十五团炮击平度，第十四团袭扰招远，第十三团分别袭击招远夏甸、掖县驿道、莱西日庄和朱桥等地区的日军据点，一时间歼灭了大量的日军，同时还大大破坏了日军的扫荡计划，使烟青路以东"扫荡"的日军首尾难顾。紧接着，11 月 29 日在平度以南，第十五团展开"磨山伏击战"，此次作战战果斐然，生俘日伪军小队长以下 17 人，烧毁汽车 3 辆。同一天，第十四团第二营在招远里山集进行伏击作战，中队长以下的 60 多名日伪军被生俘，同时还缴获一挺轻机枪，以及大量的弹药和武器，12 月 13 日，第十五团又在即墨关家屯战斗中毙伤日军一部，俘虏日伪军 34 人，缴获一批军用物资。至 12 月初，驻守招远城以南的道头的日伪军被第十四团攻袭，结果伪军 1 个中队被八路军歼灭。

与此同时，在地方武装、民兵和地方群众的有力配合下，第五旅所属部队连连破袭了烟（台）青（岛）、烟（台）潍（坊）等公路，严重破坏了高密、平度、莱阳、即墨、栖霞、招远、蓬莱、黄县和掖县等县境内的交通。除此之外，八路军还对日军的电话线路进行了四处割断。所有这些破袭活动，使日伪军的交通补给困难，通信联络中断，指挥无措，使日军后方自顾不暇，从而良好地配合了抗日根据地的反"扫荡"斗争。

　　12月14日，日伪军东部"扫荡"扑空，西线又遭到连续打击，便回师西转，7000多名日伪军向北海军分区推进，企图发动第三阶段的大"扫荡"，合围艾山、崮山区（栖霞、蓬莱、黄县交界处）、蚕山区（栖霞西北部）以及西海军分区。

　　12月20日至23日，在招远南部地区，日伪军进行了新一轮的大残杀，其中数百当地军民被杀害，地方干部和群众上千人被抓走，制造了大"扫荡"中的第三次惨案——"招远惨案"。其实，日军发动的此次大"扫荡"，主要集中地点就是烟青公路以西，即第五旅活动地区。这时，第五旅除以小部队配合地方武装、民兵坚持内线斗争外，各部队已经转战到外线，袭击日伪军。在牙山区，在当地民兵的配合下，抗大一分校胶东支校积极开展地雷战、麻雀战，给予日伪军以重创。在福山猴子沟伏击日军的第十四团、在莱阳北孔家伏击日军的第十三团等，相继取得了很大的胜利，最终溃不成军的日军闻风而逃。由于八路军频频出击，打得日军心惊胆战，处处感到草木皆兵。一到夜里，敢出来活动的日军只有奉命站岗放哨的日兵，他们对着漆黑的夜空打上几枪，以此来壮胆，其余基本不敢轻易外出。当时在伪军中就流传着这样一句话："到了牙山，进了鬼天；提心吊胆，手脚发颤。"被八路军打得魂飞魄散的日伪军，此时，早已没有了最初"扫荡"时的猖狂气焰，战斗力已经锐减。在蚕山地区，第五旅第十四团一部掩护数千名群众进行转移的时候，根本没有见到多少日伪军的身影，最终顺利突围。

　　至12月底，历经40天的艰苦作战，八路军胜利粉碎了日伪军对胶东规模空前的大"扫荡"。最终，2000余日伪军不是被八路军歼灭、打伤就是生俘，对狂妄自大的日伪军给予了沉重打击，保存了抗日有生力量，巩固了胶东抗日根据地。

　　3. 马石山勇士显忠诚

　　胶东军民面对日伪军的大扫荡，表现出了团结一心、誓死不屈、顽强抗敌的战斗精神，谱写了一曲曲英雄凯歌。请看：

　　日军发动第一阶段大"扫荡"时，向海阳、乳山交界处的马石山推进的日军气势汹汹，但当地民众根本没有畏惧，当日军抵达时，当地已经聚集了成千的群众。很多群众甚至从四面八方赶来，包括海阳、莱阳、牟平、福山和栖霞等地，但阻击日军的群众还是以马石山周围的村民为主。有的抱着吃奶的孩子，有的搀扶着年迈的双亲，还有的肩扛包袱、手拉毛驴或黄牛……11 月 24 日，日军对马石山地区展开了猛烈的轰炸，一时间，整个马石山上机枪声、步枪声、手榴弹爆炸声，连成一片。日伪军凭借着优势，准备要"收网"了。当时，被围困的群众在民兵、地方武装和一些地方干部的掩护下，开始拼死突围，他们抱定"鱼死网破"的决心，能钻就钻，能突就突，冲向日军的围网。但是，将近上千的群众还是被困于山前的平顶寨周围，虽然数次突围，但都以失败告终，正当大家万分焦急的时候，忽然从西面方向来了 10 个全副武装的八路军战士。刹那间，大家仿佛看到了救世主，随即纷纷把八路军战士围了起来，群众们的热情瞬间感染了战士们，他们不禁热血翻涌，大声告诉群众："乡亲们，不要怕！有我们在，就有大家在！"

实际上，突然出现的全副武装的八路军战士，属于八路军山东纵队第五旅第十三团第七连第二排的一个班。他们在班长的带领下，奉上级命令到东海军分区去执行任务，完成任务后偶然途经此地，看见被围困的群众，他们临时加入了战斗，决定不惜代价，安全地把被困群众救出去。10 名战士趁夜幕冲进去杀出来，三进三出，半夜过后，将上千群众成功转移出了包围圈。但是 10 名英勇无畏的战士在最后突围时，因黎明到来，突然被日军发现，这些英雄战士便同日军展开了血战。终因力量悬殊，先后一个个英勇就义，最终活下来的只有 3 名，但也被日军围困在山中。在受伤严重的情况下，他们弹尽无援，便拉响了最后一颗手榴弹，和日军同归于尽，被人们誉为"马石山十勇士"。

在第二阶段的大"扫荡"中，日军采用"拉网合围"的战术，对东海地区展开了猛烈的进攻。在荣成县滕家集以东地带，八路军某兵工厂 1 个排的警卫部队被日军围困，张君毅作为部队的指导员积极指挥当地群众向沿海边运动，试图找到包围圈的缝隙突围出去。黎明时，日军的海上巡逻艇发现了突围部队，随即双方展开了战斗！突围士兵们在张君毅的率领下，与日伪军展开了一场激烈的厮杀。交战从黎明开始，直至上午 11 时才结束，尽管日伪军 30 多人被毙伤，但八路军也损失超过了一半。到最后，战士们已经没有了子弹，而从滕家集方向又赶来了大量的日军援军，危难之时，指战员张君毅与仅存的 7 名同志誓死不屈地抱着枪支，向茫茫的大海纵身跳了下去，英勇牺牲。

敌后大反攻

1945 年，世界反法西斯战争即将取得胜利。5 月 2 日，柏林被苏军攻克。8 日，德国宣布无条件投降，标志着欧洲战场的战争的结束。在亚洲、太平洋战场上，美军接连攻占菲律宾群岛、硫磺岛和冲绳岛，建立了进攻日本本土的前进基地；侵缅日军在反法西斯盟军的强大攻势下，节节败退；侵华日军在中国军队的顽强抵抗和猛烈反攻下，被迫退守于大城市、交通要道和沿海一些地区，失败已成定局。7月26日，中、美、英三国政府联合发表《波茨坦公告》，勒令日本政府立即宣布日本所有武装部队无条件投降，却遭到了日本政府的拒绝。8月6日，美国在日本广岛投掷了一颗原子弹。8日，苏联政府对日本宣战，而后加入《波茨坦公告》。次日，苏联百万红军兵分三路，向中国东北地区挺进，很快就突破了日军防线，继续向齐齐哈尔、哈尔滨、长春、沈阳等地推进。战斗持续了20多天，日本陆军最精锐的关东军被击溃，被击毙和俘虏的人数达67.4万多人，解放了中国东北和朝鲜北部等地，极大地促进了抗日战争胜利的早日到来。

　　在国际国内的大形势下，中国抗日战争的战略大反攻需要紧密进行。因为自1944年豫湘桂战役之后，国民党军正规部队大多偏处西南各省，所以中国战场上进行大反攻的重任就落在了中国敌后战场的肩上。1945年8月9日，苏联红军开始实施远东战役。与此同时，在中国共产党领导下的敌后解放区抗日武装力量将持续近两年之久的局部反攻发展成为全面的大反攻。

　　中共中央主席毛泽东在那一日发表了《对日寇的最后一战》的声明，指出："由于苏联这一行动，对日战争的时间将大大缩短。对日战争已处在最后阶段，最后战胜日本侵略者及其一切走狗的时间已经到来了。在这种情况下，中国人民的一切抗日力量应举行全国规模的反攻，密切而有效力地配合苏联及其他同盟国作战。八路军、新四军及其他人民军队，应在一切可能条件下，对于一切不愿投降的侵略者及其走狗实行广泛的进攻，歼灭这些敌人的力量，夺取其武器和物资，猛烈地扩大解放区，缩小沦陷区。必须放手组织武装工作队，成百队成千队地深入敌后之敌后，组织人民，破击敌人的交通线，配合正规军作战。必须放手发动沦陷区的千百万群众，立即组织地下军，准备武装起义，配合从外部进攻的军队，消灭敌人。"

　　10日，日本政府向同盟国发出乞降照会，但日军大本营依然命令各地日军坚持作战。为了彻底歼灭拒降的日军，八路军朱德总司令于10日发布了战略大反攻的第一号命令。11日8时至18时，朱德总司令又连续发出第二号至第七号命令。第二号命令，命令吕正操、张学诗、万毅、李运昌部即日向察哈尔、热河、辽宁和吉林等地进发，配合苏军解放东北；第三号命令，命令贺龙、聂荣臻部从绥远、察哈尔、热河等地，向北挺进；第四号命令，命令由贺龙统一指挥山西解放军，将同蒲路沿线以及汾河流域的所有日伪军肃清，并准备接受日伪军投降和进入太原；第五号命令，命令八路军、新四军以及其他抗日人民军队将中国境内交通要道的所有日伪军队肃清，并准备接受日伪军投降；第六号命令，命令在华北对日作战的朝鲜义勇队司令武亭、副司令朴孝三、朴一禹立即率部进军朝鲜，配合苏军解放朝鲜；第七号命令，命令八路军所部在进入日伪侵占的城镇要塞后，立即实行紧急军事管制，维持秩序，保护居民，严防反动破坏分子及残留的日探奸细进行破坏活动。

党中央又于8月11日作出了《中央关于日本投降后我党任务的决定》，其中首先分析形势，认为日本投降后，蒋介石所率国民党军将积极采取向解放区"收复失地"的行动，准备夺取抗日胜利果实，"这一争夺战，将是极猛烈的"。其中还提出了目前阶段共产党的任务，"应集中主要力量迫使敌伪向我投降，不投降者，按具体情况发动进攻，逐一消灭之，猛力扩大解放区，占领一切可能与必须占领的大小城市与交通要道，夺取武器与资源，并放手武装基本群众，不应稍有犹豫"。为此，各地应迅速集中部队，脱离分散游击状态，分甲、乙、丙三等组成团、旅、师，集中行动，从而保证八路军在解决日伪时取得胜利。同时，各地均应保留一定数量的地方兵团和游击队，用来保卫地方。《决定》还明确指示：在此阶段内，陕甘宁、晋绥、太岳、河南、湖北、皖中、浙西、湘粤等地应有必要兵力防御国民党进攻，其余均用于解决日伪。随后，党中央又给各中央局和各区党委发布了一系列指示。8月13日，党中央又发出《关于应以各种方法迫使敌伪缴械问题给各中央局、各区党委的指示》，要求各地应向日伪宣传，在解放区，尤其是在华北和华中解放区，只有八路军和新四军有权接受日伪投降，并在他们投降之后，保证将他们安全遣返回国，各地将延安总部命令等普遍发给日军；各地可以放回原扣留的日本间谍，或者通过伪军伪组织等方法，向日军接洽，劝其缴械投降，以便将功赎罪；并明确规定必须执行对于已经缴械的日伪军，均应尊重其人格，不加侮辱，不去军服，不搜腰包等俘虏政策。

8月11日，日本解放联盟发出通电，声明"我们日本人民解放联盟始终为了反对这一可诅咒的战争，打倒军部而奋斗"，现在"可恶的战争结束了"，号召日本士兵"停止徒然的抵抗，立即带着武器到八路军、新四军和解放联盟来"。朝鲜独立同盟总盟也在同一天发出通电，号召"所有敌军内的朝鲜士兵，不管长官有何命令，应立即携带武器，向附近的八路军、新四军投降，本同盟将保证其安全"。

根据中共中央的命令和指示，八路军、新四军和华南地区的各抗日游击队利用处于抗日最前线的有利态势，迅速对华北、华中和华南的日伪军展开了大规模的进攻。

8月12日，晋察冀军区的大反攻作战开始了。冀察军区第一、第十一军分区等部队从东、西、南三面逼近北平，第十四军分区一部于8月20日进攻通县飞机场，另一部进攻顺义县城，经过一夜的激战，歼灭了日伪军500多人。然后，第一、第十一军分区部队主力推进到长辛店、丰台附近，第十军分区一部推进到南苑等地，从而对北平形成了包围态势。8月19日，冀中军区集中第八、第九、第十军分区等共13个团的兵力，向天津发起了大规模的进攻，其中第九军分区攻占了天津西火车站；第十军分区攻占了杨柳青、韩柳墅、杨村、北仓及其附近的车站、飞机场，切断了平津之间的交通线；第八军分区一部接连攻占了静海县城以及天津以南的陈官屯、唐官屯的火车站，另一部进攻天津南郊，迫使伪军400多人投降，冀中军区部队对天津形成了包围圈。与此同时，第六军分区部队攻克了束鹿县城，守军全部被歼灭，第七军分区部队攻克明月店据点，占领了张登等地，接着又攻入保定市，切断了平汉路的交通。除此之外，冀察军区第十二军分区的骑兵支队北上接应了南下的苏军；第十二、第十三军分区各一部向张家口市发起进攻，8月16日至19日，各部队从东、西、南三面肃清了张家口的外围，20日清晨开始攻城，经过四天的激战，终于占领了张家口及万全县城，共歼灭日伪军2000多人，缴获步枪1万多支、轻重机枪20多挺、炮50门以及大量的军用物资。与此同时，冀晋军区的第二、第三、第四军分区部队分别占领了行唐、盂县、平山县城，切断了正太路和同蒲路北段的交通，逼近太原市；第五军分区则先后占领了兴和、集宁、丰镇等地，向大同推进。冀热辽军区以8个多团的兵力，分西、中、东三路向热河、辽宁、吉林等地进军，均先后攻克了一些据点和要地，有力地配合了苏军的作战。而冀东的部队则攻克了唐山外围的古冶、赵各庄等据点，切断了北宁铁路的交通。总而言之，晋察冀军区所属各部队经过半个多月的战斗，共夺取了县城29座，切断了战区内日伪控制的铁路交通，迫使日伪军龟缩于北京、天津、保定、石家庄、唐山、太原等孤城。河北、山西两省的大部分地区得到解放。

在晋绥军区，根据中共中央军委的指示，军区在司令员贺龙、政治委员李井泉的统一指挥下，分南北两路进攻太原、归绥及同蒲路北段平绥路西段的日伪军。北线的大反攻：第一二〇师的骑兵于8月中旬先后攻克了武川、陶林等县城以及归绥以东的旗下营、白塔寺等车站；第九、第二十七团于18日攻克归绥，包围日伪军300多人。第二、第五军分区部队于16日至18日先后攻克右玉城、平鲁、败虎堡等据点，战败的日伪军向大同、朔县撤退，第五军分区部队乘胜追击，又接连攻克井坪镇、朔县城及其外围据点，切断了同蒲铁路的交通，从而使晋绥与晋察冀解放区连成一片。19日，独立第二旅的两个团歼灭驻清水河的伪军1000多人，俘敌300多人，缴获马450多匹。20日，第二军分区第五支队收复五寨境内的义井、李家坪等据点。南线的大反攻：吕梁军区司令员兼政治委员张宗逊调集第三、第四、第七、第八军分区的部队以太原为中心展开大反攻。8月15日至19日，第八军分区部队先后攻占协和堡、思西村、皇后园、南寨等太原外围的据点，并攻入太原县，在其他部队的配合下对太原形成了包围圈。为策应攻取太原，第六军分区部队攻取了奇村、忻口等据点，第三、第八军分区各一部分别攻克了吴城镇和李家垣等据点，并于21日协同第三五八旅的一个团在芦家滩歼灭日军第一一四师一部。至此，晋绥军区部队已经逼近归绥、太原及平绥、同蒲路的两侧，使得日军不得不放弃中小城镇分别向大同、太原等地集中，避免被各个歼灭的命运。

在晋冀鲁豫边区，参加反攻作战的有太行、太岳、冀鲁豫军区共26个军分区的部队，共计72个团、7个支队，19万人左右，同时还有40余万民兵配合作战。自8月10日起，太行军区主力7个团组成西进部队，向山西省以长治为中心的上党地区发起进攻，后因国民党军提前占领上党，而转北向沁县、武乡地区进发，歼灭了日军独立第十四旅及伪军各一部，控制了白晋路的一段。第七、第八军分区部队组成道清支队，于17日占领博爱县城，歼灭日军第六独立警备队及伪军共800多人，19日又占领了辉县等地，切断了道清铁路的交通。该军区的其他部队则分别攻占了河北的赞皇、梅花、彭城和山西的潞城、襄垣、昔阳及马坊、长凝、范村等数十个据点。太岳军区的主力5个团则向山西的平遥、介休发起进攻，一直推进到平遥以南的东泉镇地区。该军区的其他部队则分别攻克了运城盐池、夏县、平陆及茅津渡、石哲镇等大小50多个据点。冀鲁豫军区的13个团兵分南、中、北三路展开进攻，中路军分三路纵队向河南的郑县、开封地区进攻，攻占了延津、封丘、阳武（今原阳）等县城，歼灭日军第六独立警备旅及伪军共计3500多人；南路军3个团向开封、兰封（今兰考）发动进攻，占领了开封两侧陇海铁路；北路军是由冀南军区11个团以及地方武装组成的，在占领了河北的平乡、鸡泽、曲周、广平县城之后，向山东的夏津、清平方向发起了进攻。在民兵和游击队的配合下，该军区的其他部队则分别占领了山东的东阿、沛县、平阴、鱼台、金乡等县城以及诸多据点，继而向济南、徐州逼近。

在山东军区，日军第四十三集团军及伪军共计20多万人，仍负隅顽抗，拒绝向八路军缴械投降。鲁中军区部队于8月11日至16日先后攻克了磁村等23个据点，19日至25日又接连攻克临朐、博山，并突入胶济路中段，益都、莱芜和淄川得到解放。之后，第四师解放了章丘，第三师解放了周村和新泰，俘虏伪军5000多人，切断了胶济路西段的交通，从东南方向逼近济南。滨海军区部队于21日解放赣榆、青口，将陇海路东段的交通切断，向海州、连云逼近，控制了日照以南、新浦（今连云港市）以北的海岸线，继而向胶济路东段的日伪军发起进攻，19日解放胶县，俘伪军2000多人，700多人投降，胶济路东段的交通被切断，从而保障了向青岛进军的胶东军区部队的侧翼安全。胶东军区部队于17日攻克威海卫和牟平，18日至20

日又相继攻占石岛、福山和龙口，21 日至 23 日又占领了招远、黄县、莱阳和蓬莱，24 日解放烟台，26 日突破崂山防线，攻占流亭机场和即墨，俘伪军 200 多人，向青岛逼近。渤海军区部队于 17 日至 23 日相继解放寿光、临邑、高苑、桓台、广饶、博兴、昌邑，以及攻占长山、阳信、吴桥、临淄、辛店、淄河店等车站，歼灭和俘虏伪军共 4800 多人，29 日至 31 日，又接连攻克齐东、惠民、邹平和青城，切断了胶济路中段的交通，从东北方面逼近济南市。鲁南军区部队于 18 日攻克官庄车站，切断了津浦路的交通，19 日占领泗水和曲阜，25 日解放台儿庄，从东北方向逼近徐州市。

在华中地区，新四军各部队接连夺取了苏、皖、浙地区的敌占县城和乡村。根据中共中央和中央军委的指示，中共华中局和新四军对兵力进行了严密的部署：决定以第二、第三和第七师主力迅速出动，巩固占领津浦线西；以第四师一部配合八路军歼灭陇海路东段的日伪；以各军区武装迅即向本区内敌占城镇发起进攻。在江北，淮北军区部队先后攻克安徽省宿县西南的孙疃集、双沟等据点，歼灭日伪军一部，并占领了宿迁、泗县、泗阳三座县城。淮南军区部队则攻占了安徽省的定远、来安、嘉山、天长、盱眙和江苏省的六合等县城，切断了嘉山以南津浦路的交通，六合、浦口的伪军 3000 多人被迫投降。皖江军区部队于 17 日攻克无为县城，然后又攻占了襄安、运漕等据点，歼灭伪军 200 多人。苏北军区部队于 18 日夺取沭阳县城，21 日又攻克涟水县城，歼灭伪军 600 多人。苏中军区部队则接连攻克黄桥、姜堰、金沙、掘港等 30 多个据点，19 日又占领了扬中县城。在江南，苏浙军区第一、第三和第四纵队主力先后攻克东坝、梅渚等据点，并于 19 日乘日伪军收缩之机攻占了长兴、溧水、溧阳、金坛县城，同时还占领了宜兴西南和句容东南 50 多个集镇；第二纵队则攻克了余姚以北数十个据点，向宁波郊区逼近。皖江军区驻皖南部队攻入芜湖市区，威逼南京翼侧。鄂豫皖湘赣军区在中共中央军委的直接指挥下，以第十三旅从大悟山东进，接连攻占了魏家店、晏家河及花园车站，然后又沿平汉路南进，在孝感东北伏击并歼灭了日军一部。与此同时，各军分区部队向当面之日伪军发动进攻，仅在确山、黄陂、天门、咸宁等地就攻克了 12 个据点，共歼灭日伪军 3500 多人。河南军区以主力一部组成陇海、平汉支队，分别向铁路沿线的日伪军发起进攻，18 日攻取密县县城，22 日占领登封县城。随后，又相继攻克了回郭镇、大金店等数十个据点，歼灭伪军数百人。

根据中共中央指示，华南地区的各抗日游击队也开始展开行动。8 月 13 日，东江纵队主力一部攻占北栅、太平，歼灭伪军一部。17 日占领宝安县城，后又攻克常平、西乡、固戍等据点，歼灭伪军第三十师和日军各一部。20 日攻克厚街、赤岭和深圳等据点，切断了广九铁路的交通。21 日至 22 日，又相继攻占博罗、增城县城，并收复长洲岛和大屿山等地。珠江纵队、中区纵队、南路纵队等也分别向当面之日伪军发起进攻，收复了一些集镇。

在东北，10万大军与苏军相配合解放东北。在党中央和延安总部下达向东北大进军的命令后，有关部队立即从晋绥、察北、山东、冀热辽等地集结，迅速向察（哈尔）、热（河）、辽（宁）、吉（林）进发。之后，党中央又采取了很多措施，从各解放区抽调大批干部，尤其是抽调山东、华中的主力部队挺进东北，配合苏联红军歼灭东北境内的日伪军。晋察冀军区决定集中主力巩固察南张家口方面的同时，歼灭拒绝投降的日伪军。冀察军区主力一部在占领宣化后，又于9月19日攻克平绥铁路东段重镇新保安，随后追歼逃跑的日伪军，收复怀来、延庆、永宁等城镇，将平绥铁路东段的日伪军全部肃清了。冀中纵队第十二旅于9月29日发起蔚（县）广（灵）暖（泉）战役，经过35天的作战，歼灭日伪军3000多人，冀中广大地区得到了解放。冀晋军区向察南开进的3个团于10月1日攻克阳原县城；在阳高地区作战的第五军分区部队于12日攻克晋东北的浑源县城，歼灭伪军1300多人。11月2日，察哈尔省彻底解放。冀热辽军区向热河进军的部队一路进攻兴隆，伪满军3800人被迫投降，另一路收复围场、隆化县城，然后又攻占了承德，又一路在平泉同苏军会师，迫使伪满军1个旅缴械投降，随即又分兵占领了凌源、赤峰、朝阳地区。9月23日，热河省内的日伪军被全部肃清。

冀东李运昌部兵分东、西、中三路，一路急行军挺进东北，其中一路在曾克林的率领下，配合苏联红军占领了兴城、绥中、锦州、北镇等城，于9月5日进入沈阳，另一路先后解放了兴隆、平泉、山海关等地。李运昌部与苏联红军在山海关会师时，召开了盛大的联欢会。9月初，李运昌部又经锦州开进辽阳、鞍山、抚顺、本溪一带，对大城市实施军事管制，建立人民政权。山东万毅等部，自山东半岛的龙口、蓬莱等地出发，经海路横渡渤海，进入辽东半岛的庄河、大孤山等地。华北地区的程子华、林枫等部，由陆路经热河地区进入东北。同时，原东北抗日联军周保中、李兆麟、冯仲云所部，配合苏军进入吉林、黑龙江地区。原在东北做苦工的八路军被俘人员，组成若干股游击支队，进入长春等地。11月底，辽宁全省、吉林省南部和黑龙江西部地区获得解放，伪满军3个旅、2个团和60个县市的警察大队等约4万人以及日本关东军残部5000多人被迫缴械投降。同时，八路军部队扩建至12个步兵旅、10个团以及1万多地方武装，共计10万余人，为战后在东北建立革命根据地奠定了坚实的基础。

除此之外，从9月至11月下旬，罗荣桓率山东军区主力6万多人分3批先后从陆路、海路进入东北。黄克诚则率新四军第三师挺进东北。与此同时，晋绥军区第三十二团、冀鲁豫军区第二十一团、冀中军区第三十一、第六十二、第七十一团，以及准备南下湘鄂边的八路军游击第二、第三支队和延安炮兵学校，抗日军政大学和教导第二旅等部也先后进军东北。12月上旬，开拔到东北各地的部队共计11万人左右，另外由延安、晋绥、晋察冀、晋冀鲁豫、山东和华中解放区派到东北的干部约有2万人。八路军、新四军大批部队挺进东北后，在人民群众的支援下，与东北抗日联军共同摧毁伪满各级政权，收缴日伪军武装，建立人民政权，为东北的彻底解放打下了坚实的基础。

纵观1945年8月9日至年底的大反攻作战，八路军、新四军和华南各抗日游击队一共歼灭日军1.37万余人、伪军38.5万余人，缴获步、马枪24.3万余支，轻、重机枪5000余挺，各种炮1300多门，共收复250多座县以上的城市，并先后攻占归绥、天津、保定、石家庄、芜湖等城市，切断平绥、北宁等10余条铁路的交通，取得了全面大反攻的重大胜利。

安阳会战

1945年，八年抗战已经逼近了取得最后胜利的紧要关头。为了让抗战胜利更加迅速地到来，华北敌后根据地的军民团结一心，积极响应党中央号召，对日军展开了声势浩大的攻势。1945年5月，依据上级部署，由司令员李达、政委李雪峰领导下的太行军区为了肃清安阳的日伪据点，对安阳以西地区展开了攻势。

1. 整顿兵马，蓄势待发

安阳位于太行山南麓的东侧，平汉铁路的中部，是豫北地区的门户，也连接着豫北、冀南以及冀鲁豫地区，是重要的交通枢纽。安阳是重要的战略要地，侵华日军自然十分重视。虽然日军当时的兵力已经山河日下，但是为了苟延残喘一段时间，日军依然派遣了重兵把守此处。这时候，盘踞在安阳的日军是独立混成第一旅团的1个大队以及伪剿共第一路军。在平汉铁路安阳段两侧，日伪军都修建了很多据点，希望能够形成严密的封锁线，阻挠、封锁太行山根据地与平原地区的联系。日伪军的兵力沿平汉线排成了一字的长蛇阵：日军的独立混成第一旅团，除了在邯郸集中有1个大队之外，其他的都分散分布在平汉线高邑到安阳段两侧的地区。其第七十四大队以1个中队驻防观台以及丰乐车站，并且在水冶和众乐等重要的据点派驻了少量的兵力，大队部、士官训练队以及1个中队驻守在安阳城里，大队长是大泽。安阳以西的前锋据点，主要由伪剿共第一路军踞守。伪剿共第一路军下辖3个旅以及3个游击总队，总共4800多人。除了第一旅驻扎在磁县以外，其主要的兵力都驻守在安阳。其第二旅分散在积善、水冶和观台镇地区，旅部和第四团驻守水冶；第三旅分布在九龙山、曲沟集、王家潘流地区，旅部以及第六团驻扎在曲沟集；伪林县游击第一总队驻扎在东善应；第二总队驻扎在金家庄；第三总队驻扎在东、西两侧提供保障。除此以外，在安阳县城内还有伪保安联队以及各区常备队1000多人，分散在城关以及各区内；盘踞在汤阴地区的伪孙殿英部的暂九师以其第二十六团驻守鹤壁集、鹿楼集地区。

通过日伪军部署的长蛇阵可以看出，伪剿共第一路军的责任是坚守安阳。伪剿共第一路军的司令名叫李英，为了抵御八路军的进攻，李英专门聘请了日本的工程师设计并且监修了很多碉堡，并且为手下之人打气道："八路军对这些碉堡是没有办法的。"

李英的猖狂暂且不谈，再看接受了任务的太行军区，立即召开了作战会议。依据日伪军的兵力分布情况，经过认真研究，太行军区决定集中第三、第四、第五、第七、第八军分区的主力以及八路军总部警卫团总共9个团兵力，与当地部队进行配合，首先进攻盘踞在曲沟集和水冶镇的日军，之后转移到观台和积善等地以及东善应和天喜地区以扩大战果。其具体的部署如下：第七军分区的第一团、第四十三团，第八军分区的第二团，军区的特务营以及安汤和林县的2个独立营组建的第一支队，集中到原康和合涧地区，等战斗展开的时候，首先进攻曲沟集以及附近据点里的日军；以第四军分区的第三十二团，第五军分区的第三十四团，义勇军第五团以及安阳、林北的2个独立营组建成第二支队，集中到沈村和南北陵阳地域，战斗发起之后，首先进攻水冶镇以及附近据点里的日伪军；以第三军分区的第七六九团、第十四团、集总警卫团组建成第三支队，集中到赵家慢和西丰地区，等战斗展开之后，迅速行进，进入北曲沟一带，随时作好歼灭从各个方面增援的日伪军的准备，并且等待时机，扩大战果。对于观台、积善、东西善应、鹤壁集等据点的日伪军，由第一、第二支队组织当地武装负责钳制监视。

2. 掏心战术破敌据点

6月29日，天空中开始飘起毛毛雨。等到傍晚，太行军区各支队利用夜色的掩映，穿过日伪军的前锋据点，向纵深的伪剿共第一路军的第二、第三旅旅部所在地水冶、曲沟集进发。

依据军区的部署，太行军区的第一支队经过30公里强行，在天明之前把伪剿共第一路军第三旅旅部所在的曲沟集团团包围。由于战前通过抵近侦察已经完全摸清了日伪军的部署状况，第一支队之前就订立了攻击部署：第一、第二团配给2个工兵连以及3个民兵中队编成第一梯队，主要进攻曲沟集的日伪军据点；第四十三团组建成为第二梯队，并且负责监视王家潘流的日伪军，保证主攻部队的后方安全；第七军分区特务连、侦察队、安汤独立营，各自配给1到2个民兵中队，对黄口、边石店、九龙山、天喜、东善应等据点日伪军进行围困和监视，或者相继予以攻克。

30日2时，曲沟集周围突然枪声大作，原来是太行军区的第一支队对日伪军据点发动了猛烈的攻击。守城的伪军被激烈的枪炮声惊醒，还未放上几枪，担任主攻的第二团已经从西门北面的寨墙突袭进入了城内，接着，第一团也从北门攻进了城内。因为第一、第二团攻势凌厉，伪军有的投降，有的放弃寨墙和炮楼，向镇内逃窜。第一、第二团乘势继续追击，把日伪军残部包围在潮伪第三旅旅部以及其第六团团部困守的3个大碉堡里面。伪第三旅旅长杜有桢带领着残兵败将负隅顽抗，企图借助碉堡的坚固，等待援军。他根本想不到突击部队早就有所准备，随着几声震耳欲聋的爆炸声，3座碉堡被炸得惨不忍睹。眼看着大势已去，杜有桢不得不带着残部选择投降。此次战斗，干脆利落，只用了5个小时就结束了。与此同时，负责监视王家潘流日军的第四十三团也不甘"寂寞"，一次进攻就占据了周家岗的伪军据点，并且对王家潘流的据点展开了连续的袭扰，吓得王家潘流的日军不仅未敢出城救援，反而弃寨逃往安阳。

　　在第一支队发动进攻半小时前，第二支队就对水冶的伪剿共第一路军第二旅发动了攻击。战斗打响之后，担任主攻的第三十二团和第三十四团在密集火力的掩护下，分别从城东门与南门发起了猛烈攻击。但是，守城的伪军迫于日军的严厉督战，不得不拼死抵抗，第二旅旅长韩宝成也亲自到城头督战，主攻部队两次突击都被挡了回来。这时天已经完全亮了，如果继续攻击，不仅很难成功，而且还可能产生很大的伤亡。通过紧急开会研究，第二支队决定暂停强攻，进行迫近作业，实施坑道爆破。

　　几个小时的紧张作业之后，等到下午4点半，工兵挖出了一条直通水冶城墙下面的坑道。随着几声震耳欲聋的爆炸声，水冶的城墙被炸出两个大缺口，第二支队乘势发起第三次进攻。第三十四团借助火力掩护，首先从东北角冲进城内，紧接着，第三十二团也从南门攻了进来。

　　见八路军已经突进城中，守城的伪军立即作鸟兽散，伪第二旅旅长韩宝成则化装成普通百姓带领着自己的一部残兵逃往安阳城。这时候，水冶城内还剩下1个日军小队占据在东北角的一个碉堡里面，负隅顽抗。突击部队在喊话劝降无效的情况下，发起最后攻击，战至21时，将日军小队全部歼灭。

　　水冶之战，主攻部队获得了全面胜利，负责外围作战的部队也获得了重大战果。义勇军第五团一举攻克果园；集总警卫团一部在内线的策应下，一举攻克阜城，消灭了100多伪军独立第二团的人。

　　驻扎在安阳城内的日军独立混成第一旅团第七十四大队大队长大泽听到西边激烈的枪炮声之后，便知道情况不容乐观，紧急集结了士官训练队的日军100余人和60多名伪军，向西扑去，以解救被围困的曲沟集和水冶两地。

　　为了尽快解两地之围，大泽带领援军狂奔猛跑，等到了北流寺的时候，发现了刚刚行进到北曲沟的太行军区担任阻援任务的第三支队。大泽急忙命炮兵向北曲沟方向一通猛轰。第三支队也发现了日伪军的援军，立刻命令第七六九团以及十四团往日伪军两侧迂回进攻，把对方团团包围了起来。

第一支队攻取曲沟集后，得知第三支队在北流寺与日伪军援军激战，立即派出主力第一、第二团由东南方向对北流寺的日伪军援军侧后发起了攻击。战斗持续到10点，大泽所带领的援兵被第一、第三支队压缩包围于北流寺村内。

眼看着不能救援，而自己也被围困了起来，大泽只得带领手下日伪军拼命反抗，然而突围5次，都没有成功。战至17时，大泽所带的援兵悉数被歼，大泽本人也身中流弹，命丧黄泉。

安阳的日守军得到大泽被围困的消息，又匆忙地派遣了100多人前去救援。然而，这些人刚刚到王家邵村周围的时候，就遭到第一支队的奋力阻击。出援的日伪军怕重蹈大泽覆辙，匆忙乱放了一通枪炮，丢下尸体，狼狈地逃回了安阳城。

3. 勇追击，图胜果

和太行军区首长料想的一样，水冶和曲沟集被攻克以后，安阳西面剩余据点里面的伪军整日寝食难安，处于极度恐慌之中。形势对太行军区越来越有利了。军区首长决定借助第一阶段的胜利战果，扩大范围，一举扫清安阳西面日军残余的据点。其具体的部署如下：第一支队向南扫除九龙山、东善应等据点；第二支队扫除石官、东鲁仙各据点；第三支队向众乐之日伪军进攻。

7月1日，太行军区各个支队对安阳西面残存的日伪军据点发动了全面攻击。盘踞在东善应、石官的伪军早已无心恋战，全部缴械投降。踞守积善、众乐的伪军稍抵抗了一下，就都弃城而逃了。只剩下位于九龙山、东鲁仙和边石店的伪军还在负隅顽抗。

东鲁仙位于水冶镇西北方向，由伪军第二旅第四团二营营部带2个连驻守。

7月1日傍晚，第二支队第三十四团借助当地民兵的配合，把东鲁仙重重包围了起来。等到晚上，第三十四团又派人把伪第四团团长亲手写的劝降书送到了东鲁仙。可是，伪第二营营长自信自己的工事固若金汤，拒绝投降。

日伪军死到临头依然妄想突围，不肯缴械投降，于是，7月2日，天刚刚蒙蒙亮，第三十四团对东鲁仙发起总攻。刹那间，追击炮弹和机枪子弹像长了眼睛似的，直飞伪军碉堡。借助密集火力的掩护，第三十四团突击队一气冲到铁丝网前面，对前沿的几个碉堡里面的伪军展开了劝降。趴在碉堡里的约1个排的伪军见八路军攻势猛烈，只好举手投降。

前沿的碉堡就这样解决了，突击部队又依靠火力的掩护往纵深处逼近。这时候，负责前线指挥的第三十四团团长蒋克诚让被俘的伪第四团团长再次向碉堡喊话劝降。眼看着等不到援兵了，而八路军又逼近眼前，为了能够保住性命，伪第二营营长不得不派出副官进行谈判。当得知可以保证生命安全后，头上缠着绷带的伪营长带着残余的伪军走出碉堡向突击部队投降。

就在第三十四团对东鲁仙发动猛攻的时候，九龙山以及边石店方面拼命抵抗的日伪军也遭遇了太行军区其他支队的猛烈攻击，经过一夜的激战，顽抗之日伪军被全歼。就这样，不过4天的工夫，安阳以西、观台以南、鹤壁集以北的伪军据点，全部被太行军区扫清。

4. 观丰铁路大破袭

反攻之举如此顺利，也让太行军区的首长感到十分意外，这也极大地鼓励了太行地区军民的士气。

为了取得更大的战果，太行军区决定从7月4日开始进行安阳战役第三阶段作战。

7月4日，接到军区的命令，第一支队顾不上连日战斗的疲惫，继续朝南发动了攻击。5日8时，第一支队主力一举攻克了由伪孙殿英部暂第九师第二十六团600余人踞守的鹤壁集，之后又乘机攻占了鹤塔和曹家等据点。同时，在地方武装的配合下，第一支队一部利用伪军胆小怕死的心理，向伪军据点展开军事、政治攻势，接连攻占赖家河、时丰、唐仲、大湖、鹿楼集等据点。

第二、第三支队依据军区的部署，借助上万名地方武装的配合，对观丰铁路进行了大规模的破击，连续攻下了东、西保障和王安等据点，毁坏了铁路沿线的碉堡，日守军纷纷逃到了观台和丰乐车站。通过三天三夜的破击，渔洋到观台一带的铁路被全部拆毁。

等到7月5日，日军从邯郸聚集了900多人和一部分坦克增援安阳。7日，太行军区的破击进入高潮时期，驻守在丰乐车站的600多名日伪军紧急出动，但是刚刚露面，就被早已等候在外的第三支队发现，不得不留在丰乐站西面。这时候，太行军区原先定下的破击任务已经基本完成，为了防止日军狗急跳墙，增加中方的不必要伤亡，太行军区毅然结束了战斗。7月7日上午10点，除了留下少部分兵力配合地方武装继续在新收复的地区展开游击活动以外，太行军区的主力迅速地撤除了战场，朝林县地区进行安全转移。

安阳会战一共持续了8天，太行军区一共俘虏了2500多名日伪军，击毙、伤800多名日伪军，攻取了30多座据点，解放了1500多平方公里的土地，加强了太行山区和冀鲁豫平原在豫北地区的联系。

第二章　国民党的军事抗战

淞沪会战

1. 形势剑拔弩张

到了 20 世纪 30 年代，日本加紧了对发动侵略战争的准备，不断加剧着紧张的局势。日本运动员们戴着军人的帽子出现在 1936 年的柏林奥运会上；军事表演也在夜总会里上演着，歌舞团的女队员们也要接受军事技巧的教育；甚至连艺妓们也把积累的小费向国家捐献出来用以购买军用飞机。士兵更是如此，他们进行的军事训练是世界上最残酷的，战死沙场是最高荣誉。日本国民的心中已经被这样一种思想渗透进去，那就是要想生存，日本就必须扩张，并且要取胜。

到 1931 年，日本已将朝鲜、琉球群岛、中国东北及中国的台湾、澎湖列岛攫取。从苏联把库页岛和千岛群岛抢走后，作为第一次世界大战的战胜国，原被德国占领的马绍尔群岛、加罗林群岛和马里亚纳群岛都被它得到了。但日本的野心远不止得到这些，它要把中国征服，把世界征服。正如"田中奏折"所言：如欲征服世界，必先将中国征服。

日本在东北站稳脚跟后，其全面侵华的步伐进一步加快。"九·一八"事变后，日本向上海不断增兵，企图把新的侵略基地建立在中国中部。1932 年 1 月 28 日，日本侵略军向上海闸北悍然进攻，由此爆发了"一·二八"事变。在上海驻守的国民革命军第十九路军总指挥蒋光鼐、军长蔡廷锴向全国通电："尺地寸草，不能放弃，"不畏强暴，奋起抵抗。经过 100 多次战斗，苦战 33 天，日军被迫三易其帅，有上万士兵损失。但日本最后还是凭借《淞沪停战协定》，获得了日军在上海的留驻权，而中国军队在上海周围不能驻守设防。

1933 年 1 月至 5 月，日军向长城各口侵入，将热河侵占。凭借《塘沽协定》，日本将侵略华北、直取平津的通道打开了。其对华的侵略从此进入到一个新的阶段。

1935 年 5 月，爆发了"华北事变"。5 月 29 日，日本关东军天津驻屯军以中国当局破坏《塘沽协定》为借口，要求对华北行使统治权，并将大批日军从东北调集入关，用武力威逼要挟。

同时，国民政府又令察哈尔省民政厅长秦德纯与土肥原贤二谈判，以换文方式达成《秦土协定》，内容为：同意成立察东非武装区，撤出在察哈尔东驻守的第二十九军全部人员，撤销察哈尔省主席职务，并对日本今后在察省的自由来往等作担保。

57

至此，中国丧失了在冀、察二省的大部分主权。11 月，又策划"冀东事变"，由国民党政府特派蓟密区行政督察专员殷汝耕在通县成立"冀东防共自治政府"，使冀东 20 余县脱离了中国政府的管辖。11 月，中国政府又被迫在北平成立以宋哲元为委员长，由日方推荐的王揖唐、王克敏等为委员的

淞沪会战

"冀察政务委员会"，实际上使冀察两省都在中国行政区域之外了。中华民族已面临着空前严重的危机。

1936 年，日军在华北集结，并开始骚扰、挑衅西自成都、东到上海、南至北海的辽阔区域。日军军舰向青岛、上海和长江各口长驱驶入，对中国大有鲸吞之势。

1937 年 7 月 7 日，日军射击宛平城并对卢沟桥进行炮轰，全面侵华战争爆发了。7 月 17 日，蒋介石就卢沟桥事变发表讲话，向全国发出号召："如果临到最后关头，便只有拼尽民族的生命，以求国家生存"；"如果战端一开，那就是地无分南北，年无分老幼，无论何人，皆有守土抗战之责任，皆应抱定牺牲一切之决心"。7 月 19 日，这一讲话以《最后关头》为题公开发表在报纸上。

但此时，蒋介石对卢沟桥事变仍抱有用和平外交的方法来解决的希望。7 月 30 日，北平、天津相继陷落。平津被攻占后，按预期战略目标，日军主力南下，企图迅速将上海占领，向南京进逼，使国民党政府被迫完全投降。到此时，蒋介石判断中日会不可避免地进行全面开战，才不得不提出"现在到最后关头，已无和可言"。8 月 14 日，国民政府外交部发表声明，宣称因为日本无止境的侵略，中国被迫实行自卫，抵抗暴力。这时，已经打响了淞沪抗战。

2. 战斗在上海打响

德川幕府末年，日本提倡"北割满洲、南收台湾，进取中国"之议，明治维新之后，"北进朝鲜再经满洲入北京，南下琉球经台湾转而夹击中国"的"蝎形政策"进一步决定。1927 年，田中义一召开东方会议，决定对中国进行自东北及东南同时进攻的双向攻势，以对整个中国沿江沿海的富庶区域进行掌控，把整个中国鲸吞，这进一步发展了"蝎形政策"。在这一政策下，日本把中国东北占领后，把其侵略中国的重点区域放在东南沿海，而在这一区域，上海是其首攻目标，先有 1932 年的

"一·二八"事变，继有1937年的"八·一三"事变。

上海是中国的经济、金融中心，也是中国最大的城市，是当时世界第五、中国最大的军港，不仅是进入江浙地区的海上门户，也是溯长江进入中国内地的水上咽喉。把上海控制住，则可沿长江上行，对华北、华中都会构成极大的战略威胁。

"七七"事变后，日本在上海有咄咄逼人的行动。8月初正在台湾参加演习的日本海军第三舰队既定任务突然被中止，由司令长官长谷川清奉命作侵略上海的兵力部署；随后又动员了日本驻沪的各种军事人员，日夜进行激事演习；与此同时，日本国内的正式陆军也已全面动员，待命出动。面对这一局势，张治中的建议被国民政府采纳，决定一旦判明日军即将对淞沪发起进攻，应采取"由我先发制敌"战略。当时蒋介石有这样的战略考虑：固守华北战场以争取时间，华东则以进攻争取主动。南京最高军事当局开始向京（南京）沪一带调集各地军队和物资，准备开战。

8月12日清晨，第八十七、第八十八师由京沪警备司令张治中率领，向上海市区挺进，市民们早上醒来，发现中国军队出现在街头路边，情绪高昂，惊喜交集。

张治中本决定在8月13日拂晓前完成对虹口、杨树浦日军据点的攻击准备，趁着日军措手不及，一举拿下上海。但南京统帅部突然下令，不得进攻，计划就这样被打破。是日，在八字桥一带的驻沪日军向中国士兵开枪。第二天，中国军队开始正式反击，举世瞩目的淞沪会战就此正式拉开序幕。

淞沪会战大体分三个阶段。

第一阶段，8月13日至9月17日。中国军队采取进攻态势，对日军在沪据点进行猛烈攻击，对日军后方援助部队沿江登陆进行阻击。

第二阶段，9月18日至11月4日。这是双方相持阶段，在刘（行）罗（店）公路、蕴藻浜、大场地区及苏州河沿岸进行激烈战斗。

第三阶段，11月5日至11月中旬。11月5日，日军一部从杭州湾登陆，迂回侧后对上海进行合围，淞沪地区守军腹背受敌，有被围歼的威胁，第三战区司令长官部于11月8日下令全军从淞沪地区撤离，转入南京保卫战。至此，上海除租界"孤岛"外，全部沦陷，淞沪抗战历时三个月也随之结束。

淞沪会战是中国军队首次采用大规模集团军作战方式对日本侵略进行的反击。会战中，中国方面先后共有20个军、50余个师投入进来，加上中央军校教导总队、税警总团和部分地方保安团队，共计兵力70多万，有20万余伤亡。日本方面先后投入海军陆战队和陆军部队14个半师团，共约28万人，动用三四十艘军舰，三四百辆战车，400余架飞机，有5万多人伤亡。三个月的时间里，百万军队在淞沪鏖战，大上海成为战火纷飞、硝烟弥漫的抗日沙场。

3. 八百战士誓不退让

淞沪抗战打响的第二天，第八十八师第二百六十四旅旅长黄梅兴率部对虹口日本海军陆战队司令部进行攻打时，一发迫击炮弹将其击中，壮烈牺牲。黄梅兴，1897年生，广东平远人，在黄埔军校第一期毕业，是淞沪抗战中殉国的首位高级将领，后被国民政府追授为陆军中将，并特准其灵柩在南京雨花台安葬。

罗店，是上海西北郊外的一个普通小镇，不过数千人口，但位居淞沪战场各战略要地的中间，它的得失与整个战役的走向有直接的关系。8月25日下午，蒋介石亲临南翔前线指挥部视察，并召集第三战区总司令冯玉祥、副总司令顾祝同及各集团军师以上将领对战局进行讨论，最后蒋介石对陈诚作出指示：罗店非常重要，要不惜一切代价将其守住，把日军赶到江里去！小小罗店，双方不惜投入重兵反复争夺，造成拉锯之势，双方各有9000余人死亡，罗店被日军称为血肉磨坊。此役中，第十一师第一一〇旅旅长蔡炳炎中弹牺牲。张治中对蔡炳炎非常熟悉，闻他阵亡，曾赋词一首以寄托其哀思，词云："寡言少语，忠厚老实。离乡从军，纵马横刀十余年，尽心尽职。淞沪战役挺身出，高举抗日救国旗。罗店战身先士卒，功德传后世。"在对罗店进行激烈争夺时，蒋介石甩下一句话："夺不回罗店，师以上军官统统枪毙。"

第九十八师第五八三团三营在宝山驻守。9月1日，日军以宝山城为中心目标实施全线进攻，5日，日军已将三营重重包围。当晚，师部派通信兵穿越封锁线进入宝山城传达命令，要三营对宝山进行死守，等待援军。营长姚子青代表全营表示：誓死守卫宝山城，与日军决一死战。姚子青又向师部发电："职营官兵均抱与敌偕亡之决心"，"一息尚存，奋斗到底！"6日，日军再次向宝山猛攻，先用大炮对城垣猛轰，然后在坦克和飞机掩护下，步兵从城东、南、北三面纷纷涌入。7日，姚子青营撤离城墙，在内城与日军展开激烈巷战。但孤立无援的三营难以阻止占优势的日军的打击，逐渐被日军占领城中全部工事。姚子青看到坚守已无望，想率残部杀出一条血路突围。他与数十名士兵从宝山城东门发起反冲锋，但在接近城门时姚子青中弹倒地，流尽了最后一滴血。三营其余官兵直到最后一刻也在战斗，最终全部壮烈牺牲。宝山城陷落后，国民党中央执监委员会向全国通电："宝山之死，姚子青全营与孤城并命，志气之壮，死事之烈，尤足以动天地而泣鬼神。"

蕴藻浜与京沪铁路以及淞沪铁路构成一个等边三角形，是上海仅次于黄浦江和苏州河的第三大河，沪太公路也与其相交，是上海北郊的水陆交通要道。蕴藻浜的背后就是各地向淞沪前线奔赴的部队集结地——大场，若日军将大场防线突破，那么其西取南翔，南下苏州河简直是轻而易举。

从9月末到10月，在蕴藻浜区域进行的作战已经极度的激烈和残酷。作战的唯一目的就是"死守",部队一上火线,无论将校还是士兵,除了重伤和战死,任何人都不得撤离,除非上级下达调防的命令,否则必须与阵地共存亡。据一般估算,在这 20 多天里,中国军队平均每天有接近 5000 人伤亡。西北军第三十二师进入阵地时,有 15 个营,8000 人上下。上阵两天,营长以下军官全部壮烈牺牲,8000 名士兵已达到 3500 人左右的损失。湖南部队第七十七师的一个团进入阵地 14 日,三个营长有两个阵亡,15 个连长有 14 个伤亡,全团士兵只剩下 500 余人生还。

10 月 26 日起,中央作战军主动把北站到江湾之间的阵地放弃了。为向国际社会表明中国军队仍在上海坚守,第三战区司令部决定留下第八十八师第五二四团的一部,再把必要的特种部队配属交由团副谢晋元率领,在紧依苏州河北岸紧靠租界的四行仓库坚守。

10 月 27 日凌晨,谢晋元率部向四行仓库挺进时,中国守军主力在夜色中已经撤离。谢晋元在战前对全体士兵进行动员,他说:"国家兴亡,匹夫有责。我们是中国人,要有中华民族的志气。现在日军包围了四面,这个仓库就是我们的根据地,同时也可能成为我们的坟墓,但只要还有一个人在,这片土地就是我们中国的!"

在谢晋元团对四行仓库坚守的第三天,日军向国际上宣布,日本已全部占领上海。但当天他们对四行仓库的第六次进攻仍是失败。这天晚上,一名叫杨惠敏的小姑娘把一面临时制作的中国国旗紧紧地裹在身上,把童子军制服套在外面,巧妙地穿过日军的重重包围,渡过苏州河,把这面旗帜交到了谢晋元手中。第四天凌晨 4 点钟,谢晋元让三名战士在四行仓库的楼顶上把这面国旗升起来。

坚守四行仓库的第四天,谢晋元率部将日军的第七次进攻打退了。这时,南京大本营命令第八十八师:四行仓库的坚守行动预定目的已达,即日撤离。按照命令,谢晋元把楼顶上的国旗降下,于 31 日零时率部从坚守了四天的四行仓库向英租界撤入。

1941 年 4 月 24 日,有汉奸将谢晋元刺杀。蒋介石闻讯撰一挽联,对谢晋元率部固守四行仓库的事迹予以高度评价:"坚苦矢成仁,终古光腾孤岛血;英魂应不泯,从今怒吼浦江潮。"

谢晋元率"八百壮士"(实 400 余人)对四行仓库进行坚守受到了社会的广泛关注和尊敬。参加过第一次世界大战、时任英军驻沪总司令的史摩莱特少将非常感慨地说:"我们都是经历过欧战的军人,但我还从来没有看到过比中国壮士最后保卫闸北更英勇、更壮烈的举动了!"租界的英国军人也多次表示愿意对谢晋元团退入租界进行帮助,并对他们的人身安全提供保障。但谢晋元谢绝了,他坚定地说:"我是一名军人,身可死但枪不可离,没有命令虽死不退!"

在国内,"四行孤军八百壮士坚持抗战"的消息轰动一时,对国人进行着鼓舞和激励，正如《八百壮士》歌所唱的："中国不会亡，中国不会亡，你看那英雄的谢团长；中国一定强，中国一定强，你看那八百壮士孤军奋守东战场。四面都是炮火，四面都是豺狼。宁愿死，不退让，宁愿死，不投降……同胞们起来！同胞们起来！快快赶上战场，拿八百壮士做榜样。中国不会亡！中国不会亡！"

4. 各界力量慷慨赴战

参与淞沪会战的 70 万部队，有来自四川、广西、湖南、陕西等地的地方军，也有所谓的蒋介石的嫡系部队。不少地方军曾经积极参与过军阀战争，与蒋介石政权有重重的矛盾。然而当整个中华民族受到日军魔爪的蹂躏时，他们闻义赴难，朝命夕至，唯国民政府马首是瞻，中华民族的空前团结被表现得淋漓尽致。

李宗仁、白崇禧领导的桂军，1929 年曾与蒋介石的中央军有过一场大战，是谓蒋桂战争；1930 年的中原大战，桂军再与蒋介石部展开战斗。中日淞沪开战后，桂军第七、第三十一军 6 个师经长途跋涉来到淞沪战场，李宗仁、白崇禧都到了南京，并到上海视察，多年的蒋桂分裂，开始合作。蕴藻浜一役，桂军 6 个师全部投入，白崇禧亲临前方指挥。桂军素以善于野战，骁勇悍强著称，亦有很高昂的抗战意志，但武器陈旧、新兵很多，对现代战争又缺乏经验，激战一日，损失惨重，当晚只好另派部队接防。

"七七"事变后，川军 7 个集团军，另有一军一师一旅共 40 万余人，先后向抗战前线开赴。抗战八年中，四川（包括当时的西康省）提供了近 300 万人的兵源以对前线部队进行充实，占全国同期实征壮丁 1405 万余人的五分之一！

"七七"事变发生的第二天，四川省主席、川军领袖刘湘向蒋介石致电，同时向全国通电，呼吁全国总动员，一致抗日。8 月 25 日，他发布《告川康军民书》，号召四川军民为抗战作巨大牺牲，对于抗战"四川人民所应负担之责任，较其他各省尤为重大！"川军各将领全都请缨抗战。

1937 年 9 月 5 日，川军开始出川抗战。四川各界在成都少城公园对出川抗敌将士进行欢送，刘湘、邓锡侯等将领莅会讲话，表示抗战决心。纵队司令唐式遵，极其顽固，又善于拍马，人们骂其为"唐瘟猪"。此时，只见他向台前走去，慷慨陈词："此行决心为国雪耻，为民族争光，不成功，便成仁，失地不复，誓不回川！"他还朗诵了一首改写的诗以明其志："男儿立志出夔关，不灭倭奴誓不还，埋骨何须桑梓地，人生处处有青山！"展现的完全是另外一种军人形象。此次欢送，少城公园战旗飘扬、人山人海，慷慨激昂处，数万军民每每挥泪如雨、掌声不断。

淞沪会战中，川军第四十三军第二十六师和川军第二十军参加了作战。川军的装备很落后，如第二十六师，一个连仅有八九十个士兵，轻机枪只有一挺，步枪只有五六十支；有的枪已经使用很久，都没有来复线了，还有少数步枪用麻绳系着机柄以防失落。川军甚至都无力购置雨衣，行军时只好带着雨伞。与这样的装备抗衡的是日军的飞机大炮。川军虽有惨重伤亡，但仍毫无惧色，前仆后继。第二十六师官兵英勇顽强鏖战七昼夜，多次将日军进攻击退，被誉为参加淞沪抗战的 70 多个师中成绩最好的 5 个师之一。同时也付出了极为惨重的代价，全师 4000 多人，会战结束后仅有 600 多人生还！

杨森担任第二十军的军长，在内战时留下了恶名，但在淞沪抗战中同样视死如归。10 月上旬该军参加蕴藻浜战役，不到 7 天，有营、团长 10 余名，连、排长 280 余名伤亡，士兵伤亡达 7000 余人。这个军原有两个师，从阵地撤出至嘉定境内整编，只能缩编为两个旅。

5. 战略意义重大

淞沪会战，中国军队将 5 万余日军歼灭，但付出了 20 万余人伤亡的代价，虽然最后失去了上海，没有取得战役的成功。但从战略上看，则是另外一种现象。其一，淞沪会战将侵华日军的主力吸引过来，淞沪战场实际取代华北战场成为日军侵华和中国抗战的主战场，从而使日军的进攻方向从由北向南变为由东向西，这对日后中国军队的抗日正面战场有着至关重要的意义。其二，淞沪会战将日军速战速决的战略企图打破了。战前日本军国主义者非常狂妄，认为中国军队一击即败，他们认为，只要日本在内地宣布动员或大批列车从山海关一通过，中国就会最大限度地被征服，通过这次会战，即可把一切问题解决。日本陆相松山甚至扬言："支那事变可以在一个月内完全结束。"日本军部较为谨慎，也估计"大约有两个月的时间可以结束"。淞沪一战，使日军短期内将中国灭亡的企图化为泡影，显示出日军必将会持久地陷入泥潭之中。其三，日军的进攻并没有将中国的抵抗力量摧毁，更没有将中国人民的抗战意志动摇，此战不仅对日军的狂妄叫嚣进行了打击，而且对全国人民的抗战信心和勇气也有一定的鼓舞。

平型关战役

1. 国共合作坚持抗日

西安事变以后，周恩来参加了由宋子文、宋美龄与张学良、杨虎城几人组织的谈判。经过两天商谈，宋美龄等人作出了"停止剿共"以及"三个月后抗战发动"等承诺。周恩来在宋氏兄妹的陪同下于 1936 年 12 月 24 日晚与蒋介石会面，当晚蒋介石再一次当面向周恩来表示了停止剿共、联红抗日的决定。此次会面和平解决了西安事变，使国共两党持续了 10 年的内战得以结束，两党的第二次合作开始了。

1937年1月，蒋介石停止"剿共"，开始与共产党就有关的合作事项和红军的改编问题进行谈判。毛泽东等红军领导人在"七七"事变发生后的第二天与蒋介石通电话，表示愿意"为国效命，与敌周旋，以达保土卫国之目的"。7月14日，叶剑英向南京政府作出表示：愿意成为八路军在蒋介石指挥下人马最多的一个师。红一军团在红军中占有非常重要的地位，红一军团的前身参加过秋收起义和南昌起义，是长期由毛泽东直接领导和指挥的一支部队，在中华人民共和国的十位开国元帅中，有八位都在红一军团工作过。而第一一五师的领导层大部分都属于红一军团的指挥员，师长就是原一军团军团长林彪，原一军团的政治委员聂荣臻任副师长，原一军团的政治部主任罗荣桓任政治部主任，副主任则是原一军团二师政委肖华，参谋长周昆也是原一军团的。所以第一一五师堪称八路军第一师。

第一一五师是八路军中第一个横渡黄河，与日军进行交战的师。第一一五师遇到的第一个对手是日军第五师团。1873年，日本将全国分成6个军管区，并下达"征兵令"，大量征兵。随着其对外扩张的野心日渐膨胀，日本开始将各镇台改编为拥有步、骑、炮、工诸兵种的军师团，师团拥有大量的兵力装备及强大的独立作战能

辎重队行军

力，是日军进行作战的基础力量。日军首批6个师团就是专为对外扩张而设立的，侵略矛头直指中国。第一一五师遇到的第五师团是日本首批建立的6个师团之一，日本人称这个师团为"钢军"。在察哈尔作战后，第五师团向山西北部大举进犯，相继占领大量地区，而后主力直逼平型关，企图一举突破内长城防线，达到攻占太原的目的。

国民党军队当时已退守至雁门关、平型关一带的长城防线。为配合国民党军队作战，八路军第一一五师来到平型关东南的上寨、下关地区集结。在平型关地区，第一一五师与日军第五师团第二十一旅团遭遇，著名的平型关战役由此打响。

2. 双方的战略构思

蒋介石与毛泽东对于与日军交战的策略有着不同的构想。

国民党政府对于抗日战争的基础战略是"持久消耗战"，并有"以空间换时间"

的具体口号，将"积小胜为大胜"作为具体的实施方案。但是，在实际的战场上，国民党政府却采取了与总战略方针并不一致的单纯防御战术，选择了阵地战和"填空式"打法，并命令必须要与阵地共存亡。在先前的防守部队被打垮以后，再调派部队补充上去。淞沪会战就是这样一个典型。这种打法实际上是把大量的作战力量禁锢在阵地里，被动抗击日军炮火的猛烈攻击。蒋介石曾经说过这样一句话："我们死伤一个半至两个人，日本一定要死一个，但是我们有四万万同胞，他最多只有六千万人口，我们还拼不过他们吗？"但是这种消极的防御战术却是以中国军队人员的大量消耗换来日军的少量消耗，在淞沪会战之后，有人痛彻地分析："我方大量牺牲，必须要敌人也大量牺牲，这才能算是消耗战，我们的牺牲才有代价。倘若用血肉之躯与铁弹相拼，牺牲一师再填一师，我方伤亡惨重而敌方损失无几，这样的消耗战，不能算作消耗战，而是消耗自己的力量，其结果，非败不可。"

毛泽东非常不赞同这种以单纯防御为基础的阵地战打法。他提出，中日战争是一场艰苦而持久的战役，八路军的战略方针应当是独立自主的游击战争，要尽量避免八路军的伤亡，避免同日军展开兵力消耗战和大兵团运动战。最初，中国共产党内很多的高级指挥员都想为国家为民族立功，在抗日战争中一显身手，多倾向于打成团成师消灭日军的运动战，觉得只打游击战不够轰轰烈烈，对毛泽东的"独立自主的游击战"提出了很多不同的意见，如刘伯承提出"游击运动战"，彭德怀提出"独立自主的山地运动游击战"。但在洛川会议上，中国共产党确定了"基本的游击战，但不放松有利条件下的运动战"的战略方针。

1937 年，30 岁的林彪善谋筹略，而且带有年轻人的锐气。在洛川会议上，林彪并不同意打游击战。他在会上说，应该搞大兵团作战，主要打运动战。他觉得在内战时期，曾经整师歼灭过国民党的军队，那现在日本侵略军一样可以干掉！会后，毛泽东曾专门找林彪强调了全党全军统一思想的重要性。然而这一次，当林彪发现平型关地区的有利地形时，还是决定放弃山地游击战，打一场规模不小的伏击战。

平型关，地处恒山、太行山的交接处，两山峡谷中纵贯一条通道——蔚县至代县的公路，是与灵丘、冀西、山西腹地相连接的、直逼太原的一处交通要道。平型关在先秦时被称为瓶形寨，金代被称为瓶形镇。顾名思义，这里的地势如同一个瓶子，口小肚子大，瓶口为老爷庙，瓶肚子就是十里乔沟。乔沟地形狭长，无论是部队进入还是重型的武器都很难展开发挥，难攻难守，非常适合伏击战。

即便如此，林彪还是有些顾虑，他必须要重视毛泽东对于游击战的再三强调。于是，林彪征求了副师长聂荣臻的意见。林彪说："这一战我至少有八成的把握可以取胜。"聂荣臻听后说："既然有八成把握，那就不要再犹豫了，下命令吧。"

在平型关战役后，林彪终于认识到在抗日战争初期，伏击战的重要性，他说："敌人不仅需要靠后方输送，就连粮食都需要从日本千里迢迢送过来。他们的后方线已超过千里。在这种状况下，如果把他们的后方直接切断，他们的处境便可想而知，直接可以令他们进退两难。所以在敌后方线上开展游击战是非常有必要的，并且在中国军队目前的兵力及装备技术条件下，经常开展集中兵力的运动作战，是不合时宜的。"

3. 平型关伏击

知己知彼，方能百战不殆。第一一五师指挥员在大战前反复查看了平型关的地形，哪怕是一个最细小的环节也不放过。第一次，林彪带着几个侦察员深入调研，在平型关附近对周围的地势作了一次缜密而全面的侦察。回来后，他与聂荣臻等人交换意见后，把伏击的主要地点确定在乔沟。第二次，他带上团一级的干部和几个侦察员化装侦察，为了掩人耳目，他专门换上了当地老百姓的装束，把自己打扮成本地的农民，并告诫随行人员，要注意言行，低调前进，以免引起行人的注意。第三次侦察做得非常细致，为具体的战斗做足了准备。

在上寨村内的一座农家大院里，第一一五师于 1937 年 9 月 23 日召开了一次战前动员大会，连级以上干部全部参加会议。林彪鼓舞大家说，为了提高八路军的声望和威信，并给予友军有力配合，这次一定要在平型关打一个漂亮的伏击战，给日军以有力打击。

林彪分析情势后判断日军可能会在 9 月 25 日进攻平型关，于是命令各部队准备在 9 月 24 日晚 12 时出发，在天亮前进驻预先计划好的埋伏阵地。

第一一五师师部下达的部署是：第六八五团由杨得志带领埋伏在东侧，第六八六团由李天佑带领埋伏在西侧，从两侧夹击公路，待日军进入埋伏圈范围后，两面夹击，防止日军向两侧逃跑。在老爷庙缺口处的高地下面架起 4 挺重机枪，两边各架 3 挺轻机枪，一共是 10 挺机枪。待日军完全进入包围圈后，立刻将缺口封锁，来个关门打狗。张绍东的第六八七团守在平型关东北的山地上，放过先头进入伏击圈的日军，把日军的退路死死堵住。杨成武的独立团在驿马岭负责阻击涞源、至灵两个方向的日军援助部队。第六八八团作为总预备队，暂时不动。根据这一计划，师、旅的指挥阵地在中央高地与团的指挥阵地构成三角形。全团的指挥阵地设在营与营之间，以便及时地传递消息，作好协调指挥。

9 月 23 日，当地百姓说，五台山那边阴云密布，按照以往的经验，两三天之内，一定会有大雨。林彪听后认为，如果真的下大雨，那么日军的运输车一定很容易陷在泥浆中，武器火力也必然会大大降低。

果然如百姓所说，次日午夜时分，天空下起了大雨。第一一五师的指战员们冒着秋日的风雨向伏击阵地挺进，在黎明到来之前，第六八五、第六八六、第六八七这三个团全部进入预定阵地。第一一五师指挥所安扎在中央高地上的一片密林中，四周荒草丛生，隐蔽性十分高，并且视野开阔，俯首瞭望几乎可以纵览整个战场情况。

日军第五师团的师团长板垣征四郎对平型关的地形并不陌生。1937年板垣52岁，在当时日本的同级将领中，论资历，论筹谋，都无人能与其比肩。阎锡山早年留学日本士官学校时，板垣曾是他的教官。就在几年前，板垣曾以私人身份拜访过阎锡山。这次板垣沿滹沱河谷至唐河古道作了一次详细的地势调查，对这一带的重要军事位置都作了详

平型关大捷

细的标记。以板垣的军事经验，自然知道平型关地形是八路军设伏的最佳的战场，但是他显然没有把这一点放在心上，所以他只能在平型关战后为自己的大意轻敌而感到悔恨了。

4. 一一五师的胜利

1937年9月25日7时半，由三浦敏事少将带领的第五师团第二十一旅团近4000人挺进了平型关。由于刚下完雨，道路狭窄又非常泥泞，日军的车马都拥挤在一起，行动非常缓慢，呈现堵塞的态势。汽车上的日军浑然不知自己正在一步步钻进八路军第一一五师的预伏圈。他们的心情还很轻松，有的打瞌睡，有的在嬉闹，整体部队都是一副松散的态势。

当日军走入包围圈后，第一一五师抓住战机，突然下令全线开火，两侧山坡上顿时如枪林弹雨。在第一轮枪声中，日军最前面的几辆汽车被瞬间击毁，一下子堵死了前方的出路而导致后方车马人员相互拥挤撞击，一片混乱，寸步难行。骄横的日军突然遇到袭击，一下子被打蒙了，乱糟糟的不知所措。见此情景，林彪命令杨得志、李天佑趁日军尚未反应过来之际，迅速下山，冲上了公路对面的制高点。与此同时，第六八五、第六八六两个团再次向谷底发动了凶猛的冲锋，将日军的部队切割开来，分片包围。

但是，开始被打蒙的日军很快调整过来，显示出他们有序的战斗力。在失去部署指挥的情况下，他们自发地分成一个个小团体，每三人为一个小组，背靠背，与八路军十几个战士展开拼杀。而一些班排级的小股日军，居然可以战术性地洞察八路军的薄弱环节，抓住机会进行反攻。其中一股日军利用地形掩护悄悄接近第六八六团一营的机枪阵地，发起突袭，竟然夺取了八路军一个机枪排的阵地。同时，被打晕的日军们开始清醒过来，迅速集结到一起，以汽车作掩护，快速向公路附近的制高点冲去。

此次战役结束后，林彪写了一篇名为《平型关战斗经验》的文章，他指出："敌人确实有战斗力的，也可以说，我们过去从北伐到苏维埃战争中还不曾碰到过这样强的敌人。"在战场中，日军"能各自为战，虽打败负伤了亦有不肯缴枪的。战后只见战场上敌人尸骸遍野，却捉不着活的。"日军的伤兵不但会使用武器进行顽强抵抗，并且还会与八路军战士肉搏，他们用牙咬，用石头砸，用身体撞，无所不用其极，就算死了，也不想把武器装备留给八路军。他们很多人都把自己手中的武器摧毁，要么砸坏，要么炸烂。

八路军第六八五团与日军反复争夺制高点，钳制住日军一字长蛇阵的蛇头，同时张绍东的第六八七团在乔沟一线按住了日军的蛇尾。

李天佑的第六八六团与日军在老爷庙一带展开了激烈的争夺战。老爷庙一带的地形南低北高，再往北是制高点老爷庙，占领了老爷庙就等于掌握了战场的主动权。第六八六团攻占老爷庙时，遭到日军集中射击，伤亡很大，其中第九连最后只剩下10余人。第六八六团冲上公路后再一次与日军扭杀在一起，经过惨烈的刺刀拼杀才将日军制服，但这时老爷庙已经被日军占领了。所幸日军对于山地战并不精通，他们只安排了一小股兵力镇守制高点，而没有部署强大的火力。第六八六团调集第二营和第三营，多路突击，浴血奋战，消灭了老爷庙上的所有日军，成功占领老爷庙。

在第六八六、第六八五、第六八七三团在乔沟一带与日军激战的同时，杨成武所属独立团也在驿马岭全力阻击日军的援兵。当日下午4时许，杨成武得到了撤出阵地的命令，但是他没有马上撤出，而是下令乘胜追击，意外收复了被日军占领的涞源县城。

平型关战役，八路军第一一五师经过浴血奋战，伤亡将近900余人，歼灭日军1000余人，击毁汽车100多辆、大车200多辆，缴获九二式山炮1门、轻重机枪20多挺、步枪100余支、掷弹筒20多个、战马53匹、日币30万元以及大量的食品和棉衣。日本在1973年出版的《滨田联队史》中记载："汽车一过关沟村即与敌遭遇，当即火速下车，令吉川中队向北边高地，内藤中队向南边高地，狙击中队协助龙泽中队从中间平地进行攻击。然后敌人以狙击炮、重机枪猛烈射击，兵力看来也比我方多十几倍。尤其吉田中队正面之敌举起军旗、吹起军号，士兵各自扔出手榴弹反扑过来。我方寡不敌众而毫无办法。9 月 28 日，龙泽中队得到友军的支援后，勇气百倍地再次继续前进，此时遇到意外情景，刹那间所有人员吓得停步不前。冷静下来看时，才知道行进中的汽车连队已遭到突袭全部被歼，100 余辆汽车惨遭烧毁，每隔约 20 米，就倒着一辆汽车残骸。公路上有新庄中佐等无数阵亡者及被烧焦躺在驾驶室里的尸体，一片惨状，目不忍睹。"

5. 一战扬威名

平型关一战，将板垣师团打得丢盔卸甲，措手不及。在日本国内掀起了轩然大波，先是 9 月 25 日晚上，东京广播电台播出一条爆炸性新闻："皇军最老的王牌第五师团在山西北部山岳地带遭中国军队的突然袭击，一名高级军官阵亡……"日军大本营连续急电驻天津的华北方面军司令部，命令立刻调查出阵亡高级军官的姓名。但是还未等华北方面查清情况，第二天东京就传开了"板垣征四郎被击毙"的消息，有的报纸更是将"板垣之死"与其岳父——日俄战争中在奉天红土岭战斗中战死的"军神大越"联系起来。板垣的死讯甚至传到了盂县的第五师团司令部。

平型关虽然是一个规模较小的战役，但却是中国军队在华北战场上主动歼灭日军的第一个大胜仗，打破了一直以来日军不可战胜的神话。不仅牵制了日军第五师团的进攻，支援了平汉铁路和同蒲铁路线上的国民党作战。更重要的是它有力地打击了侵略者的嚣张气焰，振奋了全国人民的士气，提高了中国共产党和八路军的声威，将国共在民族存亡的关头愿意携手、同仇敌忾、血流一处的英勇精神体现出来！这对国共和平共处、谈判也有些实际帮助，其政治上的意义是远远大于军事上的。八路军一一五师从此一战成名。

平型关战役大捷的消息令全国军民感到无比振奋，一时间士气高涨，雄心勃发！各地祝捷的贺电、贺信像雪片一样飞向延安，飞向八路军总部和第一一五师。毛泽东在延安的窑洞里看到战报之后，大为振奋，他即刻起草中央军委给第一一五师的贺电，热烈祝贺了战役取得的辉煌胜利。蒋介石也致电朱德、彭德怀说："二十五日一战，奸寇如麻，深堪嘉慰，尚希益励所部，继续努力。"叶挺后来对平型关战役与台儿庄战役、万家岭战役作出了"鼎足而三，盛名当永垂不朽"的评价。

徐州会战

1. 夹击徐州

1937 年 10 月 13 日，日军在占领了南京以后，更加肆无忌惮起来，更加看轻中国的军队。12月14日，日本在北平建立了以汉奸王克敏为首的"中华民国临时政府"。12月24日占领杭州，紧接着27日占领了济南。1938年1月16日，日本政府发表声明："今后不以国民政府为对手"。日军华北方面军多次向统帅部提出"为使华北、华中连接起来，进行徐州作战以及对武汉之敌施加威压"的建议。为了贯通南北战场，迅速实现灭亡中国的侵略计划，日军决定以南京、济南作为基地，从南北两端沿着津浦铁路夹击徐州。

徐州地处江苏省西北部，位于黄、淮两河之间，是一个地理位置非常重要的城市，地据鲁豫皖苏4省要冲，为津浦、陇海两铁路的枢纽。徐州周围，山峦重叠，河川纵横，在中国军事史上，向来都是兵家必争之战略要地。中国军队控制着徐州，北可威胁济南，南可进逼南京，而且保持了中国军事上的大动脉——陇海路，确保了郑县和平汉铁路南段的侧翼。

日军先后集中了8个师团、5个旅团，约24万人，于1938年1月下旬开始分别从南北发兵，夹击徐州。中国第五战区先后调集11个集团军和军团、64个师，约60万人防守徐州地区：主要驻扎在徐州以北的区域，以抗击北面的日军向南进犯；另分出一部分兵力驻扎在津浦铁路南段地区，抗击南线的日军进犯。

自1937年12月中旬起，南路日军华中方面军第十三师团从镇江、芜湖等地渡江，沿着津浦路北上。1938年1月下旬，日军第十三师团主力攻占滁县、来安、明光、池河、藕塘，抵达池河东岸。截至2月初，定远、蚌埠、临淮关等地相继失守。

2月8日，日军向小蚌埠第五十一军所在的阵地发动进攻，被中国守军歼灭500余人。2月9日，中国守军未能阻止日军强渡淮河。第五战区急调第二十七集团军、第五十九军及第二十一集团军第七军前往增援。2月10日，于学忠之第五十一军所属第一一四师在王庄阵地与日军发生了激烈的争夺战，几次惨烈的血战之后阵地还是失守了，中国军队伤亡达2000余人。2月13日，张自忠率第五十九军抵达瓦疃集、姚集、固镇、蒙城一线，接替第五十一军继续战斗。

与此同时，廖磊率第二十一集团军抵达合肥、舒城、八斗岭、下塘集之线。中国军队第五十一军、第五十九军在淮河北岸顽强抵抗；同时韦云淞率领的第四十八军固守炉桥、洛河一线；刘士毅之第三十一军和周祖晃之第七军对日军比较薄弱的侧方和后方展开突袭。2月11日，第三十一军围攻上窑，攻击部队冲进圩内与日军进行肉搏，日军300余人向考城逃窜，歼灭100余人。

2月16日，周祖晃带领第七军自张桥镇、老人仓一线，向安扎在池河、定远的日军展开侧击，并一度攻入桑家涧，日军被迫抽调淮河地区的主力部队6000余人增援考城、上窑、池河、定远。

当日军对淮南进行回援之时，张自忠率领第五十九军乘机向火神庙、新桥的日军进行反攻，致使日军退至曹老集。第五十九军向苏集、湖口子、曹老集、王庄之线推进，将日军驱逐至浍河南岸，并推进至淮河北岸。日军被前后夹击，狼狈不堪，只能全部退回到了淮河南岸，无法再向北进攻，只好沿邵伯、天长、盱眙、临淮关、蚌埠、怀远、三十里铺之线与淮河北岸的中国军队隔河对峙。

徐蚌会战

而后北线日军的华北方面军第二军司令官西尾寿造指挥两个师团分两路南下。第五师团沿胶济铁路东进，2月19日与其海军会师青岛，旋即南下，连占沂水、蒙阴等地。至潍县后，沿台潍公路南下，计划夺取鲁南要地临沂，从东路进攻徐州。21日，第二十一旅团旅团长坂本顺率3个步联队、1个炮兵联队、1个骑兵大队，共约2万人，向临沂突击，沿途遭到中国第三军团等部的顽强阻击。日军连陷诸城、莒县、沂水，于3月5日到达临沂以北的汤头、白塔一带，距城仅10余里。3月10日，日军在坦克、飞机与炮兵等强大火力的掩护下，向临沂发起猛攻。

中国驻扎在临沂的守军实际兵力只有5个团，以及从青岛撤回来的海军陆战队。与日军激战后，守军庞炳勋部伤亡极大，连电告急。第五战区随即令张自忠所率的第五十九军从滕县附近对临沂进行紧急驰援，12日第五十九军抵达位于临沂北郊的沂河西岸。

3月14日夜，第五十九军强渡沂河，向日军发起猛烈的反击，经过数日激战，连克亭子头、大太平、申家太平、徐家太平、沙子岭等多处日军据点。3月16日，日军向第五军石家屯东南至大安子、崖头、刘家湖、钓鱼台之线阵地反扑，日军的飞机火力凶猛，狂轰滥炸，给中国军队造成了极大的伤亡。第五十九军第三十八师伤亡虽重，仍然坚守阵地。18日，第五十九军与第三军团从东、南、西三面夹击汤头、王疃、傅家池附近日军，经过3天激战，先后攻克李家五湖、辇沂庄、车庄，日军被打得节节败退，向莒县逃窜，中国军队取得临沂第一次胜利。这次战斗，双方均伤亡3000余人。

3月2日，第五十九军主力奉命前往费县作战。日军第五师团增援到达后，于23日再向临沂发动猛攻，庞炳勋部守军伤亡甚重，形势危急，第五战区又令第五十九军星夜驰援临沂。3月24日，第五十九军赶到临沂西北向日军侧背发起进攻，并派出一部增援庞炳勋部确保临沂。日军凭借优良装备，全力反扑。第五十九军奋战至29日，日军损失惨重。张自忠下令全线出击，日军被迫撤退。中国军队取得临沂第二次胜利。临沂保卫战的胜利，使日军第五、第十师团会师的企图化为泡影，为之后的台儿庄大捷奠定了非常有利的基础。

同期，北线的另一路日军第十师团沿津浦路南下。津浦路北段战区，原由第五战区副司令长官兼第三集团军总司令韩复榘指挥。由于韩复榘的不战而逃，致使日军长驱直入并相继占领周村和济南。1938年1月1日，占领泰安。1月上旬，韩复榘所部放弃大汶口、济宁，退至曹县、城武（今成武）、单县一带，使北段津浦路正面大门被打开，日军沿铁路线向南推进。韩复榘擅自撤退临阵脱逃，后被判处死刑，改任孙桐萱（原韩复榘部所辖第十二军军长）为第三集团军总司令。

2月10日，李宗仁为了保证徐州地区的安全，令孙桐萱率部向运河以东推进，袭取济宁。14日，第二十二师渡运河，攀登入城，与济宁城内日军展开巷战。双方短兵相接，由于日军大批增援，第二十二师伤亡甚重。17日晚撤至运河西岸。19日，日军攻陷安居镇；22日，突破曹福林之第五十五军阵地。24日，日军猛攻第十二军阵地；25日进占杏花村阵地。中国守军向新泰、蒙阴发动反击，收复蒙阴。第三集团军与日军展开了激烈的战斗，歼灭日军1000余人，但第三集团军也伤亡近3000余人，此次战斗钳制了日军第十师团一个旅团，有效支持了津浦路的正面的作战。

2. 台儿庄的胜利

台儿庄地处徐州东北部30公里的大运河北岸，位于临城至赵墩的铁路支线上，北连津浦路，南接陇海线，扼守运河的咽喉，是徐州的门户。3月上旬，日军第二军向参谋部申请增加兵力，得到批准。第二军即令第十师团向滕县进攻。又令第五师团从临沂向峄县推进，配合第十师团作战。第十师团以第三十三旅团为基础组成濑谷支队，于3月14日开始由邹县以南的两下店沿津浦路南下，当日攻占界河，并迂回中国守军第二十二集团军之侧背。15日抵达滕县，16日向滕县发起进攻，拉开了台儿庄战役的序幕。

第五战区第二十二集团军的孙震之命令所属第四十一军第一二二师死守滕县。17日，日军向滕县发动猛烈进攻，当日下午攻入西城。中国守军与日军展开激烈巷战，伤亡甚重，第一二二师师长王铭章殉国。18日滕县、临城被攻陷。20日韩庄、峄县失守。

第五战区为了保卫徐州，就必须要保住台儿庄阵地，因此紧急调整了战略部署：孙连仲的第二集团军的3个师扼守台儿庄正面阵地；汤恩伯的第二十军团以一部担任台儿庄至韩庄间运河南岸防务，以两个军向峄县、枣庄日军侧背攻击，准备配合孙连仲部围歼日军。3月24日，蒋介石到达徐州进行作战指挥，同时派遣副参谋总长白崇禧、军令部次长林蔚、第一厅（作战厅）厅长刘斐等人组织了一个临时参谋团赴徐州协助李宗仁进行指挥作战。

　　白崇禧离开武汉之前，特别邀请了周恩来和叶剑英到他的府邸，共同商讨了下一步对日军的战略。周恩来对白崇禧说："在津浦线南段，已令新四军第四支队协同李品仙、廖磊两集团军，采取以运动战为主、游击战为辅的联合行动，运动于辽阔的淮河流域，使津浦线南段的日军，时刻受到威胁，不敢贸然北上支援南下日军。在徐州以北的地区应使阵地战与运动战相互结合，守住根据地点同时打好援助，才能达到以点破面，逐个击破的目的。"白崇禧听后，深表赞同，给予了极高的评价。

　　此后，张爱萍奉周恩来派遣以八路军代表的名义去徐州与李宗仁会面，建议李宗仁在济南以南以及徐州以北地区抗击日军。张爱萍到徐州向李宗仁讲了几条：一是日本侵略军占济南后南下，孤军深入，骄兵必败；二是济南以南徐州以北的地形很好，台儿庄一带都是山区，对中国军队有利；三是广西军队是有战斗力的，北边有八路军在战略上配合，集中兵力打一个大仗，可以

台儿庄战役中的国民党军士兵

给日军一次沉重的打击。李宗仁听后对这个建议非常认同，并通过张爱萍向周恩来表示问候。

　　3月24日，在空军火力的支援下，日军的濑古支队向台儿庄猛攻，并与中国守军第二集团军展开激烈的战斗。日军一部突入东北角，被中国守军击退。日军不断增加兵力，配以坦克、重炮发动攻击。27日濑谷支队主力一部突入北门，第三十一师与日军展开了拉锯战，中国守军伤亡甚重。28日，突入台儿庄的日军，被中国守军第三十一师围攻，损失甚重。29日，中国守军第二十军团奉命派遣一支部队在30日对峄县进行佯攻，以达到钳制该地敌军南下的目的。另派遣一支部队火速前往泥沟，协助第二集团军歼灭台儿庄附近的日军，并破坏所有的铁路、公路，斩断峄县与台儿庄的所有联络，同时，与进攻峄县的友军部队一起全力阻止在峄县妄图南下

的日军。

同日，中国军队第二集团军第二十七师继续对日军发起进攻；第三十一师对台儿庄内的日军发起攻击；第三十师分别进军之南洛、三里庄，截断日军的增援部队和信息联络。同时蒋介石下令死守台儿庄。李宗仁令第二集团军死守台儿庄阵地，并派遣汤恩伯率部南下协助第二集团军共同解决台儿庄的日军。

3月30日，日军濑谷旅团张令赤峰连队增援在台儿庄被中国军队围攻的福荣联队，濑谷也亲自赴前线指挥作战，尽全力对台儿庄守军发起猛攻。31日，中国军队将进入台儿庄的日军完全包围。正当濑谷支队处于危急之时，日军第二军令攻击临沂的坂本支队于29日停止攻击，转向台儿庄驰援，该支队31日到达向城、爱曲地区，侧击第二十军团。第二十军团遂即命第五十二军和刚到的第五十七军一道围攻坂本支队，经数日激战，给予日军以重创，使坂本支队救援濑谷支队的计划落空。根据日军《步兵第10联队战斗详报》的记载，驻守在台儿庄的中国守军"决死奋战之状历历在目"，"士兵依靠堑壕顽强抵抗直到最后"，"堑壕中尸山血河"，"睹其壮烈者亦为之感叹"。

4月3日，中国军队与台儿庄内的日军展开激战。日军拼力争夺，占领了市街大部。中国守军逐次反击，与日军展开街垒战，夺回被日军占据的市街，双方陷于苦战。5日，蒋介石电示汤恩伯："台儿庄附近会战，我以十师之众对师半之敌，历时旬余未获战果。该军团居敌侧背，态势尤为有利，攻击竟不奏效，其将何以自解？急应严督所部于六、七两日奋勉图功歼灭此敌，毋负厚望。"6日晚，中国军队全线攻击，第二集团军和第二十军团围歼被围之日军濑谷支队。战争一直持续到7日凌晨，日军除一支突围至峄县附近等待援兵以外，其余部队被一举歼灭！

台儿庄战役是中国军队取得的一次具有代表性的胜利。在半个多月的激战当中，中国军队付出了巨大的代价，参战部队达4.6万人，伤亡人数达到7500人，剿灭日军1万余人。台儿庄战役，有力地打击了日本侵略者的嚣张气焰，并极大地鼓舞了全国军民对抗战胜利的信心。

3. 后期大撤退

台儿庄战役中，日军发现中国在徐州集结重兵集团，便认为这是给予中国军队主力一个有力打击同时挫伤中国军民抗战决心的绝好机会。4月7日，日军大本营陆军部制订《徐州附近作战指导要领案》，决定华北方面军以第五、第十、第一、第十六师团向陇海沿线进攻，封锁兰封（今兰考）以东地区，切断中国军队退路，以主力南下进攻徐州，以1个师团从兰封向商丘方向进攻，切断中国军队退路；令华中派遣军以第九、第十三师团从南面策应华北方面军作战。企图一举消灭中国军队主力，并占领徐州要地和津浦铁路全线。4 月中旬，日军为了协调华中华北区域的日军行动，派遣以参谋部作战部长桥本群少将带领的"大本营派遣班"前往中国，协助南北两个兵团一起作战。

台儿庄大捷后，蒋介石下令将各战区精锐部队大批调往徐州，准备在徐州地区同日军进行决战，扩大战果。第五战区的总兵力由初期的 29 个师增加到 64 个师加 3 个旅，约 45 万人。李宗仁将第五战区军队编为 5 个兵团：3 个军组成淮南兵团，由李品仙任司令；4 个军组成淮北兵团，由廖磊任司令；9 个军组成鲁南兵团，由孙连仲任司令；3 个军组成陇海兵团，由汤恩伯任司令；2 个军组成苏北兵团，由韩德勤任司令。各兵团以徐州为中心，分别阻击日军。5 月中旬，日军开始进攻徐州。5 月 12 日，在徐州北战场，日本华北方面军第一军第十四师团从滁县地区南渡黄河，并派遣一支部队驻扎在内黄集附近，截断了陇海铁路交通线。5 月 9 日，日军第十六师团从山东济宁南下，向砀山、唐寨地区快速挺进，从西面攻击徐州。5 月 15 日，日军第五师团在鲁南同中国军队激战数日后，渡过运河，向宿县推进，尔后进攻徐州。在徐州南战场，5 月 5 日，日军华中派遣军开始北进。5 月 9 日，第十三师团攻占安徽蒙城，13 日到达徐州西南的永城，从西南面包围徐州。5 月 10 日，日军第九师团北上，经蒙城、永城向徐州西南地区进攻，16 日进入萧县附近地区，逼近徐州。在南京附近参战的日军第三师团跟随第九师团沿津浦铁路北上推进，5 月 15 日与第九师团右翼支队会合，向徐州推进。南北两路日军将徐州地区完全地包围了起来。

第五战区部队在徐州周边地区进行了多次激烈的抵抗，仍旧没能抵挡住日军的攻势。中国军队第二十三师师长李必蕃在鲁西菏泽的战斗中，英勇牺牲。在徐州处于日军四面合围的险恶形势下，为了保存有生力量，国民政府军事委员会于 5 月 15 日决定放弃徐州。16 日，第五战区下达撤退命令，以刘汝明的第六十八军于徐州掩护撤退，以第二十四集团军留苏北，第六十九军及海军陆战队在鲁南、鲁中进行游击作战，主力分五路向徐州西南方向突围。各部经过激烈的战斗终于突破了日军的层层封锁，撤出重围，向豫、皖之间山区会合。第六十八军在掩护大部队全部撤退以后，于 5 月 19 日放弃徐州。到 21 日，徐州地区的中国守军，全部突破日军包围圈，转移至皖北和豫南。

日军在第五战区部队突围之时，又乘机攻占了徐州及其附近地区。之后，日军大本营又决定"扩大徐州会战战果"，进一步扩张、攻打周边地区。5 月 21 日，日军大本营下令进攻兰封、归德（商丘）、永城、蒙城以东地区。29 日，又下令越过兰封、归德、永城、蒙城地区。遵循日军大本营的命令，日军分兵数路，沿陇海路两侧向西追击。5 月 22 日，日军第十师团开始西进，相继攻占亳县、柘城。日军第十四师团于5月24日攻占兰封，遭中国军队包围，激战至30日，中国守军渐渐不敌。此时，日本华北方面军试图攻占郑县，然后沿平汉线南下进攻武汉，遂下令第十师团向郑县推进。6月6日，日军第十四师团攻陷开封，7日又攻陷中牟，10日，日军第十四师团骑兵联队抵达郑南郊，炸毁汉平铁路，12日炸毁平汉线铁路大桥，完全切断了平汉铁路线，郑县陷入紧急状态。

6月9日，蒋介石下令炸开郑州东北的花园口大堤，以阻止日军进攻，汹涌的黄河水奔腾而出，平汉线到安徽江苏等地皆化为一片汪洋。6月12日之后，日军第十四、第十六师团遭受洪水泛滥的威胁，于是组织向东撤退。花园口决堤虽暂时阻挡了日军的继续西进，但是造成黄河改道，使豫、皖、苏三省40多个县市的广大地区沦为泽国，近90万人葬身洪流，上千万人流离失所，并形成了连年灾荒的黄泛区。这个以引流洪水退兵的方法，令当地的民众陷入了巨大的灾难之中。

继淞沪、太原会战之后，又一次大的会战徐州会战打响。双方均投入数十万兵力，历时4个多月。日军虽打通了津浦线，扩大了占领区，但妄图打击中国军队主力、挫伤中国军民抗战意志的目标却未能实现。中国军队的防御作战和主动转移，达到了一定的战略目的，为部署之后的武汉保卫战赢得了4~5个月的宝贵时间，打破了日军速战速决的战略计划。此次最具有代表性的台儿庄大捷极大地鼓舞了全国军民必胜的抗战意志，并有力地打击了日军的嚣张气焰。

在全国军民万众一心全力击退日军的形势下，台儿庄之战打响。作战的胜利主要是由于第五战区广大官兵英勇作战流血牺牲取得的，是由于及时捕捉战机，集中兵力围歼突出冒进的日军而奏效的。台儿庄战役虽然取得胜利，但是受到单纯防御战略思想的束缚，一直处于消极保守的状态，台儿庄大捷后，并没有乘胜追击、全力围剿已经疲惫困乏的日军，导致日军的残余部队一直固守在有利地形待援，之后也没有派兵阻击日军的援兵，竟然眼睁睁地看着日军从容地重整旗鼓、卷土重来。国民党军在徐州东北方向基本以阵地战实施重点防御，约30万大军被日军钳制而没能及时抓住战机，以机动部队实施有力反击，或迂回日军侧后，战局逐渐转为被动，且徐州以西、以南之后方兵力薄弱，致使日军乘虚而入，最后导致徐州失利。徐州会战在国内产生了巨大的影响，中国军队失去了抗击日本侵略者的重要地区和防御屏障，只能选择正面作战抗击日军以守卫武汉，这种情况就使得中国军队必须要付出更多的代价了。

武汉会战

1938年7月7日，是抗日战争发生的双七纪念日，这一天在中华民族战争史上无比光荣。自卢沟桥事变爆发之后，中国已经经历了一年的艰苦血战，其间，中华民族的伟大精神被充分发扬光大，并且得到了世界上一切爱护和平正义的人民的同情与赞美。这一天，八路军方面举行了纪念活动，从中总结抗日战争坚持一年来的经验与教训，为今后开展更艰苦、更伟大的斗争树立了信心，更重要的是要全面应对当前的武汉会战，争取一切可能的力量保卫武汉。

在一年的抗日战争中，中国军队遭遇了很多军事挫折，目睹了众多城镇的相继失陷，但正如蒋介石所说："全国军队之后退，绝不能谓为日本之胜利。"而且实际上，中国正愈战愈强，日本却愈战愈弱了，因为中国方面采取的是持久战略，就是以空间换取时间，以时间达到消耗日军的目的，从长期的消耗战中争取最后的胜利；而日军采取的始终是"速战速决"的战略，也就是企图以最短的时间取得决定性的胜利，避免它"久战必败"的危机。一年来中国军队通过顽强持久的抗战，换得日军无限量的消耗，击破了日军速战速决的企图，获得了战略上极大的战果。这就是中国军队愈战愈强的根本出发点。

表面看来，日军的确已经占领了众多重要的据点，但却不得不面对与日俱增的矛盾与困难，而且事实也证明，日军已经逐渐暴露出愈战愈弱的破绽。第一，日军兵员较大的牺牲，军火的巨量耗损与军费的巨额增加，都使人力财力与资源十分贫乏的日军无法弥补。第二，日军战斗力的削弱。第三，日军愈深入则兵力愈不敷分配，补给运输亦愈感困难，同时战区愈扩大，则日军顾此失彼的困难愈益增加，当前日军的许多后方，已经成了八路军的游击区域，日军军事交通的命脉，到处都有被中国军队截断的危险。正因为这样，日军的急躁凶残也日益暴露出来，色厉内荏。反之，中国军队愈战愈强，也有很显著的事实可以证明。第一，在兵员数量上，中国军队由一百多师已达二百多师，而源源不绝的生力军也在大量地增加。第二，在军用资源上，中国有无穷的资源可以开发。第三，在军器补充上，中国不仅有大量的接济而且正在加紧制造。第四，在火力上，中国现有的新式武器的质量和性能，甚至超过日军。战斗精神的旺盛，战略战术上的进步，以及今后的优势地形，一定能够使日军陷于更不利的地位，而逐渐地予以歼灭和驱除。

此外，中日双方的强弱对比在政治经济方面，也表现得日益明显。从国内关系来看，中国团结与统一的基础日益坚固起来，而日军却要面对日益加深的内在矛盾与分裂问题；从国际关系来看，中国取得了国际方面的极大同情与援助，而日军则日益陷于孤立无援的困境。至于经济上，日军资源的缺乏，财经的困难，整个经济的危机，早已是丑态毕露，而中国自抗战以来，对外贸易反而达到了平衡，财政金融甚至比战前还稳定，粮食也获得丰收，所以在物资上，中国完全具有最后战胜日军的优越条件。

一年的抗战经验与教训已经证明，只要中国各方面、各阶层坚持抗战到底，必定能够实现抗战必胜、建国必成的目的。在检讨重要教训之后，中国胜利的信心更加坚定，并以更大的勇气去进行第三期的抗战，在保卫武汉方面更会全力以赴。

武汉会战期间疲惫的军人

随着日军向武汉的步步紧逼，取得这次武汉会战胜利的意义重大，甚至对整个战局的发展都将产生重大的决定作用，从而能够更大地消耗日军，或是打击与消灭日军。当前形势要求中国的每个人都有固守武汉临危受命的责任，每个人都要以空前的努力、无比的忠勇来准备奋斗牺牲。中国必须以抗战建国纲领作为中国军队行动的准绳来保卫武汉，并且这也是当前最迫切的任务，各方面都应全力支援，每个人民都应作出贡献，禁止任何妨碍抗战的行为与组织，从而团结中国每个人的力量与日军展开英勇的战斗。

保卫武汉是一项非常艰巨的任务，除了要制定出大的部署计划外，各项具体工作筹备也必须做好，必须加紧动员壮丁入伍，统一民众组训，提高行政效率，促进征募及物资动员，巩固后方治安及改善慰劳与救护工作。这些工作必须向群众作好普遍宣传，让民众了解当前的任务，加强抗战的决心。

第三期抗日战争中，武汉属于最重要的据点，是中国雪耻复仇的根据地，同时也是中华民族实现复兴的基石，因此，要求全国民众同仇敌忾，坚定与武汉共存亡的决心，坚守这一重要的国防堡垒，从而给予日军以致命的打击，为将来决战创造极为有利的形势。

中国正尽力争取每一尺每一寸的土地，然而在军事上，有时因为某种战略已经达成目的，有时因为引诱日军深入的需要，必须以日军的后方为前方，有时因为要避免无益的过大的牺牲，往往会出现从某一个据点撤退的事实。但撤退并不是失败，被撤退了的地点也并不是说把它抛弃了，这些土地倒正是安在日军后方的地雷，等待时机来了，就能够次第爆发，把日军炸成粉碎。

当前，中国需要投入绝对的力量来保卫武汉，中国从上至下都保持着最大的决心，之前也曾屡次发出声明，强调保卫武汉之战，将成为中国对日决战的开始，在

78

这次大会战中，要愈加消耗日军的力量，击破日军的主力。

日军已经在军事上和财政上遭受了重大损失，并且陷入危急境地，基于此，保卫武汉的阵势日益巩固，日军则不免愈见发慌，以至于通过制造流言离间中国内部，以混淆国际视听与舆论。之前，中国方面曾制定出疏散武汉人口的计划，这正表现着保卫大武汉的决心，这样减少了无谓的牺牲与消耗，便于作战，然而日军却曲解将此当成是准备逃难。日本外相宇垣上台不久，曾经公开地声明过，以为战事不久就会结束，如第三国有出面调停之举，日本也有接受的诚意；然而之后日本陆相坂垣所发表的谈话，又全然把宇垣的话打消，他说，日本要长期作战，无论何种提议，均不得接受，日本兵非把中国打得不能再起为止。同列于一个内阁的阁员，作两种相反的谈话，不得不引起注意，这表现出日本内部对立的尖锐化，但同时也表现出日方屡次放出的和平空气只不过是一种无诚意的战略的表现。保卫武汉的阵容原来已经有所准备，但当前不得不面对更加严肃的形势。

在日军侵略行动开始的最初 10 个月时间内，共有 167.5 万人力被动员起来，而投入到中国各战场的兵力，共有 30 个师团。日军在最初 10 个月死伤总数为 40 万余人，占其全国动员人数四分之一。这些数字，证明日军在第一、第二期抗战中已遭受了重大的兵员消耗。但是根据历次作战的经验，日军最初调来中国作战的，以后备兵占其大部分，虽然伤亡众多，但是日军主力还没有受到不可补救的打击。因此在第三期抗战开始以后，中日双方兵力对比，中国军队虽然已比第一、二期抗战时优越得多，但是中国作战的主要任务，却依然是疲困日军，消耗日军，以造成未来决战中，中国军队的绝对优势条件。因为战争愈是旷日持久，中国方面的战斗力愈是增强，而日军主力削弱，补充困难，饷械告竭，财政破产，必然有总崩溃的一天。中国持久抗战必胜的根据在此，而中国军民必须忍受一切困难，以全力争取时间，其原因亦在此。

第三期抗日战争开始时，中国方面就已经料想到日军从国内增兵的可能，遂将大江南北集中起来，共同应对武汉作战。与此同时，赣鄂皖的山地形势对于日军进军非常不利，日军必然遭受比第一、二期抗战更大的消耗，从而为中国决战胜利创造了有利条件。现在，这四个月的战斗结果，证明之前的推测没有错，至少在兵员方面，中方已尽了消耗日军的最大努力。这可以分作三方面来说：第一，在第三期抗战中，因战线的延长和战区的扩大，使日军不得不调遣更多的兵力，消耗在中国战场上。在第二期抗战中，日军配置在战场上的士兵还不过 30 个师团，到了目前已增加到 40 个师团以上，其中在长江两岸作战的日军，据已经调查到的番号，就有近卫师团、第二、第三、第五、第六、第九、第十、第十一、第十三、第十六、第十

八、第二十二、第一〇一、第一〇三、第一〇四、第一〇六、第一〇七、第一一六各师团及波田旅团、山下师团，与海军陆战队 10 个团，共计兵力在 22 个师团以上，约计战斗人数在 60 万以上。再加上北战场东战场以及东北，日军在中国境内作战的部队合计达到了百万以上。据调查，日军在国内动员的最高额不超过 300 万余人，能够立刻调动作战的部队，只有其中的半数。因此，就目前的战局来看，日军几乎全部的兵力都已被牵制住。至此，日军今后的大量增援必定极为困难，甚至连伤亡的补充也日益紧张。当八月间张鼓峰事件发生时，日军因无兵可调，仓皇失措，不得不向苏联屈服。由此可见，在第三期抗战中日军兵力受牵制的严重情形。

第二，因为第三期抗战的主要战场大多是在山地，日军重炮及机械化部队由此失去效力，难以发挥，以至于双方多次展开肉搏战，致使日军出现大比例的伤亡，在上海战争中，中国与日本的伤亡比例为三比一，当时已逐渐成为一比一。最近几个月的战争中，长江北岸的黄梅、宿松、广济、富当、金山、叶家集、商城、沙窝、潢川、光山、罗山各战场，以及江南九江、湖口、香山、瑞昌西南与东南、沙河、东西孤岭、南浔路各战场，所调查日军阵亡人数约为 9.6 万人，伤病人数约为 25 万人，总计伤病死亡为 35 万左右。而且，华北以及东战场的日军伤亡人数，还不算在内。依照这比例计算，日军现在保留的全部兵员，仅能够支撑半年的消耗。

第三，进入第三期抗战后，战场逐渐转向内地，日军此时要面对的给养困难日益加剧，且军队无法适应当地的气候条件，疾病死亡数量大为增加。上述长江两岸地区，日军伤病人数达到 25 万，其中，病兵所占比例达到了一半以上。在俘虏的口述中得知，一些日军部队中，病兵的比例占到了百分之六十。之后，日军如果继续深入内地，随着气候转寒，其面临的疠疫疾病的打击将更加惨重。

在第三期抗战中，日军无论是在财力还是在物力上，消耗都极大增加，数量日益减少，现金流也出现空缺，根本无法编制下半年度的预算，这些尚且不谈，就当前作战最必需的兵员来说，中国抗战已经实现消耗日军主力的最大效果。伴随着全国军民抗战意识的加强，并且再接再厉渡过难关，获得胜利将有十足的把握。

南昌会战

由于战线过长，兵力不足，1938 年 10 月日军在攻占广州、武汉以后，被迫停止侵略。日本侵华战争的指导方针也由"速战速决"变成"持久战略"，并且确定"不企图扩大占领区"的原则，开始局部的进攻正面战场。

中日军队在正面战场进入相持阶段后的第一次交锋就是南昌会战，它也是武汉会战的自然延续。

1939 年 2 月，第九战区在长江以南的赣北、湖北地区与日军第十一军形成对峙，各部队仍在进行补充整训。其部署为：罗卓英第十九集团军在南昌正面进行防御，以第七十、第四九八、第七十九、第三十二军及预备第九师在箬溪以东修水南岸至鄱阳湖西岸并列展开；王陵基第三十集团军第七十二军在武宁地区担任防御；樊崧甫所部（湘鄂赣边区挺进军）第八、第七十三军在武宁以北横路附近担任防御；汤恩伯第三十一集团军第十三、第十八、第九十二、第三十七、第五十二军担任鄂南、湘北守备；卢汉第一集团军第五十八军、第六十军、新编第三军及战区直辖第七十四军，控制长沙、浏阳、醴陵地区，为预备队。

1. 南昌失陷

3 月 12 日，日本"华中派遣军"命令其直属的第一一六师团派出石原支队和村井支队（由第一一九旅团五个大队分编而成），在海军支援下，由湖北乘船出发，对鄱阳湖东岸进行搜索，保障水陆交通和主力部队左侧安全。至 15 日，未遇到中国军队的抵抗，遂结束搜索行动，在各要点配备了必要兵力。3 月 18 日，日军第一〇一、第一〇六师团主力及其炮兵、战车队等依次向修水北岸推进，分别占领进攻出发地域。此后，炮兵也开始进行试射和火力侦察。3 月 20 日 16 时 30 分，日军第十一军命令炮兵第六旅团长指挥所有炮兵向修水南岸守军第四十九军、第七十九军阵地猛烈射击，进行总攻开始前的炮火急袭，长达 3 个多小时，其中夹杂有大量毒气弹。中国守军阵地多处被毁，第七十六师师长王凌云以下官兵多人中毒。19 时 30 分，日军第一〇六师由虬津开始强渡修水；20 日晚，第一〇一师团也由涂家埠以北开始渡河。修水宽约 300 米，因连日阴雨，河水上涨约 3 米，虽给日军渡河增加困难，但中国守军阵地多处被淹，水上障碍物大部分被冲走。日军 2 个师团分别突破中国守军前沿，乘夜连续突击，到 21 日拂晓占领纵深 2 公里的滩头阵地，掩护其工兵架设浮桥。8 时许，日军战车集团通过浮桥，从第一〇六师团正面向东山中国守军进攻，尔后沿南浔路西侧向南昌迂回。22 日 21 时 30 分，日军先头战车群前出至奉新，占领南门外潦河大桥。战车集团的突然进攻，使守城部队未能撤收配置在城郊的 38 门火炮即匆匆退走。23 日晨，日军在飞机和炮火掩护下，继续发动猛攻，并不断投射燃烧弹、化学弹。中国守军蒙受重大损失，于 24 日被迫撤出吴城，向后转移。村井支队占领吴城后，继续实施打通赣江及修水的作战，并排除中国方面设置的水雷。与此同时，第一〇一师团一部沿南浔路正面攻击，在炮火掩护下强渡修水后在涂家埠受到中国第三十军顽强阻击，形成胶着。

日军开始总攻后，国民政府军事委员会桂林行营（主任白崇禧）于 3 月 21 日急令第九战区各部队固守阵地。23 日电令第二战区司令长官顾祝同速调第一〇二师到南昌，加强南昌守备兵力，归第十九集团军总司令罗卓英指挥；另调第十六师、第七十九师至南昌东南之东乡、进贤，警戒鄱阳湖南岸，并策应南昌方面的作战，同时电令第十九集团军以有力部队约2个师的兵力分路向日军后方的马回岭、瑞昌、九江、德安等要点袭击，破坏铁路、公路，截断日军后方交通，阻止日军后续部队增援。

但因通信联络不畅及部队行动迟缓、协同不好等原因，以上计划未能实施，而战场情况已发生变化。同日，蒋介石已感到日军攻占南昌，志在必得，因此产生予敌以杀伤，然后放弃南昌的意图，特致电第九战区司令长官薛岳、第十九集团军总司令罗卓英和江西省主席熊式辉：“此次战事不在南昌之得失，而在予敌以最大之打击。即使南昌失守，我各军亦应不顾一切，皆照指定目标进击，并照此方针，决定以后作战方案。”

日军战车集团占领奉新后，由于燃料将尽，在飞机空投燃料后方转向东进，继续向南昌西南迂回，于20日到达南昌城西赣江大桥。第十一军将预备队第一四七联队归还第一〇六师团建制，以增强该师团的突击力量。第一〇六师团于23日占领安义，其第十一旅团进击高安，阻击中国第九战区向南昌增援。主力经奉新转向东进，25日在南昌以西击溃由第三战区增援的第一〇二师，于26日进至赣江左岸生米街附近，当日渡过赣江，从南面迂回南昌，并切断了浙赣铁路。第一〇一师团主力也经万埠、璜溪，于26日进至生米街，当晚渡过赣江，向南昌突击。其第一〇一旅团沿南浔铁路经乐化、蛟桥，于26日达南昌西北赣江北岸。

第十九集团军发现日军迂回南昌后，急令第三十二军从南浔路上的涂家埠撤回南昌，会同第一〇二师固守南昌。但第三十二军尚未全部撤回而日军战车集团及第一〇一旅团已分别突进至南昌西面及北面的赣江桥。中国守军虽炸毁桥梁将其阻止于赣江以西、以北，但日军第一〇一师团已从南面突进南昌。中国守军兵力单薄，火力又弱，经激烈巷战，伤亡甚众，奉命向进贤撤退。27日日军第一〇一师团占领南昌。28日，日军第十一军命令第一〇一师团确保南昌、第一〇六师团主力回占奉新，准备向高安或奉新以西作战。4月2日，日军占领高安城。

在武宁方面。由于武宁位于修水河北岸、南浔铁路以西约80公里处，背靠幕阜山，地势险要，因此是中国第九战区赣北防线的左翼要点。第三十集团军所属第七十二、第七十八军与湘鄂赣边挺进军所属第八、第七十八军部署于修水河两岸，统一由第三十集团军总司令王陵基指挥。国民政府军事委员会为保卫南昌，曾计划派出有力部队从武宁向东，向虬津、德安间进击，袭扰沿南浔路南下的日军的后方和侧背，破坏日军的交通。日军第十一军在判明中国军队的部署和企图后，也将武宁方面作为其南昌会战的重要一翼，派出第六师团向武宁行动，牵制、阻击中国军队，保障其主力的右侧背安全，以顺利夺取南昌。

2. 反攻失败

日军攻占南昌后，东沿鄱阳湖东南岸，南至向塘，西在高安、奉新、武宁一线与中国第三、第九战区保持对峙。国民政府军事委员会判断日军虽占领南昌，但消耗较大，尚未整补，守备兵力不足，决定乘日军立足未稳时进行反攻。同时令各战区发动"四月攻势"（亦称"春季攻势"），袭扰、牵制日军，防止其继续向西进犯长沙。军事委员会令第九战区和第三战区策划反攻南昌。使用兵力，预定为第九战区的第一、第十九、第三十集团军及第三战区的第三十二集团军，共约10个师，由第十九集团军总司令罗卓英统一指挥。

4月17日，蒋介石将自己的《攻略南昌计划》电告桂林行营主任白崇禧，并征求意见。其作战方针是："先以主力进攻南浔沿线之敌，确实断敌联络，再以一部直取南昌。攻击开始之时机，预定4月24日。"其兵力部署的主要方案是：令第一集团军（总司令高荫槐）、第十九集团军及第七十四军（军长俞济时）分别经奉新、大城地区向修水至南昌间南浔铁路挺进，彻底破坏交通，截断日军增援，并协力攻略南昌；令第十九集团军第四九八军（军长刘多荃）逐次推进至高安，为总预备队；令第三十二集团军（总司令上官云相）以三个师的兵力由赣江以东进攻南昌，并组织1个团的部队，以奇袭手段袭取南昌；令第三十集团军（总司令王陵墓）进攻武宁。

4月18日，白崇禧复电蒋介石，对兵力部署提出自己的建议。提出将计划变动，强调进行奇袭及"破坏、扰乱日军之交通及后方"，"切断日军之联络线"，并认为"攻击时间应提前，从速实施，至迟须在22日左右"。

4月21日，第九战区的部队首先开始行动。第一集团军以第六十军第一八四师和第五十八军新十师进攻奉新，以第五十八军新一一师监视靖安日军，以第七十军主力进攻高安，以第七十四军及第四九八军各一部北渡锦江，进攻大城、生米街。激战至26日，日军退守至奉新、虬岭、万寿宫一带。第十九集

国军轻装备部队对抗日寇坦克集群

团军攻克大城、高安、生米街等据点。但尔后进展困难，攻击受阻，两个集团军的部队均未能按照计划挺进至南浔铁路。

第三战区的第三十二集团军以第二十九军第十六师、第七十九师、预备第五师

及预备第十师之一部于4月23日渡过抚河，进攻南昌。激战至26日，攻克市汉街（南昌南），向南昌逼近。27日，日军集中第一〇一师团主力实施反击，在猛烈炮火及航空兵火力支援下，与中国军队在南昌东南、正南郊区展开激战，反复争夺该地区内的各村庄据点。第七十九师师长段朗如因部队伤亡过大，于4月28日夜改变进攻部署，并发电报向军及集团军作了报告。第三十二集团军总司令以擅自更改计划为由，报第三战区批准，将其撤职查办。蒋介石急于攻下南昌，听到报告后，于5月1日下令，以贻误军机罪将段朗如"军前正法"，令第十六师师长何平"戴罪图功"，令上官云相到前方督战，限于5月5日之前攻下南昌。

5月2日，第一〇二师收复向塘，再克市汉街。第十六师一度攻占沙潭埠，但在日军援军反击下，又被夺去。上官云相遂将第二十六师投入战斗，5月4日再度发起进攻。战至5日黄昏，预备第五师攻至城外围阵地，并破坏了铁丝网。但日军火力密集，该师伤亡很重，无力继续攻击。第二十六师第一五二团于5日拂晓突入新龙机场，击毁日军飞机3架。第一五五团于5日9时突进至火车站，但均遭日军猛烈的火力袭击及反击而受阻。5月6日，日军第一〇六师团主力在飞机、坦克支援下，从南昌及莲塘夹击城郊的第二十九军。激战至17时，第二十九军被包围，第二十六师师长刘雨卿负伤，军长陈安宝及第一五六团团长谢北亭牺牲。第二十九军参谋长徐志勖及刘雨卿根据战场实际情况，见已不可能完成攻占南昌的任务，为避免部队被歼，冒着被蒋介石杀头的风险，决定向中洲尾、市汉街突围。预备第五师的一个团穿上便衣潜入城中因无后续部队接应，被迫撤出。

蒋介石限期于5月5日攻下南昌的命令下达后，第九战区代司令长官薛岳认为：以南昌防御战后尚未得到补充而武器装备又远逊于日军的部队，对武器装备占绝对优势而又依托防御工事的日军进行攻坚作战，不可能按主观决定的时间攻下南昌。但他不敢直接向蒋介石提出不同的意见，遂于5月3日致电陈诚陈述自己的看法。陈诚于5月5日将薛岳的电报全文转报蒋介石。当时桂林行营主任白崇禧也认为限时攻克南昌的命令不符合实际，5月5日致电蒋介石及何应钦，婉转地提出了不同的意见。两封电报的用意，都是以作战指导不符合战略方针为理由，希望蒋介石改变限期攻克南昌的命令。蒋介石接到电报，又得到陈安宝军长牺牲及进攻部队伤亡惨重的报告，遂于5月9日下达停止进攻南昌的命令。日军此时亦因损失严重，无力反击。南昌会战就此结束。

南昌会战是国军确定第二期抗战方针之后的第一场大会战，国军动员兵力超过20万，横跨两大战区，却以大败收场。南昌战役前期，由于日军先发制人、攻势猛烈，中国守军虽奋勇抵抗但南昌仍陷落；后期则由于最高当局战略意图错误，虽顽强反攻，但收效甚微。

枣宜会战

1940年5月初，枣宜会战（或叫第二次随枣会战、鄂北会战）爆发了。这一战役持续了将近20天时间，涉及面广泛，战斗十分激烈，参加作战的部队包括孙震的第二十二集团军、孙连仲的第二集团军、黄琪翔的第十一集团军、张自忠的第三十三集团军、王缵绪的第二十九集团军等，总共约有20万兵力。除此之外，汤恩伯的第三十一集团军作为机动兵团，部署于桐柏山北面一、五战区之间。这一战役的最高指挥机构是第五战区司令长官部，最高指挥官由司令长官李宗仁担任。在反扫荡前提下，各部队各有攻守具体任务和战斗过程，难于全面综述。

1938年10月下旬，日军侵占武汉，11月，第五战区司令长官部随即由鄂东宋埠转移到枣阳；1939年春，转移到了樊城；1939年秋，又转移到老河口。战区司令长官部移驻樊城时，司令长官李宗仁把在武汉保卫战中突围出来的几个集团军残部重新整补起来，做好了随时反攻武汉的部署准备。

随后，又以桐柏山和大洪山作为前线基地，做好了固守准备，与平汉线东大别山区的廖磊第二十一集团军遥相呼应，同时与毗邻的第一战区密切联系；不时采用运动战和游击战，对武汉外围日军据点发动进攻、袭扰，培养自己的有生力量，准备配合全国抗战形势，对武汉大举反攻。

日军要想将武汉与平汉线南段外围据点保卫住，就必须摧毁桐柏山、大洪山两个前线基地，随即不断集结兵力，找寻第五战区主力，进行扫荡。日军的最高目的和要求是进占襄（阳）樊（城）、沙市、荆门、老河口、南阳（豫西）等重镇，把中国军队压迫进贫瘠的鄂西山区。

为了执行上述战略计划，日军于1939年5月发动的随枣会战便是其初步尝试。然而，日军的这一计划宣告失败，此外还遭到中国军队的有力反击，日军不得不退守到原来阵地，只占领了一个随县县城。后来，第五战区司令长官部对这一战役的总结认为：如果汤恩伯兵团能执行战区作战计划，从桐柏山南插入随县地区，合击进至唐县镇、枣阳地区的日军，就会出现台儿庄那样的胜利。但当时汤恩伯拒不执行这一作战计划，李宗仁亦无可奈何。

日军的第一次扫荡未能达到预期目的，不肯善罢甘休，于是再次对第五战区发动了一次希特勒式的"闪电扫荡战"，以全面保障其占领武汉及平汉线南段的安全。日军于1940年4月间，调集了5个师团兵力（包括随枣会战的第三师团），加骑兵部队，仍以随枣地区为扫荡重点，分三路进犯：一路从信阳西进，牵制桐柏山北面的中方军队；一路从正面沿襄（阳）花（园）公路推进；一路沿京（山）钟（祥）公路疾进。其意图是采取迂回包围战术，围歼随枣地区第十一集团军的主力第八十四军和三十九军之后，继续向西纵横扫荡，压迫中国军队进入鄂西贫瘠山区，占领北自南阳经老河口、襄樊至荆门、沙市之线。

随枣会战之后，为了配合对武汉和平汉线南段的日军作战，五战区司令长官部作出如下部署：一、仍以黄琪翔第十一集团军的第八十四军（三个师）守备襄花线上的随枣地区，刘和鼎的第三十九军摆在第八十四军的后右侧，作为集团军的预备部队；二、王缵绪的第二十九集团军摆在第十一集团军的右翼，以大洪山为基地，守备汉水以东、钟祥以北地区；三、孙连仲的第二集团军守备桐柏山北线地区；四、张自忠的第三十三集团军守备汉水以西沙市、荆门一带地区；五、孙震的第二十二集团军作总预备队。

根据战区司令长官部的部署以及第十一集团军总部的相关指示，第八十四军作出以下具体布置：一、以第一七四、一八九两个师为第一线部队，面对随县、应山方面的日军进行防守；二、第一八九师部署高城左前缘大竹山至滚山一带，师司令部及直属部队位置于杜家垮；三、第一七四师摆在第一八九师右翼经滚山至两水沟之线，师部及直属部队位置于厉山镇附近；四、第一七三师为总预备队，摆在第二线，部署在净明铺前端公路两侧高地，师部及直属部队位置于净明铺附近的乔家水寨一带；五、军司令部及直属部队驻唐县镇附近的夏家垮。

5月2日，日军自第八十四军正面发起进攻。在坦克掩护之下，日军派出一个步兵师团配合骑兵部队，分别从应山、随县城两地猛扑向第一八九师和一七四师阵地，日军飞机则对地面阵地轮番滥炸；同时日军以一部压迫均川、安居地区的军队不断后退。其左翼部队也配备了坦克群和数十架飞机加骑兵部队，从孝感、云梦、应城、安陆方面沿汉水东岸京（山）钟（祥）公路进犯第二十九集团军。第二十九集团军装备较差，抵挡不住，遂向大洪山中心基地撤退。

战斗一开始，日军机械化部队就不断对第八十四军的第一八九、一七四师发动冲击，更有日军飞机在空中轮番轰炸，一番恶战中，第一八九、一七四师遭受了惨重伤亡，甚至几次出现动摇。随后将官严令全军，非有命令，即使到最后一人，也不能擅自撤离阵地，违者军法从事。他们坚持在阵地上与日军搏斗了两昼夜，曾一度击溃日军的进攻，有的士兵见到日军坦克横冲直撞，如入无人之境，气愤不过，便跳出战壕，爬上日军坦克，往车里扔手榴弹。日军步兵在坦克掩护下，冲到阵地战壕边，然而第八十四军各部无法用火力制止，或因弹药用尽，便在阵地上同日军进行白刃战。虽伤亡很大，仍不退后一步。战斗进行到第三天（5月4日），日军由于经过两天猛烈攻击，未能突破阵地，便改变攻击路线与攻击目标，转从山地向大竹山、滚山两重要据点进行地空联合更番猛袭，战壕全被夷平，防守大竹山的一个营伤亡过半；守滚山的一个营伤亡殆尽，终因劣势装备无法阻挡，被迫于当晚撤入第二线阵地应战（净明铺至厉山一带）。当时，上级下达指示，要求正面必须完成坚持七天的战斗任务，第一七四、一八九师随即组织突击队打算发动夜袭，将大竹山、滚山等重要据点收复过来，然而计划未取得成果。第二天早晨（5月5日），日军联合兵种继续向第二线阵地进攻，此时又发现日军骑兵已由第一八九师左翼向高城地区疾进，企图截击第一八九师后路；该师被迫放弃第二线阵地，向军部所在地夏家垮附近撤退。第一七三、一七四师主力亦同时被迫后撤至唐县镇之线。与此同时，日军已经将左翼方面的桐柏北阵地突破，随后日军骑兵又向西疾进。第八十四军部判断，这一行动显然是企图与正面进攻随枣地区的日军相呼应，随后于枣阳地区发动围歼。为了迅速摆脱日军包围圈，军部决定以第一七三师为后卫，掩护军队主力先向枣阳集中，再作下一步行动计划。第八十四军在随县地区的防守线至此结束，进入枣阳地区的战斗阶段。

5月6日，军部及第一八九师一部，顺着桐柏山南侧前进，经鹿头镇，集结于枣阳东地区附近；第一七四师及一八九师一部顺着襄花公路，经唐县镇、随阳店向枣阳转进，同日到达枣阳附近。军部和第一七四、一八九师到达枣阳集结后，接到战区司令长官部电令，命令第八十四军在枣阳城郊占领阵地，阻止当面西进的日军，确保襄樊。

5月6日，在唐县镇一带，日军联合兵种猛烈袭击第八十四军后卫部队第一七三师，第一七三师正面部队（凌云上的五一七团）展开了坚决抵抗，然而终不敌日军的强势，最终因不能阻止日军优势装备的猛烈攻击，阵地被突破，第一七三师被迫向北转移。日军机械化部队在日军飞机掩护下，继续沿襄（阳）花（园）公路向枣阳疾进。5月7日中午，枣阳城南公路上和城西北地区，均已发现有日军坦克数十辆和大批骑兵活动，并开始向枣阳城西郊守军阵地攻击。但日军对城西阵地的攻击，只是牵制，其意图是集中优势兵力，摆在城北面，将第八十四军围歼于枣阳附近地区。第八十四军军部对日军军情作出了如上判断之后，当即命令守城部队迅速脱离火线，于当日下午全军主力（缺第一七三师，当时军部与该师已失却联系）经杨家墙、苍台（新野县属）地区向新野、邓县（均河南属）方向撤退。5月8日，枣阳沦于日军之手。

第八十四军主力从枣阳撤出之后，已经基本摆脱了日军的包围圈。而第一七四师周敬初团（第五二二团）和第一八九师白勉初团（补充团）因担任后卫最后撤出，撤退途中又遭遇日军截击或冲散，未能随主力转移。还有第一七三师自唐县镇掩护军主力向枣阳撤退任务完成后，即被日军压迫向鹿头镇转移，同时与军部失去联络。后来才知道，第一七三师自唐县镇脱离火线后，未见日军尾追，料想日军主力一定直指枣阳，不存在抄袭的可能，该师乃决定两路纵队由鹿头镇经清凉寺、小河街、太平镇等地区向吕堰驿以北附近集结待命。午后开始行动，不料该师钟毅师长直接指挥的左翼纵队（第五一八团、五一九团及师直属部队），在行进至枣阳北太平镇与苍台之间地带时，便与日军遭遇被冲散，陷于各自为战状态，处境十分险恶；在距离苍台五六里处的河曲中，师长钟毅率领部队与日军开展激战，不幸壮烈殉国；绝大部分所属随员及卫士数十人同时牺牲；该师第五一八团团长李俊雄率领该团一部，在太平镇唐河东岸被日军围攻，李团长亲自督率所部与日军搏斗，终以弹尽援绝，李俊雄团长以下官兵数十人被俘结束。该师伍文湘的第五一九团，在苍台北十余里唐河东岸被日军拦头迎击，经过激烈战斗，当晚主力向北突围。该师右翼纵队第五一七团以及左翼第五一八团主力（由副团长彭挺华率领），均因未能突出日军的包围线，于次日午前退入祈义镇（河南属）以南山地休整待命。枣阳地区第八十四军的反包围战，至此告一段落。

八路军主力集结在枣阳西北地区日军后方，当日深夜先后抵达河东岸杨家埠附近宿营，第二天（8日）拂晓，又渡过唐白河撤退到邓县，9日、10日相继到达光化（距老河口战区长官部约六七里）附近集中，旋即投入反击战，维护战区司令长官部的安全。

5月11日（或12日），日军2000余名骑兵越过唐白河向老河口直扑过去，企图对战区司令长官部发起冲击。因为长官部对日军这一行动早有预料，除派部队奔赴老河口东面约四五十里处竹林桥一带布防阻击外，同时命令第八十四军当即派有力部队（2个团）驰援，以便掩护战区司令长官部的安全，并作后撤的准备（其实，自第八十四军越唐白河后撤时，战区长官部除作战处外，大都已越襄河向石花街转移。光化、老河口两镇居民亦已进行了紧急疏散，社会秩序非常慌乱）。越唐白河日军，经八路军阻击，其进犯老河口企图未能得逞，退回唐白河东岸，集结其兵力转向双沟、张湾之间，强渡唐白河，进袭樊城。第八十四军奉令派第一八九师驰援。

当时，在樊城，第十一集团军总司令黄琪翔正直接指挥所属刘和鼎的第三十九军（2个师）与日军在唐白河隔岸对战中。在日军联合兵种的猛烈攻势之下，第三十九军阵地已出现动摇，第八十四军的第一八九师星夜兼程，紧急前往增援，随即加入到战斗中，阵地这才稳定下来；不料当第三十九军发现小股日军在其炮火掩护下，强渡唐白河西岸活动后，便乱了阵脚，既不坚持抵抗，又不事先通知第一八九师，便悄悄地陆续向樊城东郊撤退，使第一八九师突陷于孤军作战的危险境地。在这紧急情势之下，黄琪翔总司令才命令第一八九师迅速转移樊城北面布防，确保樊城及第十一集团军总部安全之责。

第一八九师开始转移到樊城北面阵地之时，虽然已到傍晚，但后面仍有日军衔尾追击，并开始全面攻击樊城守军。战斗异常激烈，右翼的第三十九军节节失利，不断后退。夜半，第十一集团军总部仓皇撤离樊城，向老河口方面去了。当第一八九师发现右翼第三十九军阵地战火沉寂，派员入城进行联系时，才知道樊城已是空城。而日军则不明城内虚实，不敢入城。第一八九师根据这一军情，为了避免日军对该师的抄袭和对老河口的威胁（此时该师与第十一集团军总部和第三十九军已失去联系），当即派部队抢先占据樊城西面竹条铺，以便掩护全部向太平镇撤退。该师先头部队抵达太平镇时，接到战区司令长官部发来的电示，命令其立即掉转队头，疾进至樊城，于是第八十四军主力第一七四师（缺第五二二团）、一七三师一部，立刻推进到樊城。与此同时，在桐柏山北面的汤恩伯兵团（第一、五战区机动部队）一部向随枣之线推进；被日军截击留在日军后方的第一七三师第五一七团、五一八团主力，和第一七四师之五二二团，以及第一八九师的自勉初团一部，则奉令继续在日军后方不断向随枣地区、襄花公路交通运输线进行袭击；其他方面军兵团，亦同时奉命对日军进行反攻。这就是五战区司令长官部"部署对敌反攻"的开始，时间是 5 月 14、15 日。

在第八十四军疾进樊城的途中，进犯樊城的日军正掉头并沿着襄河左岸后撤，在宜城附近强行渡过汉水，随即协同自钟祥西进的日军全面配合江南日军，打算进犯宜昌。这时，进据枣阳的日军因受各路反攻部队压迫，于 5 月 16 日放弃枣阳，向随县匆忙退去。十七日第八十四军收复枣阳后，继续向前推进，基本恢复了原来阵线，枣宜会战遂告结束。

枣宜战役结束后，参战的各部队，包括师、军以及战区司令长官部曾经召开了一次集会，对此次的会战的得失和经验教训进行讨论，大概总结出 6 个问题。其中，关于战争双方的得失，关于掌握日军军情和通讯联系，以至保存实力和战略部署与战术条件不协调的问题，议论很多，莫衷一是。而当时的军政关系和军民关系问题大致是如下意见。

在军政关系方面，此次会战与前次会战情形相同，在第八十四军防区内，随县、枣阳两个县政府及其所辖的乡保基层组织，一般都能根据部队需要配合作战，并发动群众帮助侦察日军军情，负责各种军需品的运输，以及伤员的抢运等工作。特别是随县县政府，对留在日军后方打游击受伤较重的人员 80 余人，都给予了医治和悉心照顾。虽然该县政府此时已转驻桐柏山中，在恶劣环境条件下，使伤员能全部复原归队，体现了军政配合一致的精神。

但是军民关系方面的表现却并不理想。从整个战区来看，普遍存在着军民关系不好的问题，只是在程度上稍有不同而已。据传言，在整个战区的几个集团军中，以汤恩伯第三十一集团军军纪最差。而第八十四军中风纪的败坏程度也比较严重。第八十四军当时的军风纪已非抗战初期可比，欺压民众者有之，嫖赌之风尤盛。之前，虽对军风纪有过一番整饬，曾枪决了一个欺压老百姓的士兵，禁闭了几个聚赌的官兵；但积重难返，官兵嫖赌之风仍不能刹住，只是稍敛一时而已。平时同驻地居民，表面上还能相安无事；但一到战时，军民就分家了。尤其是当战争对中方不利而撤退时，军风纪的败坏更显得突出，军民合作关系荡然无存，军队经过村庄，群众大都纷纷逃避，于是强拉民伕，掳掠人民财物等不法行为就发生了。因此，在随枣会战过后，在桐柏、泌阳、唐河、新野一带曾经流传着这样一个民谣："发、扬、光、大、奸、掳、烧、杀。"（前面四字为当时第八十四军军部和各师臂章代号，"发"字是军部，"扬"字是第一七三师，"光"字是第一七四师，"大"字是第一八九师。）根据资料显示，当时虽未出现烧杀等情况，但奸掳问题非常严重。在第八十四军中嫖赌之风尤甚，上至官兵下至政工人员，如病毒般四处蔓延；在第一七四师政治部内，从主任、秘书、科长到科员，仅有少数能够洁身自好，除此之外，在防地两水沟一带不是窝有姘妇，便是进行半公开的聚赌（麻将、扑克）。由此可知，当时军风纪的败坏程度何其严重。

豫南会战

1940 年枣宜会战，日军第十一军虽然占领了宜昌，但没能解除中国第五战区对其所构成的威胁。1941 年 1 月，日军发现中国第三十一集团军在信阳以北的遂平至项城一带活动，为再次打击中国第五战区主力，打通平汉路，日军第十一军决定发动豫南作战。日军中国派遣军由京沪地区第十三军抽调第十七师团主力及第十五师团一部，增援第十一军。

国民政府军事委员在获悉日军企图后，令第五战区避免与日军主力决战，以一部于平汉路进行持久抵抗，钳制日军之主力，一部向日军后方截断其交通，主力由外翼进行侧击。

日军为了隐蔽其向豫南进攻的企图，并钳制当面中国第五战区部队，以独立混成第十八旅团、第三十九师团、第四师团各一部首先于 1 月 20 日在当阳、荆门、钟祥方面向第五战区第三十三集团军及第二十九集团军阵地进攻，突进至远安，被守军击退。

1月24日夜，日军左兵团第三师团向信阳北侧守军阵地实施奔袭，企图切断守军退路，但遭到第二集团军第六十八军的顽强抵抗，奔袭未能奏效。25日，日军中央兵团和右兵团在飞机和坦克的支援下，由信阳、罗山地担克汉铁路及其两侧，分向遂平、舞阳、上蔡地区进攻。

1月26日，日军攻占确山、邢店、高邑、泌阳一线。

1月27日，日军推进至驻马店、汝南、沙河店、龙王庙一线。

1月29日，中路中军沿平汉路及西侧快速北进，由于国军已撤出沿线地区，使其寻找守军主力的企图落空。日军左、右两路兵团分别受到国军第十三军和第八十五军的攻击，损失惨重。

29日，日军进至三堵集。守军第九十二军与骑兵第二军分别进行阻击。日军一度攻陷界首、太和。

1月31日，日军变更部署，将中央第十七师团一部向左右两翼迂回，其一部由遂平经上蔡向右旋回，企图与汝南北进之右路第四十师团南北夹击第八十五军；中央第十七师团主力则由遂平分两路经西平向舞阳方面迂回；左路第三师团主力也向舞阳推进，企图南北夹击第十三军。国军第八十五军和第十三军在日军完成合围之前，分别向叶县、郾城及沙河以北地区转移，使日军再次扑空。

与此同时，国军第二集团军从泌阳、唐河及其以北地区向舞阳日军后方攻击，切断其后方联络线。此时，日军由于侧背受到中国军队攻击，正阳已被国民革命军克复，后方交通受到威胁。2月6日，各路日军分别撤退。豫南作战，至此结束。日军共伤亡9000余人。

豫南会战以侵华日军失败中国军队胜利而告结束。豫南会战的胜利大大增加了中国人民抗日战争的信心，体现了中国军民团结的伟大力量，有力地打击了侵华日军的嚣张气焰！

上高战役

1940年以后，抗日战争进入相持阶段，日本帝国主义为配合德国在欧洲的进攻，准备发动和进行太平洋战争，把中国变成它扩大战争的后方基地；同时也为了配合对国民党的政治诱降，对国民党正面战场施加军事压力，先后发动了随枣战役、枣宜战役、豫南战役、中条山战役和第二次长沙战役。

1941年2月，侵华日军总司令部企图拔掉驻守在上高的中国军队第十九集团军这颗钉子，于元月份开始，盘踞在南昌的日军，陆续将派往鄂西及武汉的部队调返原驻地，并积极补充兵员，增加给养。闻名中外的"上高战役"正是在这样的背景下发生的，在日军战史称之为"鄱阳作战"或"锦江作战"。

1. 诱敌深入的战略决策

1941年初，日军确立了"灵活、短距离的截断作战"的方针。其计划是：以第三十三师团约1.5万人为北路，由安义向西南进攻；以独立混成第二十旅团约8000余人为南路，由南昌西南约15公里的望城冈沿锦江南岸向西进攻；以第三十四师团约2万人为中路，由南昌西山、万寿宫沿锦江北岸向西进攻。三路部队分进合击，压迫、包围、歼灭中国第十九集团军主力于上高地区。

针对日军的作战企图，中国第九战区确立了"诱敌深入"的作战方针，所制定的反击作战计划中规定："敌如向高安、万载进犯时，则诱敌于分宜、上高、宜丰一带地区反击而歼灭之。"

早在日军行动之前，第九战区接受上次南昌攻守战的教训，对日军可能采取的突袭计划已有所预备。中国军队将驻高安的七十四军置于中路，将李觉的七十军和刘多荃的四十九军置于七十四军的左、右两翼，突出在前，以便在退却中引诱日军，运动中歼击日军。

1941年3月14日，南昌日军兵分三路对十九集团军发起了"鄱阳湖扫荡战"。北路第三十三师团约1.5万人自安义武宁直扑奉新一带中国守军；南路池田旅团8000余人从义渡街出发欲渡锦江而从背后打击上高等地的中国军队；中路第三十四师团2万余人则兵发西山、大城，图谋向西一举攻下高安、上高的中方营垒，确保赣西的"治安"。

3月15日凌晨，北路日军三十三师团首先出动，主力于3时由奉新于州南下，在飞机掩护下，中午攻占奉新，16日进至棺材山、车坪附近，并继续向西追击。

南路日军独立混成第二十旅团于15日晨发起进攻，当日午间在河嘎附近西渡赣江，而后沿锦江南岸向西进攻；至17日，先后占领曲江、独城等地，继续向灰埠攻击前进。

中路为日军主力第三十四师团，在两翼发起进攻后，于16日开始行动，由西山、万寿宫沿湘赣公路和锦江北岸向西突击，当日占领样符观、莲花山。

日军企图三路大军合击上高，一举将中国军队第七十军、第七十四军和第十九集团军司令部合围并歼灭在上高附近。

中国军队对日军的作战洞若观火，于是在第一、二线阵地节节抗击，迟滞和消耗日军，并将自身的主力部队放置于可机动的作战位置；就等日军到达第三线主阵地时，趁其疲惫不堪的时候，集中兵力予以反击。

罗卓英将军

因此，战役打响后，中国军队针对日军急于向心合击的心理，反其道而行之。第七十军依照作战计划，于潦河两岸地区逐次抗击日军第三十三师团，尔后实行离心退却，引诱日军北进。3月17日退至上富、甘坊、苦竹坳之间的山地。

此时日军第三十三师团认为协助第三十四师团的作战任务已经完成，遂于19日沿潦河向义安返转。第七十四军于17日晚主动放弃高安，故意作离心退却状。18日，日军中路第三十四师团突过高安，一举占领龙团圩。三路日军在进攻开始后的两三天内进展顺利，更增加了其骄傲情绪。

2. 合击日军三十四师团

战役发起后3天，战场态势的变化就开始大大出乎日军的意料了。北路日军第三十三师团本想一路追击中国军队第七十军企图吃掉这股部队，谁知反而遭到中国第七十军、第七十二军的埋伏。经过两天的激战，第三十三师团在付出重大伤亡的代价后才侥幸逃脱，于19日返回奉新，认为配合第三十四师团作战的任务已经完成，遂转入休整，准备调往华北。

南路独立混成第二十旅团留下1个步兵大队（称"赣江支队"）占领曲江、泉港，掩护左翼；主力继续向西突进，3月20日占领灰埠，然后北渡锦江，与第三十四师团会合后，加强了上高正面的突击力量。这时，中国第十九集团军令位于南昌以南的第四十九军由市汉街等地西渡赣江，在泉港附近截击日军"赣江支队"，结果歼其大半；然后尾追独立混成第二十旅团，猛击其侧背。

中路第三十四师团于3月18日占领高安后继续向西突击，但是在中国第七十四军的顽强抵抗面前进展缓慢。21日起，第三十四师团在得到独立混成第二十旅团加强后，在30多架飞机掩护下，向官桥、泗溪第七十四军主阵地连续猛攻。第七十四军各部队英勇奋战，与日军反复争夺，阵地多次易手。战斗逐渐进入白热化。

战至22日，此时原本担任三十四师团右侧翼掩护的日军三十三师团后撤了，三十四师团成了孤军。中国军队认为围歼三十四师团的时机已到，于是命令第七十四军坚守待援，命令第七十八军攻击棺材山，牵制北路日军，命令第七十、第七十二军迅速南下。

这样，中国第七十四军凭借既设阵地，以逸待劳，坚韧防御，在长达6天的时间里，有效地抵挡住了日军在数十架飞机掩护下的猛烈进攻，为增援部队争取了时间，确保了中国军队围歼大军到达，国军在这里集中了9个师的优势兵力对三十四师团和独立混成第二十旅团达成合围，并逐渐压缩包围圈，与正面第七十四军协同，展开围攻。

此时，日军第三十四师团身陷合围，孤立无援，几百名伤员无法后送，新的伤员不断增加，而中国军队9个师的围攻越来越紧，情况十分危急。师团长大贺茂一面命令部队在飞机掩护下突围后撤，一面向武汉日军第十一军告急求援。第十一军赶紧派参谋长木下与作战主任参谋等人飞赴南昌组织救援，命令第三十三师团和其他后方部队紧急出动，接应第三十四师团突围。

日军接应部队在途中遭到中国军队顽强阻击，加之沿途道路早已被中国军队破坏，日军前进缓慢，直到3月27日才与第三十四师团取得联系。此时，中国军队以绝对优势兵力将孤军深入、疲惫已极、伤亡过半的日军第三十四师团四面包围并压缩于极狭小的范围内，从3月24日至27日连攻3天，但遗憾的是，由于中国军队的装备和战术素养与日军有差距，所以未能将其全歼，反而使其在兵力并不大的援军接应下，拖着大批伤员突围而出。

3. 中国军队扩大胜利战果

3月27日，日军开始全线撤退。此时，第三十四师团疲惫至极。在步兵第二一七联队和工兵部队的掩护下，抬运伤员的担架队伍长达7~8公里。而其翼侧，中国军队6个师正紧随其后穷追不舍。日军第三十三师团在各处继续进行激烈战斗，28日渡过泗溪进入东岸，29日开始后撤，出发不久遭到据守在虎形山（泗溪西北约5公里）附近中国军队的侧击，陷入苦战。中国顽强追击，激战时有发生。

就在27日和28日两天，日军重炮部队在连降大雨，道路泥泞，主要道路原本已被破坏的情形下，无法迅速行动，只能将炮拆毁丢弃。而炮兵第八中队则在途中被中国军队全歼。

中国军队乘胜追击，收复了许多失地。至4月2日第七十军重新占领奉新城为止，战场态势全部恢复到战前，会战结束。

日军此次作战伤亡1.5万余人。中国军队第十九集团军实施诱敌深入方针，抓住战机，适时反击，在上高地区重创日军，战役规模虽小，作战地域南北、东西各80公里左右，持续时间只有18天，但对中国军队来说，这是一次难得的、始终掌握着战场主动权而制胜的会战，被称为"上高大捷"。

在国家危亡之际，国共合作展示了空前的民族大义，军民参战显示出深厚的战争伟力。据称，在当地中共地下党员上高县长黄贤良的策动和组织下，当时上高县有四分之一的百姓冒死支前，他们前送弹药给养，后运伤兵。正是有了上高民众的广泛参与，才有了"上高大捷"。这是正义的胜利，是历史留与后人弥足珍贵的战例经典。

中条山会战

中条山位于山西省南部、黄河北岸，呈东北西南走向，东北高西南低，横广170公里，纵深50公里，最高峰为海拔2321米的垣曲历山舜王坪，山脉平均海拔1249米。中条山西起晋南永济与陕西相望，东迄豫北济源、孟县同太行山相连，北靠素有"山西粮仓"美誉的运城盆地，南濒一泻千里的滚滚黄河。境内沟壑纵横，山峦起伏，关隘重叠，矿藏丰富。中条山与太行、吕梁、太岳三山互为犄角，战略地位十分重要。

中条山地区虽位于山西省境，但在抗战时期却不是晋绥军的防区，亦不属阎锡山的第二战区管辖。驻守这里的是国军，在战区划分上则归之于卫立煌为司令长官的第一战区。1938年春，山西境内的国军为减少正面损失，将十数万之众的部队分散于晋南地区，建立防御工事，开展游击作战。日军侵占山西后，"为了固华北、抑洛阳、窥西安"，自1938年以来曾13次围攻中条山，但均未得逞。

1941年春，中国第一战区在黄河以北共部署2个集团军11个军，而其中的7个军配置在中条山区，约16个师，15万人。当时，日军则以第三十六师团（晋城附近）、第三十七师团（运城附近）、第四十一师团（临汾附近）和第三十五师团（豫北道清路上）等部配置在中条山周围，担任同蒲路南段和晋东南、豫北地区守备。

1941年1月，日军中国派遣军在年度计划中提出："在华北要歼灭陕西南部的中央军。"为此，日军华北方面军集结重兵，还特意从关东军抽调战机前来参战。日军计划"以彻底歼灭张马—垣曲之线以西中国军，并给该线以东中国军以大打击为目的，以第一军主力在中条山西北侧，由左向右并列第四十一师团、独立混成第九旅团、第三十六师团、第三十七师团、独立混成第十六旅团，分别由桑池至张店间多处突破，直趋垣曲及以西黄河北岸，先分断中国军，然后扫荡歼灭。另以第三十三师团，由阳城向南攻击；第三十五、第二十一师团，分别由沁阳、温县向邵源方向攻击，协同主力军夹击中国军"。

针对日军的兵力部署，国军第一战区也于5月3日制订了作战计划，决定采取先机制敌，积极游击的作战方针，力图在日军准备阶段就将其攻势瓦解，同时完成兵力的集结，然而各部尚未准备就绪，日军就已经开始了进攻。

1941 年 5 月 6 日至 7 日，日军航空兵首先发动攻击，轰炸西安、咸阳、潼关、郑州等地，并炸断了陇海线。5 月 7 日晚，日军向中条山地区的中国军队发动全面进攻。中条山会战就此拉开序幕。

1. 第五集团军顽强抗敌

日军将进攻的重点放在了中条山的西部，以 3 个师团又 2 个独立旅团的优势兵力，向驻守的中国第八十军及第五集团军所属第三、第十七军，展开疯狂进攻。

5 月 7 日傍晚，日军第四十一师团及独立混成第九旅团在航空兵掩护下在绛县以西的西桑池（守军第五、第十四集团军结合部）至横岭关一线展开，分多路由北向南，直指垣曲。守军第四十三军、第十七军奋力抵抗。至 8 日晨，皋落以西的国军第四十三军阵地失守，日军乘胜又突破了第十七军的阵地。日军乘势扩大战果，于当日晚占领中条山中部、黄河北岸重镇垣曲，中国军队被分割为东、西两部。

与此同时，日军第三十六、第三十七师团及独立混成第十六旅团在夏县至张店间展开，向守军第三、第八十军猛攻，主突方向为第三军与第八十军之结合部。战斗一直持续到第二天，张店附近国军第八十军右翼阵地不敌日军猛烈炮火宣告失守，这样国军第三、第八十军的联系被中断了，日军前锋沿黄河北岸向东突进，直指第五集团军。国军见战局不利，被迫放弃第一道防线，第五集团军退守秦家岭、望原等第二线阵地，第八十军退守台寨。

这样，在中条山西部，日军仅用 1 天时间即全面突入中国守军纵深地带，数路日军突至黄河北岸，守军第五集团军陷入苦战状态。

5 月 9 日 4 时，第一战区司令长官卫立煌急电第五集团军总司令曾万钟，命其分批次由五福涧渡河向南转移，而战区本部已派兵两个团在五福涧以北高地占领桥头堡阵地，并征集了渡船 10 余只，以为接应。

然而仅仅几小时后，日军独立混成第十六旅团的先头部队就进至五福涧。由河南岸派来的第十四军八十五师两个团与日军激战至 10 日晨，被迫放弃桥头堡阵地，退回黄河南岸。

此时第八十军在台寨两日来与日军殊死搏斗，伤亡惨重，不得已只能奉命南渡。并由新编第二十七师负责掩护主力渡河，在阻击战中，该师官兵表现出中国军人的血性，他们死守不退。师长王竣、副师长梁希贤、参谋长陈文祀均壮烈殉国，可见牺牲之惨烈。

第三、第十七军被分割包围于中条山内，连日苦战，后援无继，回旋余地不大，

96

处境危殆。第一战区和第五集团军为保存力量，下令第三军向西北、第十七军向西，以团为单位分散突围。但因日军设有多层包围圈，突围途中每每与日军遭遇，各部队且战且走，利用夜暗，隐蔽西进，最终在夏县、安邑、闻喜一带突破日军封锁线，越过同蒲铁路，渡过汾河。

至 5 月 19 日，第三军、第十七军各有 4 个团到达吕梁山区的稷山、乡宁一带休整。未突出重围的部队，一部分被日军消灭，一部分化整为零在中条山打游击。此役中，第三军军长唐淮源因突围无望不甘屈辱被俘自杀殉国，第十师师长寸性奇 15 日也壮烈牺牲。

这样，经过 10 天的突围，仅有第三、第十七军的部分人员突出重围，向汾河以西转移，其余各部队则化整为零留在山里进行游击。

2. 第十四集团军勇战日军

中条山北部守军为第十四集团军所属第九十三军第十师、第十五军和第四十三军，左与第五集团军相邻。5 月 7 日晚，南岭、阳城防线的国军受到日军第三十三师团正面的猛烈突击。次日晨，日军便突破第四十三军阵地，继续向南突进，于 10 日进至煤坪。在这里，日军受到右翼第九十八军的顽强抗击，几次猛攻都铩羽而归，于是日军一再增兵，连续进攻，才于 13 日占领董封。第十四集团军各部撤至横河镇东南地区，但这时西路日军已占领垣曲，东路日军已占领邵源，第十四集团军处于日军包夹之下，不但补给断了，连退路也没有了。

这时，第一战区令该集团军向沁（水）翼（城）公路以北转移。该集团军以第九十三军第十师一部在阳城附近游击，以第九十八军一部在董封以南游击，以第十五军一部在横河镇附近游击，各牵制当面日军，掩护主力沿董封、沁水东西地区，分路向北突围。

第十四集团军于 14 日开始全线突围。但是日军不会让到手的肥肉从嘴边溜走，除了加强围歼兵力，还违背国际法公然使用毒气弹，致使中国军队伤亡惨重。

至 20 日前后，第九十三军第十师和第九十八军、第十五军各一部在太岳区八路军策应下，突破日军的包围和截击，进入沁水以北地区。第十四集团军指挥部及各军担任游击的部队因受日军阻截，未能突围北进，辗转游击于中条山区达半月之久，直到 5 月底 6 月初才乘夜暗分批突破日军封锁线，或南渡黄河，或北进与主力会合。

其间，第二十七军曾由陵川西进，威胁晋城、阳城，策应第十四集团军突围，但在日军第三十六师团和第三十三师团一部阻击后退回，最终未能与第十四集团军靠拢。

这样，第十四集团军除了两个师侥幸突出重围，其余将士都被围于山中，不是战死就是被俘。

3. 第九军虽败犹荣

中条山东部是指河南省北部道（口）清（化）铁路西段的地区，在此方向担任进攻的日军是华北方面军直辖的第三十五师团（配属骑兵第四旅团）和第二十一师团。守军是中国第一战区所属第九军。

5月7日，日军用2个师团及1个旅团的兵力，在飞机、战车、火炮支援下开始向西突击。

激战至8日8时，日军第三十五师团突破第五十四师阵地占领孟县，尔后与第二十一师团合击济源，并于当夜攻占济源。第九军退守封门口既设阵地，留一部在大岭头侧击日军。由于西路日军第四十一师团已于8日晚攻占垣曲，独立混成第十六旅团一部继续沿黄河北岸东进。卫立煌因河防空虚，急令第九军主力由关阳渡口撤至黄河南岸担任河防，留一部兵力迟滞日军，掩护第十四集团军后方。

10日拂晓时第九军直属部队及第五十四师伤亡过半，在退渡黄河时又遭遇日军飞机的猛烈轰炸，但局势紧迫，第九军只能冒着炮火抢渡，直至当夜才渡过黄河。

11日，日军猛攻第四十七师阵地。渡口、船只全被炸毁，第四十七师及新编第二十四师无法渡河，不得已退至王屋、邵源公路以北地区打游击，并与第十四集团军取得联系。

当日，日军西路的独立混成第十六旅团与东路的第三十五师团在邵源会合。至此，日军封锁了南岸的黄河渡口，将北岸的第十四集团军未来得及撤退的部分牢牢包围。日军随即向北与第三十三师团夹击第十四集团军。第九军部队只能转移到道清路西段和济源以北地区开展游击战争。

大战结束后，日军即在中条山区内反复搜索、扫荡残留的第一战区零散部队，直到6月15日，日军才宣布"中条山会战以赫赫战果胜利结束"。据日方统计，中国军队被俘3.5万人，遗弃尸体4.2万具；日军仅战死673人，负伤2292人。

中条山战役失败的原因是多方面的，首先是日军全力决战，而国军对双方实力缺乏清醒的估计。战前，卫立煌原来是凭着26万大军与日军4个师团对峙，所以才能长期坚持中条山防线，并自称"东方马其诺防线"。但这次战役，日军非常重视，尊为"中原会战"，是一举拿出7个师团超过10万的主力部队来决战了，其志势在必得。而国军在战前按蒋介石要求，甚至还抽调部队去反共，使中条山地区兵力反而下降到十七八万人。要知道，日军单位战斗力远超国军（包括中央军），整个抗战期间日军集中10万以上兵力的攻势，多少国军都很难抵挡。这次却以10万打18万，可以说是"占据压倒优势"。按毛泽东的话讲，日军是拿出"把纸老虎当真老虎来打"的干劲了，而国军还浑然不知大难临头而坐以待毙！其次是战前日军准备认真充分，国军仓促应战。日军为确保会战成功，对主力部队作了山地战的强化训练，并事先清扫周边为突击做好准备，可谓万事俱备只欠东风。而国军连上层都思想准备不足，下层部队更是没有任何应战准备，渡口工事没有加强不说，令人匪夷所思的是，竟然粮食都没有储备够。以至于出现了远途来袭的日军兵精粮足，而守在自己阵地上的国军被围后出现"断粮三日"绝境的咄咄怪事！除此外，日军贯彻作战决心坚决，指挥得当，配合有力，而国军进退失据，指挥混乱，部队互不协调。战役一爆发，日军各部按计划进行了果断快速的进攻和穿插包围，没有任何迟疑，干净利索得像是教科书上的案例。而国军始终没有像样的作战计划，要么不顾事实地要求"恢复原有阵地"，要么要求"就地固守"，而且很快就失去统一指挥，听任各部各自为战。有的部队尚能顽强抵抗，但更多是不顾友邻拔腿就跑。应该承认，中条山战役中，国军中还是出现了一些可歌可泣的感人事迹，可惜多数只是壮烈殉国，只有王村一战有点实际意义（日军此役相当部分伤亡是在那里）。不得不承认，多数国军战斗力低下，士气也差强人意，甚至轻易降敌，以至出现与日军如此悬殊的伤亡比例。

第二次长沙会战

　　1941 年初世界形势继续酝酿着巨大的变化，日本乘英、美忙于应付欧洲战争之机，积极谋求南进，与英、美之间的矛盾日益尖锐。美国也希望利用中国抗战拖住和消耗日本，因而加强了对中国的援助。

　　日本强烈感到自己在远东进行的战争实际上是以中、苏、美、英为对象的，因而处理中国问题必须解决南方问题、北方问题，综合考虑，作长期打算。基于这种背景，日军参谋本部制定了《大东亚长期战争指导纲要》和《对华长期作战指导计划》。这两个文件在 1941 年 1 月 16 日的大本营会议上获得批准，并在御前会议上得到天皇首肯。

　　为贯彻《对华长期作战指导计划》的方针，在华日军进行了积极的准备，确定在夏秋以第十一军为主力实施长沙作战。

　　第一次长沙会战后，中国第九战区与日军第十一军隔新墙河对峙于湘北地区。至 1941 年 9 月前，第九战区所辖兵力为 11 个军共 30 个师，

　　4 月，原陆军部次官阿南惟几中将就任日军第十一军司令官，日军原打算 1941 年夏秋之际发动对长沙方面的进攻作战，但是在准备过程中，由于苏德战争爆发，日本从整个国际环境的大局考虑，将重点放在了防范苏联身上，不敢抽调太多机动

兵力，因此不得不缩小战役规模。其最后确定的作战目的是：予第九战区敌军一次沉重打击。

自8月中旬开始，日军第十一军将兵力集中在湘北一带，同时秘密抽调部队，先后向岳阳、临湘以南青冈驿、桃林一带地区集结。并以第一、第三飞行联队和海军第一分遣舰队协同作战。此次，日军接受第一次长沙会战时兵力分散的教训，将主力"并列于狭窄的正面上，以期进行纵深突破"。

中国第九战区在总结第一次长沙会战的基础上，于1941年3月制定了《第9战区反击作战计划》，确定的作战方针是："在赣北、鄂南方面，对非主攻方面之敌，力求夹击于崇仁、新淦以北，宜春、万载、铜鼓、修水以东地区，及修水、长寿街、梅仙以北地区，予以各个击破；在湘北方向，则诱敌主力于汨罗江以南金井、福临铺、三姐桥以北地区，反击而歼灭之。"

1941年9月7日，日军第六师团向中国守军第四军大云山阵地攻击，次日占领该地，后被守军收复。17日，日军第三、第四、第六、第四十师团展开于新墙河北岸之线。18日凌晨，日军主力在飞机和炮火的掩护下，强渡新墙河，突破南岸守军阵地。守军第四、第二十、第五十八军等部与日军展开激战，给予日军以一定的杀伤后，即转移至双石洞、向家洞一带翼侧阵地。与此同时，日军平野支队在海军的支援下，从洞庭湖向湘江口西侧青山附近登陆，进攻芦林潭，企图从左侧威胁长沙。

19日，突破新墙河的日军未遭重大抵抗，其第三、第六师团各一部进至汨罗江江南岸新市、颜家铺、浯口各附近。此时，第九战区按照反击作战计划，布置兵力准备于汨罗江以南三姐桥、金井以北地区反击日军。不幸的是第九战区下达作战命令的无线电报被日军窃收并破译，日军遂放弃"主力用于湘江方面"的方针，决定"于捞刀河北方地区捕捉歼灭敌军"。

20日，日军第三、第四、第六师团强渡汨罗江，并将正面逐次向东移动，企图包围汨罗江南岸中国守军的右翼，其第四十师团沿关王桥、长乐街以东山地，经三枣桥进攻瓮江。24日，第三十七军阵地被日军突破，日军第四、第三、第六各师团，跟踪第三十七军向栗桥、福临铺、金井进迫，并攻击第十军阵地。25日，第十军阵地多处被突破，遂与第三十七军一起向捞刀河南岸转移。同日，薛岳将第九战区司令长官部撤出长沙，移往湘潭。

26日，第七十四军由万载到达长沙东面的春华山附近。奉军事委员会命令，第六战区第七十九军向长沙增援，先头第九十八师到达长沙东北石子铺，主力向岳麓山推进；第七战区暂编第二军由广东北上增援，先头暂编第七师到达长沙，军主力正向株洲运输。

100

接下来两天，第七十四军与日军第三、第六师团及第四十师团一部在春华山、永安市一带发生遭遇战，力战不敌，于28日被迫向普迹市东面撤退。

28日，日军渡过捞刀河向长沙亘浏阳河之线推进。26至28日，由湘西增援的第七十九军第九十八师及由广东增援的暂编第二军暂编第七师，在长沙东郊与渡过浏阳河及捞刀河之日军第四师团和早渊支队发生激战。27日下午，日军早渊支队一部自长沙城的东北角冲入，当晚，早渊支队全部进入长沙。29日，日军第四师团也开进长沙，日军第三、第六师团在永安附近击退第七十四军后，向株洲方向突进，其一部冲入株洲。

日军第十一军早在发动战役之际，日军统帅部就作出"要求作战尽快结束"的指示。而到了9月27日，经过连日的作战，粮弹损耗很大，战斗人员补充不足，同时战线过长，难以保障后勤补给，于是决定结束长沙方面的作战，并于10月1日开始撤退。

10月2日，军事委员会在得知日军退却的情报后，命令第九战区立即开始追击，乘机收复岳阳。第九战区即以第七十九军向长乐街、新市方面跟踪追击；第五十八军向关王桥、第七十二军向杨林街分别实行超越追击；令原留置日军侧后的第四、第二十、第九十九军在马鞍铺、青山市、麻峰咀、金井一带截击日军。10月5日，日军突破第九战区的拦截线，北渡汨罗江继向新墙河以北退却。6日，第九战区追击部队渡过汨罗江，8日越新墙河，日军退守原阵地，中国军队恢复原阵地。在此期间，日军第三十四师团及独立混成第十四旅团主力分别于9月26日向赣北武宁及高安地区进攻，与第三十集团军及第十九集团军之各一部发生战斗，10月1日退回原阵地。至此第二次长沙战役落下帷幕。

第二次长沙会战历时33天，第九战区宣称击毙日军4.8万余人，击落飞机3架，击沉汽艇7艘，使日军攻占长沙的计划宣告破产。但日方由日本防卫厅于20世纪70年代编辑的《中国事变陆军作战》提出，日方的作战方案是以摧毁第九战区有生力量为目的，而非占据长沙。日方在此次战役以轻微的损失而达到作战目的。

第三次长沙会战

1941年12月8日，日军发起了太平洋战争。驻守在中国广州的日军派遣军第二十三军，从广州开始展开了对香港的进攻。为了配合英军和美军打击日军，9日，国民政府军事委员会下令各个战区发动攻击，共同牵制日军的行动，协助友邦战斗。特别指出第四战区负责进攻广州方面的日军，协助香港英军进行战斗；并以第五、第六、第六十六军分别从广西和四川两地集结到云南，作好入缅甸协助英军作战的准备。为了策应日军第二十三军及南方军的作战，日方第十一军负责牵制中国军队向广东转移，于是决定对长江以南再次发动进攻。12月15日，日军第十一军的会展指导方案指出：沿汨水一线展开攻势，击溃面前中国军队，策应第二十三军攻占香港以及协助南方军作战。作战时间大约是两周。在湘北主要作战兵力为第三、第六、第四十师团以及独立混成第九旅团、野口支队、外园支队、泽支队，此外还有第一飞行联队（共有54架飞机）进行作战支援。同时还对驻守在南昌方面的日军第三十四师团以及独立混成第十四旅团对赣北的上高和修水等地进行攻击，协助湘北方面军进行战斗。

1941年11月，中国方面第九战区召开了"第二次长沙会战检讨会议"，通过前两次会战，吸取经验教训，提出了彻底破坏道路，在中间地带空室清野，设置纵深的伏击地区，诱敌深入，把日军围而歼之的后退式决战方式。依照这一方针政策，第九战区制订并且颁布了作战计划，希望在湘北方面，"应运用尾击、侧击及正面强韧抵抗，务于浏阳河捞刀河间地区，将进攻长沙的日军主力，反击而歼灭之"。

等到12月中旬，日军开始往岳阳一带派遣兵力，国民政府军事委员会认定日军即将展开攻势，于是便在12月20日命令第七十三军由澧县立即向宁乡、益阳集结待命，第七十九军立即前往禄口和株洲两地待命。又命令第四军从广东曲江调集到株洲和禄口，而第七十四军从广西宜山前往衡阳。

同一天，第九战区决定把兵力集中到湘北地区，将日军主力诱入浏阳河和捞刀河之间，反攻歼灭。部署如下：战区副司令长官杨森驻平江，指挥第九十、第五十八军，于新墙河现阵地展开顽强抵抗，之后待命，转移到关王桥和三江日侧面阵地，进攻南进的日军；第三十七军在汨水现阵地强韧抵抗，尔后转移至社港市、金井间山地，攻击南进之日军；第九十九军保住归义、营田、湘阴、三姐桥几处既设据点以及湖防，之后共同夹击进攻长沙的日军；第十军固守长沙；战区副司令长官罗卓英由上高进驻浏阳，指挥第九十六、第七十九军等部进行作战；战区副司令长官王陵基从修水带领第七十八军等部驻入平江；七十三军驻守在益阳和宁乡，作为战区的预备队；在鄂南，王劲修指挥部负责切断咸宁、蒲圻以及崇阳一带日军的公路和铁路。

1941年12月23日，日军第四十师团一部向守军第二十军满仓河以南阵地攻击。24日，由于降雨，新墙河的下游水位上涨，日军的第六师团对驻守在新墙河阵地的守军的第二十军第一三四师展开了渡河进攻。入夜，日军渡河后，以一部围攻守军据点，主力分向关王桥和大荆街。第十一军司令官阿南惟几改变了原来定下的作战计划，专断地下令"以主力向长沙方向追击"，命令第三师团快速攻击长沙；第六师团中一部进攻长沙，其主力集中到长沙以东的朗梨市；第四十师团的主力负责进攻金井。

作战计划骤然打乱，让长久作战早已疲惫不堪的日军一线官兵十分茫然，部分高级军官也认为进攻长沙是"自暴自弃之作战"。

12月30日，第三十七军和日军的主力在鸭婆尖、新开市和浯口一带展开了激战，而第二十七、第三十、第十九集团军分别到达了浏阳河、平江预定位置待命。同一天，军事委员会对第九战区下达了指示："在长沙附近决战时，为防敌以一部向长沙牵制，先以主力强迫我第二线兵团决战，然后围攻长沙，我应以第二线兵团距离于战场较远地区，保持外线有利态势，以确保机动之自由，使敌先攻长沙，乘其攻击顿挫，同时集举各方全力，一举向敌围击，以主动地位把握决战。"

第九战区决定和日军在长沙地区展开决战，于是便命令第十、第七十三军防守长沙；第十九、第三十、第二十七集团军以及第九十九军主力，分别从株洲、浏阳、更鼓台、瓮江、清江口、三姐桥各处，把长沙作为目标，从东、南、北三个方向展开合围攻势。

1941年12月31日早晨，日军的第四十师团对第三十七军阵地展开了猛攻，激战一直进行到中午，第三十七军转移到了金井东北的山地上，日军第四十师团主力向金井突进。其第六师团趁第三十七军向东转移之际，从福临铺朝朗梨市发动突袭，第三师团趁着夜色掩映，也从东山附近强渡了浏阳河到达长沙近郊。第九战区发现日军已经逼近了决战地区，于是下令各集团军于1942年1月1日子夜开始攻击前进。

1942年1月1日凌晨，日军的第三师团对长沙东南郊区阵地展开了攻击。2日，日军的第六师团集结到了朗梨市，并以一部协力第三师团进攻长沙。当日，第十军负责坚守长沙城郊地区，在岳麓山炮火的支持下，击退了日军数次反复攻击，并且把突袭白沙岭的日军第三师团一部歼灭。第九战区令第七十三军以第七十七师渡湘江进入长沙，增援第十军。这时候，还在外围的中国军队正在悄悄地从三面包围长沙。

3日，日军第六师团全部加入战斗，与其第三师团合力猛攻长沙，激战竟日，日军攻势屡兴屡挫，弹药也快要告罄，而补给也被切断了，日军展开了空投补给。中国军队继续压缩包围圈，渐渐逼近了长沙。

在攻击长沙不逞，背后又出现包围的情况下，阿南惟几被迫于3日晚下达了"反转"命令。

4日，位于长沙城外的日军再一次发动了全线总攻，但是长沙守军英勇而顽强，日军再次受挫，日军第三、第六师团于4日晚乘夜色脱离战场，由长沙城外分别向

103

东山、朗梨市撤退。

第九战区得知日军退军之后，立即命令原本准备在长沙附近对日军展开合围之势的部队改成堵击、截击和追击日军，在汨罗江以南、捞刀河以北地区将其歼灭。5日，日军集中了50多架第一飞行联队的飞机，掩护军队主力退却，第六师团退到了朗梨市；第三师团在开始撤退的时候，于长沙东南郊区的金盆岭、清水塘、石马铺一带，遭到了第四军的堵击，伤亡十分惨重，撤退到东山附近的时候，又遭到了第七十九军的堵击，不得不沿着河堤退往朗梨市，随第六师团之后，在该地架设浮桥渡河，撤至浏阳河东岸。

5日和6日两天，日军的第三、第六师团在牌楼铺、长桥和高桥一带，遭到了第二十六军以及第七十九军的围追堵截，死伤甚多，7日夜突围退至捞刀河北岸。第四十师团于7日从春华山经过罗家走学士桥撤退。8日早晨，日军在捞刀河北岸继续往北撤退，沿途又遭遇了第九战区追击部队拦截侧击。9日，日军主力在其独立混成第九旅团的策应下，从福临铺往北撤退。日军一边负隅顽抗，一边沿着汨罗江向北撤退。等到12日，日军退到了汨罗江的北岸地区，才稍事收容。第九战区各追击部队跟踪追至汨罗江南岸，并以一部渡过了汨罗江沿着长乐街往北展开了超越追击。15日，日军退到了新墙河，坚守在原本阵地，第九战区所部，一面扫荡新墙河以南残军，一面向新墙河以北进击。至16日，恢复会战前原态势。

赣北方面，12月25日，日军的第三十四师团和独立混成第九旅团各一部，分别从箬溪和安义等地区向西面展开攻势，先后占领高安、武宁，但在守军奋勇阻击下，于1942年1月6日前，恢复原态势。

这一次会战，第九战区第一线官兵能够借助各个阵地优势逐次展开抵抗，在一定程度上损耗和迟滞了日军行动。长沙守备部队能顽强地坚守核心阵地，连续挫败日军的进攻，给予了日军强而有力的抗击。第二线的反击队伍对日军展开的合围部署十分恰当，并且协同周密，反击动作坚决有力，对撤退之日军穷追不舍，使日军无法脱离，扩大了战果，从而赢得了长沙会战的最终胜利。此次作战共伤亡了日军5万多人，俘获了日军139人。日军的战史也承认：这一次长沙会战，日军"在思想上没有充分地把战斗力与战斗意志统一起来，错误重重，作战始终是在极为困难的情况下进行的"。而中方军队"引诱日军一直深入到长沙，集中长沙城内外的30万大军将日军包围。尔后，日军第一线部队几经苦战，付出了高于香港作战两倍多的牺牲……撤回原驻地。这次作战，动摇了一部官兵的必胜信念"。

在美国和英国等军队在太平洋连续失利的情况下，中国在这次长沙会战中取得的胜利引起了强烈的国际反响。英国《泰晤士报》发表评论："12月7日以来，同盟军唯一决定性之胜利系华军之长沙大捷。"伦敦《每日电讯报》报道称:"际此远东阴雾密布中,唯长沙上空之云彩确见光辉夺目。"美国陆军参谋长马歇尔发来贺电,海军部长诺克斯也发表了告中国人民书,指出这次作战的胜利是全部同盟国家赢得的共同胜利。

入缅作战

在抗日战争的防御阶段,重庆国民政府组成了中国远征军,与英美联军在缅甸战场合作,同日本侵略者展开了为期 3 年多的作战。

1940 年 9 月,日军侵入越南,中越交通被切断,不仅威胁着英国殖民地缅甸、马来西亚、新加坡等地的安全,而且给中国国际交通运输线的安全带来了严重的危机。此时,英军刚刚经历了敦刻尔克大溃退,根本无力挽救其远东殖民地的危机,因而希望借助中国长期抗战的经验和力量,支援它在远东殖民地尤其是缅甸、印度、马来西亚方面的军事战局。1940 年 10 月起,英国首先开放封锁已久的滇缅路,接着酝酿中英军事同盟。而国民政府为了保持中国唯一对外通道滇缅路的畅通,也希望加强中英军事合作。1941 年春,英国邀请中华民国军事考察团赴缅甸、印度、马来西亚考察。几经协商,在同年的 12 月 23 日签订了《中英共同防御滇缅路协定》,成立中英军事同盟。中国远征军就是根据中英军事同盟而组织的。而日军在偷袭珍珠港成功之后,迫不及待地开始以重兵进攻东南亚各国和西南太平洋。至 1942 年 3 月,香港、马来西亚、新加坡、泰国、印尼和菲律宾的大部分均被日军占领。在攻占上述地区的同时,原来担任掩护任务的日军第十五师团转而进攻泰缅边境。此时,英军驻防缅甸的力量非常薄弱,仅有 1 个师左右的陆军和 37 架作战飞机,根本无法抵挡日军的凌厉攻势。可以说,缅甸已经危在旦夕。

日军侵入缅甸,给中国的抗战带来了更加严重的困难。第一,中国的国际交通线将完全被封锁。国民政府抗战所需军火和其他战略物资,大部分靠盟国供应。抗战爆发后,中国海域、滇越交通相继被日军封锁;1941 年以后,由于苏联困难等原因,从西北运进的苏联援华物资也基本断绝……在这种情况下,滇缅公路已成为中国唯一的国际交通线。当时美国的援华物资正是从仰光入口,经滇缅公路运到云南的。从 1939 年建成到 1942 年春,滇缅公路承担了 40 多万吨的运输量。如果缅甸被日军攻陷,这条运输线也必将被日军截断,中国政府必定面临更加困难的境地。

第二,日军入侵缅甸后,将从西南面对中国形成包围。假如日军从滇缅边境向中国境内发起进攻,将对中国战区形成两面夹击,对中国的抗战局面无疑是雪上加霜。因此,蒋介石十分关心缅甸的战局。太平洋战争爆发后,中英军事合作步伐加快。12月23日举行的重庆中、美、英联合军事会议上，英国代表要求中国军队入缅协助英军保卫缅甸，蒋介石表示同意。23日，中英双方签订了《中英共同防御滇缅路协定》，从而确立了中英军事同盟。1941年12月底，中国远征军进至滇缅边境，做好了进入缅甸设防的准备，然而英国人对中国军队进入缅甸存有戒心，迟迟不准中国远征军入缅布防。中国方面曾先后三次进行作战动员，前两次均因英方临时改变主意、加以阻止而将战机贻误。1942年1月，日军第十五集团军司令官饭田祥二郎率两个师团经泰国麦索侵入缅甸，大举进攻缅东重镇毛淡棉，拉开了缅甸战役的序幕。毫无战意的英军节节溃退。2月底，日军攻克仰光后，又增调两个师团，兵力达到约9.5万人，飞机250架，遂分三路北犯，企图乘势夺取整个缅甸。英缅军一路溃败，这才急忙请中国军队入缅参战。中国政府正式编组远征军第一路，由史迪威和远征军第一路司令长官罗卓英指挥，进入缅甸，支援英军作战，开始了抗击日军进攻、打通国际交通线的战争。远征军由第五、第六、第六十六军组成，每军辖3个师，每师辖3个团，共10个师约30个团，连同直辖的炮兵、工兵，全军共计10万余人，其中战斗力最强的是第五军。

进入缅甸后，日军主要进攻方向的曼德勒正面作战由第五军担任；东路莫契、雷列姆方向的作战由第六军担任；第六十六军集结在曼德勒地区等待战机。而英缅军负责防守西路伊洛瓦底江沿岸。3月18日，远征军第五军在仰光至曼德勒之间的普尤遭遇日军，发生前哨战。20日，同古战斗打响，防守同古的是第五军第二〇〇师，他们面对的是4倍于己的日军，在强敌压境、后援不继的情况下，第二〇〇师苦战10天，歼灭日军3000余人。29日夜，该部奉命撤出战斗，准备参加彬文那会战。正当第五军彬文那会战计划就绪之际，英缅军布防的西路方向出现不利情况：4月中旬，日军突破英缅军防线，绕至英缅军后方占领仁安羌油田，切断英缅军退路，在仁安羌以北地区包围了英缅军第一师及战东营一部共7000余人，英缅军粮弹将尽，陷入了非常危急的处境。17日，远征军第六十六军新三十八师奉命前往营救，孙立人将军指挥中国远征军新三十八师，与日军在仁安羌城下殊死较量，终于上千匹战马冲进了被围多日的仁安羌。饿得半死的英军士兵，从工事后面挣扎起来，庆幸自己的新生之余简直不敢相信自己的眼睛！在东路方面，第六军虽然历经苦战，但并没有阻止日军推进，莫契、乐可、和榜、东枝、雷列姆相继落入日军之手。其间，驰援东路的第五军第二〇〇师虽一度收复东枝，但远征军长官部不但没有组织部队乘胜东进，攻击雷列姆，阻歼北犯日军，并切断向腊戍方向进犯之日军后路，反而命令第五军放弃东枝，立即西返皎克西，准备曼德勒会战，日军乘虚北犯，于5月初切断了远征军后路。远征军大部被迫撤至云南怒江东岸，另一部向西撤往印度。

第二〇〇师师长戴安澜少将在撤返国内的途中牺牲。这次入缅作战，中国远征军不仅付出了重大代价，而且没有达到阻滞日军、保卫滇缅路的主要目的。导致失利的原因很多，英国人的不合作是失败的根本原因。中国军队在仓猝的情况下进入缅甸，不能从容部署占领阵地，而且势单力薄，最后的全面失败也就在所难免了；而且中、英联军没有统一的指挥机构，甚至连中国远征军的高级将领之间也没有严格分明的指挥隶属关系，这是此次失败的另一重要原因。此外，中国远征军将领指挥上失误，没有做到"知彼知己"；日本很早就伸手于缅甸，使盟军在缅甸的作战失去了"地利""人和"这两个重要的条件；日军在进攻缅甸时，采取了灵活机动的战略战术，对此，盟军措手不及、无还手之力等，这也是远征军失败的一大原因。

缅甸战役的失败，造成了国民政府的极大惊慌，也使美军太平洋战争的形势更加严峻，中、美、英三方都积极准备反攻。

1942 年 7 月 18 日，史迪威向蒋介石提出了反攻缅甸的具体意见，后经与国民政府军令部磋商，在 11 月拟订《联合英美反攻缅甸的作战计划》。计划规定 1943 年秋季开始对缅甸进行全面反攻，但由于英方对此计划反应冷淡，因而没有确定反攻的具体时间。开罗会议期间，中、美、英三国首脑初步达成反攻缅甸的协议，随即拟订的盟军反攻缅甸作战计划规定："先由缅北发动攻势，吸引兵力，尔后以陆海空军协力一举由仰光登陆，三面夹击，将敌包围于曼德勒以南地区而歼之，攻势开始时间，预定在 1943 年 12 月以后。"在讨论和拟制反攻作战计划的过程中，盟军各方开始着手进行作战的实际准备。

首先，中国远征军重新编组和训练。经中、美、英三方同意，退入印度的中国军队改编为中国驻印军，在兰伽设立训练中心，由史迪威任总指挥，罗卓英（后为郑洞国）为副总指挥，下辖新一军新编第二十二、第三十、第三十八师 3 个师。从 1942 年 8 月至 1944 年 1 月，受训官佐 2626 人、士兵 29667 人。1943 年 4 月，国民政府在云南重组远征军司令长官部，司令长官为陈诚（后由卫立煌继任），辖第十一、第二十集团军。总体来看，远征军各师、团兵力编制数比驻印军稍多，但装备不如驻印军精良，但比之前仍有较大改善。同时，在昆明设立训练中心，对远征军官佐进行轮流培训。至 1944 年底，共训练 1 万多人。

其次，英军退守印度后，也从各方面加强准备。随着世界反法西斯战争的发展，欧洲战场转入战略反攻，美英都可以腾出较多力量来加强印缅战区。至 1943 年底，美英驻印空军发展到 67 个中队，拥有 850 架作战飞机，这使印缅地区的制空权完全被盟军掌握。同时，英国在印度东北面集中了 10 多万精锐部队，建立了以英帕尔为中心的反攻基地。

再次，缅甸共产党领导缅甸人民，创建根据地，发展人民武装，广泛开展抗日游击战争，以各种方式反对日本的军事占领。缅甸人民的抗日斗争，为盟军反攻缅甸创造了有利条件。

1943 年 8 月 17 日，美英首脑在加拿大魁北克举行会议，宋子文代表中国参加了这次会议。会议决定在 1943 年冬季前后在缅北向日军发动攻势，以打通滇缅公路，增加盟国对中国的物资援助，使中国战区发挥更大作用。10 月 24 日，在美国空军的协同下，中国驻印军之新一军开始由缅北向新背洋、于邦一线的日军发起进攻，并于 29 日占领新背洋，12 月 28 日攻克于邦，取得缅北反攻作战的第一个胜利。1944 年 2 月 18 日，新一军又以新三十八师、新二十二师为左右两路纵队向缅北门户孟缓挺进，于 3 月 5 日攻克孟缓，歼灭日军 1400 余人。之后乘胜追击，将战线推进至孟拱和密支那。6 月 25 日，攻克孟拱。8 月 3 日，攻占密支那。至此，中国军队控制了缅北所有要点，反攻缅北的任务已完成近一半。1944 年 5 月，驻滇西的中国远征军开始向怒江以西的日军发起反攻，以策应驻印军的反攻行动，早日贯通中印公路。具体部署是：强渡怒江后，以第二十集团军为右集团军，向腾冲攻击；以第十一集团军为左集团军，向龙陵、芒市攻击。第二十集团军渡江后，接连攻克马面关、桥头、江苴街等日军据点，于 6 月下旬逼近日军坚固据点腾冲，经过两个月的苦战，最终在 9 月 14 日收复腾冲。之后，该集团军一部开赴龙陵方向，向第十一集团军增援。第十一集团军渡江后，首先攻克腊孟并歼灭全部守军，尔后向日军主要防御据点、滇缅路上的重镇龙陵突进。龙陵有日军重兵把守，在日军拼死抵抗下，中国军队进展迟缓，多次攻击失败。10 月 25 日，在得到右集团军增援后，第十一集团军再次发动大规模攻击，最终于 11 月 6 日攻克龙陵。腾冲、龙陵作战共歼灭日军 1 万余人。

攻克密支那后，中国驻印军将所属部队重新整编为新一军和新六军。10 月初雨季刚过，驻印军继续向南推进，八莫、南坎和芒友等日军控制中印公路的重要据点被接连攻克。中国远征军攻克龙陵后，接着进攻芒市、遮放，11 月 20 日力战收复芒市，同月底进占遮放。1945 年 1 月 24 日，又攻占畹町。第十一集团军随即越过中缅边境向日军实行追击，1 月 27 日，中国远征军与中国驻印军在芒友会师，中国西南陆上交通线被完全打通。中国驻印军的新六军以一部继续南进，于 3 月 30 日与英军会师叫脉，至此，缅北、滇西日军被全部歼灭，反攻作战胜利结束。

此次反攻作战的胜利，是在吸取第一次入缅作战经验教训的基础上取得的。制胜因素除中国军队和盟军官兵的奋勇战斗外，与指挥系统的改进、武器装备的改善和周密的作战计划也是分不开的。中国远征军的胜利，彻底粉碎了日军的"南进"

计划，有力地支援了美英盟军在太平洋战场和东南亚战场上的作战，为盟军反击赢得了充裕时间，为世界反法西斯战争的最后胜利提供了重要的保证。中国远征军用这场来之不易的胜利，不仅为自己赢得了荣誉，也大大提高了中国军队在国际上的地位，使中国人民的抗日斗争与各国反法西斯斗争汇成一体，中国成为世界反法西斯斗争主要成员国之一。中国远征军的胜利，重新打通了中国西南的国际运输线，保证了滇缅公路的畅通无阻，为中国大陆战场的最后总反攻打下了基础。同时，这场胜利对全国人民抗战必胜的信心也是极大的鼓舞。中国远征军的作用和贡献将永远记在人们的心中。

浙赣会战

　　浙赣铁路东起杭州，与沪杭莆铁路相交，经诸暨、江山进入江西玉山至贵溪，与贵南铁路接轨，再向西穿过鄱阳平原，与南浔铁路相接，西经萍乡进入湖南到达株洲，与粤汉铁路接轨，称得上是中国南部横穿东西的交通大动脉。当时，中国许多空军基地都建在浙赣铁路沿线，因此，该地具有十分重要的战略地位。

　　1941 年，太平洋战争爆发，中、美两国同仇敌忾，共同对日作战。1942 年 4 月 18 日，美军中校詹姆斯·杜立特率领 16 架 B-25 轰炸机，从大黄蜂号航空母舰上起飞，轰炸了日本东京、名古屋、大阪、神户等地后，飞至中国浙江的衢州等地机场降落。日本本土第一次遭到美机轰炸，民心恐慌，社会骚动，朝野震惊。日本大本营为防止中、美空军利用中国浙江一带的机场对日本本土实施"穿梭式轰炸"，当日即决定摧毁中国浙赣线上的空军基地和前进机场。为此，日军大本营于 4 月 21 日决定进行以摧毁浙赣两省飞机场为目标的浙赣作战，并命令其中国派遣军开始作战准备。30 日，日军大本营正式下达摧毁浙江航空基地的命令。命令要求中国派遣军用地面兵力将丽水、衢州、玉山附近的机场群及各种设施摧毁，达到目的后，应在一定时期内占领上述地区，在万不得已的情况下，可以在彻底破坏主要设施和道路后返回原驻地。

　　根据大本营的命令，日军中国派遣军决定，此次作战由驻上海的第十三军、驻汉口的第十一军和海军第一遣华舰队负责。其中第十三军指挥第十五、第二十二、第三十二、第七十、第一一六等 5 个师团和河野、小园江、原田等 3 个混成旅团、奈良支队、独立混成第十七旅团等部，铁道、航空部队各一部协同作战。第十一军指挥第三、第三十四师团和竹原、今井、平野、井平等 4 个支队，航空部队一部协同作战。具体部署是：以第十三军主力于 5 月 13 日以前集中在奉化、绍兴、萧山、余杭之线，从 5 月 15 日开始进攻浙赣铁路东段；第十一军两个多师团于 5 月 27 日以前集中在南昌附近赣江右岸，于5月31日夜间开始进攻浙赣铁路西段，东西夹击，打通浙赣线，将浙赣走廊地区的中国空军机场摧毁。

1942年春，国民政府军事委员会陆续从第九战区抽调第四十九军与第十九师及第二十六、第七十四军，加强第三战区的兵力，并命令第三战区对日军加紧袭击，确保浙赣间诸机场的安全；诱吸日军主力于该方面，以减轻陕西、湖南两地所受的压力，确保四川的安全。对此，第三战区制订作战计划："以最小限兵力配置浙赣路西段持久，集中主力于浙赣路东段，利用既设阵地持久抵抗，并竭力袭扰敌之后方，迟滞牵制敌人，特在金华、兰溪预筑坚固阵地，竭力抵抗，最后在衢州附近与敌决战。"具体部署是：浙南作战由第二十五集团军担任；钱塘江以南的作战及金华、兰溪的守备由第十集团军担任；钱塘江北岸的作战由第三十集团军担任；浙赣路西段的作战由第一〇〇军担任。第二十六、第七十四军控制于衢州，第二十三集团军担任宁国、贵池、都昌之线的守备。为策应第三战区作战，第九战区以3个军的兵力向赣东活动。

5月15日，浙赣路东段方面日军第十三军以第七十、第二十二、第十五、第一一六师团及原田混成旅团，分别由奉化、上虞、萧山、富阳等地，沿浙赣铁路及其两侧向西南发起进攻。第三战区第二十五集团军及第二十八军一部，逐次在新昌、安华、新登之线及东阳、义乌、浦江、桐庐之线展开抵抗，并以一部转进日军后方进行游击作战，主力撤退至金华、兰溪东西之线。日军各路跟踪直进，占领义乌、东阳、武义、建德。23日，日军第七十师团和第十五师团分别向金华、兰溪发起攻击，固守金华的中国守军第七十九师和固守兰溪的第六十三师，分别依托既设阵地，奋起抵抗，与日军形成对峙。日军第二十二师团及河野混成旅团由金华以南向汤溪迂回突进，26日攻陷汤溪。中国守军第四十师主力及暂编第十三师沿铁路及以南地区依次抵抗。同日，日军第一一六师团到达兰溪西北地区。27日，龙游被日军攻陷，金华、兰溪的中国守军面临更加孤立的形势，于是在28日放弃该地，转移至北山。中国军队在金、兰地区的防守作战，使日军遭受严重损失。日军第十五师团师团长酒井直次中将被地雷炸得血肉横飞，随即毙命。直到9月27日，日陆军省才公布这一消息。日军战史称："现任师团长阵亡，自陆军创建以来还是首次。"

30日，日军第二十二、第十五、第一一六、第三十九师团及河野混成旅团到达灵山镇、寿昌、龙游之线，集结兵力，伺机攻击衢州。第三战区按照预定计划，将第八十六军部署在衢州，第二十五、第二十六、第四九八、第七十四军分别位于衢州之北、西、南三面，准备对进攻衢州之日军予以包围攻击。此时，南昌方面日军第十一军于5月30日开始向东进攻。国民政府军事委员会令第三战区避免在衢州地区与日军决战。第三战区遂以第八十六军（欠第七十九师）守备衢州，吸引日军，战区主力避开铁路正面，撤至两侧山地，候日军前进时，分段截击之。6月3日，日军第十五、第二十二、第三十二师团向衢州发起总攻。为了给战区主力重新部署争取时间，守军第八十六军与优势日军浴血奋战4昼夜。6月7日，守军在日军攻陷衢州后向南突围。

占领衢州后，日军以第十五、第二十二、第三十九3个师团继续向西推进，11日至14日，接连攻陷江山、玉山、广丰、上饶等地，并继续以一部向西推进。7月1日，日军第二十二师团一部与由南昌方面东进日军会师横峰。至此，日军已打通浙赣铁路，遂转取守势，对机场、铁路进行大肆破坏，掠夺各种战略物资。第三战区主力转移到浙赣铁路南侧仙霞关、汪二渡之线，一部转移于浙赣铁路北侧地区，不断从侧面攻击日军。

6月24日，在日军主力西进的同时，日军小园江混成旅团由龙游进陷丽水，在对丽水机场进行破坏后，于7月9日沿瓯江进占青田，10日再占温州。与此同时，温州湾日军海军陆战队于12日在温州登陆，并于13日侵占瑞安。5月31日，在日军从东面的奉化、绍兴、余杭之线向西发起进攻后，西面驻扎南昌的日军第十一军派遣第三、第三十四师团和今井、井平两支队，从南昌附近沿抚河西岸向南发起攻击，中国守军第七十五师稍作抵抗后，主力转移至鹰潭以西的既设阵地。日军于当天只遇轻微抵抗就渡过抚河，沿东岸向前攻击，于6月2日进入高桥市附近。之后，日军分为两支：一支是沿浙赣铁路向东乡攻击的永岩支队；另一支为第三十四师团主力及竹原支队，进攻三江口、临川。6月4日暴雨，中国方面以第七十九军冒雨由硝石以南地区向临川急进，并于当晚到达临川，与日军先头部队遭遇后，双方在临川进行了一夜巷战。次日，日军第三师主力抵达临川，双方展开激烈战斗。与此同时，中国守军第五十八军及赣保纵队也在临川北面的三江口、李家渡与日军第三十四师团主力展开激战，双方均有很大伤亡。6月8日，日军第三十四师团主力突破了第五十八军阵地后，直下临川与第三师团合兵一处，对中国方面的第七十九军发动猛攻，双方激战至12日，日军第三十四师团主力转向浙赣铁路，会同永岩支队进击鹰潭。

在日军第三师团主力转向浙赣铁路后，中国第九战区于东乡、金溪以东，南昌以南地区展开攻势；以第四军由南向北进攻崇仁、宜黄；以第五十八军由北向东南进攻崇仁、临川，以第七十九军由南向北进攻临川以南的南城。15日至16日，第四军所属部队接连攻克崇仁、宜黄，并继续向临川进逼。此时，沿浙赣铁路向东攻击的日军第三十四师团主力攻陷鹰潭、贵溪。

自 6 月 21 日开始，中国军队和日本军队先后在南城、宜黄、崇仁、临川地区展开激烈战斗。中国军队曾一度对临川、南城形成包围势态，但久攻不克。到了 6 月 30 日，日军再次攻陷宜黄、崇仁，双方形成对峙局面。7 月 13 日，在日军放弃崇仁、宜黄后，国民政府军事委员会向中国军队发出了停止进攻的命令，南昌以南地区的战斗即告停止。

浙赣路东段方面，第三战区从 7 月上旬开始，发动局部攻势，接连收复新登、桐庐、建德、弋阳、横峰等地。

7 月 28 日，日本大本营下达了结束浙江作战并固守金华的命令，部队于 8 月中旬撤回。中国派遣军作出决定，第十三军留置第二十二师团于金华、武义、东阳，第七十师团于新昌、奉化，其余部队在 8 月 19 日撤回原驻地。其第十一军所部从 8 月 19 日开始撤退。浙赣会战由此结束。

此次会战，日军共集中了 9 个师团以上的兵力，中国军队经过辛苦战斗，虽然未能阻止日军实现其预定目的，但也使其遭受了严重损失，第十五师团师团长毙命，总伤亡数据日军战史记载共 17148 人。

鄂西会战

日军侵占宜昌后，北面受汉水上游的截击，南面亦受沔（阳）监（利）地区的牵制，尤其经进攻宜昌一战后，使日军深感长江不足以为固，于 1943 年 2 月间，先行"扫荡"沔监地区，以图减少之后渡江的困难。旋即于 3 月间渡江进犯，遭到国民党反击，被迫退于华容、石首、藕池口、弥陀寺亘宜昌、天宝山、盐池庙、转斗湾一线，成犬牙交错形势，军队即停止攻击。

4 月下旬，日军企图击破鄂西野战军，打通长江上游航线，攫取洞庭谷仓，并摧破重庆门户计，抽集其精锐部队 7 个师团，总兵力约 10 万人，分别集中于华容、藕池口、弥陀寺、宜昌附近地区。同时，于汉口、当阳集结百余架飞机，由其第十一军军长横山勇指挥，对中国军队发起疯狂进攻。

此时，第六战区司令长官陈诚已于 3 月间调往云南任中国远征军总司令（其第六战区司令长官职务由孙连仲代理）。陈诚在滇获悉日军西犯，于 5 月又飞回恩施指挥作战：以王缵绪第二十九集团军固守安乡亘公安一线既设阵地；以王敬久第十集团军固守公安亘枝江一线既设阵地；以吴奇伟江防军固守宜都亘石牌要塞的阵地；以周嵒第二十六集团军的七十五军和冯治安三十三集团军的七十七军、五十九军同守三游洞（西陵峡东口）亘转斗湾间既设阵地，令各部队以坚强的抵抗，不断消耗日军，并将日军诱至渔洋关亘石牌要塞间，然后转为攻势，压迫日军于大江西岸而聚歼。

5月5日，日军主力果然由华容、藕池口向洞庭湖北岸进攻。第七十三军依照预定计划，逐次打击日军。至7日晚，日军进抵南县、安乡附近，中国军队与日军血战一昼夜，只因地形不良，防守困难，只好向后转移。8日，南县、安乡沦于日军之手。9日，中国军队在三仙湖、红庙予日军以打击后，逐次向洞庭湖南岸撤退。至此，日军以为军队主力决战的企图完全扑空。向津市进犯的日军，迭次进行试探性攻击，中国军队未动。日军以第四十师团及第三十四师团各一部留置洞庭湖北岸，其第三师团主力及独立第十七旅团西移，12日，集结于津市东北地区的独立第十七旅团向大堰垱、新安攻击，被阻止。第六十八师团向暖水街攻击。同时弥陀寺日军第十三师团一部3000余人，亦向斑竹垱、新江口攻击。13日1时许，日军第十三师团主力，复由洋溪、枝江间强渡长江，防守公安的第八十七军四面受制，势将陷于孤立，于是放弃公安西移，逸出日军的包围圈。从洋溪、枝江间渡江的日军第十三师团，被第九十四军主力及第八十六军的六十七师阻击于茶园寺附近；迄15日，中日双方在大堰墙、暖水街、刘家场、茶寺亘枝江西侧一线激战。

5月16、17两日，日军第五十八师团约5000人向西猛扑，第十集团军连日与日军激战，双方伤亡均重。日军又不断增援猛攻，军队被迫向西转进。此时，澧县以北的日军第三师团向西北方移动，宜昌西岸及古老背附近的日军，亦逐渐增加，似有向江防军攻击的企图。第七十九、第七十四等军于石门以北地区，第十集团军在清江以南地区对日军展开持久战，江防军则确保石牌要塞。21日晨，茶园寺方面的日军第十三师团攻陷王家畈后，以约3000人北进，与枝江的日军第五十八师团的一部，夹击第八十六军的六十七师，是晚由聂家河、庙滩附近强渡洋溪河（即汉阳河），同时日军第三十九师团主力在宜都北红花套附近强渡，经第八十六军第十三师猛击阻止。22日，第八十七军一部在渔洋关附近，与日军第十三师团竟日激战，卒以众寡悬殊，渔洋关失守，中国军队退守川心店、龙潭坪一线。日军第三十九师团在强烈炮火及飞机掩护下，4000余人由红花套附近渡江，向第十三师的大小宋山及长岭岗阵地进攻，经军队反击予以重创。迄晚，第八十六军守枇杷树、磨市、鄢家沱、仙人桥一线，翌日与日军在该线激战后，转移至马鞍山（长阳南）、板桥铺一线，左翼仍在乌龟山未动。24日，日军集中第三十九、第三师团主力，向长阳第八十六军猛攻，激战至午后，阵地被日军突破。第八十六军右翼即调整态势，扼守长阳西北、清江北岸亘凤凰山一线。此时第三十二军的第一三九师一部已抵津洋口、都镇湾间，适日军由聂家河西犯与由渔洋关方面向清江南岸的日军会合后，在沿市口、都镇湾间强渡，被击退。

日军第三、第三十九两个师团主力，于5月24日在宜昌西岸继续向第十八军第十八师阵地猛攻，遭痛击阻止。至25日，日以空军掩护，发动全线猛攻，一部突入偏岩、津洋口间，经中国军队南北夹击，日军伤亡甚大。当时，日军于清江两岸及攻击石牌的部队，总兵力约6万人，日军十一军军长横山勇亲至宜昌指挥，似有一举攻占第一线要塞，威胁恩施、巴东的企图。在此关键时刻，重庆统帅部当即严令江防守备部队诸将领，明确指出：石牌要塞乃我国的伏尔加格勒，为聚歼日军的唯一良机。中国军队各级指挥官接到命令后，均抱定与要塞共存亡的决心，依有利地形，与日军决战。如守备石牌第一线的十一师师长胡琏，当战斗激烈时，陈诚司令长官打电话问他："守住要塞有无把握？"胡琏斩钉截铁地回答："成功虽无把握，成仁确有决心！"英勇气概，可见一斑。

当日军开始向要塞外围进攻时，中国军队的守卫部队沉着应战，当日军进入包围圈内，以炽烈火网将其聚歼。因此，八斗方、大小朱家坪、永安寺及北平山等地屡次进犯的日军，多无生还。

26、27两日，江防军方面战斗最激烈。第十一师的团长尹宗岳、张涤瑕等亲至前线指挥战斗；第五师在馒头嘴，十八师、十三师在轿顶山、石门垭、笔尖峰阵地正面与日军激战，全体官兵斗志奋发，先后毙日军三四千人。27日晚，江防军防守稻草坪、高家堰、易家坝、石牌一线。第十集团军的九十四军主力亦转移至资丘附近，掩护江防军的右翼。由偏岩窜木桥溪的日军，被中国军队消灭甚多。迄28日晚，正面的日军遭遇猛攻，加以中国空军不断轰炸，日军增援困难。此时，出击部队第一一八师和第一八五师由五峰、资丘攻克渔洋关；日军第三、第十三师团的后方被截断，陷入包围中。于是中国正面各军，于30日起，乘机出击，全面反攻。此时，江防军正面的日军乃集中其步、炮、空的全力，分向曹家畈及石牌要塞进攻，并由天柱山向木桥溪方面迂回。

石牌方面，第十一师官兵十分沉着，每待日军接近，辄以火力与逆袭加以阻击，歼日军极多。攻击三官岩、四方湾的日军千余，几乎全遭歼灭。唯曹家畈阵地，因第十八师连日苦战，伤亡过大，右翼被日军突破；经第十三师协助夹击，阻日军于落步墒以东地区。迂回于木桥溪的日军，亦被第五师迎头痛击所阻止。迄5月31日，日军伤亡惨重，全线动摇，中国军队随即猛烈追击，日军因久战疲惫，且鉴于中国军队过去追击发起的迟缓，以致退却之初，警戒疏忽；中国军队紧迫直追，行动果敢，日军即恐慌万状，狼狈东窜，沿途伤兵、骡马、辎重、武器随地遗弃。而日军的掩护部队先后于栗树垴、聂家河、花桥、长阳、鄢家沱、大桥边等地为中国军队追及，甫经接触，即仓皇溃退。同时，日军第十三师团约3000人，被第八十七军的新编二十三师、第九十四军的第五十五师、一二一师及第七十九军的九十八师、第六十六军的第一八五师各一部超越追击，在磨市附近、栗树垴、聂家河等地被包围歼灭，无法东逃。日军第十三师团主力及独立第十七旅团的一部，亦为第一二一师主力、第一一八师、第一九四师及九八师主力围困于宜都城郊的狭小地区。中国空军则于此时协同美国空军，抓住战机，以大编队机群，协力战斗，收效极大，尤以 6 月 2 日，对败退东渡宜昌的日军第三、第三十九师团及第五十八师团的一部所施的炸弹，使日军大量葬身鱼腹。其人员、物资损失巨大，不可计数。

迄 6 月 3 日，江防军正面进展顺利，已完全恢复战前态势。而第七十四军及第二十九集团军亦先后克复安乡、新安、王家厂、暖水街，进迫公安及磨盘洲一线。日军第四十师团及伪军第十一师约 3000 人，分向石首、藕池口、公安逃窜。宜都及磨市被围的日军，几经激战，伤亡惨重，磨市的日军大部被歼。5 日，中国军队攻克磨市，日军残部据磨市东南陶家坡附近高地顽抗。此时宜都城郊的日军，因追击部队已迫近城郊及其渡河材料被炸，须另觅渡河点，复因磨市的日军求援，乃行反噬，遂于 6 日冒险向第七十九军一九四师及九十八师正面突围，第一九四师因后续部队未到，独当日军的主攻，寡不敌众，遂被突破。待暂编第六师驰至，日军已窜至肖石岩、聂家河附近。同时松滋的日军亦向洋溪、枝江回窜，攻第一一八师的侧背，该师兵力仅四营，被迫退至余家桥附近。7 日，磨市东南地区日军残部，借飞机掩护并施放毒气，乃突出重围，与聂家河的日军会合，仓皇东窜。6 日至 8 日间，日军为策应宜都的日军突围，先后增至 3000 余人，借空军的掩护，在街河市、西斋、宝塔寺附近地区，与第七十四军激战 3 昼夜，日军机一架被击落，中日伤亡均重。

8 日，第一二一师克复宜都，第六十六军第一八五师于 6 月 9 日克复枝江城，日军残部向东逃窜。11 日，第六十六军第一八九师克刘家场；暂编第六师克洋溪，入夜占松滋。12 日，第七十九军一九四师先后攻克磨盘洲、新江口。17 日，第七十四军克车家嘴、申津渡等地，第一九四师占斑竹垱、米积台。尔后中国军队继续挺进江岸，收复陡湖堤，对困守华容、石首、藕池口、弥陀寺的日军包围攻击。战斗至此，中国军队已完全恢复 5 月 5 日以前的态势。鄂西会战，至此结束。

常德会战

1943 年秋，太平洋战场的战事已经朝有利于中国的方向转变，日军一时间处于被动的守势。在印缅战区，盟军也在计划反攻缅甸。日军为了策应太平洋战场和印缅作战，牵制中方从四川和湘南向滇、印调兵，其中国派遣军总司令官还特此向日军大本营提出："必须割断重庆同英美的关系，为此，除了付诸于武力，无其他方法可寻。"日军杉山参谋总长决定全面进攻中国，认为"杀出一条血路是能最迅速地解决中国事变的唯一重要方策"。

1943 年 8 月 28 日，《1943 年秋季以后中国派遣军作战指导大纲》由日军中国派遣军制定，其作战方针为："派遣军务确保现占领地区之安定。特别在华北方面，本年秋季，以实行有组织地歼灭共产党军队为目标，并以第十一集团军及第十三集团军的主力，分别实施常德和广德作战。于明年春季，以华北方面军及第十一集团军实施打通平汉线作战。全面加强防空，以第三航空兵师团配合地面作战外，迅速恢复和提高作战能力，以灵活的战术摧毁中国的航空兵作战力量。"其中指出在进攻湖南常德方面，由华中方面军的第十一集团军全面担任，企图"进攻常德附近，搜索并消灭中国军队的主力，摧毁中国第六战区的根据地，削弱中国军继续抗战的企图，牵制可能调往云南的中国军兵力，以策应南洋方面的作战。"

中国派遣军策划的进攻常德的作战部署得到了日军大本营的认可，日军认为："湖南素有'湖南丰收，四川饥馑'之称。而常德则是湖南省西部地区的军事、政治、经济中心，与东部的长沙相对，为重庆军补给命脉所在。我军将该地占领，东南可监视长沙、衡阳，西方可顾及四川东部，成为足以威胁重庆的战略要冲。"

常德会战一触即发，日军调集了大约 10 万兵力，包括第三、第十三、第三十九、第五十八、第六十八、第一一六师团等部，由横山勇中将（第十一集团军司令官）统一指挥。

1943 年夏，日军第十一集团军鄂西会战后，已进至江陵、监利间长江西岸布市、石首、华容之线，一时间，严重威胁到了洞庭湖两侧地区。1943 年 10 月，日军第十一集团军以湘北、鄂西的第四十、第十三师团为主力，集结华容、石首、藕池口等地区的部队，并从九江、安庆和南昌等地区调集第三、第六十八、第三十九和第一一六师团，大批部

常德会战中休整的士兵

队集结于江陵、郝穴、石首、监利等地区，并在监利、沙市间江面，泊集 30 余艘舰船，滨湖河亦泊集 300 余艘汽艇，千余艘民船。同时，调集 50 余架飞机盘旋在武汉周边上空。于 10 月 31 日完成作战准备。

　　早在 1943 年，夏鄂西会战结束后，当时负责作战的中国第五、第六和第九战区，当下与武汉方面军日军形成对峙状态。此际，国民政府先后由第六、第九两战区抽出兵力向云南和印度转移，计划将重要的交通要道中印公路打通。至 1943 年 9 月，日军的军事调动异常频繁。第六战区根据情报，判断日军企图对本战区发动进攻。立即修订防御计划。作出战略部署为："以巩卫陪都为目的，兵力重点配置于石牌、廓河两要塞，先以第一线兵团依纵深据点逐次打击敌军，最后固守常德、石门、渔洋关、资丘、石牌、廓河等地区，再以第二线兵团，协同第一线兵团对敌实施机动作战，歼灭进攻之敌。"

　　此次防御作战，参战部队总共 30 个师约 90 万人，包括参加常德会战的中国第六战区第十、第二十六、第二十九、第三十三集团军，江防军及王耀武兵团，以及第九战区李玉堂兵团和欧震兵团。

　　1943 年 10 月 10 日，中国军队针对常德会战的战略部署已经完全策定，10 月月底，作战准备也已经全面完成。国民政府军事委员会于 10 月 27 日电令中国空军对集结在岳阳和沙市地区的日军展开猛烈的轰炸，与此同时，还指示第十四航空队，作好策应常德会战的准备。

　　在常德会战的兵力部署上，中国军队计划：第六战区下辖的第十集团军之第七十九军及六十六军一部，守备宜都、松滋、新江口（不含）之线；江防军以第三十、第十八、第八十六军守备石牌要塞，以及宜都（不含）、玉山和荣家店各周边地区；第二十九集团军以第四十四和第七十三军守备甘家厂、宫墙和南县之线；第六战区直辖部队第八十七军、第九十四军集结于秀山、建始地区；军事委员会直辖的第七十四军及其所属第五十一、第五十七、第五十八师，在常德和桃源地区集结待命。

117

　　1943 年 11 月 2 日，常德作战正式爆发，日军第十一集团军对第六战区第十集团军、第二十九集团军防御的一线阵地发起全面进攻。日军第三十九、第十三师团、宫胁支队、佐佐木支队和第三师团，从沙市和石首地区出发，西渡后向地仁和坪、桐子溪、暖水街、石门和公安等地（第十集团军防御，包括 2 个军计 5 个师）发起进攻。同时，日军第一一六师团、第六十八师团、第四十师团及混成第十七旅团及伪军 4000 余人，从石首、华容地区向白蚌口、安乡和津市地区（第二十九集团军防御，包括 2 个军计 6 个师）展开攻击。正面的中国守军利用沿江湖泊的障碍与工事，予日军以消耗。11 月 5 日，第十集团军转移至聂家河、暖水街、王家厂和棉马城一线主阵地。同时，第二十九集团军也成功撤退至安乡、永河镇和新马头一线。

　　第一〇集团军于 11 月 5 日至 13 日，以暖水街为中心，坚守阵地，奋力阻击日军进攻，最终给日军造成了重大伤亡，但八路军也损失惨重。11 月 6 日至 17 日，第二十九集团军与日军先后在澄水两岸战斗，伤亡较大。11月21日，日军第十三师团、第三师团各一部向驻守在七柴山和明月山阵地的中国守军第五十一师发起猛烈进攻。同一时刻，驻善溪港的日军南进渡过黄石河后，向桃源前进。日军飞机载伞兵于桃源空降，支援其步兵围攻桃源，中国守军最终伤亡惨重，被迫向沅水南岸撤退，日军占领了桃源。

11月21日，日军第三师团进至漆家河以东，配合其空降部队袭击桃源后，向常德南面行进。日军的第一一六师团和第六十八师团已经抵达常德外围，在德山以东地区，驻守当地的第五十七师与日军展开了激战。

与此同时，从11月10日至21日，中国空军与盟军第十四航空队相继出动了百余架轰炸机与战斗机，袭击澄县、津市、石门、王家厂、澄水、藕池口等地日军集结部队、日军仓库以及日军用于江南运输的船只，最终将日军40余艘木船成功击沉。同时，还与日机展开了激烈的空战，配合地面部队战斗，击落4架日机。中国空军亦损失4架飞机。

11月22日，第十集团军所属的第六十六军对王家厂、仁和坪地区的日军进行了猛烈攻击。第七十九军由石门以西渡澄水，向慈利东南攻击日军侧背。第二十九集团军所属的第四十四军、第七十三军、第七十四军则对道水、黄石河地区的日军发起了进攻。

而在11月21日夜，日军第六十八师团、柄田支队、第一一六师团和第三师团，已经抵达常德外围。当日军西进之初，中国第七战区即令第二十九集团军第七十四军第五十七师守备常德市，早在10月中旬，就事先修筑并巩固了常德城的防御体系。

11月22日，日军第十一集团军第十三、第三师团主力，在道水、黄石河、慈利以南地区与守军第二十九集团军第七十四军展开激战。日军第三十九师团、古贺支队及宫胁支队，依然留在枝江、宜都及其西南石门以北地区，对中国第十八军、第六十六军和第七十九军等南援常德进行阻挠。为一举歼灭常德附近地区的日伪军，国民政府军委会及时调令第七十四军第五十七师以常德为核心竭力抵抗日军进攻，另调集第六战区主力及第九战区一部，以7个军为一线兵团，包括第十、第四十四、第七十三、第七十四、第七十九、第九〇九和第一〇〇军，以第十八军为第二线兵团，于沅水南北地区，由南、西、北三方面采取包围攻击；针对驻岳阳及其以东、荆门、大洪山地区及怀宁等地区的日军，则调令中国第五和第九战区展开进攻，以策应常德决战。

22日，国民政府军委会还向第六、第九战区下达电令："第五十七师固守常德与该城共存亡。"

11 月 23 日，日军由甲街市渡沅水窜入常德城南面的蔡码头，另一部由马峰领进入南站，开始对城南展开围攻。在火力全开的飞机配合下，日军对驻守岩桥子、杨家桥地区的中国守军阵地连续发动猛攻。战至黄昏，中国守军阵地被毁，奉命向卓安桥、半铺市、沙港之线阵地进行战略性的转移，并且坚持作战，最终中国守军炮火击毙了布上照一上校（日军步兵第一一六师团第一〇九团团长）。

事实上，在进攻常德作战上，日军第十一集团军原计划出动第一一六师团，但在之前的 22 日该师团步兵第一〇九团由北面进攻遭中国守军坚强抗击，损失惨重。于是，日军第十一集团军 23 日作出了新的部署："第一一六师团从北面、西面全力攻击。第三师团以 1 个团为基干由南面进行攻击。第六十八师团以 1 个营为基干从东面攻击。预定 25 日夜为进攻常德开始时间。"

9 月 24 日黎明拂晓，在落路口、卓安桥、白马庙、沙港等地区，日军航空兵配合炮兵，集中火力进行了猛烈轰炸，步兵以密集队形向落路口、卓安桥猛攻。至当日下午，守军阵地全面被破坏，守军损失惨重，不得不撤退至落路口、鱼文中学和兴隆桥一线地区。

24 日晚，常德守军第五十七师接第六战区代长官孙连仲电示："常德存亡，关系全局，着激励官兵坚守待援，赞扬革命军人牺牲之精神，努力战斗为要。"

25 日，日军猛攻七里桥、卓安桥、三里港等地。中国守军与日军展开白刃格斗。顿挫敌锋的第五十七师，牺牲巨大，从城垣退出，对主要阵地进行坚守。

26 日，中国空军第四大队、第十一大队及盟军第十四航空队，先后出动各型飞机袭击常德外围的日军增援部队，把日军第三师团第六团团长中烟上校击毙，并将江河水面的 5 艘日军汽艇，40 余艘木船击沉，把大量日军毙伤。

27 日，日军围攻常德。以飞机与火炮轰击中国守军阵地，并向城内施放毒气。日军猛攻常德城垣，一直与中国守军激战至午夜，日军第一〇二团伤亡严重。此时，常德会战已进入决战阶段，在常德外围作战的中国各军正分别挺进常德。第十军于 27 日抵达德山地区。第七十四军、第一〇〇军分别向陬市、河伏挺进。

28 日，日军将百余门火炮集中起来，用猛烈的火力对常德实施袭击，在飞机支援下的步兵发起全面进攻。守军第五十七师团经连日激战，战斗部队遭严重消耗，遂将师团部勤杂兵、夫役及常德县警察队等编入战斗部队，展开与日军的血战。这一天是战斗以来最为惨烈的一天，一直激战到午夜，顿挫日军攻势。

12 月 1~2 日，守军第五十七师仅凭少数残破碉堡于屋壁拼死抗击日军进攻，坚守阵地。12 月 3 日，日军继续猛攻常德，并施放毒气。守军被逼迫，只能突围，于是常德沦陷。

日军进攻常德的战役中，先后投入了约 3 万兵力，300 余门火炮。而防守常德的中国守军只有 1 个师，兵力只有 9000 多人，在中日双方兵力和武器悬殊的情况下，经过 16 昼夜的孤军奋战，不仅吸引与牵制了日军，还击毙了日军旅团长 2 人、营长 4 人及大量下级军官，给日军造成了沉重的打击。

12 月初，第六战区常德外围部队，向常德的日军发起进攻。8 日，在常德陷落 6 天后，重新收复该城，并向溃逃的日军展开追击。到 22 日，又先后攻克了南县、安乡、津市、澄县、公安、松滋、枝江等地。在这次会战中，中美空军在恩施、芷江、衡山等基地，集结轰炸机和驱逐机约 200 架，用来支援作战。先后出动 210 余次，使用轰炸机 280 架次，驱逐机 1467 架次，对常德、藕池口、石首、华容等地的日军实施攻击，并在空战中击落日军飞机 25 架，在地面击落日军飞机 12 架。

在这次会战中，日军以 6 个师团及伪军一部约 10 万人的兵力，飞机约 130 余架，分四路进攻，每路不超过两个师团，其中三路对常德展开合击。在第九战区兵力一部的配合下，第六战区以 12 个军 30 个师团的兵力阻击日军的进攻，共击毙击伤日军 2 万多人，收复了失去的阵地。经过 50 多天的艰苦作战，第六战区也付出了惨重的代价，许国璋、孙明瑾、彭士量三位师长阵亡。

在常德会战中，中国军队依托阵地节节阻击，大大延迟了日军的进攻，同时进行反攻恢复了原态势，给日军造成了很大的损伤消耗，给进犯的日军以沉重的打击，在一定程度上破坏了日军南下的作战计划，在战略上配合了敌后战场的反"扫荡"反"清乡"斗争。

豫中会战

1944 年春，日军为打通平汉铁路，贯通华北、华中各战场，于 3 月间修复黄河大铁桥。日军以第十二军所属第三十七、第六十二、第一一〇师团和战车第三师团为骨干力量，加上 4 个独立旅团和 1 个骑兵旅团，共 14.8 万之众，在冈村宁次的指挥下，开始向豫中进攻。日军的目标是从南北两面进攻，打通平汉路，占领洛阳和平汉路以西的广大地区。河南属第一战区，共有中国驻军 40 余万人，其中多数属汤恩伯军事集团，是蒋介石的嫡系部队，其余的则是非嫡系部队。汤恩伯军事集团驻防河南已经数年，时日虽久，但由于统治十分腐败，老百姓对之十分痛恨。

第一战区对日军的行动虽然已经有所侦察，但对其战略意图并不是很清楚，认为日军只是骚扰性的活动，所以既没有制订周密的作战计划，也没有采取必要的应急措施。豫中会战中，除非嫡系部队（刘茂恩、孙蔚如、马法五等部）进行了一些认真的抵抗外，装备优良的汤恩伯军反而是一触即溃，望风而逃。

1944 年 4 月 17 日夜，日军第三十七师团和独立混成第七旅团，在开封以西中牟县一带渡过黄河，与国民党守军第十五军发生战斗，守军不支溃退。19 日，日军已经占领郑州、新郑、洧川，开始向南进攻许昌。在新乡方面，日军第六十二、第一一〇师团及步兵第九旅团，于 19 日突破守军第八十五军阵地，24 日占领密县，继续向西南方向进攻。26 日，中国守军组织对密县方面进行反攻。激战至 30 日，日军战车第三师团和骑兵第四旅团增援，利用河南大平原的有利地形，驰骋纵横，于 5 月 1 日占领许昌，又以主力向郏县、临汝突进，准备向洛阳进攻。临汝是洛阳外围的重镇，驻有第一师守军，郏县则没有设防。第一战区长官部命令临汝守军推进到郏县，另从洛阳派兵到临汝。正当中国军队仓促布防时，日军机械化部队蜂拥而至，4 日郏县失守。日军接着攻陷临汝，向宝丰前进。这时嵩山东部的中国军队几乎都被日军的强大步骑炮兵和战车部队所包围。

5 月 7 日，日军第二十七师团从许昌南下攻占郾城。同日，由信阳出发的日军第十一步兵旅团，由南向北攻占了遂平。8 日，南北对进之日军会师西平，打通了平汉路，达到了这次战役的主要目标。于是日军继续挥师西进，直逼洛阳。17 日攻克洛宁，18 日占领陕县，20 日卢氏县城和飞机场失守。

这时，另一路日军从山西垣曲出发，于 5 月 9 日渡过黄河攻占渑池，从北面抚洛阳之背，完成了对洛阳的三面包围。洛阳为中国的文化古都，日军为保障平汉路安全通车，防止中国军队由潼关向河南反击，急于夺取洛阳做屏障。

守卫洛阳的是中国军队第十五军和第十四军的第九十四师。

19 日，日军开始对洛阳发动攻击，中国守军英勇抵抗。22 日，日军三次突入洛阳城关，均被中国守军击退，丢下死尸 700 余具，战车被毁 10 余辆。这时，守军第九十四师已伤亡 3000 余人，第十五军伤亡亦很惨重。冈村宁次命令第十二军主力第一一〇师团、第三战车师团和骑兵第四旅团投入战斗，并由飞机、战车、重炮配合，于 24 日下午发动总攻。守军在日军优势火力压制下，虽然已经弹尽援绝，但依然顽强抵抗。由城东北角突入的日军，距第九十四师指挥所仅 50 公尺，由西北角突入之战车已经冲至东街，全城陷于混战之中。当晚 10 时，守军由洛阳东南涉河突围。洛阳于 25 日全部被日军占领。至此，豫中会战结束。

这次会战共进行了 30 多天，中国军队丧失 20 万，失城 38 座，河南全省沦陷。河南人民对此极为愤怒，省参政员郭仲隗专程去重庆向当局请愿，控诉汤恩伯集团在作战中，"官比兵跑得快，兵比日本人跑得快，跑来跑去官找不到兵，兵找不到官，副司令长官也找不到他的将军"的恶劣行径。很多有识之士认为，会战失败是由于"将失军心，军失民心"的结果。

长衡会战

5月25日，在洛阳城陷落的同时，日本驻中国派遣军司令官烟俊六由南京抵达汉口前进指挥所，亲任对湖南作战的指挥。日军参战的主力是驻武汉的第十一军，这是一支深入中国内地的野战部队，也是侵华日军中最强大的军团，拥有8个师团和1个旅团，总兵力达36.2万人（海空军尚不计在内）。日本方面称这是自"七七"事变后，进攻一个地区所使用的最大兵力，只有1904年日俄战争才动用过同样规模的兵力。鉴于此，他们选定日本海军在对马海峡打败沙俄波罗的海舰队的胜利日——5月27日，作为这次会战的发动日。

中国军队和日军已有过三次在湖南交战的经验。第九战区司令长官薛岳，凭着老经验，依旧按照过去三次长沙会战时的部署，企图利用新墙河、汨罗江、捞刀河、浏阳河进行节节抵抗，消耗日军，把己方主力退至两翼，待到最后时刻再与日军决战。遗憾的是，一方面薛岳忘了"战胜不复"的古训，另一方面经过两年多与日军的休战，第九战区各派系部队中，保存实力、消极避战的情绪已经相当严重。所以，在这次会战中，除衡阳保卫战打得较为出色，固守时间较长外，其他地方很快就被日军占领了。

1944年5月27日拂晓，日军兵分三路入侵湖南。其左翼第三、第十三师团自湖北崇阳南下径直扑向平江；中路第六十、第一一六师团在湘北分六路强渡新墙河；右翼第四十师团从华容、石首出动，在海军配合下，进攻洞庭湖地区。

左翼日军于6月1日攻陷平江，14日占领浏阳；右翼日军6月攻占沅江，16日攻陷宁乡，完成了对长沙的两翼包围。中路日军没有遇到太多抵抗就渡过了汨罗江，攻占了湘阴城，并于6月8日渡过了捞刀河、浏阳河，开始猛攻长沙和岳麓山地区。18日岳麓山失守，长沙也被攻陷。长沙失守后，日军乘胜南下，先后占领了株洲、渌口、醴陵、攸县，形成了进逼军事重镇衡阳之势。

衡阳位于湘江中游，是贯通粤汉、湘桂两条铁路的交汇点，亦是通往东南各省公路的交通枢纽。另外，衡阳飞机场是美国第十四航空队在华的重要基地。因此，衡阳的重要战略地位成为日军势在必得的原因。

守卫衡阳的是第九战区的第十军。

著名的"衡阳保卫战"从6月22日开始，到8月7日结束，共坚守了47天，成为抗日战争时期中国正面战场固守时间最长的一次守城战。在此期间，除了外围作战外，日军还曾对衡阳城发动了三次攻势。

6月26日，日军组织了1000余官兵的决死队，攻占了衡阳飞机场。27日，日军第六十八、第一一六师团联合作战，对衡阳发动攻击，守军被迫退入城内。28日至30日，战斗愈加激烈，日军为求早日攻下衡阳，用飞机对衡阳城内实施反复轰炸。同时不惜违反国际公法，一再施放毒气和硫黄弹。守军利用河川城墙巧妙编织成的阵地沉着应战，不仅可以躲避日军的枪弹袭击，而且还能不断向日军实行反击。激战中，日军第六十八师团的师团长佐久间为人中将和参谋长原氏真三郎大佐被中国军队的反击炮火炸成重伤，被迫暂时停止攻击。

7月11日，日军将攻击的重点改向西南方向，开始逐次缩小包围圈。由于之前攻势屡遭挫折，日军恼羞成怒，遂采取了更为残忍的办法——对衡阳实施火攻，利用飞机投掷大量燃烧弹。衡阳城内瞬时烈火熊熊，成片的房屋化为一片火海，守军囤积之粮弹被焚毁，无数重伤官兵被烧死，但中国守军仍顽强抵抗。由于在前线督战的第五十七旅团旅团长志摩原吉被守军的迫击炮炸死，日军再次被迫停止攻击。

鉴于前两次进攻的失败，日军第十一军司令官下令增调第五十八、第四十师团全部和第十三师团一部投入第三次攻击。8月3日，日本空军数次猛炸衡阳城，所有重炮亦集中轰击。4日，日军从南面、西南面、西北面和北面4个方向发动对衡阳的围攻。战至6日拂晓，日军突破小西门附近阵地，突破口逐渐扩大，日军不断涌入城里，双方展开了激烈的巷战。正当战斗进行到白热化的时候，8日，守军第十军军长方先觉突然莫名其妙地下令守军放下武器，向日军投降。至此，历时47天的"衡阳保卫战"，以可耻的投降而告终。日军达到了占领衡阳，控制粤汉、湘桂铁路的作战目标。

长衡会战，双方伤亡都很惨重，日军伤亡6.6万余人，中国军队伤亡9万余人。

湘西会战

芷江是国民政府重要战略基地之一，位于湘西雪峰山脉环抱之中，在此储备了大量作战物资。在粤赣边区及湘桂一带的基地被日军破坏后，芷江机场就成为中美空军的重要基地。为了侵占芷江空军基地，掩护湘桂、粤汉两铁路交通线，日军第二十集团军指挥第一一六、第四十七、第三十四、第六十八师等部，于1945年4月由益阳、邵阳、东安之线开始进攻湘西地区。国民政府军事委员会令第四方面军以一部守备新宁、邵阳、益阳之线，利用阵地优势逐次抗击，将主力部署于新化、武冈之间地区，伺机与日军决战。并令第三方面军之第二十七集团军所辖第二十六军守备龙胜、城步各要地，阻击桂、粤方面日军之增援，这样也有利于主力作战。另以第九十四军向武冈以东挺进，第十集团军向新化以东挺进，新编第六军空运至芷

123

江作为总预备队，伺机于新化、武冈之间歼灭进攻之日军，以确保芷江空军基地的安全。

1944年冬，美国政府为充实国民党军事力量，早日反攻，与美军远东作战方案相配合，决定给予国民党军25个师美械装备。为主持这项工作，国民政府成立中国陆军总司令部，由参谋总长何应钦兼任中国陆军总司令，总部驻昆明，下辖4个方面军。在云南的第一集团军总司令卢汉升任为第一方面军司令官；在广西的第四战区司令长官张发奎改任第二方面军司令官；湘桂黔边区总司令汤恩伯改任第三方面军司令官；在湘西的第二十四集团军总司令王耀武升任为第四方面军司令官。第四方面军由第十八、第七十三、第七十四、第一〇〇等4个军组成，其中第十八、第七十三、第七十四等3个军为美械装备，第一〇〇军暂为国械装备。这一方面军是国民党军队中战斗力最强的，拥有"五大主力军"中的两个军，即第十八、第七十四军，担负从广西资源起，经湖南、新宁、邵阳（宝庆）、湘乡、宁乡、益阳和亘洞庭湖西岸的广达千余里地区的守备任务。主力置于武冈、洞口、新化、桃源附近。为鼓舞士气和了解部队情况，王耀武在总部所在地洪江开办将校班，调训连长以上干部，为期三周共办三期。王自兼班主任，调师长为队长，每晚偕人事处长约见受训干部，询问情况。

当时芷江为国民党空军在东线最大的基地，是中美混合飞行第五团所在地，第四飞行大队在此集结，拥有最新式的P51战斗机，B24、B25轰炸机，C43、C47运输机和通讯联络用的225机；机场有南北两条跑道，同时起降。日本空军作了几次袭击，但由于野马式飞机性能大大优于日本零式

湘西雪峰山会战

飞机，吃了几次败仗后，再也不敢上门了。

1945年春，日军为了确保大陆运输线的畅通，解除空中威胁，趁国民党军队换用美械，使用尚不熟练之际，集中5个师团、1个旅团的兵力发动湘西战役。从4月9日日军发动进攻开始，到6月7日双方恢复原态势止，湘西会战进行了整整60天，以日军惨败告终。

前线枪声一响，王耀武即召集高级幕僚会议，决定将司令部分为两部分：在安

江设立精简的指挥所，由他率领副参谋长罗幸理、第一处处长吴鸢进驻；由参谋长邱维达率领大部分人员建立辰溪指挥所指挥左翼部队，并与第六战区及王敬久兵团联系。驻司令部的美军联络指挥官金武德对所属人员亦作同样部署。

1. 新宁、武冈地区战斗

4月20日，日军第六十八师团第五十八旅团的先头部队，由东安西北之大庙窜抵新宁以东之大坳附近，第七十四军第五十八师第一七二团警戒部队，于大坳、李竹山、太平桥各地，奋勇抵抗。14日晚，日军第三十四师团主力先头部队，窜抵新宁南之窑上，亦与第一七二团接战。迄15日晚，日军增至4000余人，分窜白沙及新宁西北郊，会攻新宁。第一七二团以一部在城区坚强阻击，激战至16日15时，联络中断。

17日晚，新宁西北日军第三十四师团之第二一六、第二一七联队，分股向武冈方面进犯，第一七二团续于小麦田、岩门前之线及石门、司界牌之线坚强抵抗，日军进展迟缓，迄22日，犹被阻于安心观、五里牌之线。乃以一部由右翼迂回城步县的真良，北犯水东。23日，复以2000余人迂窜武冈县西南的下成溪冲、蔡家塘，均遭到第五十八师的阻击未逞。

26日，雪峰山右翼当面之日军，增至7000余人，分向武阳以南之珠玉山及武冈以西之李家山、塔塔岭猛犯。第五十八师利用雪峰山前缘既设阵地，予以痛击，使日军受创甚重。

由第三方面军拨归第七十三军建制之第一九三师，由贵州独山赶到战场后，为便于使用，适应战场需要，暂归第七十四军指挥。于27日拂晓前，在哨溪口、七坡山、毛店子亘盘坡之线，占领阵地完毕。第一七四团之一个连，据险击日军，战斗惨烈，苦战三日，卒以众寡悬殊，全连壮烈殉国。29日，千余日军北犯唐家坊，与第五十八师再度激战。另一股西犯欧溪桥，与第一九三师警戒部队接战。

30日晨，武阳唐家坊地区之日军，增至3500余人，分股西犯及北犯，第一九三师于毛店子、盘坡之线及瓦屋塘东南，奋勇抗拒。日军屡扑不逞，于5月1日未刻，将1500余人分成小股，猛扑分水界、龙头等地。2日中午日军增至1800余人，进攻益猛，企图经水口进犯洪江。第五十八师得到空军协力，由南、西、北三面夹击，于当日黄昏前，将来犯之日军第二一七联队，完全击溃。3日，日军又增援反扑，未逞。4日，第三方面军之第九十四军第五师先头部队，进占武阳，经第一九三、第五十八两师协力出击，进至大背水、龙头之线。5日，攻占唐家坊亘自家坊之线，日军退据黄土塘。7日，中国军队续克黄土塘，向东溃之日军猛然追击。

4月27日起，日军千余人由东、南、西三面围攻武冈城。30日，日军增至2000

余人，完成包围，志在必得。第五十八师第一七二团高崇仁营，抱着与城共存亡的决心，坚强阻击，奋战至5月7日，阵地屹然未动。

2. 邵榆公路及其两侧地区战斗

4月9日，邵阳日军第一一六师团2000余人，西渡资水。13日晨日军300余人由九公桥，当晚日军200余人由罗家庙渡过资水，14日，日军千余人、马400余匹由塘渡口分渡资水西犯，第十九师各部分途予以阻击。

16日拂晓，九公桥、枫林铺之日军200余人进犯岩口铺第十九师第五十七团罗文生连守备的阵地，罗连官兵奋起迎战，阵地始终未动。17日，日军1400余人，迂回窜至桃花坪东郊及南郊猛攻。19日增至2600余人，分向桃花坪、芙蓉山、和尚桥第十九师各据点进攻，战斗激烈。

21日，沿公路西犯之日军先头部队千余人，钻隙窜至高沙东侧，与第五十七师第一七一团接战。另一股窜至石下江，22日晚，续犯竹篙塘东南之安南山。第十九师第五十七团及第五十七师，予以迎头痛击，毙日军甚众。

23日，日军2000余人由石下江、赛市、白马山三方面，猛攻山门第十九师第五十七团和第五十七师第一六九团葛道遂营，双方伤亡均重，形同胶着。同日高沙、竹篙塘等处战况也很激烈，至25日，进入巷战状态。25日，日军千余钻窜至洞口东南，26日，向第五十七师第一七〇团何叔良营守备的洞口阵地猛攻。另有1500余名日军，由山门窜到半江峰，受到第五十七师第一六九团的强有力的阻击，同时，山门据点守军不断予日军背后以痛击。

27日，洞口之日军增至4000余人，继续猛扑，何叔良营在空军协力下反击，毙日军颇多。犯半江峰之日军与中方军队争夺三日，相持不下，双方都伤亡重大。28日晚，日军2000余人窜至江口东北之平江，进攻铁山、肝溪，与第五十七师激战。

第十九师第五十七团罗文生连固守岩口铺，击毙日军大尉田丁由五郎以下190余人，至29日，该连并入芙蓉山据点，继续固守。

3. 邵阳西北地区龙潭司一带战斗

4月11日，日军第一一六师团第一〇九联队先头一个大队窜至小塘，12日窜至塔石坪，13日晚窜至大观桥，第十九、第六十三两师各以一部截击。日军虽受创，仍不顾一切，向西突进，14日窜至罗洪界。第一〇〇军抽集第十九师主力及第六十三师一部，由赛市、隆回司、乌树下等地合力围击，激战至15日申刻，歼灭日军一个大队。日军为了达到西进的目的，分股向顺水桥、巨口铺进犯。第六十三师第一八七团坚守苦战。是日，何应钦以卯（4月）寒（14日）电告王耀武第四方面军"应以主力位于武冈、新化之线附近，与日军决战"。

同日，军事委员会以卯（4月）删（15日）令（指军令部）一（一厅）元（一处）酉电告："着暂编第十三师即开辰溪，限卯（4月）杩（21日）前到达，到达后归王司令官指挥。"

16日，邵阳西北之日军分股犯乌树下、马王坳、大桥边、巨口铺、龙溪铺各据点。马王坳、巨口铺有守军各一个连，与数倍之日军血战。马王坳守军在浴血奋战后，与阵地同归于尽。守青岩的第五十七师第一七一团周北辰连，凭借有利地势，打击日军，固守据点，天天都得到空军的援助（如投送粮弹、轰炸、扫射附近日军），一直守到战斗结束。另一股日军400余人窜抵白马山，17日增至千余人，西窜放洞，当令第七十四军第五十一师，暂归第一〇〇军指挥，夹击深入放洞附近之日军。

18日拂晓，第五十一师开始向放洞之日军攻击，日军据险顽抗，并不断反扑，战况惨烈。同时，大桥边、龙溪铺守军都受到优势之日军包围，血战三昼夜，伤亡甚重。赛市隆回司等之日军与中国守军对战尤烈，延晚仍在激战中。19日，放洞日军300余人窜岭脚，遭堵击回窜，隆回司附近之日军乃向左翼迂回围攻，双方均以全力搏斗。

20日，放洞附近之日军增至4000余人，向西北猛攻，在大黄沙附近争夺尤剧，形成拉锯战。同日，隆回司之日军增至6000余人，因屡扑不逞，乃迂回上山洞、芒花坪、土岭界、铁牛坪各地，遭到第一〇〇军坚强阻击，折向西南进犯。第十九师师长杨荫率领部队奋勇尾追截击，21日克上山洞；22日克万贯冲；23日攻占长街、响水峒，毙日军一〇九联队第三大队长宇棍清治，缴获日军作战部署要图、情况搜集计划和其他文件多种，对判断日军情况大有作用。24日，由第七十三军调来之第十五师梁袛六部攻占虎形山，协力第十九师向西南之日军攻击。

放洞之日军自21日以来，不分昼夜反复向西猛扑，企图经龙潭司、新路河进出安江。22日，得到由土岭界方面西南窜之日军2000余人的增援，攻势益猛。战至25日，日军冒死突至龙潭司东3公里处，被第五十一师全部歼灭。同时，第十五、第十九两师进占银角岩、油溪、绢溪各要点，毙日军数百人。

这时，暂编第十三师已到达铜湾市、新路河间地区集结。当令推进玉龙潭司西侧平山塘、油麻桐、古佛山、梁家坳、升平里之线，占领预备阵地。

26日，第十九师由东北向西南紧缩包围。28日夜攻占青山界（雪峰山两个最高点之一），乘胜突进12里，反复冲杀，毙伤日军少佐以下官兵460余人，俘日军中队长胜步雄旦雅以下官兵12人，缴获山炮2门，轻重机枪13挺，步枪370余支以及报话机、战刀、弹药等。查明日军军番号为第一一六师团的一个联队。29日起，放洞、大黄沙、景兴桥地区之日军，仍不断西犯及向东北反扑。第五十一师由西向东，第六十三师由北向南，第十九师由东北向西南，在空军支援下对日军猛攻。激战至5月7日，将先后窜抵该地区之日军毙伤过半，残存2000余人，虽作困兽之斗，已成强弩之末。

4. 新化以南地区的战斗

4月9日，日军第四十七师团先头部队1300余人，由黑田铺，经大芝庙窜抵大桥西南地区，企图北犯新化，截断第七十三军之联络。第十五师第四十三团予以迎头痛击，日军受创，折窜泌水、东关岭。11日，日军复北窜三口关，中方抽派第四十四团向南猛攻，日军军势顿挫，12日西窜坪上，日军后续部队亦陆续到达孙家桥以南地区。

13日，第十五师主力及第七十七师一部，猛攻窜抵三口关、时荣桥、罗家岭一带之日军。日军虽受创，仍分股西窜栗滩、小溪市、麻溪市等处。当晚日军利用夜暗偷渡资水，适第六十三师第一八九团先头部队及时赶到，给予痛击。

14日，第十五师主力及第七十七师一部续对资水东岸之日军猛攻。日军不断反扑，还增援强渡资水，第六十三师第一八九团奋力阻击，掩护第十五师向资水西岸转进。15日，小溪市两岸战斗极为激烈。16日，西窜之日军增至4000余人，全力西犯。第七十七师第二三一团增援阻击，迄17日，仍在田心、黄泥湾、雷公井一带地区争夺。

18日拂晓起，第七十三军猛攻资水西岸之日军，日军亦不断反攻。其进出新化、溆浦之企图甚为明显。双方反复冲杀，屡进屡退，伤亡均重。战至25日，日军3000余人钻隙西北窜，在洋溪遭到第七十七师有力阻击后，于27日猛攻洋溪东北，28日又猛攻洋溪西南各高地，遭到第七十七师的坚强回击。29日，第七十七师调整部署，由北向南反击，经过三天鏖战，日军逐步退据洋溪南侧山地顽抗。同时，第十八军第十八师由罗洪向大桥边挺进，攻日军背后。

5月1日，永丰、湘乡之日军，续犯杨家滩、濊水，均被第十八师第五十二团击退。

5月5日，第七十七师杨副师长率领的支队（由第二二九团及一部分炮、工兵组成）进占巨口铺；7日，在该地以南与由石马江北犯之日军遭遇，战斗进行激烈。

5. 宁乡、益阳方面之战斗

4月13日晚，日军第六十四师团一部2000余人由沅江分三路会攻益阳，14日窜抵城郊。守备益阳城的是第十八军第十八师第五十四团一部，虽伤亡甚重，誓死不退。日军乃南渡资水，17日会同由泉江西窜日军共3000余人西犯桃花江，第十八军

128

第十八师第五十四团续予拒阻。

18日，宁乡回龙铺之日军第六十四师团一股千余人，西犯大成桥，经第十八军第十八师第五十二团英勇阻击不逞。同日，日军700余人迂回桃花江西北之荷塘，南渡资水，猛袭桃花江守军左侧背，激战至19日，大成桥、桃花江两处均成混战状态。

20日，第十八师集中兵力，向日军猛烈反击，至黄昏，将侵入大成桥、桃花江之日军，全部击退，并进而收复回龙铺；21日，迫近宁乡西郊及益阳南郊。

24日，遵照何应钦卯（4月）回（24日）午忠整兴电指示，第十八军防务，交由干敬久兵团接替，第十八师的当面防务，由第一四二师在4月底接替完毕。

湘西会战，日军第二十军在整个战略形势不利的情况下，以冒险的进攻开始，以狼狈的溃逃告终，遭沉重的打击和彻底的失败，伤亡达2.4万余人。中国第四、第三方面军作战指导得当，反击行动有力，基本实现了预定作战目标。作战中，中国空军以第二、第三、第五大队及中美混合团第一大队支援地面作战，出动战斗机960架次、轰炸机171架次，共投掷炸弹29吨，以绝对优势兵力掌握了制空权。同时，陆空军协同密切，空军对地面作战实施有效的直接火力支援，大量歼灭和击溃了进攻的日军，使其遭受严重损失，大挫其军心士气，影响甚大。

豫西鄂北会战

1945年3月，为了解除湖北老河口蛾区空军基地以及豫西部队对其平汉铁路南段的威胁，日军华北方面军的十二集团军带领其一一〇师团、第一一五师团、坦克第三师团、骑兵第四旅团以及独立步兵第十一旅团等部，对豫西鄂北发动了攻击，企图一次夺取南阳以及老河口空军基地，并且控制浙川、西峡口及重阳店等西北战略要点。日军的第十二集团军下令，进攻部队首先集结在叶县、遂平和鲁山周围，等到3月22日，再对南阳展开袭击，并且其快速部队负责老河口机场的突击，一部集结在洛宁对卢氏发动攻击，掩护侧背。为了和豫西鄂北的作战相配合，日军的第六十九师团等部从豫西的陕县开始发动了对卢氏和灵宝方面的进攻，而第三十九师团、独立步兵第五旅以及第十一旅等部，则从湖北荆门以及荆门以北地区对襄阳发动进攻。

日军的第十二集团军依据进攻老河口的方针，制定了自己的作战计划大纲："军决定以主力急袭突破大概鲁山至舞阳、沙河店一带之敌阵地，神速向西峡口——老河口之线挺进。"

国民政府军事委员会为了粉碎日军这次进攻，命令第五战区（率第二、第二十二、第三十三集团军等部共10个军），其主力负责南阳东南地区的安全，有力部队在泌阳和方城地区与日军展开战斗。令第一战区（辖第四、第三十一集团军等部共 8 个军）以主力于南召到李青店一线及其纵深地域对日军的进攻进行阻击，破坏日军的攻势。命令第十战区部队以有力之一部向平汉铁路线活动，进行策应。

3 月 22 日，在豫西地区，日军的第一一〇、第一一五师团、坦克第三师团、独立步兵第十一旅团以及骑兵第四旅团，分别从叶县、鲁山沙河以及舞阳等地，分为三路往西行进。23 日，日军右路向李青店、南召之新编第八军阵地进攻，中路向保安砦、独树镇守军第六十八军阵地发动进攻。左路对春水和小史店西面的第五十五军阵地发动攻势。24 日，第一战区和第五战区放弃了李青店到象河关沿线，撤退到南阳城内。25 日，日军一部对南阳发动进攻，主力继续西犯。27 日，日军骑兵第四旅团猛攻老河口，与中国守军第一二五师展开激战之后，占领了老河口机场，之后，日军的第一一五师团到达此处，于 4 月 8 日攻占了老河口。与此同时，由李青店、南召西犯的日军第一一五师团主力，占领镇平后，突破了新编第八军的步步抵抗，穿过了内乡，对西峡口方向的中国守军第十五军的防御地区发动了攻击。3 月 28 日，日军第一一五师团一部 6000 余人经南阳西南向邓县、文渠进行了猛烈攻击，遭到了中方守军第二十二师的顽强反抗后又转而往西北推进。这时候，第五战区以第二十二、第二集团军向老河口外围日军反击，遭受损失，反击未能奏效。29 日，位于内乡的日军第一一〇师团以及坦克第三师团一部对浙川和西峡口发动了攻击。第五战区的第六十八军、新编第八军以及第一战区的第十五、第八十五军各一部对日军的进攻进行了顽强的抵抗，双方的伤亡都很惨重。30 日，大约 4000 名日军攻占了浙川。守卫在南阳的第一四三师在和日军展开了为期一周的激烈战斗后，从城东南角突围而出，至此，南阳失陷。

4 月 3 日，迂回攻击重阳店的 5000 名日军遭遇了第三十一集团军第八十五军主力以及第七十八军一部，在魁门关和西峡口展开激战，中方军队步步抵抗，日军的企图未能得逞。5 日凌晨，第八十五军与第七十八军之一部实施反击，激战至 7 日晚，克复魁门关，先后歼日军第一一〇师团 4000 多人。4 月 28 日，日军的第一一〇师团再次发动一部兵力对重阳店地区发动了突袭，遭到了中方军队第三十一集团军在沿途各个阵地的顽强阻击，最终多处陷入包围局面，粮弹补充困难，只得喝小米粥，甚至断炊，伤亡惨重。日军被迫转入防御态势。老河口方面，4 月 12 日，中方军队的第二十二集团军的第四十一军和第四十五军各一部，在老河口和光化地区发动了反击，将日军逐出该地。第四十七军于 13 日向李官桥、挡贼口等地进行了攻击，激战一直持续到 15 日，日军的第一一五师团撤退到邓县。4 月 28 日，中方军队的第二十二集团军再次攻入老河口。至 5 月 1 日，和日军隔着襄河形成对峙局面。洛宁方面，日军的第一一〇师团一部有4000多人，从3月23日起对长水镇展开攻势，中方守军第三十八军、第九十六军奋勇抗击。战至4月9日，日军被击退转向西峡口地区。等到5月中旬，日军的第六十九师团的一部，差不多5000人，从陕县出发，对灵宝和管道口分别展开了攻势，经第一战区第四集团军主力及第四十军配合向日军实施夹击，至25日，进犯的日军被击退。双方的伤亡都非常严重，等到29日才逐步恢复了原来的态势。这次作战，日军虽然占领了豫西并且控制了老河口的空军基地，但是损失十分惨重。

在鄂北方面，3月22日，日军第三十九师团主力及独立步兵第五、第十一旅团，由荆门地区往北进犯。23日傍晚占取了宜城，28日突袭进入南漳城内。第五战区的第三十三集团军一部向进占南漳之日军实施反击，于29日收复南漳。但日军另一路却于29日攻陷了襄阳，第二天又攻占了樊城。这时候，日军的一部往西进攻谷城，协助其在老河口方面的战斗，以另一部再攻南漳。4月2日起，第七十七军及第五十九军等部，与进犯南漳之日军展开了激烈的争夺战，消耗了日军一定程度的兵力之后，在4日放弃了南漳。10日，两军再次合作对日军发动了反击，迫使日军不得不退出了南漳。12日，第二十二集团军的一部逐步抗击日军以后，主力开始对占取了茨河的日军发动了反击，收复了茨河，之后又向襄阳和宜城方面追击，于4月16、18日，分别收复了襄阳、宜城和樊城。此时，襄河西部又恢复了会战之前的态势。

豫西鄂北会战的时候，日军的航空兵出动了106架各种型号的飞机，以支援地面作战。中方空军的第四大队、第十一大队以及中美混合团，直接对地面作战的部队进行支援以及攻击日军与其后方，在西峡口和西坪战斗中，展开超低空射击，击毙、击伤了大量日军，较好地协助了地面部队。在日军后方，对郑州、许昌、新乡和南阳等地的空中袭击，也取得了显著的效果。在这次会战中，一共出动了1万多架各种型号的飞机。豫西鄂北会战，日军虽然达成了占取豫西鄂北，夺取老河口空军基地的目的，但是也遭到了严重的打击。

第二篇　政治策略

第三章　共产党的政治策略

洛川会议

全国抗日战争爆发以来，战争局势发生了急剧的变化。1937年7月，日本侵略军攻占了平津地区。8月中旬，一轮新的战略进攻又相继展开，日军企图占领华北的平绥铁路东段和华中的上海地区。面对日军大规模的战略进攻，国民政府却继续推行片面抗战路线，仍不愿意发动民众和政治改革。形势日益紧迫，急需将正确的抗战路线和战略总方针制定出来，以对全国抗战的顺利发展形成推动作用，为此，1937年8月22日，在陕西省洛川县冯家村，中共中央召开了中共中央政治局扩大会议。出席会议成员包括中央政治局委员洛甫、毛泽东、周恩来、秦邦宪、朱德、任弼时、关向应、凯丰、张国焘及各方面负责人彭德怀、刘伯承、贺龙、张浩、林彪、罗荣桓、聂荣臻、张文彬、萧劲光、林伯渠、徐向前、周建屏、傅钟等。会议对中日战争双方之间的强弱形势进行了深入分析，明确指出了今后抗日战争的艰苦性和持久性，并将"全面全民族的抗战"路线和持久战的战略总方针正式确定下来。

会上，毛泽东代表中央政治局作了报告，详细论述了当前的国共两党关系问题、军事问题和中国共产党在抗日战争时期的基本任务问题。毛泽东在谈到同国民党的关系时指出：在抗日民族统一战线中必须坚持独立自主原则，一方面要巩固、扩大统一战线，另一方面又要对国民党保持高度的阶级警惕性。毛泽东指出：日本帝国主义发动的侵华战争是冒险的战争，在战略上不能轻敌。日军以华北为进攻的主要方向，上海属于辅助方向。基于此，红军将晋、察、冀三省交界处定为主要作战地区。红军的基本任务是：积极创建抗日根据地，对日军实施钳制和消耗；与友军配合作战；保存和扩大部队力量；争取民族革命战争的领导权。在基本战略方针方面，红军将开展独立自主的山地游击战，同时不否定平原作战。在基本战术方面，红军执行分散发动群众，集中消灭日军，打得赢就打、打不赢就走的方法。红军与国民党军队的作战配合仅是基于战略层面上，并非是在战役和战术上的协同。

洛川会议会址

洛川会议明确指出，实行军事战略转变对红军来说势在必行，这种转变主要是从国内革命战争的正规战转变为抗日民族解放战争的游击战。这也是当前形势的客观要求。红军只有从国内革命战争集中使用的正规军，向抗日战争分散使用的游击军转变，从国内革命战争的运动战，向抗日战争的游击战转变，如此才能符合当下的敌情、友情、我情以及当前的任务。正是因为毛泽东等中国共产党人洞察了中日战争全局，才制定出这一明智的战略决策转变。而且这一军事战略转变也意义重大，它不仅对中国共产党和红军的前途造成影响，同时也极大地影响着整个抗日战争的坚持、发展和胜利，影响着中国民族解放的命运。可以说，红军要胜利完成建立敌后抗日根据地等战略任务，必须确保坚持独立自主的山地游击战的战略方针，而这也是当前必须遵循的唯一正确方针。因为它妥善地处理了创建根据地、发动群众与集中打仗之间的关系，以及集中兵力大兵团作战与分散兵力进行游击战之间的关系，保存自己与消灭日军之间的关系。毛泽东指出："今日红军在决战问题上不起任何决定作用，而有一种自己的拿手好戏，在这种拿手戏中一定能起决定作用，这就是真正独立自主的山地游击战（不是运动战）。"红军开展游击战的过程中，山地是得心应手的用武之地，此外，其地形条件优势，使得日军坦克等重装备难以发挥作用，有利于积极主动地部署作战方案。当前形势下，山地游击战的开展是击败和消灭日军的最好战略，因为这种条件是以我之长，击彼之短，有利于红军不利于日军，能够保存和发展红军的实力。

此外，红军要贯彻执行全面全民族抗战路线和持久战的战略总方针，独立自主的山地游击战的战略方针也是唯一正确的方针。因为实行独立自主的分散游击战争，将更有利于把群众发动、组织起来，实现更为宏大的人民游击战争，开辟更为广阔的敌后战场，促进全民族抗战的发展，让日本侵略军深陷于人民战争的汪洋大海中。只有群众被动员、武装起来，加入到游击战争中，建立起广大的敌后抗日根据地，人民武装力量才能迅速发展，从而缩小日占区，扩大共占区，通过牵制消耗日军，实现持久抗战的战略、日共力量对比的转变，为抗战获得最后胜利创造有利条件。

会议还制定了《抗日救国十大纲领》，并结合毛泽东为此而写的《为动员一切力量争取抗战胜利而斗争》的宣传提纲，组成一项共同纲领，全面指导全国抗战和抗日民族统一战线的建立与发展。

这个纲领实现了中国共产党全面抗战路线的具体化，并全面概括了中国共产党在抗战时期的政治主张，为争取抗日战争的彻底胜利指明了道路。

会议还通过了《关于目前形势与党的任务的决定》，并于8月25日发表出来。《决定》指出："7月7日卢沟桥的抗战，已经成了中国全国性抗战的起点"，"中国的政治形势从此开始了一个新的阶段，这就是实行抗战的阶段。抗战的准备阶段已经过去了。在这一新阶段内的最中心的任务，是动员一切力量争取抗战的最后胜利。""今天争取抗战胜利的中心关键，是在使国民党发动的抗战发展为全面的全民族的抗战。只有这种全面的全民族的抗战，才能使抗战得到最后胜利。共产党今天所提出的抗日救国的十大纲领，即是争取抗战最后胜利的具体的道路。""由于国民党还不愿意发动全国人民参加抗战。相反的，企图把抗日看成只是政府的事，处处惧怕与限制人民的参战运动，阻碍政府军队与民众结合起来，不给人民以抗日救国的民主权利，不去彻底改革政治机构，使政府成为全民族的国防政府。""由于当前的抗战还存在着上述的严重弱点"，因此"应该看到这一抗战是艰苦的持久战"。《决定》最后指出："共产党员及其所领导的民众与武装力量，应该最积极地站在斗争的最前线，应该使自己成为全国抗战的核心，应该用极大力量发展抗日的群众运动。不放松一刻工夫一个机会去宣传群众、组织群众、武装群众，只要真能组织千百万群众进入抗日民族统一战线，抗日战争的胜利是无疑义的。"

为此，中国共产党在各方面制定了具体政策：1. 在日军后方，放手发动独立自主的游击战争，使游击战争担负配合正面战场，开辟敌后战场，建立敌后抗日根据地的战略任务；2. 在一切国民党统治区，放手发动抗日的群众运动，和国民党的片面抗战路线作斗争；3. 在有利于动员全国人民参加抗战的前提下，争取全国人民所应有的政治、经济权利，并决定以减租减息作为抗战时期解决农民土地问题的基本政策。

为了全面加强共产党对军队军事工作的领导，这次会议还针对当下形势，对中共中央革命军事委员会进行了重新组织。会议确定了军事委员会委员，包括毛泽东、朱德、周恩来、彭德怀、任弼时、叶剑英、张浩、贺龙、刘伯承、徐向前、林彪，其中，军事委员会书记由毛泽东担任，副书记由朱德、周恩来担任。中共中央军事委员会的建立为共产党之后的一系列行动奠定了坚实的基础，对于党对军队的领导的加强，全面抗战的路线在军队中的贯彻执行，以及今后一系列战斗取得胜利，都非常有利。

在中国共产党历史上，洛川会议是极为重要的。它制定了中国共产党的全面抗战路线，对中国共产党的基本任务和各项具体政策作了具体规定，而且，在当时历史转折的重要关头，毛泽东提出了独立自主游击战的战略方针，这就如同拨开重重历史迷雾，为行驶在惊涛骇浪中的航船竖起了指明灯，可以说在政治思想方面，它为中国共产党和全国人民取得抗战胜利指明了正确的道路。

抗日民族统一战线形成

日本在发动"九·一八"事变后，随即又将东三省、热河相继占领，并在华北方面增加驻屯兵力，对平、津两市虎视眈眈。随着民族危机不断加深，中国共产党倡议国共两党再次合作，共同对抗日本侵略者。国民党此时也不得不审时度势，放弃一贯坚持的"攘外必先安内"的政策，本着"兄弟阋于墙，外御其务"的精神，进行国共两党谈判。在日本发动全面侵华战争之际，终于建立起抗日民族统一战线。

1. 促成国共合作

西安事变爆发后，国内战争基本结束。1937年2月15日至22日，国民党五届三中全会在南京召开，就新形势下的国共关系和对日关系问题进行了讨论。1937年2月10日，中共中央发出了《给中国国民党三中全会电》，以尽快促成第二次国共合作，共同抗击日本侵略者，电文指出："西安问题和平解决，举国庆幸，从此和平统一团结御侮之方针得以实现，实为国家民族之福。当此日寇猖狂，中华民族存亡千钧一发之际，本党深望贵党三中全会，本此方针，将下列各项定为国策：1. 停止一切内战，集中国力，一致对外；2. 保障言论、集会、结社之自由，释放一切政治犯；3. 召集各党各派各界各军的代表会议，集中全国人才，共同救国；4. 迅速完成对日抗战之一切准备工作；5. 改善人民的生活。如贵党三中全会果能毅然决然确定此国策，则本党为着表示团结御侮之诚意，愿给贵党三中全会以如下之保证：1. 在全国范围内停止推翻国民政府之武装暴动方针；2. 工农政府改名为中华民国特区政府，红军改名为国民革命军，直接受南京中央政府与军事委员会之指导；3. 在特区政府区域内，实施普选的彻底民主制度；4. 停止没收地主土地之政策，坚决执行抗日民族统一战线之共同纲领。"

这是中共中央为促成国共合作而正式提出的两党合作的基本条件，送达国民党中央后，全国人民和国民党大多数党员都表示赞同，借此，国民党内部抗日派也有力地反对了亲日派，并以此作为政治基础，推动了第二次国共合作进入正式谈判的步伐。

会上，宋庆龄、何香凝、冯玉祥、孙科、石敬亭、李烈钧、经亨颐等14人向全会提出一项提案，即对孙中山先生制定的联俄、联共、扶助农工三大政策予以恢复。杨虎城、于学忠提出的提案为关于西安方面的八项主张的问题。李宗仁等9人提出的提案为，现下应迅速组织民众、训练民众、武装民众作为抗战动员的基础。冯玉祥等16人提出的提案主要是针对促进救国大计的问题。汪精卫则将一项"剿共"政治决议草案提了出来，结果招致全会众多国民党元老的抨击，他们批评汪精卫的主张令国民党在全国人民面前信用扫地，毫无颜面，在当前外侮日甚、内忧日亟的危急时刻，为党为国，均系有害。会上，仅有少数亲日派分子为汪精卫辩护，除此外，他遭到全会许多代表的坚决反对，最终，这一决议案并未获得通过。

在这次会议上，抗日派与亲日派之间产生了非常激烈的斗争。国民党左派宋庆龄为此发表演说，对国民党的反共政策严厉批判，她指出："令人万分遗憾的是，直到今天，政府中仍有个别人士不了解救国必先结束内战的道理。在今天居然还可以听到'抗日必先剿共'的老调，这是多么荒谬！我们要先打断一只手臂之后再去抗日吗？我们已经有了10年的内战经验，在这期间，国力都耗费在内争上面，日本军阀将我们的土地一块块地割去，使我们的国家受到蹂躏。每一个中国爱国志士现在都庆幸政府在这些痛苦经验之后已开始了解，救国必须停止内争，而且必须运用包括共产党在内的全部力量，以保卫中国国家的完整。"一番激烈争论之后，虽然仍未将抗日方针确定下来，也未对过去的错误政策进行批判，甚至仍坚持着反共立场，但却调整和改变了之前坚持的对内对外政策，事实上，国民党已经开始接受中国共产党提出的国共两党合作抗日的条件。国民党在对内政策上，承认"整个民族之利害，终将超出一切个人一切团体利害之上""和平统一""为全国共守之信条"，并放弃之前对共产党采取的武装"围剿"方针转变为"和平统一"的方针，至此，停止内战和国共合作的原则基本上被确定下来。22日，蒋介石作了会议发言，允许一定条件下的言论自由，将政治犯释放，以及集中人才。会后，蒋介石向所属下达密令，之后"赤匪"和"共匪"等字样将不得使用。同时，国民党在对外政策坚持："如果让步超过了限度，只有出于抗战之一途。"

日本帝国主义和亲日派对中国抗日民族统一战线的形成一再阻挠和破坏，企图在国内掀起内战与引发分裂，因为有来自各方爱国人士与全国人民的一致努力以及中国共产党的极力促进，在1937年2月国民党五届三中全会召开之后，终于初步形成了国共合作、共同抗日的新局面。

2. 国共谈判促成抗日民族统一战线

国民党五届三中全会之后，为了实现国共第二次合作，并正式建立全国抗日民族统一战线，从1937年2月中旬开始，国共两党历时7个多月，先后进行了6次谈判。中国共产党希望能在致国民党五届三中全会所提出的五项要求和四项保证的基础上，通过谈判共同商讨国共两党的关系、陕甘宁边区政权、红军改编等问题；而国民党当局则希望借助谈判进一步削弱、限制甚至消灭中国共产党和红军。双方因各有坚持，谈判几度陷入僵局。

1937 年 2 月 10 日，第一次谈判开始。中国共产党代表周恩来、博古、叶剑英，与国民党代表顾祝同、贺衷寒、张冲齐聚西安，共同商讨国共合作的具体问题。双方谈判的内容主要有：在西安设立红军办事处，陕甘宁苏区政府变为特区政府，红军改编为国民革命军、编成 3 个师、设立总指挥部以及扩大民主权利，将在狱的共产党员分批释放等问题。至 3 月 8 日，双方之间的初步协议达成。

但两天之后，国民党却把原议一举推翻，限定红军改编后的人数不得超过 2 万人，不允许设立总部，而且副职必须由国民党负责委派，并将军队中的政治工作人员全部取消，一切均按照国民党方面的命令行事等。苏区不允许成立特别行政区，而是接受陕甘宁各省管辖。按照国民党方面的提议，红军和陕甘宁边区实质上将完全被蒋介石控制住，于是，谈判出现了僵局。

1937 年 3 月下旬至 4 月初，为了缓和当下的僵局，周恩来赶到杭州直接会见蒋介石。在谈判开始时，周恩来就向蒋介石表明了坚定立场，表示中共之所以拥蒋是建立在民族解放、民主自由、民生改善的共同奋斗的纲领基础之上，而决不允许使用诬蔑之词将合作说成是投降改编。与此同时，周恩来把中共中央拟定的谈判方案提交给了蒋介石，重申了中共关于国共合作的原则立场，一并表达了中共关于国共合作的诚意。周恩来向蒋介石严肃声明："一、陕甘宁边区须成为整个行政区，不能分割；二、红军改编后的人数须达 4 万余人；三、3 个师以上必须设总部；四、副佐及政训人员不能派遣；五、红军学校必须办完本期；六、红军防地须增加……"

蒋介石表示具体问题比较容易解决，这只是细枝末节，中共在几个月后就有权利参加国民大会、国防会议；陕甘宁边区也可以将整个的行政区保持下去，但行政长官必须接受南京的委派，中共可自行决定其他政务的任命，南京方面不作干涉；军队人数也可以完全按照中国共产党的意见处理，并可以设立总的司令部，他决不对共产党的部队进行破坏，只会联络而已；除此外，他还会设法解决粮食供给的问题，就算永久合作的办法并未肯定，他也承诺不再攻打红军。

蒋介石要求中国共产党商议出一个两党实现永久合作的办法，并且由周恩来负责起草一份共同纲领。周恩来回答要想合作到底，共同纲领可以说是最好的办法。

4 月 5 日，依据周恩来的汇报情况，中共中央决定由周恩来负责将抗日民族统一战线的纲领起草出来，并建议国民党成立一个民族联盟，两党和其他党派均可参加。

1937年5月2日至14日，中国共产党全国代表会议在延安召开，对国共合作的正确方针予以进一步肯定。

3. 庐山会议推进合作进程

1937年5月23日，周恩来、林伯渠会见了身在洛阳的蒋介石，并打算在庐山举行下一轮会谈。6月4日，周恩来抵达庐山后，将中共草拟的《关于御侮救亡复兴中国的民族统一纲领草案》及13个问题提交给蒋介石。蒋介石将此项纲领搁置一旁，却强调起自己的主张：1. 在国共两党合作问题上，应专门成立一个国民革命同盟会，组成成员包括由他指定国民党若干干部和共产党推出同等数的干部，主席由他自己担任，并拥有最后决定权。2. 在军队问题上，他提出共产党对外发表宣言后，南京政府会对外发表3个师的番号，随后委任师长。3个师以上设置政治训练处指挥。3个师的编制仍为12团，兵力约为4.5万人。毛泽东和朱德必须离开红军，到外面"作事"或"出洋"。3. 在陕甘宁边区问题上，正职长官由国民党负责派遣，副职可由边区自己推荐，或者由林伯渠担任。南京将狱中的共产党员分批释放，国民大会代表容许指定共产党出席（并非以共产党名义出席），国防会议等也容许共产党干部参加。

如此一来，中国共产党将群龙无首，因此是断然不会接受的。由于周恩来等人的果断拒绝，谈判再次陷入僵局。6月16日，周恩来向中央汇报谈判的情况。19日，中共代表团回到延安。

6月25日，中共中央经过反复研究后作出决定，对一些重要问题予以妥协，重新拟定与国民党的谈判的方案，以推进谈判的进行。首先，在国共两党合作的形式方面，中共中央同意以共同纲领为基础，成立国民革命同盟会，可由蒋介石担任主席，并以根据共同纲领享有最后的决定权；共产党不会反对同盟会今后的发展趋势及与第三国际的关系问题，但必须确保共产党拥有独立组织及进行政治宣传和讨论的自由。其次，在人事任命方面，中共中央提出可以在张继、宋子文、于右任三人中任选一人担任陕甘宁边区政府行政长官；林伯渠担任副长官，以下的负责人由各自推荐，并接受行政院任命；并提出红军改编后的指挥人由朱德担任等。然而，蒋介石却无视中共方面作出的巨大让步，依然坚持原议，即政训处指挥部队必须设立出来，否则7月之后将不再接洽。

1937年7月7日，日军炮轰宛平城和卢沟桥，爆发了卢沟桥事变，日本对中国的全面侵华战争开始了。中华民族已经处于生死存亡的紧要关头，中共再一次呼吁必须共同抗日，尽快实现国共合作。卢沟桥事变后的第二天，中共中央发出了《中共中央为日军进攻卢沟桥通电》，提出"国共两党亲密合作抵抗日军的新进攻！"7月9日，红军将领彭德怀、贺龙、刘伯承、徐向前等向蒋介石发去电报，表示"红军愿即改名国民革命军，并请授命为抗日先驱，与日军决一死战"。之后，中共代表周恩来、秦邦宪、林伯渠等第二次登上庐山与国民党谈判，以使国共合作抗日的目的尽快实现。7月15日，中共代表团将《中共中央为公布国共合作宣言》提交给蒋介石，充分显示出中共坚持全民族团结抗战的诚意。国共合作的总纲领和为抗日救国而奋斗的总目标均在宣言中予以提出：1. 争取中华民族的独立自由与解放，首先必须切实地迅速地准备；2. 实现民权政治，召开国民大会，以制定宪法与规定救国方针；3. 实现中国人民之幸福与愉快的生活。首先须切实救济灾荒，安定民生，发展国民经济，解除人民痛苦与改善人民生活。这个宣言，再次表达了共产党始终以民族利益为重，积极促进全民族共同抗战的诚意。

7月17日，第四次国共谈判开始，双方参加的成员包括中共中央代表周恩来、秦邦宪、林伯渠与国民党代表蒋介石、张冲、邵力子。中共代表提出，在两党合作事宜上，必须以宣言作为政治基础，并敦促国民党尽早将宣言公之于众。然而，蒋介石却将《宣言》搁置不议，转而提出另外一套方案。他坚持红军改编后并不设立统一的军事指挥机关，"各师须直隶行营，政治机关只管联络"，无权指挥部队，南京会派遣3个师的参谋长。事实上，对于要让共产党拥有平等地位的问题，蒋介石仍然极不情愿，因而坚持依据他的方案改编红军，并借助改编的机会逼迫朱德、毛泽东"出洋"。

在得到中共中央指示后，周恩来在红军统帅机关名义的问题上暂时予以妥协，但却坚持依照"国民党不准入一个人"的原则处理人选任命的问题。如此一来，谈判再次陷入僵局。之后，周恩来等抵达上海，等待谈判时机。

4. 南京谈判

1937年7月底，日本攻陷平津，8月中随即又在上海挑起事端，在华北和华中两个战场，中国军队不得不同时应战。这时已经到了事关民族存亡的关键时刻，蒋介石不得不重视国共合作的问题。8月9日，中共中央应邀参加国防会议，随即派出周恩来、朱德、叶剑英抵达南京参加会议，同时与国民党就合作问题进行第五次谈判。当时，蒋介石迫切希望将红军调往抗日前线，因此便在一些不合理要求上作了妥协，18日，在陕甘宁边区人事、红军改编和设立总指挥部以及在若干城市设办事处、出版《新华日报》等问题上，双方终于达成一致并签订了协议。8月22日，南京国民政府军事委员会便将改编命令正式发布出去，红一、二、四方面军和陕北红军接受改编，成为新的国民革命军陆军（9月11日改称第十八集团军）第八路军，同时设立总指挥部，下辖3个师，每个师的兵力约为1.5万，正副总指挥分别由朱德、彭德怀担任。至此，终于解决了红军改编问题。

9月中旬，中共代表博古、叶剑英，同蒋介石、康泽在南京举行最后一轮会谈，共

第二次国共合作形成

同商讨了《中共中央为公布国共合作宣言》的修改和发表问题。随后双方就此意见达成一致，并签了字。9月22日，国民党借助中央通讯社将《中国共产党为公布国共合作宣言》发表出来。23日，蒋介石又将《对中国共产党宣言的谈话》发表出来，认为团结御侮现下非常必要，他指出："此次中国共产党发表之宣言，即为民族意识胜过一切之例证"，实际上也是对共产党在全国的合法地位的承认。随着共产党宣言和蒋介石谈话的相继发表，标志着国共两党正式实现了第二次合作。

当时，极具野心的日本想要灭亡中国并发动了大规模侵略战争，在这一大是大非面前，共产党与国民党以民族大义为重尽弃前嫌，实现合作，既是大势所趋，也是人心所向。自此，在国共两党合作的基础上，抗日民族统一战线终于建立，全国各族人民、各民主党派、各爱国军队、各阶层爱国人士以及海外华侨团结合作，众志成城，为获得抗战最终的胜利奠定了坚实的基础。毛泽东曾对此评价极高，他指出："这在中国革命史上开辟了一个新纪元。这将给予中国革命以广大的深刻的影响，将对打倒日本帝国主义发生决定的作用。"

第四章　国民党的政治策略

布鲁塞尔会议

"七七"事变爆发之后，国民党蒋介石政府曾表示："最后关头一到，我们只有牺牲到底，抗战到底……此事能否结束，就是最后关头的境界。"但同时，他们也在积极采取外交手段，希望求得战争尽快结束。"在和平根本绝望之前一秒钟，我们还是希望和平的，希望由和平的外交方法，求得卢事的解决。"在与日本谋和谈判时，国民党蒋介石政府又寄希望于英美各国，希望他们能够出面调停。然而一味仰求别人始终不是问题的解决之道，随着布鲁塞尔会议的失败，蒋介石所指望的通过国际干预结束战事的愿望宣告破灭。

蒋介石在全面抗战爆发后，企图通过外国干预结束战事。为此，蒋介石向国际联盟和《九国公约》签字国多次提出申诉，控诉日本不顾《国联盟约》《巴黎非战公约》和《九国公约》的规定，公然发动对中国的新的武装侵略，因此，提出调停和援助的请求。1937 年 9 月 10 日，中国代表顾维钧借助国联理事会举行例会时机，再次向理事会提出正式声明，申请国联援用盟约第十条、第十一条及第十七条处理事变，将日本宣判为侵略者，并实施一定制裁措施。理事会最终决定由远东顾问委员会（该委员会属于国联的下属机构，1933 年 2 月 24 日在探讨日本侵略中国东北问题时成立，组成国家有 23 个）对中国提案进行审查。审查之后，该委员会提出了两个报告和一项决议，随后在 10 月 6 日国联大会获得通过。第一份报告指出，日本在中国实行的军事行动，是对 1922 年的《九国公约》及 1928 年的《巴黎非战公约》的公然违背，然而对日本是侵略者的事实却并未定性。第二份报告提出，建议《九国公约》签字国和在远东有特殊利益的国家举行会议，共同讨论结束中日冲突的办法；决议要求各国联成员国应各自考虑它所能对中国提供的援助，并不得损害中国奋斗目标或削弱中国的抵抗力量。但这些都不涉及实际的措施，不过是口惠而已。中国首席代表顾维钧在国联开会期间，多处奔走寻求援助，不断提出制裁侵略的请求，并草拟出一份宣布日本为侵略者的决议草案，但却都被拒绝了。国联大会把自己的责任放手一摊，完全推给了《九国公约》签字国，既未表示要制裁日本，也没有援助中国的打算。会后，由东道国比利时出面向《九国公约》签字国以及与此关系密切的 21 个国家共同发出邀请，预定于 1937 年 11 月 3 日在比利时首都布鲁塞尔召开会议，并邀请以上 21 个国家共同参加。

南京国民政府对布鲁塞尔会议寄予厚望，却无法认清这只是不切实际的幻想。10 月 19 日，国民政府为此专门成立了代表团，团长为驻法大使顾维钧，并以顾维钧为首席代表参加《九国公约》会议。他认为，作为被侵略的中国来说，"主要期望会议径直作出决定，依据国际公法和维护世界和平的原则，宣布日本是侵略者。其次，希望得以贷款、武器、军火等各种物资支援的保证，也不排除显示列强共同意志的示威，如海军、陆军的演习等"。10 月 24 日，参加会议的三位代表顾维钧、郭泰祺和钱泰如，接到国民政府下发的指示："1. 依照目前形势，会议无成功希望，此层我方须认识清楚。2. 但我方对各国态度，须极度和缓，即对德、意二国，亦须和缓周旋，勿令难堪。并须表示会议成功之愿望，我方求在《九国公约》规定之精神下，谋现状之解决，此系我方应付之原则。倘各国以具体问题征询我方意见时，因日本以武力侵犯我领土，应先知日方之意见，故先请其转询日本后，再由我方予以考虑。3. 我方应使各国认识会议失败责任应由日本负担，切不可因中国态度之强硬，而令各国责备中国。4. 上海问题应以中日整个问题同时解决，切不可承认仅谋上海问题之解决。5. 我方应付会议之目的，在使各国于会议失败后，对日本采取制裁办法。6. 我方同时应竭力设法促使英美赞成并鼓励苏联以武力对日。"显而易见，南京政府参加此次会议，完全是以利用与会各国出面"调停"，及早将战争结束，以谋求"现状之解决"为方针。那些冠冕堂皇的"制裁""出兵"等，只不过是对日本施压的手段，期待迅速了结战事；此外，其包含的"鼓励苏联以武力对日"，真正意图也只是想拉苏联下水。10 月 26 日，代表团又接到外交部的电报，对代表团在会外应采取的活动以及实现的目标作出指示。就是："1. 继续运动各参加国政府及社会，加紧对日一致之经济压迫（积极地排斥日货，消极的不以财力物力帮助日本），务使国联谴责日本之决议事实化。2. 向参加各大国请求战费借款及军械贷款，尽量予以满意之条件。关于运输事项，尤须随时予中国以最大之便利。务使国联不减少中国抵抗力并帮助中国之决议具体化。"

1937 年 11 月 3 日上午，在布鲁塞尔的研究院大厦内，《九国公约》缔约国会议正式开幕，会议主要针对远东局势以及和平解决中日问题的办法进行讨论。共有 19 国参加了会议，包括中、英、美、法、意、葡、比、荷等国家。因苏联也是重大利害关系国家，所以一并出席了会议。日本作为主要当事国，却对此次会议表示拒绝参加。德国因与日本结盟，也未参加会议。在英、法、美方面，由于无人想担任主席，便推举出比利时外交大臣斯帕克。

比利时外长斯帕克在会议开始时致开幕词，随后，美、英、法、意代表戴维斯、艾登、德尔博斯、马克迪先后发表了简短演说。下午，中国代表顾维钧以及苏联代表李维诺夫进行了发言。中国代表团提出：会议应以国际公法和维护世界和平的原则为依据，对日本的侵略行为进行谴责，对日本实行经济制裁；英、美、法、苏等国应共同向日本施加压力，甚至不排除通过军事演习、示威等方式彰显共同意志；中国希望能够获得物资支援的保证，得到贷款、军火等方面的支援。其他国家的主张为，中日两国应暂时休战或停火，随后双方进一步斡旋或调解，以达成一项和平解决的办法。这次会议仍然是受英、美、法等西方大国操纵，他们实际并不同意对日本实行经济制裁。因而，美国代表戴维斯只是大讲"解决争端，遵守条约""日本与中国合作""目标是和平"等，都是些泛泛空论。英国代表艾登在发言中则表示完全赞同戴维斯所说的话，显然是要追随美国之后。法国代表德尔博斯的发言也是对美英两国的随声附和，仅仅谈了些和平问题，强调条约尊严的问题。苏联代表李维诺夫则表示对中国的合理要求表示支持，提出要按照国联盟约相关规定，集体制裁日本的侵略行为，并向国联要求应从道义、物质两方面给予中国援助。他强调，当下一切爱好和平的国家都应团结一致，这是极其重要的。然而，大会并未采纳他的主张。

会议的第一周结束后，与会国的讨论仍未触及任何实质性问题。会议开幕后，主要讨论的是建立由美英比三国组成的小组委员会，以开展调停工作。11 月 7 日，会议再一次向日本发出邀请信，并表示假如日本仍不出席会议，小组委员会将直接联系日本方面进行调停。为了"公允"起见，10 月 28 日，美国代表戴维斯在会议前夕就把美国政府的建议向顾维钧作了传达，他表示，为了确保与会各国在调停过程中"不受影响"，且不至于被日本指为"态度偏私"，希望中国代表团发表完一篇讲话之后，便自动退出会议，"给各国以讨论的完全自由"。美国代表不仅提出中国为了便于各国调停中国应暂时退出会场的要求，同时还提出中国必须让予日本"若干利益"，"俾得顾全面子"，"切不可空言恢复原状"，以"刺激""日本耳"。他还反复向中国代表施压，希望中国首先表态声明，中国绝不存在与日本交恶的意图，并且公开宣布将抵制日货的行动取消，对日侨生命财产进行保护，以及中国"愿与日本经济合作之诚意"。顾维钧称："这最后一点意见才是戴维斯所提中国应当以说什么开始，说什么收场的一番建议的主旨所在。那就是要中国主动提出要从会议退席。这实在是个严重问题……"顾维钧不得不向南京政府请示。出于对美国的忌惮，蒋介石只得遵照美国意旨，指令中国代表团完全按照美国的旨意行事，并对中国代表团在会上发言的基调作出明确指示。然而英美的调停再次遭到态度强硬的日本的拒绝，与此同时，日本还得到意大利代表马克迪的公然袒护，为其张目。马克迪曾在 1932 年参加过李顿调查团，他对顾维钧讲道：意大利不打算"谴责冲突的任何一方，谁开的第一枪，这个决定责任谁属的问题，是很难确定的。依他看，会议的唯一作用，不过是把双方约到一起进行直接谈判，自己达成解决。"事实上，这正符合日本一贯的论调，日本此前一直强调中日之间的问题应由两国直接商议解决，别国无权横刀介入和干涉。会议上，马克迪也对这一态度表示坚持，并宣布，如果会议采取了"不注重实际"的行动，意大利将持保留态度。

11 月 12 日，日本答复了会议第二次发出的信件，仍坚称不会派出代表与会议少数成员针对调停或和解问题交换意见。13 日，会上对日本第二次拒绝参加会议的声明稿进行了讨论。11 月 15 日，会议对一项会议声明投票表决，并因 15 票赞成获得通过。这项声明宣称：与会各国"殊难理解"日本坚决不同意与各国共同商讨解决办法一事。会议认为，对于日本一再坚持的必须由日中双方直接交涉解决问题的方法"不可期望"，因为中日争端已经不再是两国之间的问题，当前，它与《九国公约》签字国、《巴黎非战公约》签字国都存在一定关联，甚至与国际团体中一切国家都有一定联系。11 月 15 日，这一声明获得通过后，由于与会国代表需要回国同各自的政府商讨应持有的"共同态度"和实施的步骤，遂决定休会一周（11 月 15 日到 22 日）。在布鲁塞尔会议中，替中国仗义执言的唯有苏联代表、苏联外交人民委员李维诺夫，他们对建立集体安全制度这一主张态度坚决，并希望对侵略实施制裁手段。然而，苏联的呼吁势单力薄，英美并未对此作出回应。而且，当时的南京政府代表和西方国家代表也只是对苏日的军事冲突比较热衷。在会上，苏联的立场不仅没有得到支持，英美等国甚至还玩弄手段企图把苏联从拟议中的小组委员会排挤出去，李维诺对此异常气愤，提前返回了苏联。指望布鲁塞尔调停的希望破灭后，中国代表团开始将主要注意力集中到争取英美法的经济军事援助上，然而收效甚微，法国因担心中国物资从印度支那过境会开罪日本，因此并不同意过境要求，而这条线路是中国当时的主要对外渠道。法国代表表示，要想过境，必须首先得到英美对法国的保证。美国代表表示，美国绝不可能提供任何方面的保证，即使是口头保证也绝无希望。英国代表表示可以考虑贷款方面，但却坚决拒绝作战物资、武器和军火供应方面的援助。实质上，美国依然坚持着"中立政策"，根本不可能对中国提供有效援助。

中国军事形势在布鲁塞尔会议举行期间不断恶化。11月8日，日军侵占了华北重镇太原。在淞沪地区，日军成功登陆杭州湾，对中国军队右翼造成威胁，同时又登陆浏河以西，对中国军队左翼造成威胁，中国军队不得不向第二道防线撤退。随后日军对上海实施包围，并开始以钳形推进南京。日军的迅速入侵令南京国民政府大惊失色，迫切想要求和，仅在11月13日1天之内，孔祥熙和外交部先后向顾维钧发送了8封电报，催促他们"努力促成停战"。而会议中的英美代表所考虑的问题只是如何完身而退，保全颜面，顺利结束会议。22日，会议重新开始，他们拟定了一项冠冕堂皇、毫无新意的宣言，并在11月24日最后一次会议上获得通过，之后便宣布休会（事实上却是结束会议）。宣言对《九国公约》的各项原则予以重申，认定日本在中国的行动是对《九国公约》的违背，建议日本立即停止当前行动。会议自此草草收场，它既没有制裁日本的侵略行为，也没有承诺会援助中国。

布鲁塞尔会议经过3个星期的空谈，没有取得任何实际进展，是一次夭折的国际会议。而另一方面，这次失败的会议也产生了极其严重的后果。会议之前，日本在侵华行动中还有所顾忌，担心会遭到国际谴责，同时更加害怕英美等国会对其进行经济制裁，因为当时英美等国为其提供了重要的战略原料，日本发动战争所需的石油、钢铁、铅、锡、铝、锌等均需仰仗英美等国的进口。布鲁塞尔会议却暴露出，西方大国将继续推行"中立""不干涉""绥靖"政策，在日本对华战争的态度上损人利己，互相推诿，甚至对日本极力讨好，这让日本更加有恃无恐。因此说这次会议实际上助长了日本扩大侵略的嚣张气焰，使日本更加肆无忌惮地在亚太地区进行侵略扩张活动。当时，上海为美英等国在中国的利益中心，而就在会议期间日本攻陷了上海。12月，日本占领南京，并在一年多时间内，将华北、长江中下游和华南等广大地区相继控制在手，在此基础上，他还想要北上进犯苏联，南下进攻印度支那，使远东地区局势日益严峻，并最终发起了太平洋战争。

布鲁塞尔会议的夭折，让蒋介石妄图借助国际调停的外交政策牵制日本的计划彻底破灭。

三次近卫声明

日本的侵华战争爆发以来，在对华策略上采取的是军事进攻与政治诱降相结合的方法，而且日军还会根据形势的变化与战事的发展，在不同阶段制定与之相适应并各有侧重的军事打击和政略进攻方案。1938 年 1 月至当年底，

太平洋战争爆发初期日军横扫美英盟军

日本首相近卫文麿相继发表了三次对华声明，由此也可推断日本对华政策的种种变化。

1. 第一次近卫声明

在军事上，日本自"卢沟桥事变"后发动的进攻日益猛烈，到 1937 年底，相继将北平、天津、上海、石家庄、太原、苏州、南京、杭州、济南等大中城市攻占下来。在外交上，日本也同时采取了一系列的攻势，企图通过对国民党政府施以威胁利诱手段，促使其不战而降，以便让战争尽早结束，达到完全控制中国的目的。

事实上，在 1937 年 8 月上旬之时，日本政府就曾派遣船津辰一郎抵达上海。船津辰一郎曾经担任过驻沈阳、上海总领事，跟当前的国民党政界、财界及帮会联系广泛。日本企图以船津辰一郎为代表与国民政府外交部亚洲司司长高宗武进行秘密谈判。10 月 1 日，日本政府通过了一项《处理中国事变纲要》。《纲要》作出规定："外交措施的目标在于迅速促使中国重新考虑，将中国诱导到我方所期待的境地，对于中国与第三国，进行及时的谈判与工作，在结束事变方面，使中国取消抗日政策与溶共政策，不拘泥于过去的情况，为调整邦交而进行划时代的外交谈判。"日本在这项规定基础上，选定德国作为媒介与中国进行谈判。10 月 21 日，德国驻日本大使逊克逊获得日本外务大臣广田弘毅的接见，日方表示：日本已经做好了随时与中国进行直接谈判的准备，但需要一个像德国和意大利一样与中国友善的国家从中斡旋，敦促南京主动向日本提出直接谈判，以商议解决中日冲突的办法。次日，逊克逊向德国外交部电告了广田弘毅的谈话内容，当时，德国政府想要同时保持住其在中国和在

145

日本的利益，同时也想使日本尽快脱身于对华战争，从而配合其对苏联施加压力，因此，立刻接受了日本政府所谓的调解中日战争的要求。22日，德国驻华大使陶德曼接到德国外交部国务部长麦根逊的电令：在中日谈判中，德国非常愿意作为双方之间联络的途径。10月30日，在南京，陶德曼会见了国民政府外交部次长陈介，并将麦根逊的电令传达给国民政府，表示德国政府愿意充当调停角色，陶德曼同时声称他愿意担任调停者。国民政府表示希望先对日本的和谈条件进行了解后，再作定夺。

　　1937年11月2日，日本开列出中日议和的七项条件。11月5日，陶德曼在南京将这些条件当面传达给蒋介石。然而，蒋介石却态度含糊，迟疑不定，一方面，他向陶寒暄说对德国调停表示欢迎，认为所提条件为谈判提供了一个基础，另一方面他又表示，如果日本对恢复战前状态只是虚与委蛇，无论日方提出任何要求中国都不能接受。11月下旬，日本再一次请德国对和谈展开斡旋，并坚称原来的条件不会作出改变。11月28日、29日，陶德曼在汉口相继与国民政府行政院副院长孔祥熙和外交部部长王宠惠举行会晤，对日本的议和条件进行了重申。12月2日，在南京，陶德曼再次会见蒋介石。此时，国际布鲁塞尔会议最终毫无结果就此收场。蒋介石原本想依靠西方的力量遏制日本，如今这一幻想也成为泡影，而当时，日军正向南京步步紧逼。面对这种不利的情况，蒋介石与军政首脑进行了一番讨论，最终表示同意与日本进行和谈。谈判必须坚持的前提条件是：一切对日行动均停止；对以日方的条件作为和谈的基础表示赞同；谈判必须有德国全程参加；不能改变中国在华北的行政权和主权。德国外交部根据这个情况判断，促成中日和谈的时机已经成熟，于是把中国的立场制成备忘录交给广田弘毅。12月7日，广田弘毅阅后，先推脱表示要征求陆海军方面的意见，并暗示可能会增加新的条件。

　　12月13日，日军攻陷南京之后，侵略的气焰变得尤为嚣张。21日，日本内阁会议将《为日华和平谈判事项给德国驻日大使的复文》确定下来，骤然追加了四个更加苛刻的条件，打算更为彻底地逼迫中国投降。这些条件主要为，将华北、内蒙古和华中的非武装地带扩大以及向日方赔偿损失等，同时向中国方面提出要求——限期在年内作出答复。26日，陶德曼会见孔祥熙时，把上述条件和备忘录当面送交给了国民政府。蒋介石了解情况后，于29日邀于右任、居正等在武汉就与日谈判方略进行商谈。在全国民众的压力之下，蒋介石表示，日本提出的条件根本等同于灭亡与征服，与其承受屈服而亡的羞辱，宁肯战败而亡。于是，国民政府向日本方面表示的态度并不明确，并通过拖延策略，要求日方将中国答复时间推迟。日本政府最终提出最晚于1938年1月15日前答复。1938年1月11日，日本御前会议召开，并制定了《支那（中国）事变处理的根本方针》，决定假如中国现政府求和事宜搁浅，帝国日后将积极扶助建立新的中国

146

八年抗战

baniankangzhan

政府，而不会以此政府为解决事变的对手，甚至设法对其进行摧毁。1月12日，日本向中国作出最后通牒，要求三天内必须答复。1月13日，国民政府外交部部长王宠惠向陶德曼表明，日本的四项条件范围太宽泛，希望日方对此进一步补充说明，以清除其实质和内容，实际上，这只是拒绝日本的条件的委婉托词。1月14日，陶德曼借助逖克逊把中国政府的意见转达给广田弘毅。1月15日，日本所要求的最后答复期限已到，但中国政府并未答复。国民政府的态度让日本方面极为不满，于是召开御前会议，作出停止中日交涉的决定。1月16日，日本不再坚持由德国协助推动中日和谈。随后，日本内阁首相近卫文麿在获得天皇批准后，发表了第一次对华声明，指责中国国民政府对帝国的真心缺乏了解，竟然企图策动抗战，内则不察人民涂炭之苦，外则不顾整个东亚和平。于是，日本宣布：帝国政府今后不以国民政府为对手，而期望真能与帝国合作的中国新政权的建立与发展，并将与此新政府调整两国邦交，协助建设复兴新中国。同日，近卫内阁又发表了《补充说明》，进一步解释"不以国民政府为对手""较之否认该政府更为强硬"，所以，"更不需要发布宣战布告"。此种情况下，18日，国民政府发表宣言，声明将对中国领土主权的完整予以坚决维护，一切伪组织均不予承认。与此同时，日本把驻华大使撤回，20日，在东京的中国驻日本大使许世英也启程返回国内。日本的第一次近卫声明表明，其妄图在短期内解决侵华战争已经没有可能，如果它要继续发动军事进攻，必然会同时加强对中国的政治侵略，分化中国的抗战阵营，扶植新的投降派，制造伪政权。

2. 第二次近卫声明

日本在第一次近卫声明以后，一方面开始了更加猛烈的军事进攻，先后打响了徐州会战、武汉会战和广州会战，徐州、开封、安庆、合肥、九江、信阳、广州、武汉相继被占领；另一方面，它与中国国民政府的联系也并未完全断绝，宇垣一成就任日本外相后，更注重诱降策略。他促成了中日双方为"和平"问题进行的几次谈判，国民政府曾派出官员高宗武展开秘密活动，由于谈判中提出了成立新中央政府及让蒋介石下野等条件，这触及了蒋介石的底线，因此谈判一度陷于停顿。

到1938年10月下旬，中日战争已经持续了16个月，此时武汉、广州会战刚刚结束。在16个月时间内，中国大部分沿海省区被日军侵占，大部分海岸线也控制于日军之手，并向内地广大地区不断深入。然而，日本原本期待能够迅速征服中国，如今这一企图破产了，并遭受了惨重损失。据统计，日本约有45万人伤亡，780余架飞机、100余艘军舰被毁。由于在中国的战线不断延长，而中国抗日战场也不断扩大，导致日本的兵力极为分散。再加上广泛开展起来的中国共产党领导的游击战争，以及相继建立的敌后抗日根据地，致使日军的后方遭受了更为严重的威胁，兵力不足的形势越来越突出。到 1938 年底，日本共计将 31 个师团、24 个独立混成旅团和 3 个独立守备队投入了中国战场，在全部陆军总兵力中所占比例为 70%以上，而日本国内当时也仅有 2 个师团，兵力极为空虚。日本国内也面临着急剧恶化的情况，由于战争的消耗巨大，军费剧增，而这都转嫁到赋税身上，人民生活因租税加重而不断恶化，厌战心理逐渐蔓延。在战争的长期化形势下，日军进攻锐气大受挫折，全军深感继续战斗宛如泥足深陷，士气持续低落。随着速战速决的战略方针的破产，日本朝野认为单凭武力征服中国已经无法实现，而且内外经济政治已经受到侵华战争所带来的巨大影响，并且，这也将成为其世界战略的沉重包袱。基于此，日本不得不调整既定的侵华方针。日本侵略者放弃了对国民政府以军事打击为主的方针，转而采取以政略进攻为主、军事打击为辅的策略。

日本在战争初期盲目乐观，自认为自身武力强大，打算速战速决，于是制定出以军事进攻为主、政治诱降为辅的的方针。1937 年 12 月占领南京后，狂妄的日本宣称"不以国民政府为对手"，企图通过以武力逼迫中国屈服。事实上，日本在武汉会战前，战略进攻的能力就已经显出衰减之势，中国战场的持久态势逐渐明朗。在这种形势下，针对军事打击为主的方针的作用及其局限性问题，日本军政上层发生了激烈争论。石原莞尔认为，当局者"徒然强调积极作战，过于相信武力的优越，他们不理解中国事变持久战的根本含义，置于绝境，耗尽了国力"。在实际的战争过程中，日本军部也感到武力作用的有限性，强烈建议放弃"不以国民政府为对手"的方针。负责经济动员的一些部门则站在经济困境的角度提议，解决事变的途径应当另谋计策。

因此，日本在武汉会战后对原有方针重新商议，最终改变为当前以政略为主、战略为辅的新方针。1938 年 10 月 21 日，日本内阁会议在《关于时局的处理方案》中表示，"国民中只管依靠武力工作解决事变，希望迅速完成武力工作，并以此作为事变结束的倾向是令人担忧的"，提出"今后，不仅要用武力，更要倾注政治、经济、文化等国家的总力，向建设新中国迈进"。随着对华政策的转变，1938 年 11 月 3 日，日本内阁首相近卫文麿也配合发表了关于对华政策的第二次政府声明。声明一改以往的狂妄姿态，不再提出所谓"惩鹰暴艾""不以国民政府为对手"，而是打出道义招牌，打算通过"合作""提携""互助"等政治诱降中国国民政府。"建设东亚新秩序"的方针便是在这次声明中首次提出："帝国所企求的，是建立确保东亚永久和平的秩序。此次征战的最终目的即在于此。此种新秩序的建设应以日满华三国合作，在政治、经济、文化等方面建立连环互助的关系为根本，希望在东亚确立国际正义，实现共同防共、创造新文化，实现经济的结合。政府所希望于中国的，就是分担这种建设东亚新秩序的责任……如果国民政府抛弃以往的一贯政策，更换人事组织，取得新生的成果，参加新秩序的建设，我方并不予以拒绝。"同时，声明还威胁到，假如中国国民政府继续对其抗日溶共政策予以坚持，帝国绝无收兵之可能，直接打到国民政府崩溃为止。同日，近卫还对声明发表了进一步的解释。第二次近卫声明的发表，标志着日本已经重新确立了以政治进攻为主的新方针，放弃了最初以军事进攻为主的方针。日本企图借助承认国民政府存在这一条件，善加利用中国的内部矛盾并伺机扩大，逼迫国民党将抗战主张放弃，转而对日妥协，把军事进攻上的僵局引向政治解决的途径。

3. 第三次近卫声明

日本政府发表第二次近卫声明之后，认为向南京政府招降花费的时间太久，为实现尽快征服中国的目的，将战争结束，日本向亲日派头子汪精卫抛出所谓的橄榄枝，打算扶植他建立"新的中央政权"，从而取代蒋介石的国民政府，甚至是把蒋政府合并过来。如此一来，日本控制中国的目的就能够毫不费力地实现。1938年11月13日至20日，在上海土肥原特务机关的重光堂，日本参谋本部中国课课长今井武夫、伊藤男等人与汪精卫的代表梅思平、高宗武举行会谈，主要商讨汪精卫等人出逃以及建立汪记政权的条件与办法等问题。20日，双方签订了3个文件，分别为《日华协议记录》《日华协议记录谅解项》《日华秘密协议记录》。各项协议都是日本借机夺取中国主权的条款。日汪重光堂会谈还拟订出接下来的行动计划，即汪精卫响应投降声明并逃往河内伺机组成新政府。以此前的叛逃计划和重光堂会谈协议为基础，1938年12月5日，国民党中央宣传部长周佛海找了个视察宣传工作的借口，趁机逃出重庆飞抵昆明。12月18日，汪精卫偕妻陈璧君，再加上方君璧、何文杰等离开重庆逃往昆明。19日，汪精卫、陈璧君、周佛海、陶希圣、曾仲鸣等人又离开昆明逃到了越南的河内。20日，陈公博也逃出昆明来到河内。

汪精卫到达河内后，12月22日，日本得到了他出逃成功的消息，随即近卫内阁发表了第三次对华政策声明，实施招降汪精卫的计划。声明对日本御前会议《关于调整日华关系的新方针》作了进一步解释，大肆鼓吹"日、满、华应以建设东亚新秩序为共同目标而联合起来，共谋实现相互善邻友好、共同防共和经济合

日本把汪精卫欺骗了

作"。日本在声明中称愿意"和中国同感忧虑、具有远见卓识的人士合作，为建设东亚新秩序而迈进"。要求国民政府承认伪满洲国并放弃抗日，日本诡辩称出兵的"真意"，"既不是区区领土，也不是赔偿军费""实际上日本只要求中国作出必要的最低限度的保证，为履行建设新秩序而分担部分责任"。声明发表后，汪精卫于29日在河内向国民党总统蒋介石暨中央执行委员发来电报，该电吹捧日本"对于中国无领土之要求，无赔偿军费之要求"，"日本不但尊重中国之主权，且将仿明治维新前例，以允许内地营业自由为条件，交还租界，废除治外法权，俾中国能完成其独立"。同时声明将对近卫提出的"调整中日关系三原则"，即"善邻友好""共同防共""经济提携"等条件予以响应，向国民政府提出要求，应"以此为根据，与日本政府交换诚意，以期恢复和平"。汪精卫集团向日本帝国主义公开投降了。事实上，第三次近卫声明根本就是支持汪精卫建立伪政权的声明。这三次声明表明，日本近卫内阁根据战争的形势发展，不断调整着侵华政策和手法，企图尽快平定中国战场。中国抗战面临着日本的军事打击和战略进攻，自此陷入更加困难的境地。

中统局成立

国民党中央执行委员会调查统计局，简称为中统局，这一国民党特务机关在抗日战争时期逐步发展起来。蒋介石实行法西斯独裁统治的过程中，它和"军统"都是其重要工具，为虎作伥。在全国范围内，中统局布置了无孔不入的特务人员以及星罗棋布的情报网络。他们采取各种手段与伎俩网络党羽、特务，为破坏中国共产党的活动简直无所不用其极。此外，他们在全国上下制造了众多冤狱，捕风捉影，乱抓乱捕，让群众人心惶惶。

1. 中统局的由来

国民党中央组织部内的党务调查科是中统局特务组织的原始机构，在1928年2月成立。1928~1931年这段时期，调查科主任一职相继由陈立夫、张道藩、吴大钧、叶秀峰、徐恩曾担任。1930年，徐恩曾继任调查科主任，之后他对中统特务系统直接领导了长达15年的时间，直到蒋介石于1945年2月突然下达手令，免去他"本兼各职，永不录用"。随后叶秀峰继任工作。

最初，调查科设立了采访、整理两个股，各股分别配备一名总干事，下设若干干事、助理干事。1930年夏，调查科内增设出一个"特务组"，以此加强力量集中对付共产党。特务组负责着全部的对共产党的调查研究、密谋策划以及被认为属于最机密的情报搜集、破坏指导等，其他的一般特务活动仍由采访股负责实施。调查科采访股的得力干事顾建中担任特务组的负责人。1930年夏，调查科又增加了"言文组", 其负责的任务包括对各省市的报章杂志、各种进步刊物以及国外的华文刊物进行搜集整理, 通过剪贴加以分门别类, 每日送达主任手中, 并转交部长参阅。整理股干事刘清源全面负责言文组的工作。1932 年, "特工总部" 秘密成立, 设立地点为南京道署街 (今瞻园路)

蒋介石建立特务组织

132 号瞻园内。到 1938 年撤销为止, 特工总部前后共存在了 7 年时间。特工总部属于一个极其秘密的组织。成立之后, 其下属机构 "特务室" 随即在各省、市、县和国民党特别党部内先后建立了起来, 南京、上海等重要城市还设有秘密 "行动区"。为了把特务组织统一起来, 蒋介石于 1934 年在国民政府军事委员会内设立调查统计局, 局长为贺耀祖, 副局长为陈立夫, 其下另设 3 个处: 一处是以徐恩曾为处长的党务处; 二处是以戴笠为处长的军警处; 三处是以丁默邨为处长的邮电检查处。1935 年, 国民党中央机关进行扩编, 党务调查科更改为国民党中央组织委员会党务调查处。调查科和党务调查处的办公地点在国民党中央党部大楼二楼西南角的两间房子内, 地址是南京丁家桥。

2. 抗日战争时期的中央调查统计局

1938 年, 中国国民党中央执行委员会调查统计局正式成立, 1947 年, 又将其改称为中央党员通讯局, 前后历时 9 年时间。在这异常活跃的 9 年时间中, 调查统计局组织非常庞杂, 从事人员众多, 犯下了一系列罪恶滔天的重大罪责, 其罪恶光芒远甚于其他各阶段。国难当头之下, 国共两党实现了第二次合作, 抗日战争不断深入, 在国统区, 共产党的活动由之前的完全秘密转为公开; 当时, 人民的抗日爱国运动也形势高涨, 势不可挡。1938 年春, 蒋介石巧设借口, 认为当前正是抗日关键, 为了防范并阻止日谍的汉奸活动, 提高工作效率, 增强抗战力量, 作出改组原有的国民政府军事委员会调查统计局的决定, 把它扩大成了 3 个公开的特务组织, 分别是: 隶属于中央党部秘书处的中央调查统计局、隶属于军事委员会办公厅的军事委员会调查统计局 (简称军统局) 和隶属于军事委员会办公厅的特检处 (主管邮电检查)。3 月 29 日, 蒋介石在召开国民党临时全国代表大会上进一步提议, 决定在第一处的基础上, 另外设立国民党中央执行委员会调查统计局, 简称为中统或中统局, 国民党中央秘书长朱家骅兼任局长一职, 副局长由徐恩曾担任, 并负责所有的日常实际工作。中统局最初设立于湖北汉口的黄陂路, 随后搬迁到重庆储奇门药材公会大楼楼上。1939 年 7 月, 搬迁到中山二路川东师范。1946 年又搬迁到了南京道署街 (即今瞻园路)。中统局成立之后, 原来的特工总部便结束了工作。

3. 无恶不作的中统局

调查科成立之后，最初的工作重心不仅包括渗透、瓦解国民党内部的各反蒋派系，同时还从事着对中国共产党组织和革命人士专门的破坏和迫害活动。他们逮捕了大量共产党员和进步人士，并采取残暴政策，"非叛即杀""宁可错杀三千，不可放走一人"。在此政策之下，特务们深感愈杀愈多，无法做到斩尽杀绝，而且又对共产党的地下活动缺乏了解，想要达到破坏目的非常困难，遂决定改变办法，制定出更为阴险毒辣的政策，即"重用叛徒，扩大自首潮流，以毒攻毒"。调查科率先在长江流域几省，包括江苏、浙江、湖南、湖北、安徽等处设立"反省院"，各院之间互相配合，通过威胁利诱、软硬兼施等手段策反被逮捕关押的革命人士，以劝叛诱降的罪恶活动为重点，将叛徒充分利用起来，疯狂地破坏革命阵营。1931年，在徐恩曾此项政策的实施之下，顾顺章叛变。顾顺章向调查科揭穿了恽代英的身份，最终使其不幸被害。此外，他还供出了中共在上海的地下秘密机关和中共保卫组地下工作人员，致使共产党遭受重大损失。1933年夏，党部调查科招降纳叛的活动更为猖獗，其暴力活动由此得到加强，半年时间不到，大约有600名革命人士被拘捕。例如，3月24日，红军将领陈赓被逮捕；28日，全国总工会上海执行局书记罗登贤、海员工会党团书记廖承志被逮捕；5月31日，作家丁玲、潘梓年遭绑架，诗人应修人被逼坠楼身死；此外，还包括6月里相继发生的暗杀中国民权保障同盟总干事杨杏佛等事件。《中华民国史》曾记载，在30年代上半期，共有19名中国共产党高级干部、80名中级干部、1.5万余名下级干部和普通党员，被中统"捕获"。

在朱家骅、徐恩曾主持下，中统局各级组织于抗战期间，在全国各地疯狂地进行着罪恶活动，当时的浙江、安徽、贵州、新疆、重庆等省市均遭受了严重迫害。他们通过物质利诱等手段，用尽千方百计，招揽了大批流氓与无知之辈加入组织。随后，这些人员有组织、有计划地渗透到社会各个阶层、各个行业、各个机关部门，宛如水银泻地，四处飞溅，无处不存在其爪牙。此外，相继建立的情报网如星罗棋布，在全国各地四处开花。他们肆无忌惮地拘押、批捕，视人命如草芥一般，牵累了大批无辜平民被害。一些地方特务和汉奸通同作恶，大肆破坏共产党的活动，无所不用其极。抗日战争期间，这些人"背向日本，面向边区"，甚至勾结日伪，不断进攻解放区人民及蒋管区爱国人民，他们对人民解放区实施包围、封锁，对蒋管区人民的抗日救国运动进行镇压，完全置国家安危于不顾。1941年，中统在皖南事变发生前，就曾向沦陷区派遣了一批高级特务，直接和日伪接头。他们从事的罪恶活动擢发难数。

4. 中统的最后破灭

日本宣布投降后，鉴于当时全国的舆论压力，国民政府被迫表示放弃"训政"，实行"宪政"。在此形势下，中统感到，实行宪政后经费的主要来源必定会由此断绝，想继续维持当下的局面将非常困难。因此，中统局长叶秀峰在1946年初多次召集高级骨干会议商议对策，会议最终确定了几项结果：1. 可以更换中统局的名称，但实质绝不改变，确保其始终保卫国民党政权。2. 在行政院司法部的基础上，仿效美国联邦调查局的模式新设一个"调查局"，把中统全部转移进去。3. 通过化整为零的方法，在政府部门中一部分、一部分地安插中统组织，并确定中统实际上的统一领导权力。4. 仿照欧美办法，将中统的人才、技术、"经济事业基金"充分利用起来，自行设立私人侦探机构，可接受各界人士的委托，负责各项事务的承办。这被看作是最后一条路，只在万不得已时使用。

自此之后，中统开始到处活动，为设立"司法部调查局"积极筹谋。最初的交涉取得了一定成效，且行政院也已经提请法院进行商议，孰料，立法委员却对此坚决反对，由此被搁置下来，始终未能通过。

当时的中统可谓臭名远扬，全国人民对其极为不齿，并且颇有怨言，国民党中央不得不在1947年秋下达命令，中统局撤销，重新设立直属于中央秘书处的"党员通讯局"。但实际上，这只是掩人耳目，实际却换汤不换药，愚弄了大众。党员通讯局与中统局有众多雷同之处，在组织和主要人事安排上非常相似，仅稍微作了调整而已。叶秀峰继续担任着局长一职，郭紫峻、季源溥担任副局长。原所属各省调查统计室相应地被更换为省党员通讯室，然而组织与人事全都没有变动。1949年，国民党政府向广州迁移，之后不久，它又变更为隶属于国民政府行政院内政部的内政部调查局，简称为内调局，其下设的各地方的省级机构全部更换为"内调局某省调处"，人员和内部组织保持原状。在广州，内调局的存在时间仅有4个月，随着解放军南下，一部分所属人员被直接送到台湾，剩余部分经广西、贵州向重庆迁移，作最后的负隅顽抗。最终，除飞往台湾的少数人员之外，剩下的人员都落入法网。中统特务机构已在大陆存在了20余年，至此终于宣告覆灭。

军统局成立

国民党军事委员会调查统计局，简称为军统局。在国民党方面有两支著名的特务系统，军统局便是其中之一。它拥有5万多名职业情报人员和训练有素的枪手，帮助国民党搜集情报、执行特殊人物，可谓无处不在、无孔不入；除此外，它还拥有20万特务武装，全都装备精良、行动迅速、调动灵活。当时，庞杂的国家警察和保安机关全在其掌握之内，陆、海、空三军组织的严密的谍参系统和布满各地的稽查机构也受其控制，不仅如此，遍布全国的交通检查、邮电检查、航空检查、运输监察、经济缉私、税警武装等各种检查机构也一并受其领导。可以说，全国范围内，每一个角落都有它的组织，甚至在国际上，它的实力也造成了广泛的影响。在美国陆、海军两大特工系统中曾经爆发过一次激烈的争夺，而其目的却是为了获得军统的特工技术合作权，由此可见一斑。军统局在国内充当着国民党刽子手的角色，对人民进行残酷的镇压，抗日战争期间，它也成为反共反人民的先锋。

1. 军统局的前身后世

1932年，"一·二八"沪战打响了，蒋介石随即提出："先安内而后攘外，抗日必先剿共，绝对拥护一个党、一个领袖。"他开始在军事上实行法西斯专政，特务统治不断加强，并仿效德国希特勒的国社党，在南京成立了以黄埔军校毕业生为核心的"中华复兴社"，简称"复兴社"，又名"蓝衣社"，社长由蒋介石亲自担任。1932年4月1日，他又成立了"中华复兴社特务处"。戴笠担任中华复兴社特务处少将处长一职，接受蒋介石的直接领导。最初，这一组织仅由10个黄埔军校毕业生组成，包括戴笠、郑介民、徐亮等，随后规模逐步扩大。特务处最初的办公地址为南京市鸡鹅巷53号，随着规模的增加，后来又逐渐向鼓楼四条巷洪公祠扩充。1936年，办公地址迁至曹都巷。1937年，在南京被攻占的前夜，特务处从南京市撤出，转移到湖南省长沙市梓园。

1938年3月29日至4月1日，国民党临时全国代表大会召开，作出将中华复兴社等党内各派系组织撤销，设立三民主义青年团的决定。面对着国难当头，国民党同时决定对原1935年成立的国民党政府军事委员会调查统计局和1937年成立的军委会大本营第六部实行改组，转而扩大成为3个公开的特务组织，以严密侦察、防止日谍汉奸活动，进一步把工作效率提高上去，为当前抗战增强力量。除此外，会议还决定将军事委员会调查统计局第二处扩充为军事委员会调查统计局，连同复兴社特务处一起并入。5月，在武昌平悦路，军统局正式成立，军事委员会办公厅主任贺耀祖兼任局长，副局长由戴笠担任，他同时负责军统局内的实际工作。武汉沦陷后，军统局由原址迁入重庆市中二路的罗家湾。

1946年3月17日，戴笠因搭乘的飞机失事而摔死。随后，郑介民出任了军统局局长，副局长则由毛人凤担任。同年6月，蒋介石对国民政府军事委员会进行改组，设立了国防部，之后，军统局与原军事委员会第二厅合并，成为国防部下设的第二厅，第二厅厅长由郑介民担任，原军统局的核心更名为国防部保密局，局长由毛人凤担任。1949年，国民党全国政权在大陆土地上遭遇了彻底的覆灭，军统局也随之垮台。

2. 特务培训

特务工作属于秘密战斗的工作，他们不仅要负责对方的秘密侦察工作，尽可能多地搜集情报，同时也要对自己的情报秘密作好防护，以免让对方获得。特务工作的从事人员，既需具备见机而作的聪明智慧，也要熟练掌握各类特务工具的使用技巧，如秘密通讯、偷摄文件照片、爆破射击技术、毒药使用、无线电台的收发报等。为了让军统组织不断扩大，同时也训练特务们掌握各类专门技术，1938年，专门的训练班创办了，这一模式成功之后，

三民主义青年团成立

自此一发不可收，相继设立了40余个各类特务训练班。到1941年，军统内部已经形成了五大训练班，包括临训、黔训、息训、兰训、渝训等，以及四大训练中心，包括息烽、兰州、重庆、东南建瓯等，至此，抗日战争时期特工训练的第一个高潮到来了。进入军统局训练班的学生，都经历了一个由人变鬼的历程。就以当时的息烽特训班为例：被送去受训的人，事先军统对其一切保密，只告诉他们是去上学，学校主要教授抗日本领。在学生总队部完成报到手续后，受训的人便被分送到各学生队中。从此之后，一切行动都必须按要求行事，受到各种约束。学生从早到晚都在进行集体活动，仅有饭后的个把小时能够自由活动，然而行动范围极小，仅限于队部周围。军统还会限制对外通信，不准学生谈论任何班内的事情，所发出信件不准封口，接受指导员检查完毕后由其代发，收到的信件也全被拆口检查过。

对于受训的女生来说，还有一项特别规定：不准与非军统的人结婚。入班前已经有婚约或男朋友的，必须毁约，且结婚对象只能是军统分子。军统还作出规定，军统分子结婚必须得到军统局批准，无一例外。在抗日战争特殊时期，戴笠又作出更加严苛的规定，蒋管区内无论男女一律不准结婚，而被派往沦陷区，并因工作需要而作掩护的结婚除外，以此减少调动上的累赘，并减轻工作负担。

编入学生队受训的特务，必须填写一份精确的调查登记表，撰写一份详细自传。调查表内的项目非常详尽，既包括受训者的基本信息，如本人的姓名、年龄、籍贯、学历、经历、详细的永久和临时的通信地址、参加的政治团体、入班的详细经过、介绍人、国内的近亲与社会关系、家庭成员、家庭经济来源等，与其相关的主要人员的情况也要填写清楚，如家庭成员及主要社会关系人的情况等。随后，还要进行集体宣誓，誓词大意是："我誓以至诚参加团体，服从领袖，严守团体秘密，服从命令，遵守团体纪律，如违誓言，愿受最严厉的处分。"

军统戴笠规定的特务纪律中，还包括一项极其无理的内容："生进死出，活着进

来，死了算出去。"可见其对特务受训人员的控制何其严苛。事实上，受训人员入班后，撰写了自传、填写了表格、宣告了誓言，就等于是跟军统签署了一项卖身契约，自此便被牢牢控制住，再也无法脱身。

编入学生队之后，受训人员便开始进行严格的入伍训练。这一训练为期半年，被称作是前期教育，内容主要是军事训练。训练的内容与方式跟国民党的军官学校大致相同。训练过程中还要进行多次实弹射击和战斗演习。

国民党军政部规定的制式教材，典、范、令，即《步兵操典》《射击教范》《阵中要务令》，是需要学习的军事学科内容。各队的队长、区队长负责教授前期的术科和学科。

结束了前期教育，特工技术便开始了，受训人员分系进行训练。训练包含众多类别，其中各系必修课包括：特工常识、情报学、密码学、行动术、擒拿术、通讯术、侦察术、邮检术、爆破学、指纹学、痕迹学、电讯术、驾驶术、摄影术、国际间谍和内勤业务等课程。但因系别不同，各自的教学重点也有差别，例如，情报术、密码术、侦察术为主，另附化装术，秘密通讯，潜伏术，心理学，交际学，各种毒药的性能、配制、使用和所谓"三十六计"等是情报系主要学习的内容；以爆破学、行动术、擒拿术、侦察术为主，另附地形学、跟踪术、暗杀术、灭尸术及各种轻武器和小口径手枪的性能、使用等是行动系主要学习的内容；国民党的警察业务是警政系主要学习的内容，包括警察行政、刑事警察、刑事诉讼法等，此外，也涉及情报学、行动术、侦察术、化装术、武器使用法、爆破等科目；以电讯术、密码术、通讯术、内勤业务为主，另附气象学、电讯侦察术、化装术、潜伏术等是电讯系主要学习的内容。然而，这只是大体上的分类，"术"和"学"之内又被细分为众多项目。例如，暗杀术包括刀杀、枪杀、勒杀、毒杀、点穴杀等项目。密码通讯又划分为明、暗两种，明的包括分数字的加、减、乘、除，成千上万个数字，变化无穷无尽；暗包括分碱水密写、米汤密写、化学密写、化学浸没、火燃现字、代号通讯、隔行隔字看文等内容。此外，特务之间的秘密对话、帮会隐语和"切口"暗语的运用等也在训练内容之内，可谓五花八门。总而言之，古今中外一切杀人、放火、抢劫、绑票等经验均在军统特务训练的内容之内，并将其学员训练成为这方面的专业"人才"。

据统计，大约2万名特务接受了军统的各种特训班的培训。结束训练后，他们有的留在军统局本部和特训班，有的被派往沦陷区，有的在各省市军统秘密站、组、队进行工作，有的还被派往军统控制的公开机关工作，包括各省市警察局、各省市警备司令部稽查处或保安处、各地水陆交通统一检查站、航空检查所、各地货运局、各兵工厂警卫稽查组、各公路局警务组、各地邮电检查所、各地缉私处等。经过严格训练之后，这帮人将各种特工技术均已掌握在手，他们机智灵活、胆识过人、异常毒辣、独立行动能力比较高。他们遍布全国范围，监视和控制着国民党的军队、警察、行政机关、交通运输等部门，可谓无处不在，专门对共产党人和进步人士进行迫害，实施侦察、绑架、监视和暗杀等残酷的特务活动。抗日战争时期，一些人还从事着对日情报和恐怖活动。

3. 反革命本质

抗日战争期间，解放区遭到军统局的各种进攻、破坏。军统局特务向陕甘宁边区输送了大批特务，妄图实施渗透破坏。陕西省的榆林、汉中都是当时为此专门成立的两个派遣组，专门从事特务的派遣活动。除此之外，在咸阳榆林公路和陇海铁路线上，军统局为了配合国民党军的需要设立了封锁站，把那些由陕甘宁边区进出的进步青年和知识分子截留住，并通过胁迫等手段争取其中的动摇分子，替他们充当特务。1938 年春，在延安的张国焘叛逃而出，投靠军统局并担任其"时事研究室"主任，负责对相关中共情报的搜集工作，并为军统局积极出谋划策，意图拉拢解放区的军政干部，为其充当特务。军统局的秘密组织与国民党军队密切配合，在解放区的周围修筑起五条封锁线。以西侧的宁夏为起点，向东直抵黄河，绵延横亘数省范围。主要实施军事、经济的封锁，向八路军和新四军发动攻势，企图将延安一举拿下。除此之外，军统局还在蒋管区对群众采取残酷的镇压手段。军统局借助秘密组织和公开组织，左右开弓，对革命运动大肆镇压和破坏，对人民实行严密管制，各省市内、警察局部不断加强保甲制度，严格管制户口。除此之外，军统局还对水、陆、空交通以及邮电通信进行严密检查——设置交通检查所，对水陆交通工具进行检查；设置航空检查所，对飞机的运输和乘客进行检查；设置邮电检查所，对人民的邮电往来进行检查，并对各种秘密电台的通讯实施监察。军统局在蒋管区内，实行法西斯统治，不遗余力地破坏着革命运动，破坏着共产党的组织，致使大批共产党人、进步人士和革命青年遭到囚禁、屠杀。

4. 阴谋暗杀

特务处是军统局的前身，暗杀对它来说再熟悉不过。戴笠对于蒋介石的意旨一向是马首是瞻，看到不满的人便会通过暗杀手段来消除异己。在戴笠身边还集结着一批助纣为虐之徒，一帮喽啰走卒为他拼死效力。戴笠也在多方网罗"特殊"人才，其中他极为青睐的赵理君、王天木、陈恭澍、沈醉备四大杀手，他们手段毒辣，异常凶狠，被称作是"军统四凶"。他们事事展示自己的毒辣，盯梢、密捕、枪杀毒毙、刀砍斧劈，奇招百出；长城南北，大江内外，海内洋外，到处都有他们晃动的身影。军统局活跃期间制造出多起暗杀活动，为了排除异己，打击进步，简直无所不用其极。1933 年 6 月，中国民权保障同盟副会长杨杏佛在上海滩被杀；1933 年 11 月 9 日，察哈尔民众抗日同盟军第二军军长共产党员吉鸿昌被杀害；1934 年 11 月 13 日，上海申报馆总经理史量在沪杭路绝命、国母宋庆龄遭到恐吓、国民党元老唐绍仪被暗杀、鲁迅曾受到监视、杨杰遭受迫杀致死；1938 年 9 月，共产党员宣侠父惨死其手；1938 年 1 月四川军阀刘湘被毒死于汉口万国医院；1946 年 7 月中国民主同盟中央委员李公朴和闻一多在昆明被杀害，这些都是出自军统特务之手。

限共、防共、溶共政策

中国国民党继南岳军事会议之后，于 1939 年 1 月 21 日至 30 日，在重庆召开了第五届中央执行委员会第五次全体会议。在抗日战争进入相持阶段初召开的会议中，这次会议算得上是对抗战颇具影响的一次会议。国民党中央执行委员、监察委员共有 155 人参加了国民党五届五中全会，主持会议并致开幕词的是蒋介石。主席团由王法勤、丁惟汾、于右任、居正、冯玉祥、戴季陶、邹鲁、孙科、孔祥熙、陈果夫、李文范，共 11 人组成。第二期抗战的政治、军事、经济、外交、教育等各个方面在五届五中全会的内容中都有涉及，其中抗战和党务问题是主要议题。五届五中全会在这两个主要问题上，表现出了双重性，也就是积极与消极方面交相并存。

五届五中全会在抗日问题上，基本上坚持了继续持久抗战的立场。武汉会战后，日本的侵华策略改变，于政治上进行诱降成为重点。中国国内特别是国民党内妥协求和的空气再度上升。对此，五中全会在其宣言中重申："吾人所求为合乎正义之和平，非屈服之和平，屈服只能助长侵略。中国若怵于日本暴力，以屈服谋一时之苟安，则将降为日本之殖民地。"就坚持抗战的意向进行了表达。蒋介石也在题为《敌国必败我国必胜》的开幕词中宣布，广州、武汉失守以前是抗战第一期，而广州、武汉失守以后是抗战第二期。"第二期的任务，就是要承接前期奋斗的成绩，实现我们第一期中所布置的一切计划，与发挥我们抗战的力量，以达到抗战胜利与建国成功的目的"。他就对日和平的倾向作出了批评，表示要坚持抗战。蒋介石表示："我们的精神绝对不要被日军所挟制，我们更绝对不能受日军的欺骗。我们一定要持久抗战奋斗到底，不但使日军过去'速战速决'的目的不能达到，而且要使他现在'速和速结'的狡谋成为粉碎，这就是我们今日唯一的方略，这就是日军的失败，也就是我国胜利的基础。"但是，在抗战问题上，五届五中全会中不彻底的方面也是存在的。蒋介石在开幕词中说："我们目前如果妄想妥协，希求侥幸的和平，就无异自投罗网，自取灭亡。须知日本前首相近卫上月 22 日发表的所谓调整国交的谈话，实是诱降的文告，而不是讲和的条件。如果依此而讲和平，老实说就是降服。"蒋介石虽然对现时对日妥协持反对态度，但并没有把与日本谈判媾和的可能性断然排除，而只是说时机和条件是关键。蒋介石在谈到抗战到底的"底"字时，强调说："抗战到底的底在哪里？是否是日本亡了或中国亡了才真正到底！必须有一界说。现在要打到日本亡了，那不可能……或者说武汉失了就算到底，那太离奇了。在卢沟桥事变前的现状未恢复，平津未收复前，不能与日本开外交谈判……我们不恢复'七七'事变前现状就是灭亡，恢复了就是胜利。"可见，蒋介石所说的抗战，说到底就是要把卢沟桥事变以前的状态恢复。也就是说，可以不要东北，也可以维持华北形式上的统治，只要能把与四大家族及英美利益关系最大的华中与华南保存，中华民族的重大权益就可以牺牲，然后罢战与日本言和。

国民党五届五中全会着重考虑的又一主要问题就是党务问题。在《唤醒党魂、发扬党德、巩固党基》的秘密报告中，蒋介石指出："党魂是党的主义，党德就是智仁勇，党基就是包括党魂、党德、党史、党纪四要素，这是中华民族固有的道德，若不唤醒、不发扬、不巩固，国民党的命运就危险。"蒋介石在《整理党务的要点》的演讲中还提出，在最近半年中必须有组织、有训练地增加党员，扩充的人数不能少于现行党员总数的20%。根据蒋介石的上述讲话精神，会议通过了《改进党的工作方案》《对于党务报告的决议案》等议案，规定今后党务工作的方针为蒋介石《唤醒党魂、发扬党德、巩固党基》《整顿党务的要点》。强调国民党对公开环境与秘密环境进行工作都要适应，抓紧组织的发展和思想的统治，特别是控制青年和基层，力谋新生力量的增加与培养，力求在乡村社会力量中的发展，力求革命理论的领导等。

国民党五届五中全会重视自身的建设和发展，本是无可非议的，尤其是其把适应抗战需要的考虑也包含在加强党务整理发展国民党力量的目的中，当然，这也是抗战事业所必要的。但是，在国民党五届五中全会上，一些不利于对外抗战，不利于国内各种政治力量团结合作的消极因素的一些观点和立场也包含在党务问题中。其集中表现为，这次全会把国民党自身颓势的一个重要原因，视为中国共产党力量的发展壮大及其在全国政治影响和地位的提高，唯恐国民党对全国的统治会因为中国共产党在抗战中"坐大"而受到威胁。出于这种考虑，国民党在五届五中全会确定了国共两党关系上的"限共、防共、溶共、反共"的基本方针。五届五中全会通过的党务问题决议案中提出："今后本党应力求在乡村社会力量之发展。过去本党组织仅偏重城市而忽略乡村，致广大之农民群众易为异说所乘""今后本党应着重革命理论自豪宣传与领导，而使违反主义之思想无从流布于社会，而于战区及敌人后方，尤应特别注意"。很显然，矛头直指中国共产党。根据"限共、防共、溶共、反共"的方针，蒋介石提出的《限制异党活动办法》在会议上通过，要求对保甲编制进一步加强，使每一保甲长均能兼尽政治警察任务，并能领导所属人民一致对异党的活动进行限制；应在异党活动最激烈的地区，实行联保连坐法，使民众不敢与异党分子接近，以免被其利用；当地驻军得随时派兵解散假借共产党或八路军和新四军等名义擅自组织武装队伍者；无论宣传阶级斗争，鼓动抗租、抗税、罢工、罢课、破坏保甲、扰乱治安的人假借何名义，只要发现，应一概按法律制裁；各地党部对于目前异党之猖獗活动及其阴谋野心应密谕全体党员注意，以启迪其警觉性，并饬令经常调查异党的组织活动情形报告党部，以作随时应付的根据。会后也陆续通过了一系列反共文件。这些文件利用国民党执政党的地位，在"国家至上，民族至上，军事第一，胜利第一，意志集中，力量集中"的口号下，防范、限制、排斥乃至打击中国共产党，完全显示了国民党反共之心和政治制度的法西斯化。

会议决定成立"国防最高委员会"，统一对全国党政军系统进行指挥，并代理行使中央政治委员会的职权。会议专门制定了《国防最高委员会组织大纲》，详细对"国防最高委员会"的组成、委员长的职责和权限等问题作出了规定。其中第二条规定："国防最高委员会设委员长一人，由本党总裁任之"，"国防最高委员会""由委员长于委员中指定11人为常务委员"，"国防最高委员会会议，以委员长为主席，因故不能出席时，指定常务委员一人代理之"，"国防最高委员会委员长，对于党政军一切事务，得不依平时程序，以命令为便宜之措施"。据此，会议还通过了《拟请通饬全国举行"国民抗敌公约"案》，规定，以保甲为单位，全国人民宣誓服从最高领袖委员长的领导，也会尽自己的力量，报效国家，并代表全家发誓一定会遵守抗日公约，不做汉奸，宣誓后如做出违背誓言的事，要按法律治罪。企图以此严加控制人民的思想和行动，禁止人民的革命活动。"国防最高委员会"的建立，是国民党顽固派在政权上的进一步法西斯化，蒋介石的个人独裁权力由此得到进一步的巩固和加强的标志。

国民党五届五中全会的召开，是国民党的政策已由抗日战争开始时的比较积极地联共抗日，转向消极抗日、积极反共的标志，这是国民党内外政策自抗日战争爆发以来发生重大变化的一个重要转折点，也是其从抗战开始以来在政策上的大倒退，它给抗战带来了严重的危害。但是，由于日本没有从根本上改变帝国主义灭亡中国的政策，由于领导抗战的中流砥柱已经是中国共产党，国民党也不可能挡住全民抗战的历史洪流，所以虽然国民党蒋介石集团积极推行反共政策，却不敢赤裸裸地破坏国共合作和抗日民族统一战线。五届五中全会后，继续打着抗日旗帜的国民党，抗日已经十分消极了；也还是继续高唱联共调子，但一直挑起各种事端，不断制造军事摩擦。五中全会后，国民党蒋介石集团政治态度的特点就是既想妥协又不敢公开放弃抗日，既要反共又不敢彻底破裂国共合作的两面政策。

160

美国扶蒋介石政策

一般把美国在抗日战争时期对华的政策概括为"扶蒋溶共抗日"。这个政策承认以蒋介石为首的国民政府是代表全中国的唯一合法政府，但它应实行民主改革，克服和避免法西斯倾向；应当消除中国各派政治力量的分歧，团结抗日；作为中国的一支抗日力量，中国共产党存在并取得一定程度的发展是有理由的，不过扶蒋是这个政策的基本点。到了抗日战争末期，美国决策者考虑的主要问题为国共两党的矛盾及战后中国的走向，美国面临着从战时到战后的对华政策的转变，罗斯福是这种转变的最高决策者，赫尔利是在中国的具体执行者。

1944 年 9 月，作为美国总统的私人代表，赫尔利以调解史迪威同蒋介石的矛盾的名义来华。罗斯福指示他运用总统个人代表的威望，帮助蒋介石把中国的政治问题解决。在经过多次与蒋协调之后，他建议罗斯福把史迪威召回，从而美国对华政策由太平洋战争初期的援蒋抗日变为扶蒋反共。11 月初，美国驻华大使，执行史迪威路线的高思辞职，驻华大使一职由赫尔利接任。赫尔利在高思离职后马上介入国共关系的"调停"，只为实现其帮助蒋介石统一中国，压制和消灭中国共产党的使命。10 月 17 日、18 日、24 日，赫尔利与中共驻重庆代表林伯渠、董必武进行三次会晤，表示：他代表罗斯福来中国帮助团结，决不偏私任何党派；中国现政府不民主，中共应得到合法地位；他与中共接触蒋介石表示允许，必要时去延安也行，他准备在撮合国共两党的谈判代表，在有初步结果后再与蒋介石商谈。中共代表中共对时局的主张作了阐述，并对赫尔利访问延安表示欢迎。

10 月 28 日，赫尔利提出一份包括五点的协议草案给蒋介石，中心意思仍然是强调中国军队要在蒋介石的统一领导下。但蒋介石对这个方案不满意，认为它这是承认了国共双方的关系是平等的，于是授意张治中、王世杰进行修改。11 月 7 日，赫尔利把经王世杰、张治中修改过的与中共谈判的草案带着飞往延安，向毛泽东、周恩来表示愿意就国共关系进行调解。尽管中共十分怀疑赫尔利的诚意，但因为希望与美建立反日统一战线，并将开展对美外交作为中共当前外交工作的重点，因此愿意在军事和政治上同美国进行合作。因此，中共热情地对赫尔利的延安之行表示了欢迎。中共领导人毛泽东、周恩来与赫尔利在 11 月 8 日至 10 日期间共会谈了四次。毛泽东在会谈中首先强调的就是解决问题的基本点，也就是必须把当时的国民政府改组，建立一个把一切抗日党派和无党派人士都包括在内的联合国民政府，把政府不适合于团结全国人民打日本的政策也作一下改变，以适合于团结全国人民打日本的政策。他指出，当前国民政府面临着政治、军事、经济、社会各方面的危机，而且十分严重，造成这些危机都是因为政治的不民主，只有改组，才能避免政府崩溃。毛泽东在讲到与军队改组有关的问题时，把朝气蓬勃、英勇善战的中共军队与失去战斗力、只剩腐败的国民党军队作了对比，指出"中国人民的公意是：哪个军队腐败，就应该改组哪个"。接着毛泽东逐条对赫尔利草案的五条发表了意见。赫尔利向毛泽东提出拟一条关于改组政府的条文的建议。毛泽东指出："将现在的国民政府改组为各抗日党派及无党派人士参加的联合国民政府，并宣布和实行关于改革军事、政治、经济、文化各方面的民主政策。同时改组统帅部，成为联合统帅部，由各抗日军队代表参加。"并没有真正理解这一条的真正含义及其利害关系的赫尔利，竟即刻表示赞成。11 月 10 日，双方在延安王家坪达成了关于建立民主联合政府、联合军事统帅部和承认中共的合法地位的五项协议。

毛泽东于 10 日上午，在《五条协定草案》上签字，作为证人，赫尔利也在上面签了字。赫尔利还承诺"将尽一切力量使蒋接受"，毛泽东则表示，要是蒋介石接受，他愿意在重庆与蒋介石见面。认为自己的使命已成功在望的赫尔利，签字当天，就十分开心地飞回重庆去了。与赫尔利同机去重庆的还有周恩来，他是为了与国民党进一步谈判关于五点协议案的事。但是，国民政府却对五项协议表示坚决拒绝。蒋介石的想法是：如果关于成立联合政府，他同意了，那就等于国民党承认被共产党彻底打败了，等于"主动交给共产党政府的控制权"。赫尔利则觉得临时政府只是个名称问题，是一桩小事，要想纠正也是很容易的，蒋介石却认为这个问题关系到生死存亡。蒋介石针对五项协议又于 11 月 22 日提出所谓三点"反建议"。这三点"反建议"对国共两党建立联合政府和联合军事委员会的事只字不提，以合法手段达到灭共的目的才是它的实质。在这种情况下，赫尔利竟然置双方庄严签字的"五项协议"于不顾，违背他在延安说过的话，劝中共接受蒋的三点"反建议"，说其有积极因素。中国共产党坚决抵制赫尔利这种翻手为云、覆手为雨的行径。当他 11 月 22 日交给周恩来蒋的"反建议"的时候，周恩来一语破的地问："蒋介石对联合政府是什么态度？"赫尔利回答："这件事已是过去式了。"周恩来追问赫尔利为实现中国团结必须以组织联合政府为前提，他是否同意，赫尔利闪烁其词地说，联合政府是民主的，但他只是见证人，不是谈判当事人，此不存在同不同意一说。周恩来、董必武等于 12 月 7 日返回延安。

赫尔利之后曾多次电邀中共代表继续到重庆谈判，拿美国援助作诱饵的赫尔利和魏德迈，继续劝说周恩来对国民党的"三点"予以接受，周恩来都严词拒绝。12 月 12 日，毛泽东、周恩来电示留在重庆的王若飞："我们毫无与美方决裂之意，但牺牲联合政府，牺牲民主原则，去几个人到重庆做官，这种廉价出卖人民的勾当，我们决不能干。"20 日赫尔利给毛泽东、周恩来复函，请周恩来重返重庆谈判。28

162

日，周恩来给赫尔利复信：中共不愿在联合政府问题上"继续进行抽象的探讨"，请他转告国民政府先把四个具体问题解决，即把一切政治犯释放，包围解放区的国民党军队也要撤退，一切限制人民自由的法令都要废止，一切特务活动也必须停止。但蒋介石拒绝了上述四项起码的民主要求。此时，赫尔利还不敢直接把与中共谈判的大门关闭，中共也一直抱着最后一线希望，于1945年1月24日派周恩来赴渝与国民党再次谈判。会谈中，国民党在美国的支持下，又在三点"反建议"的基础上提出三项办法，即在行政院下设一容纳中共及其他党派的战时内阁；中共军队整编及待遇的办法由军事委员会委员长委派国共军队军官各一人，美国军官一人组成三人混合委员会，共同负责拟定；指派一名美国军官直接对中共军队作战进行指挥。坚持国民党一党专政，迫使中共交出军队依然是这三项办法的实质。国民党的三项办法被中共拒绝了。周恩来说，这是"不公和无理之事"，"问题还没有解决，你们就要参加和指挥中共的军队，这岂非不公之至"，用单独组织整编委员会来整编共产党的军队，也十分不公平。对周恩来的立场，毛泽东表示赞许，并指出，赫尔利的补充办法"是将中国军队尤其将我党军队隶属于外国，变为殖民地军队的恶毒政策，我们绝对不能同意"。根据毛泽东的指示，周恩来于1945年2月2日起草了一份《关于党派会议的协议草案》，提出先解决民主，后解决军队的主张，但再次遭到了蒋介石的拒绝。谈判至此陷入了僵局，周恩来于2月16日，飞回延安。2月19日，赫尔利、魏德迈一起从重庆离开，回国述职。他们各自在临行前，都对支持蒋介石的立场作了更明确的表示。

魏德迈于15日举行了记者招待会，当他被问到怎么看国共谈判时，他一方面口口声声说他是军人，打仗才是他的职责，关于政治事务，他不能对此有所帮助，也会避嫌。然后他又说，他对政治事务有"十分强烈"的感觉。他说："我要求每个军官签名，表示他理解了我关于中国战区的政策……我的政策是，我们美国军官、美国军事人员，将不给中国战区的任何个人、任何行动、任何组织以任何援助。这些是我的命令，我将执行这些命令。显

赫尔利、蒋介石、毛泽东
从左至右并排合照

然我们时不时地被各个方面要求给予支持，但是我被命令支持中央政府，而我将尽我所能地这样做。"

赫尔利从介入国共谈判以来，在公共场合还没有就美国的对华政策进行过阐述，如今魏德迈却替他这样做了。所以这次记者招待会传达了一个十分重要的公开表态。

它绝对化了美国支持蒋介石的这一对华政策。这是一种无条件的、无保留的、排他化的支持：只对蒋介石支持，而中国任何别的政治势力都不支持。魏德迈的说法，赫尔利当然是赞同的，他在归国前于 18 日把这次记者招待会的情况向国务院报告了一遍。

16 日，赫尔利会见了蒋介石，把美国对蒋介石的支持重申了一遍。他还不由自主地说，等到对日战争结束，蒋凭借那些装备精良的师团战胜共军简直是轻而易举。这就和盘托出了赫尔利的真实意图。更加恃无恐的蒋介石，要赫尔利向罗斯福转告，不论中共是什么态度，"必照预定方案进行，召开国民大会"，以示坚持国民党的一党专政的决心。3 月 1 日，蒋介石公开宣布，由国民党一手包办的国民大会将于 11 月召开，并再次将改编中共军队和由美国军官指挥中共军队的要求提了出来。7 日，周恩来在给王世杰的信中声明，既然蒋介石执意如此，"国内团结问题之商谈再无转圜余地"。赫尔利的调解，到这里以失败告终。

赫尔利这种片面地、无条件地支持蒋介石的做法，引起了在美国的驻华外交官和国务院远东司官员的不满。赫尔利开始对主张联共政策的美国在华军政人员进行清洗。2 月 28 日，艾奇逊、戴维斯等 5 位驻华官员起草给国务院的报告主张不要无条件地对蒋承担义务，遭到赫尔利的拒绝，其后一批客观反映情况的外交官如戴维斯、谢伟思等从中国被撵了出去。进入 1945 年后，面对形势更加明朗的欧亚反法西斯战争，美国开始向争夺势力范围方面转移世界战略的重心，在中国公开实施扶蒋反共的政策就是这一做法的直接体现。尽管如此，中共依然没有放弃与美国合作的努力，毛泽东和周恩来于 1945 年 1 月 9 日，通过延安美军观察组提出建议，想访问华盛顿："延安政府希望派一个非正式团体去美国，向对中国当前局势感兴趣的美国人和美国官员进行解释和说明。下面是该政府严格限制不加公布的建议：如果罗斯福总统表示希望将他们作为中国主要政党的领袖予以接待，毛和周即愿立即单独或一同去华盛顿举行探讨性的会议。"但是这个建议被赫尔利说成是美国驻外军官所策划的"共产主义阴谋"的一部分，扣押了 1945 年 1 月 9 日、10 日美军驻延安观察组关于毛泽东、周恩来希望访问美国的电报。罗斯福对赫尔利坚决反对邀请中共领导人访美的意见表示同意，从而将与中共合作与发展外交关系的大门彻底关上了。此时，美国政府采取的是完全站到蒋介石一边的对华政策。

新任国务卿斯退丁纽斯觉得，假如国民党同共产党成立联合政府，就会"为更强有力、深得民心的共产党人……铺平道路"，中共力量就会因此一天比一天壮大，甚至可能将政府控制。就在周恩来发表离渝声明的同一天，2 月 15 日，魏德迈在记者招待会上发布了一份由他签名的文件："我们美国军事人员""奉命支持（中国）中央政府"，"我们将不给中国战场中任何个人、任何行动、任何组织以任何支持"。

这无疑是一项美国扶蒋反共的政策声明。赫尔利和魏德迈于 3 月 4 日从重庆回到美国，向罗斯福汇报了美国对华政策，取得了罗斯福的进一步支持。4 月 2 日，在华盛顿美国国务院记者招待会上赫尔利公开宣称美国只同蒋介石合作，声称美国的政策是"承认中国的国民政府，而不是任何武装的军阀和政党"，把中共攻击为阻止中国统一的封建军阀，"只要（中国）武装的政党和军阀还有足够的力量敢于反抗国民政府，中国就不可能有政治联合"。并对蒋介石进行吹捧说："在中国长期的抗日战争中，蒋运用了他所有的权力；然而他不是有法西斯思想的人，他的抱负是把他所有的权力交给一个民有、民治、民享的政府。"赫尔利的这番讲话是美国自抗战以来带有官方性质的第一次的反共声明，它是美国的对华政策已完全转向扶蒋反共的直接体现。就像新华社在评论中所揭露的："赫尔利将军着重说明：'美国政府不能以武器援助中共所领导的抗日军队，而只能援助国民政府所领导的军队。要努力帮助国民党达到全国军事之统一。''美国已承认国民政府为中国的政府，并且在经济上、军事上和政治上支持它，但并不会支持任何军阀或武装的政党。'"

美国的罗斯福总统于 4 月 12 日病逝，当时赫尔利的记者招待会才过去不久。继任总统的是杜鲁门，他将扶蒋反共政策继承了下来，甚至支持程度还超过了罗斯福。

关于赫尔利的讲话，中共对此作出了强烈反应。毛泽东亲自为新华社撰写评论——《评赫尔利政策的危险》，对以赫尔利为代表的美国对华政策进行了抨击。中共在这之后，也对单方面向美军提供合作的办法作了改变，对美军观察组表示，不许他们在美国未与中共确定军事合作以前，派人到前方去，尤其去敌后中共根据地建立通讯机关更是不准，并对美军的要求予以拒绝。中共中央还指示各地要对美蒋特务合作对根据地进行破坏的可能性严加防范。毛泽东在中共"七大"上对全党反复告诫，要把最坏的一着估计到，要对新的外来干涉的危险予以防范，国民党在抗战中就依靠美国，战后也有美国的扶持，内战的危机是十分严重的。

美国在抗战后期的扶蒋反共政策，彻底断送了改善中美两个大国之间关系的大好机会，也加剧了中国政局的动乱。

国统区蒋介石的独裁统治

1943 年初，国民党面对正在向着有利于反法西斯国家方面发展的世界大战的形势。但其并没有因为这种有利的国际形势改变自己的消极抗战方针。关于这一点，在 1943 年初的形势判断中，日本当局清楚地指出，国民政府在"继续进行消极的抗战"，"不会发动大规模的攻势"。在反法西斯战争形势好转的形势下，蒋介石集团考虑更多的是能否把自己的统治维系下去和担心发展壮大的中国共产党及抗日力量会对国民党的独裁统治造成威胁。

国民党五届十一中全会于 1943 年 9 月 6 日至 13 日召开，当时国际形势已到了大变化的前夜，国民党的"宣传机器"在世界法西斯覆灭和反法西斯战争胜利日趋明朗的时刻开动了，一方面对自己抗战的"丰功伟业"进行鼓吹；一方面对八路军、新四军所谓的"游而不击""破坏抗战""危害国家"的"罪行"进行大肆宣传，还把所谓的"政治解决共党问题"和"准备实行宪政"的议案提了出来。"关于实施宪政总报告"的决议案也在五届十一中全会上通过。决议案中说："战争结束后一年内即召开国民大会，颁布宪法，实行宪政。"实际上这也是一句空话，因为从 1932 年国民党四届二中全会决议拟定于 1934 年 3 月召开国民大会、制定宪法，准备实施宪政的那时起，到 1943 年五届十一中全会重提实施宪政这近 10 年的时间里，任何一点实施宪政的准备工作都没有进行过，过去决定实行的"民权"和"地方自治"也早已是空中楼阁。《国民政府组织法修正条文》也在这次全会上通过了。条文规定"国民政府主席为中华民国元首，对外代表中华民国"。还规定政府主席为独掌军政大权的"陆海空军大元帅"。会议还于 13 日"选举"国民政府的主席为蒋介石，并且行政院院长也由其兼任；军事委员会委员长也继续担任。这样，蒋介石就集党、政、军大权于一身，进一步强化了国民党的独裁专制。

国民党为了进一步加强一党专政，除了对中国共产党、各民主党派进行压迫和打击，对民主运动进行压制和破坏外，还将"全国党化"的口号提了出来。在这个口号下，国民党在全国各地征收大量党员，使用各种办法拉人入党，在机关、学校、军队、工厂等部门进行"集体入党"，许多人成了国民党进行反动统治的工具都还不知道。为了对其一党专政提供服务，国民政府还用了专门的人事考试制度、铨叙方法。国民党当局公布的《国家总动员法》规定：政府"严行禁止"罢工、怠工及其他妨碍生产的行为；政府"得对人民的言论、出版、著作、通讯、集会、结社加以限制"；政府在必要时"得对报馆及通信社的设立，报纸通讯稿及其他印刷物之记载，加以限制、停止或令其为一定记载"。

国民党建立了许多特务组织，加紧特务活动，都是为了加强独裁专政。国民党还作出国民党军、三青团员随时都有加入特务组织、接受特务训练的义务的规定。他们甚至将一部分社会青年以招考技术人员的名义骗来进行训练，然后安插他们到机关、学校、团体、工厂去搜集情报，对共产党员和进步人士加以迫害，对人民的抗日活动进行破坏。国民党还加强特务组织对政府和地方的控制，通过 CC 组织对地方选举、地方自治和各级官吏的任职、考试等进行操纵。国民党每年支出巨额的特务经费，用来增设特务机构、训练特务和开展特务活动。另外，还设立了一些集中营在上饶、綦江、西安、贵州等地。被抓捕的共产党人和进步人士就是在这些像魔窟一样的集中营里被残害的。不仅在国统区有横行无忌，造成黑暗恐怖的特务，而且在共产党领导的抗日根据地也有国民党派来进行破坏活动的特务。

随着国民党不断加强一党专政、独裁统治和特务活动，农村中的保甲制度也一天比一天强化。保甲制度是国民党在农村基层实行专制统治的重要手段之一。《警察保甲及国民兵联系办法》由行政院和军事委员会商于 1940 年 1 月公布，同年 8 月《各县保甲整编办法》在行政院通过，1941 年 8 月《乡（镇）组织暂行条例》等文件由国民政府公布，这些文件都规定了保甲制度的有关问题，它们对保甲制度从不同的角度进行了加强。不仅要求保甲长要进行政治的、军事的训练，而且警察、特务活动的训练也要施行，并且在保甲组织内要建立"通讯网"，用"三位一体"制管理保甲组织，用独裁统治对待民众。国民政府于 1939 年 9 月 19 日颁布的《县各级组织纲要》第四十七条规定，由一个人兼任保长、校长、壮丁队长。这样，一保之内集大权于一身的保长，就成了一个小独裁者。这就为蒋介石提供了在全国范围内实行独裁统治的社会基础，也使保甲组织的禁锢涉及人民生活的各个方面。

中国的封建专制独裁制度因为相互结合、相互渗透的一党专政、特务统治和保甲制度三者，重新构成了。不断强化的这种制度，造成了更加暴戾、腐朽和黑暗的政治。依靠这一反动制度，国民党的各级官吏大发国难财。国民党大官僚在美国冻结的存款到抗战后期，已达 3 亿美元，再把在瑞士、巴西等地的存款加上，则达 5 亿美元。如果把这部分存款利用起来，装备 300 个机械化师不成问题。国民党各级官吏还与奸商勾结，把大量的货物屯起来，以牟取暴利。官吏们的贪污就更是无所不用其极了。仅 1944 年 1 月至 11 月，在粮食部范围内就破获了 1243 起之多的贪污案件。各战区军官也有一些极严重的贪污现象，如就地抽捐、抽税，利用兵役进行敲诈，多报兵员名额，把军饷克扣下来，或者经营商业、包运私货等。在贪污和搜刮中，官僚们搜刮了大量财富，过着醉生梦死、奢华荒淫的生活，因此社会风气也更加败坏了。这种黑沉沉的长夜代替了抗战初期曾一度出现的短暂的希望曙光。

据不完全统计，约占全国半数以上的人口和耕地的大后方，每年有约占全国总产量 65% 的水稻产量，近 40% 的小麦产量，只是工业非常落后。全国抗战开始后，部分内迁的工厂以及大量向内地转移的军、政机关，猛增对各类工业的需求量，再加上减少进口、通货膨胀等临时因素的刺激，与抗战前相比，基础薄弱的大后方的工业均有了较大发展。1943 年，有大、小达到 5000 多个的厂家向政府登记，其中在抗战后开设的占大多数。大后方工业生产在 1942 年达到最好的年头后，随即开始走下坡路。

国民政府的财政开支却是一年比一年增多，其中总数的 60%～80% 为军费，占了大部分。国民政府在财源紧缺、经费困难的情况下，采取了主要包括以下几个方面的战时财政经济政策：

第一，依靠外援，大量发行国内公债和借债。据统计，国民政府从1937年至1944年，共向苏、美、英、法等国借债约10.478亿美元、1.5亿英镑、10.3亿法郎、1.2亿法币。同时，政府以外债为担保，大量发行国内公债。国民政府财政部从1937年到1944年，发行的公债共19笔，总计有法币150多亿元、关金1亿、英镑2000万、美元2亿。但绝大多数发行公债的方式以总预约券的方式向银行抵押，由银行给政府垫款。银行则把它利用起来，作为发行纸币的准备，把不兑现的钞票发行出来。发行公债成了官僚资本又一个发财的手段。

第二，垄断金融。国民党官僚资本大发横财的另一条途径就是实行外汇管制。国民政府实行外汇管制是从1938年3月开始的。国家规定，官定外汇比价为20元法币折合1美元；一切外汇收入不准私人买卖，必须售予国营银行，还对相关手续，作了一套繁琐的规定。黑市的外汇交易更是骇人听闻，例如，抗战八年，1∶20一直是外汇中的美元与法币的官价兑换率，而1943年12月黑市的兑换率则为1∶85.4，1944年12月为1∶542.2，比官价高了97倍还不止。

旧中国的银行资本是同外汇紧密地联系在一起的。在这种情况下，少数权势者买进时用官价，抛出时用黑市价格，大做倒买外汇和黄金生意，一夜之间就能成为富甲一方的暴发户。重庆政府统治外汇，对银行资本的集中作了进一步的促进，使它对整个金融市场形成了垄断。利用特权的四大家族，把大量美元、黄金以官价买进，抛出时则是以黑市价格，这样转手之间就攫取了不可想象的巨大利润。

第三，扩增捐税。国民政府的关税、盐税、统税收入因为沿海经济繁荣地区的相继沦陷的而减了不少。为了弥补减少了的税收，它便采取了扩大征税范围和增加税率的办法。另外它还把统税扩大为货物税，这样几乎就成了无货不税的状况。至于苛捐杂税，如保安捐、壮丁捐、保甲捐、兵役捐等，更是多达上百种，数都数不过来。在农村从1941年下半年起，实行了田赋征实的办法后，1943年又普遍实行粮食征借，不付息不说，甚至连本也不还。通过"三征"，从1941年到1945年6月，共收2.4亿多石粮食，严重地破坏了农业生产力。

第四，实行专卖制度。1941年3月，《盐糖烟酒茶叶火柴等消费品专卖以调节供需平准市价案》和《粮盐专卖制度基础案》在国民党八中全会通过，这其实就是官僚资本对商业的垄断。国民政府财政部依此把六类物品的专卖权掌握在了手里。他们采取的办法是低价买，高价卖，这使官僚资产阶级在其中大发横财。但却把人民的负担大大地加重了，使生产者的积极性遭到了打击。

第五，实行统购统销。继对外出口的丝、茶、桐油、猪鬃等于1937年9月由贸易委员会统购统销后。资源委员会又统购统销了钨、锑、锡、汞等主要出口矿产品。物资局也于1943年2月成立，实行对棉纱等许多物资的统购。各棉纺厂不得自行出售制成品，而是由物资局低价强制收购后，再以高价出售。1942年重庆纱厂成本为1.3万元的一包棉纱，收购官价却只有8580元。再以桐油为例，1942年每担的收购价比市场价差100元。1943年差价竟达1100元的，之后许多民营工业面对越来越大的差价，都被迫关门倒闭。

第六，滥发纸币，通货膨胀。8年抗战中，国民政府共发行10.3万亿元的纸币，平均以每年1倍左右的增加量往上升。从法币发行数额来看，1937年6月为16亿元，1945年8月则达到5569亿，几乎增加了400倍。因为纸币的大量发行，使恶性通货膨胀发生，破坏了国民经济的平衡。

通货膨胀使货币贬值，物价上涨加速，大幅度降低了人民的生活水平。以重庆为例，1937年的工人是100的工资指数，1944年就降到41了。一般职员和大、中、小学校教师的工资指数，则从1937年前后的100下降到1943年的21。而生活指数却飞快上升。1943年11月与1937年7月相比，昆明的生活指数增加了410倍。

上述国民政府的政策，虽然起到了增加收入、解决战时财政开支的某些临时性作用，但它的作用是十分有限的。1943年，政府的支出是财政收入的2倍，有时甚至比2倍还多。这也就使大后方的经济陷入了十分严重的恶性循环之中。

抗战初期，由于实现国共合作，建立了抗日民族统一战线，也相应建立了文化艺术战线上的抗日民族统一战线。许多爱国知识分子，文化、教育和艺术工作者，为了抗战实际斗争，积极地参加战斗，对抗日初期文化运动的蓬勃发展起到了推动的作用。但是，武汉失守以后，国民党对抗战也随即转向消极，还采取措施控制进步的抗战文化，尤其是在皖南事变后，更以政治手段来压制和摧残文化界。主要是：

第一，加强文化专制。通过成立的文化运动委员会，国民党从中央到地方进一步加强对文化的专制，发起向进步文化和进步作家的进攻。1943年11月，《文化运动纲领》在国民党五届十一中全会通过，对一个主义、唯心主义的民生哲学进行鼓吹。接着，制定了一系列的反动法令，以压制进步文化作品。1943年仅查禁书刊就达500余种。

第二，迫害进步报刊。国民党严格地对进步报刊实行审查，删改、扣压所有宣传革命的、进步的、抗日的内容，不让发表。国民党对重庆的《新蜀报》《国民公报》强迫进行了改组，对进步记者予以排斥，抗战的进步舆论一律杜绝。《新华日报》是他们的"眼中钉"，蒋介石进行了几次干预。如他于1944年7月15日勒令战时新闻检查局对《新华日报》进行彻底检查："本日新华日报第3版下栏登载《谈中原战事血的教训》及《河南大学生的遭遇》，如何此种通信任其登载……是否该报有意违检刊登？以后关于此类故意损害我军誉之新闻，务须彻底检查，如报纸违检刊登，并应切实执行处分，切勿玩踪为要。"《新华日报》仅一个月就有33篇言论与消息被禁止刊登和删改。他们不准对抗日进行宣传，禁止把八路军、新四军的抗日战斗消息刊登在报纸上面，"绝对禁止登载"的还有"百团大战""延安边区"等字样。所以被查禁的有许多宣传抗日、宣传民主的进步报刊。仅在1941年到1942年之内，被查禁就有1400多种。邹韬奋等人建立在全国各地的55个生活书店的分店和支店，也全部被非法搜查，强行封闭。甚至还禁止登载各地的灾荒消息，以粉饰太平。

第三，控制舆论，垄断新闻。国民党军通过特务组织，把全国绝大多数的报刊都控制了。CC和复兴社特务把《中央日报》《民国日报》《扫荡报》《扫荡简报》等各大报都掌握在了手里。他们还对一些进步报刊进行强迫收买，如上海《立报》就被CC以13万元收买，迁到香港，把里面的人都作了替换，所以它的进步性也就没有了。有些拒绝被收买的报社，则被他们用打砸抢的办法摧毁了，其中成都的《华西日报》就被纵火焚烧。另外，他们还训练大批特务记者，分配到各地报社，进一步加强对舆论的控制。国民党的中央社垄断了一切新闻消息，所有国统区的报纸登载的都必须是该社的稿件，而且一律不准报导解放区的消息，特别是抗日情况。

在国民党文化专制的逆流下，在意识形态领域里的封建主义、法西斯主义喧嚣一时。战国策派宣扬的不管正义不正义的谬论，其实际上是为日本侵略者张目，为蒋介石的独裁主义辩护。张铁君写的《三民主义与马列主义》一书，对一个主义、一个党、一个领袖竭力鼓吹，嚣张地提出共产主义必须放弃，共产党必须解散的言论。陶百川写的《三民主义与共产党主义》小册子，对孙中山的三民主义进行扭曲，乱说马列主义在中国没有实行的可能，等等。

国民党一边查封进步报刊，一边也在对坚持斗争的文化工作者进行迫害。邹韬奋因为被逼迫，去了香港；记者李亚凡在成都《时事新刊》被封后，被枪杀；国民党特务还公开杀害了原《大声》周刊总编辑车耀先。

国民党不断摧残进步文化，把人们的愤怒都激起来了。文化界人士在中国共产党领导下，进行了坚决的斗争，其中最杰出的代表就是周恩来。他广交文化界的人士，对他们的斗争表示支持。国统区的进步文化因为中国共产党的领导和支持，在与反动派作斗争的过程中，发展壮大得十分迅速。

傀儡政权

日本帝国主义一方面在军事上在对中国进行侵略；另一方面，在政治上，还采取"以华制华""分而治的"的政策。为了适应扩大侵略战争的需要，他们收罗汉奸，建立伪政权，想要以此把占领区的治安维持住，将占领区的资源和财富进行掠夺。这些只拥有名义上的权力的政权，实际上都是被日本顾问或官吏从内部加以控制的，是彻底的傀儡政权。而有些不知廉耻的卖国贼，他们不顾民族气节，只知道点头哈腰、卑躬屈膝，出卖国家的权益，他们是名副其实的汉奸，只会遗臭万年。

日本帝国主义于1935年策动了"华北事变"，他们一方面为了找机会逼迫国民党中央势力从平津和河北退出，制造了各种事端；另一方面，为了把华北变为另一个伪满洲国，还在抓紧时间策动华北五省自治，而这一切都只为了达到一个目的——将华北从中国分离出去，而这也是"华北事变"的核心内容。1935年10月22日，在河北香河，汉奸、反动地主和流氓受日军指使，发起暴动，把县城占领后，成立了"县政临时维持会"，并且发表了"自治宣言"。日本关东军驻沈阳特务机关长土肥原于11月11日来到北平，向中国二十九军军长、平津卫成司令宋哲元提出"华北高度自治方案"，并规定宋哲元在11月20日宣布"自治"。被逼迫的宋哲元在日本的强力压迫下，只好在11月30日宣布"自治"。在通县的日军唆使滦榆区行政督察专员殷汝耕也同时宣布"脱离中央自治"，"冀东防共自治委员会"（后改称"自治政府"）于25日成立。脱离中央政府，处于日本控制下的包括冀东22县。

日军占领平津后，积极策划建立统一的华北伪政权。1937年12月14日，也就是南京陷落的第二天，一部分甘愿出卖国家权益的汉奸政客受到日军唆使，在北平成立了伪中华民国临时政府。同时，取消冀东伪政府。议政委员会（委员长汤尔和）、行政委员会（委员长王克敏）、司法委员会（委员长董康）组成了伪临时政府成员，其他的还有王揖堂、朱深、齐燮元等一些汉奸官僚。伪临时政府的"国旗"为五色旗，年号继续使用中华民国，首都为北平（即北京）。河北、山东、山西、河南的沦陷区和北平、天津两个市政府都是这个临时政府的下辖区。在"成立宣言"中，它表示：要"恢复民主国家，涤荡污秽党治，同时绝对排除共产主义，发扬东方道义"。12月20日，伪临时政府成立后，国民政府发表宣言，严肃地指出该伪组织是"完全为日本的傀儡，其参加此项组织人等自应依国法惩处"。并郑重声明任何伪组织国民党都不承认。

日本侵略者又于1937年9月，成立伪察南自治政府，以张家口为中心，包括察哈尔南部10个县的地区，主席由于品卿担任。10月，成立伪晋北自治政府，包括以大同为中心的晋北13县，主席由夏恭担任。伪蒙古联盟自治政府也于同月在归绥成立，察哈尔、锡林郭勒、乌兰察布、巴彦塔拉、伊克昭5个盟都由它管辖，政务院长由德穆楚克栋鲁普担任。11月，伪蒙疆联合委员会由上述3个伪政府组成，对3个伪政权进行统一管辖。1939 年 9 月，联合委员会改组为"蒙古联合自治政府"，主席为德穆楚克栋鲁普，副主席为李守信、夏恭、于品卿，国旗为蒙古旗，年号用成吉思汗的年号。

上海沦陷后，伪上海市政府由日本组织成立。1938 年 1 月，南京自治委员会和杭州治安维持会也成立了。3 月，伪中华民国维新政府又在南京成立，行政院长由梁鸿志担任，立法院长由温宗尧担任。苏、浙、皖 3 个省政府和京沪 2 个特别市政府都是其下辖区。

日本把武汉占领后，全国进入抗战相持阶段，日本"三个月灭亡中国"的侵略计划破产。在这种情况下，日本政府只好对侵华政策作出改变，采取以政治诱降为主、军事打击为辅的策略来对付国民政府。这也就相当于是给了国民政府内部亲日派集团一个公开叛国、甘当走狗的机会。国民政府中的亲日派汪精卫集团，在日本帝国主义的诱降下，公开叛国投敌。汪精卫是国民党副指挥、中央政治委员会主席、国防最高会议副主席和国民参政会议长。还有国民党中执委、宣传部代理部长周佛海，国民党中执委、四川省党部主任委员、政府实业部长陈公博，以及汪精卫的妻子、国民党中监委常委陈璧君等也随同叛变。

其实，很早以前，汪精卫就是亲日投降派了。自 1932 年 1 月，他出任行政院院长主持对日外交起，他就一直推行着一条媚日妥协的路线："尽可能范围内，极力忍耐，极力让步"，就是他对日本的侵略主张；实质上是以"和平"交涉代替武装抵抗的"一面抵抗，一面交涉"的对日方针也是他提出来的；"战必大败，和未必大乱"的投降谬论也是他在全面抗战爆发后公开宣称的。

汪精卫在这种思想支配下，逐步走上了一条卖国投敌的可耻道路。早在 1938 年初，他就把外交部亚洲司司长高宗武等人派到上海、东京、香港，取得了和日本参谋部的官员影佐祯昭、今井武夫等人的联系，对日本的意图进行了探求。10 月下旬，汪精卫指定高宗武和梅思平为他的代表，同日方交涉。

日本政府于 1938 年 11 月 3 日，发表声明（即第二次近卫声明），提出希望中国政府分担"建设东亚新秩序的责任"，对国民政府进行进一步的政治诱降。于是，带着"和平基本条件"的梅思平等人受汪精卫派到上海和今井武夫商讨，并且在这一次商讨中拟订了汪精卫集团叛国投敌的具体行动计划。11 月 20 日，反共卖国的《日华协议记录》由高宗武、梅思平与日方代表影佐祯昭和今井武夫签署。在这个协议中，汪精卫集团表示愿意参加"建设东亚新秩序"，与日本缔结防共协定他也同意，伪满他也承认，日本人在中国本土有居住营业的自由、日本有开发利用中国资源的特权他也承认、日本侨民损失他也会赔偿，并且愿意和日本一起谋划实现"善邻友好、共同防共以及经济提携"。汪精卫集团提出的成立伪政府等行动计划日本方面也

172

表示同意。12 月 18 日，汪精卫等人按照行动计划从重庆潜离，飞抵昆明，和周佛海等人于次日叛国并外逃至河内。按预定步骤，日本政府于 22 日发表了第三次近卫声明，把"善邻友好、共同防共和经济合作"的近卫三原则重提了一遍。29 日，汪精卫发表艳电响应，宣称愿以近卫三原则与日本作"和平的谈判"，并且说，要是这样"不但北方各省可以保全，即抗战以来沦陷各地亦可收复，而主权及行政之独立完整，亦得以保持"。在艳电中汪精卫还大肆对中国共产党叫嚣"立即彻底抛弃其组织及宣传，并取消边区政府及军队之特殊组织"。从这以后，汪精卫便成了名副其实的头号汉奸、卖国贼。汪精卫的艳电发出后，国民党中央执行委员会常务委员会 1939 年 1 月 1 日，宣布把汪精卫的党籍永远开除，并且对他的一切职务都予以撤销。在全国各方面的强烈要求下，国民党政府于 6 月 8 日对汪精卫进行通令严缉。

汪精卫在河内逗留期间，派高宗武作为他的代表和日本商定五条"收拾时局的具体办法"，主要内容是：由汪精卫以中国国民党的名义发起组织"救国反共同盟会"和"救国反共同盟军"，以"复兴中华民国"，"根本消灭共产主义的思想、行动及其一切组织宣传"；取消"临时""维新"两政权，在南京成立"国民政府"等。在日本官员的保护下，汪精卫于 4 月下旬从越南秘密离开，5 月初抵达上海。此后，汪精卫充当日本侵略者的帮凶时更可恶了，对国家主权和民族利益进行大肆出卖。

汪精卫等人于 1939 年 5 月底去了日本，和日本首相平沼及陆军外交等大臣先后进行了会谈，得到了日本政府支持他们建立伪中央政府的保证。8 月底，汪精卫在上海召开伪国民党第六次代表大会。"中国国民党政纲"在大会上得以制定，"以反共为本党的基本政策""根本调整中日关系"等提案也一并通过，还发表了宣言，宣言再次对承认日本近卫三原则进行了申明。还不知廉耻地说日本已"放弃侵略主义，欲与中国谋合于正义之和平"，"吾人不可不以全力谋其原则之实现"，"自今而后，当易抗战建国之口号为和平建国"，"以反共为和平建国之必要工作"。

汪精卫集团与日本于 12 月 31 日秘密签订《日汪协定》（即《日支新关系调整纲要》）。协定承认日本侵略中国"既成事实的存在"。协定的附件还对所谓"日支新关系"的原则及调整要项作了具体规定：第一，"承认满洲帝国"。日、满、支"强度结合地带"为华北，设置在财政经济、人事权、与日"满"间的交涉等方面有自主权的"华北政务委员会"。蒙疆亦属"强度结合地带"，有广泛的自治权，在军事上及政治上处于特殊地位。日、支经济上强度结合地带为扬子江下游地域。在华南沿海特定的岛屿，日本有"特殊地位"。第二，日本在"华北及蒙疆的要地""长江沿岸的特定地点"及华南特定岛屿可以驻屯陆海军，并保留其驻兵地域内的铁道、航空、通信及主要港湾水路在军事上的要求及监督权。第三，应给日本在华北、蒙疆及其他地域资源的开发与利用的特别便利，日本将以"援助"的方式对沦陷区的财政、经济、交通、农业、贸易及海关等加以控制。第四，汪政权由日本以配置顾问职员等方式控制。

伪中央政治会议由汪精卫于 1940 年 3 月 20 日在南京召开，除汪派代表参加外，伪临时、维新、蒙古联合自治政府及中国青年党、国家社会党的代表也参加了会议。会议决定伪政权用"国民政府"名义，国旗用"青天白日满地红"。决定"国民政府"代理主席和行政院长由汪精卫担任，立法院长由陈公博担任，司法院长由温宗尧担任，监察院长由梁鸿志担任，考试院长由王揖唐担任，华北政务委员会委员长由王克敏担任。30

伪满洲国官员和南京汪伪
政权官员在伪"新京"（长春）

日，汪伪国民政府在南京宣告成立。4 月，日本为了"祝贺国民政府还都"，特派了大使、前首相阿部信行到南京。

11 月中旬，日本御前会议作出承认汪伪政府的决定。30 日《日本与中华民国关于基本关系的条约》及附属秘密协约由阿部和汪精卫签订，同时日、汪和伪满签署了《日满华共同宣言》。所谓基本关系条约，就是改日汪之间的秘密协定为正式条约。它的内容比袁世凯同日本签订的卖国条约"二十一条"要多得多。

号称"中华民国"的汪伪政权，看起来好像略高于过去的临时、维新政府一格，但日本只把它当做"满洲国"第二，并不允许它行使对各占领区的管辖权。名义上是"中央政权"的汪伪政权，实际上只有一片小得可怜的管辖范围。曾经有一个担任伪官的汉奸自我嘲笑说："汪伪政权是一个政令不出南京城门的小朝廷。"

汪伪政权的成立，是武汉沦陷后日本对华发动强大政治攻势造成的。但汪伪政权的成立，激起了全中国人民的愤怒，蒋介石集团就算对抗战时有动摇，但也不敢重走汪派的老路，只好断续留在抗日阵营中。日本也没有实现诱降蒋介石，企图结束中日战争的主要目标。关于此次事件，日本历史著作曾作过评论："汪兆铭单方面政权的出现，使得我方处理事变更加复杂和困难；另一方面，汪兆铭所标榜的日华提携的美满结果和全面和平、收复国权的愿望，结局也归于失败了。"

上述在日本侵略者操纵下建立的各个伪政权，都受到了严密的控制。各个伪政府的工作从上到下都受到正式官吏或各级顾问身份下的日本人的监视，而且不管事务大小，都需要得到日本官员和顾问的同意后才能施行，这也就把它们的本质表现了出来。

174

第三篇　其他抗战形式

第五章　共产党的其他抗战形式

正面战场的战斗

1937 年 7 月 7 日，从日军炮轰卢沟桥开始，日本帝国主义对于中国的全面侵略就开始了。面对着日本帝国主义的入侵，作为当时得到国际认可的，能够代表中国的国民政府必然就要更多地承担起正面战场的作战任务，而日军也很自然地将国民党的部队当作主要的进攻对象。

全国范围内的抗日战争开始之后，国民政府就将"以空间换取持久抗战之时间"作为自己的作战方针，并在之后的抵抗过程中先后发动了一系列大规模的会战，顽强地和日本帝国主义进行着战斗。

在侵占了平津地区之后，日军很快就从日本国内调来大批的部队，组成了华北方面军和上海派遣军，这两支部队同时从南北两个方向向国民党军队发起攻击，企图和国民党军队的主力进行决战。日军最开始的意图是向南夺取上海，向北抢占太原，将平汉与津浦两线沿线的地区全部控制住。为了达到抢占太原的目的，就必须将进入绥察晋三省的交通要道南口占领。面对日军的企图，国民政府也从两个方面采取了相应的对策，将战场划分为 5 个战区，同时也制定了相应的作战部署：将一部分军队在华中地区集中起来，和日军进行持久的抗战，以保证山西的安全；将主力部队集中在华东，以阻挡进攻上海的日军，全力保证上海和南京的安全；而在华南各港口只布置了少量的兵力。就这样，全面抗战之后的第一场大战就在南口开始了。

8 月 11 日，日军的独立混成第十一旅从北平开始向南口展开攻击，并派出关东军的一支部队，从张北向万全、张家口发动攻击，以配合独立混成第十一旅作战。

在南口担负防守任务的国民党第七集团军第十三军第八十九师依靠着险峻的地形顽强地进行抵抗，始终在阵地上坚守，将日军的很多次进攻都打退了，并且在和日军对龙虎台阵地的反复争夺中，给予了日军沉重打击，使得日军的进攻屡屡受挫。13日，因为国民党守军的伤亡过于严重，南口镇最终被日军攻克。紧接着，日军就开始集中全部主力向居庸关及其以西长城一线发动猛烈的攻击。17日，长城一线的最高峰1390高地被日军占据，这样一来，国民党军队在长城一线的各个高地的守军都处于日军的火力之下。因此，傅作义急忙带领部队赶往南口，正在赶去增援的卫立煌也在接到蒋介石的命令之后率领部队加快了行军速度。在进攻南口的同时，日军投入了大量的兵力向南口侧后方的张家口发动了攻击。如果日军将张家口攻下的话，南口将陷入日军的前后夹击之中。面对这种情况，傅作义又急忙率领部队返回张家口进行支援。而卫立煌的部队在行进途中受到山洪暴发的影响，耽误了一些时间。看到援军迟迟没有到达，再加上自己的部队遭受了巨大的损失，汤恩伯遂决定于26日上午带领部队开始突围，结果，南口被日军占领。紧接着，张家口、宣化等地也被日军占据。

南口战役共进行了半个月的时间，中国军队共死伤2.6万多人，日军同样遭受了极大的损失。这次战斗是战争爆发以来中日双方进行的第一场硬战，中国军队在战斗中表现出的大无畏牺牲精神和顽强意志是值得赞扬的，但是因为在指挥、调配和准备方面的不足，最后的结果是遭到了惨败。日军则借助这场战斗的胜利打通了向南和向西的进攻通道，这使得中国军队在整个华北战场上陷入了不利的局面。

在将南口和张家口攻占，完全控制住平汉、津浦线北段之后，日军将所有的兵力都用于了向山西发起的进攻。9月初，日军已经到达天镇、阳高等地区，而这里，正是大同东北的重要阵地。在天镇担任防守任务的第六十一军的战士们虽然顽强地和日军战斗，但是该军军长李服膺却被日军的攻势吓到，阳高刚刚被日军攻克，他就马上率领部队不战而逃，将大同东北的门户让给了日军，使得日军长驱直入，没有浪费多少力气就将大同、阳原等地攻占了。而在在津浦路北段的战场上，日军也将宋哲元部的两道防线突破，在10月初的时候已经将沧县和德州侵占。到10月中旬时，日军又先后将归绥和包头占领，这样一来，日军就将平绥路全线控制在了自己手中。

在将华北的三大铁路干线夺取之后，日军除了派出一部分兵力到华东战场进行增援之外，将所有的兵力都投入到攻击太原的战斗中。为了保住山西这个战略重地，国民政府共组织了8个军外加3个师的重兵在山西北部进行防守，准备展开忻口会战。10月上旬，中日双方的战斗进入更加激烈的阶段，在经过了一系列的艰苦战斗之后，日军终于将崞县和原平攻占，随后，日军马上对忻口展开了猛烈的攻击。中国守军进行了顽强的抵抗，在激烈的战斗中，第九军军长郝梦龄、第五十四师师长刘家祺、独立第五旅旅长郑廷珍先后被子弹击中，为国殉职。这个时候，朱德正带领着八路军在日军部队的后方进行阻击战，防止日军进行增援，八路军频频对日军发起进攻，使得日军受到了很大的牵制，这也为在忻口担任正面防守任务的国民党军队减轻了压力。

　　在国民党军队和八路军的密切配合之下，日军对忻口发动的进攻受到了很严重的阻挡。正面战场的不利形势使得日军开始另辟战场，从正太线和晋西北发起攻击，对忻口的主力攻击部队予以策应。10 月 26 日，娘子关被日军攻克。到月底的时候，阳泉和寿阳也被日军攻占，榆次成为日军攻击的目标。由于东面战场遭遇失利，北面战场也陷入不利的形势，在忻口继续进行防守已经不现实。为了从被动的局面中脱离出来，完成保卫太原的任务，阎锡山给忻口的守军下达了撤退的命令。忻口会战是中日双方在华北正面战场上展开的最大规模的一次战斗，中方虽然付出了数万人伤亡的代价，但是也给日军造成了巨大的打击。

　　将忻口攻克之后，日军又于 11 月 5 日开始向太原城郊挺进。11 月 7 日，太原城被日军攻克，傅作义率领部队在城内和日军进行了激烈的巷战，但是整个战争形势向着有利于日军的方向发展，再在城内坚持下去已经意义不大，所以傅作义决定出城，并在 8 日夜成功突围，太原则完全被日军占领。到这个时候，整个华北地区的主要城市和交通线都被日军占领和控制了。

177

忻口会战

　　忻口会战正激烈进行的时候，淞沪战场上也是枪炮声不断。

　　8 月 13 日，日军以"虹桥事件"作为借口，开始对上海发起攻击，中国军队顽强抵抗，淞沪会战就此拉开序幕。14 日，国民政府发表了《国民政府自卫抗战声明书》，表达了中国要坚决保护自己的每一寸领土的意愿。在接下来的几天里，中国空军部队对地面部队进行了有力的支持，对日军进行了有力的反击，日军无力支撑，只能纷纷后撤。19 日，宋希濂率领第三十六师从西安赶来参加战斗，第九十八师也加入了战斗之中，部队甚至一度推进到了汇山码头。21 日夜，九十八师二一五团二营官兵和日军进行了激烈的巷战。日军用战车将路口堵死，又放起大火将房屋点燃，该营 300 多名官兵全部牺牲。23日，中日双方在罗店进行了激烈的战斗，日军使用飞机、炮舰等对中国守军的阵地进行了猛烈的攻击，中国守军整连、整营的官兵都牺牲在日军的炮火之下。这场战斗持续了将近一个月的时间，中日双方都付出了极为惨重的代价。中国守军顽强抵抗、宁死不屈的精神深深地震慑了日军，日军在恐惧之中将罗店称为"血肉磨坊"。

9月5日，日军往吴淞口调集了30多艘军舰，向着中国守军的阵地进行了猛烈的炮击，想要将宝山县城拿下。负责守卫宝山县城的是姚子青营，面对日军的猛烈攻击，全营将士没有丝毫畏惧，誓死捍卫宝山县城，在战斗中屡次将日军的进攻击退。经过两个昼夜的奋勇搏杀之后，终因寡不敌众而被日军攻破阵地，全营500多名将士无一幸存。

10月5日，日军开始向蕴藻浜地区发动攻势，中日双方进行了四个昼夜的激烈战斗，蕴藻浜战场上到处都是尸体，鲜血染红了大地。8日，日军强行渡过蕴藻浜之后，中国军队第八十八师孙元良部一直退到了苏州河南岸，在此建立防守阵地。26日，在被日军四面围攻的情况下，中国守军只能退到沪西。孙元良命令谢晋元指挥五二四团一营留守在四行仓库，自己则和主力部队一起进行转移。27日、28日，该营的800名将士在四行仓库和日军进行了残酷的战斗，始终坚守阵地，最后才按照命令撤退到英租界。

11月9日，日军侵入淞江，对中国军队形成了前后夹击的态势，中国军队则被迫继续撤退。11月12日，上海被日军攻占。

在侵占了上海之后，日军将部队一分为二，其中一部沿着沪宁路展开攻击，另一部则沿着沪杭路回西挺进。两支部队先后将中国军队的防线突破之后，对南京形成了合围之势。面对日军的攻击，国民政府被迫将政府从南京迁往重庆。为了保卫南京，国民政府共组织了13个师的兵力。12月7日，在空军和海军炮火的支援之下，日军的7个师团对南京发起了总攻。中国军队勇敢抵抗，和日军进行了激烈的战斗，但最终还是因为伤亡情况过于严重而放弃坚守。12月13日，日军侵占了南京。进入南京之后，日军松井石根中将等人指挥着日军在南京犯下了滔天的罪行，共有30余万的中国平民和被俘士兵被残忍地杀害。日军的兽行不仅使得中国人民生活在悲痛之中，而且在世界史上留下了最为残暴和野蛮的一笔。在这之后，为了尽快将南北战场打通，日军将南京和济南作为基地，沿着津浦路向徐州展开夹击。为了阻止住日军的进攻，国民政府积极部署，准备打响徐州防卫战。

1938年3月，日军一支部队侵犯临沂，另一支部队则沿着津浦路南下从正面对徐州发动进攻。3月14日到18日，中国军队在临沂、滕县等地和日军展开了激烈的战斗。侵犯临沂的日军遭到严重打击最终撤退，在滕县担任防守任务的中国军队则伤亡情况严重，以一二二师师长王铭章为首的部分将领不幸牺牲，滕县也被日军攻占。24日，日军开始对台儿庄发起猛烈的进攻，担负防守任务的第三十一师浴血奋战，在师长池峰城的率领下，在阵地上坚守了半个月。4月6日，中国军队组织优势兵力进行反击，日军在匆忙中撤退，战斗进行到7日才宣告结束。台儿庄战役是中国军队自抗日战争以来在正面战场上取得的最大的一次胜利。整个战斗中，日军伤亡的人数达到了1万人，尽管中国守军也有7500多人的伤亡和失踪，但是有力地打击了日军，战斗任务也宣告完成，甚至一度取得了战斗中的主动权。经过台儿庄一战，日军并没有甘心失败，于4月7日发出命令，要在徐州会战中和中国军队决一死战。但是国民党当局并没有和日军过多纠缠，出于保存有生力量的考虑，决定暂时放弃徐州，日军最终得到了一座空空如也的徐州城。

徐州会战结束之后，日本决定攻下中国当时的政治和经济中心——武汉，以逼迫中国政府向其投降。为了将日军的攻势延缓下来，蒋介石决定利用黄河水阻挡日军。6月9日，蒋介石命令将郑州以北花园口黄河大堤炸开，以逼迫该地区的日军撤退。这一计划的实施虽然达到了战略上的目的，但是豫东、皖北、苏北等数十县的百姓也跟着遭了殃。中原地区的百姓一下子就被淹死了近90万人，同时还有610万人在洪水中挣扎和煎熬。面对这一局面，日军也不得不改变战略部署，新的计划是沿着大别山北麓和长江两岸兵分两路对武汉展开进攻。面对日军展开的攻势，蒋介石决定在武汉周围对日军展开消耗战。由陈诚担任司令的第九战区，下辖27个军，作为右翼兵团在长江以南地区进行防守。由李宗仁领导的第五战区，下辖21个军，作为左翼兵团在长江以北地区及大别山一带担任防守任务。与此同时，还在南昌至德安、星子至九江两处设置防守阵地。这次调动，共投入了110万人。

6月中旬，江南的日军开始发动攻击，安庆等地先后被日军攻占。7月，日军将湖口、九江等地攻占。此后，日军开始对武汉的外围发动攻击，中国军队顽强地进行抵抗，战场的情况异常激烈。在马头镇、富池口等地，日军第九师团和中国第三十一集团军进行了激烈的战斗，中国守军面对着日军施放的毒气，仍然不惧险情，坚守了20天时间，最终因为伤亡过大而被迫后撤。10月中旬，日军已经逼近武昌。

在9月的战事中，广济、武穴和田家镇要塞先后被江北的日军攻占。10月27日，黄陂也落入日军之手。

在大别山方面的战斗中，六安、霍山、商城、潢川、罗山等地也先后被日军占领，这样一来，武汉的北侧完全暴露在日军的火力之下。此后，日军开始向信阳发动进攻，面对南北日军的两面夹击，信阳的情况可以说是相当危险。此时，胡宗南接到了第五战区司令长官李宗仁的命令，要他调整部署，在信阳进行死守。但是胡宗南并没有遵照命令行事，他知道信阳已经保不住了，为了保存自己的实力，他只留下一个团在信阳进行防守，自己则带领着主力部队向南阳撤退。10月12日，日军用大炮和坦克对信阳发动猛烈的攻击，中国守军决心和城池共存亡。他们将城内全部的武器弹药都拿了出来，放置在城防工事里，在互相告别之后，就投入到了和日军的殊死战斗之中。信阳被日军攻占时，中国守军仅仅剩下10多个人，而且都是满身伤痕。10月中旬，日军兵分三路对武汉展开进攻。在进退两难的时候，蒋介石想到了周恩来对他说过要保存实力，以求进行持久战的话，所以果断决定放弃武汉，并于10月27日弃守武汉，武汉大会战就在中国军队的主动放弃下结束了。武汉会战进行到后期的时候，日军对广州发动了进攻。由于中国军队在广州的兵力有限，再加上日海军和空军的支援，日军第二十一军在没有遇到多少抵抗的情况下，就于10月21日将广州攻占。

武汉会战前后共耗时4个多月。在这次战役中，日军共死伤近4万人，另外还有15万人病倒，大大地消耗了部队的有生力量。通过这次战斗，中国军队再次粉碎了日军想要速战速决、逼迫中国政府投降的企图。广州、武汉会战之后，中国抗日战争从战略防御阶段转入了战略相持阶段。

铁道游击队

铁路是日军输送侵华战争物资的主要通道。只要将日军的铁路运输线切断，那么随之而来的结果就是日军将会因此而陷入极大的困境。在日军经常运输物资的铁路线上，就活跃着这样一群铁道游击队，他们以破坏日军的铁路为主要目标。鲁南的铁道游击队就是电影《铁道游击队》的原型。

1940年2月，在山东煤城枣庄鲁南铁道游击队成立了，队长由洪振海担任，小说和电影中刘洪的原型就是他，担任政委的是教书出身的杜季伟，副队长由王志胜担任，队员主要都是一些爱国矿工和铁路工人。这支队伍一开始称为是鲁南铁道队，也称作鲁南铁道大队，是鲁南人民抗日义勇军总部（后改为苏鲁支队）领导下的一支部队，不久归鲁南军区建制。在八路军广泛开展敌后游击战时，铁道游击队成了铁路沿线敌后武工队的组成形式。鲁南铁道游击队则是众多铁道游击队中的佼佼者。

以微山湖为依托，鲁南铁道游击队主要活跃在津浦、临枣（临城——枣庄）3条铁路线上，他们经常打票车、劫货车、扒铁路、炸桥梁，飘然而至，隐忽而逝，神出鬼没，对日军的战略运输进行了有力的打击。平常，他们以微山湖中的微山岛为生活基地，与当地人民群众打成一片。枣庄以北就是一一五师主力所在地。当日军出动大部队"围剿"时，游击队就暂时隐蔽到山区去；当日军撤退的时候，他们就又立即上岛，继续寻找适当的机会在铁路线上与日军进行斗争，使日军焦头烂额。

在整个抗战时期，铁道游击队进行了几次著名的行动。其中有打票车（运钱的火车）、二次血染洋行、奇袭阎团和临城、沙沟截布等。

铁道游击队

铁道游击队于 1940 年 7 月接到鲁南军区的紧急通知，由于部队经济十分困难，所以上级命令他们想办法弄一部分资金，以解燃眉之急。铁道队的几位领导商量后决定搞一次日军的票车。于是他们通过关系找到了跑连云港的伪军队长，对日军票车的行动规律进行了详细地了解。铁路沿途各站每星期六都要通过这辆车向济南方面交钱。于是，他们派人化装侦察，摸清了日、伪军押车的有关情况。按照打票车的行动计划，铁道游击队将 12 名作战勇敢的队员选择出来作为先遣队，首先潜入到列车上面进行仔细侦察，将目标选择好，并将日军稳住；副队长王志胜带 20 名精干短枪队员事先在预定地点设伏；队长洪振海和曹得清则负责干掉司机，掌握火车头。铁道游击队在星期六这天按照原来的计划开始实施行动。之前上车的先前队员都已经盯上了自己的目标，当列车驶过枣庄站的时候，洪振海、曹得清就率先跃上火车头，将一名司机迅速打死，另一名司机则被捆绑起来。随后，驾驶着火车向前行进。列车一到预定伏击地点，猛一刹闸，车速放慢，王志胜带领队员爬上了火车，与车上的侦察员们互相配合，将押车的 20 余名日本兵全部打死，一切进展得十分顺利，之后他们来到车厢的最后一节，找到装钱的袋子，并将这些袋子一一向下抛去，最终顺利完成了上级交给的任务。这次行动共得款 8 万余元，并缴获短枪 8 枝、长枪 12 枝、手炮 1 门和机枪 1 挺。而铁道游击队则无一伤亡。

完成这次任务之后，那些铁道游击队员还是觉得不过瘾，于是决定再打一次枣庄国际公司，准备来个二次血染洋行。他们的作战原先是定在 8 月，当时的洋行戒备非常严，但王志胜在洋行的三掌柜金山（日本人）的带领下，对洋行进行了侦察。了解了详细信息之后的王志胜回到队里，向队员们介绍了洋行的具体情况，于是大家决定当天晚上就行动。晚上约 10 点钟，王志胜带领 32 名队员到了洋行附近。因为墙上有电网，他们只得从墙上钻洞进去，一直到凌晨4点的时候，才将墙钻透。之后进去的人分成4个作战小组，按照之前制定好的作战方案，各队人员奔向自己的目标，将4个房间的日军全部干掉。这次行动共杀死13名日军和1名翻译，缴长、短枪6枝、手表和怀表100多块。

铁道游击队于1941年6月又开展了一次奇袭阎团、临城的行动，并最终取得了胜利。阎团即由阎成田任团长的一个伪军团。当时，该团由太安调至临城一带驻防，其中一个营驻在微山岛上。这个团与日本人一起在周围地区狼狈为奸，犯下了滔天罪行，并对在湖区活动的抗日武装造成了直接威胁。因此，铁道游击队与其他兄弟部队决定歼灭敌驻岛的那个伪军营。铁道游击队与其他部队在一天的夜里一同登上了微山岛，铁道游击队直捣该营营部，击毙该营营长，俘虏该营副团长，全歼该营，缴获轻重武器200余件。之后，铁道游击队为了方便斗争，于是就化装成阎成田团的伪军，对临城车站开展了袭击，并将此事成功地嫁祸到阎成田身上。日军把阎成田团的300余人押解到东北煤矿做苦工，阎成田及其主要副手，则被绑在电线杆上用刺刀捅死。

鲁南军区服装厂在1941年11月遭到日军的破坏，造成的直接问题就是部队穿衣无法解决。铁道游击队得知这一消息后，决定从日军手中搞一批布。他们在沙沟车站找到内线，并了解到不久将有一批布南运。内线为了战斗能够顺利进行，于是就在火车在沙沟暂时停留的时候，在火车的油壶里放进了一些沙子，这样就迫使列车在临城站修理，拖延列车开出的时间。到了晚上，列车终于开动了，于是内线又准时将列车上的风管和销子拔掉，使两节装有布料的车厢在沙沟南面的塘湖附近停了下来。两三个小时后，布大部分被卸下，没卸下来的被放火点燃。就在这时，又从对面开来一辆满载日本兵的军列车，还没等军列靠近，铁道游击队就对日伪军进行射击。出人意料的是日军的列车不但没有停下来，反而开始加速，最后的结果就是与燃烧的运布车厢相撞，最后日本兵共死亡30余人，重伤不计其数。这次行动共缴获布1.8万多匹，日军军服800余套，还有部分毛毯、药品等。

除了这些任务之外，铁道游击队还时常担负安全护送某些高级干部过铁路的任务。由于铁道游击队十分活跃，日伪军加强了对铁道两侧的保护，沿线碉堡林立，探照灯彻夜不灭，为了限制铁道游击队员的活动，日军甚至还在铁道两侧挖了与铁道平行的深沟或筑起严密的封锁线。因此，护送干部过铁路是一项很困难的任务。但铁道游击队依靠自己的忠诚、勇敢和高超技术，多次把从华中新四军根据地到延安或从延安来华中的干部安全护送过铁路线。仅1943年一年的时间，铁道游击队已经护送了300余名干部顺利到达目的地，全部没有遭受损失。1943年5月，陈毅由苏北去延安的路上，越过津浦铁路时就是由铁道游击队护送的。

不仅如此，铁道游击队还多次参与其他作战行动，同时也单独实施了多次任务，铁道游击队使日、伪军受到了沉重打击。铁道游击队的传奇故事在根据地内到处传颂着。就连日本人当中也有了相当一部分人了解铁道游击队的"知名度"。新四军第十九旅于 1945 年 10 月要求鲁南津浦铁路沿线及临（城）枣（庄）支线上部署的一个日军铁路联队投降，但是遭到日军的拒绝。那时候的日军大队长声称他们只向"飞虎队"投降并交出武器，铁道游击队的别称就是"飞虎队"。

地道战

日军"五一"大"扫荡"在 1942 年开始大量实施，在开展"扫荡"的时候同时实行惨绝人寰的"烧光、杀光、抢光"的三光政策，为中国人民带来了极大痛苦。单单是在只有 6 万平方千米的冀中平原上，就已经修筑了 1783 处据点、炮楼以及 2 万多千米公路，同时还挖了 8878 千米长的封锁沟，将冀中平原细研讨会分割成了 2670 块，形成的悲惨景象就是"抬头见岗楼，迈步登公路，无村不戴孝，处处起狼烟"，这样的手段使冀中人民蒙受了巨大的战争苦难。

为了保存革命力量，并对日伪军实施有效打击，于是在无坚可守、无险可据的大平原上，在党的领导下冀中人民开展了神出鬼没、出奇制胜的地道战。

河北省清苑县冉庄村，地处保定市西南 30 千米的冀中大平原上，位于京、津、石、沧之间。冉庄人民以其聪明才智和创造精神，在普通的村庄，巧妙地设计了各种工事和地道口，并部署出不同的作战方法，最终创造出了非凡的战争业绩，最终被誉为"地道战模范村"。聂荣臻元帅曾为此亲笔题词："神出鬼没，出奇制胜的地道战，是华北人民保家卫国，开展游击战争，在平原地带战胜顽敌的伟大创举。地道战又一次显示出人民战争的无穷伟力。"

冉庄人民为了躲避日军的残害，人们最初只是自发地挖了单口洞用于躲避，所以又叫"蛤蟆蹲"。这一发明，成了日占区尤其是近日区的干部民兵坚持斗争的重要依托，也是地道的开始和雏形。但是由于汉奸特务告密，最终致使有些洞被日军发现并毁掉，于是人民受到了极大的伤害。冉庄人民总结经验教训，把单口洞改成了双口洞，万一日军发现一个洞口，洞中人员可以从另一个洞口转移出去。但是这样的洞还是有缺点的，因为无论单口洞还是双口洞，这个洞只能用来隐蔽和防御，不能对日伪军实施打击，有时难免流血牺牲。为了消灭日伪军的有生力量，民兵和群众把原先的双口洞继续加宽、加长，左邻右舍的地洞互相挖通，一家连一家，一户连一户，双口洞变成了多口洞。

183

地道以十字街为中心，冉庄有 4 条东西南北主要干线，长 2.25 千米。有 13 条南北支线以及 11 条东西支线。还有西通东孙庄，东北通姜庄的连村地道；有向东南通隋家坟和河坡的村外地道。地道形成了村村相连，家家相通，能进能退，能攻能守的地道网，全长有 16 千米，无论是地道的出口还是入口，都设计得十分巧妙，有的修在屋内墙根壁上，有的修在靠墙根的地面，还有的建在牲口槽、炕面、锅台、井

地道战

口、面柜、织布机底下，伪装得与原建筑一模一样，这样日军就很难发现。一般情况下，地道距地面有 2 米深，地道内部高约 1~1.5 米，宽约 0.8~1 米，地道的类型有两种，分别是作战用的军用地道和供群众隐蔽用的民用地道。地道设有照明灯和路标，建有储粮室、厨房、厕所和休息室。为了充分发挥地道的优势，在村里各要道口的房顶上修建了高房工事，在地面修建了地堡，把地道与地面工事有机地结合起来。另外，地道还根据不同的地形地物，分别在烧饼炉、柜台、墙角、墙根、小庙、碾子等处修筑了防御工事以及枪眼。所有这些工事都和地道相通，既能观望，又能射击和拉雷。冉庄地道战工事具有五防，即防破坏、防封锁、防水灌、防毒气、防火烧的特点。冉庄地道战工事还有"三通"和"三交叉"的特点，所谓"三通"就是地道相通，高房相通，堡垒相通；所谓"三交叉"就是高房火力与地堡火力交叉，明枪眼与暗枪眼交叉，墙壁火力与地堡火力交叉。形成了"天地人"三通，构成了房顶和地面、野外和村沿、街道和院内纵横交叉的火力网，组成了一个连环的立体作战阵地。

冉庄人民在抗日战争中利用地道优势，与日军进行了顽强的斗争，并创造出了辉煌战绩，为战胜日本帝国主义者，为祖国人民的抗战胜利作出了卓越贡献，冉庄地道战是世界战争史上的奇迹。

领导抗日斗争的冀中区党委，很快发现并总结了冉庄人民群众的发明创造，1942 年 1 月，中共中央发出文件，文件中明确指出：冀中要积极开展地道斗争。之后不久，又发出一系列的文件，对挖掘地道的组织领导、技术规模等问题均提出具体要求和指导意见。于是，冀中地区积极开展了规模宏大的地下工程，最终在战争史上闻所未闻的地道战从此诞生了，对日军实施了沉重的打击。首先华北平原地区军民在道路上挖出深沟，这样日军的机械化部队就难以行进，但是这样的情况正好

184

对根据地军民的转移提供了掩护。之后随着战争环境的不断恶化，在日军后方的军民在一家一户所挖的土洞、地窖的基础上逐渐发展建成了户户相通的地道。再后来，地道已经发展到了村内相通最后发展成村村相连、能打、能藏、能机动转移的巨大地道网，虽然日军用烟熏水灌或施放毒气，但是都无济于事，对于地道战日军一筹莫展。据有效数据统计，1944 年冀中根据地地道总长度已经达 12500 公里，几乎要比万里长城还要多一倍。军民依托地道，不仅对日军实施了沉重打击，另外还积极保护了自己。地道战从此开始扬名中外。

地雷战

胶东是地雷战的起始地点，之后就逐渐向其他根据地普及。其中最为著名的地雷战就是大泽山区的地雷战。这里从 1938 年就开始建立起民兵组织并开始进行游击战。最开始的时候，民兵只是用上级发下来的地雷来对日伪军进行打击，但是随着战争的深入，地雷已经开始有所限制，于是后来他们就开始自己动手制造地雷，给日伪军造成重大杀伤。但是渐渐地日军也变狡猾了，于是日军在每次开始行动时，总是先让伪军打头阵试探道路的安全性，同时还会使用探雷器探雷，于是许多民兵埋设的地雷都被日伪军挖了起来，因此，铁地雷不太发挥作用了。到 1942 年的时候，日伪军在军事上对抗日根据地实行大规模的封锁，上级发下来的地雷已经很少了。于是民兵们就开始自己想办法，自己制造地雷，但是又缺少生铁。在没有办法的情况下民兵们想到了大泽山区满山遍野的石头。他们就开始制造并使用石雷。

石雷的制作很简单。那就是要先找一块圆形的石头，之后在上面凿一个口小底大的窝儿，然后在洞里面装好炸药，最后安上拉火管。埋设时，绊线的一端系着拉火管，另一端固定起来就行了。开始时石雷的绊线多是用麻绳之类的粗线，容易被日伪军发现。之后，为将绊线进行改良，于是民兵将绊线用马尾或头发制作，之后又发展到利用"卡子"或胶皮的弹力把地雷拉响。

民兵创造了石雷，日军的探雷器不管用了。民兵经常在日伪军必经之路上埋设绊雷，日伪军被石雷炸怕了，之后就不敢再走大路了，于是民兵们就开始在日伪军可能走的小路上将石雷埋起来。有一次民兵在高家村西大路边的河滩上布下了石雷阵。拂晓，侦察员报告说日伪军进山了，于是，民兵赶紧到那里将雷弦挂好，之后便上了四周山头打冷枪，准备将日伪军引到地雷阵中。日伪军好像听民兵们的"调遣"，没走大路，专沿河滩往前走。这样一来，正好陷入民兵布下的石雷阵，给日伪军造成极大死伤。

当日伪军知道小路上也有地雷的时候，就开始专走地堰、田野，有时为了保险甚至从河水里走。根据日伪军行动的变化，民兵便把石雷设在地堰和田野里，还把拉火管用蜡封起来，把石雷布在河里。

民兵在游击战的实际经验中逐步创造出各种各样石雷的用法。从最简单的拉雷、绊雷开始，逐步发展到连环雷、子母雷、前踏后响雷、水雷、胶皮雷、竹筒雷和滚雷等40余种雷。

同样，民兵们埋地雷的方法也多种多样。地雷可以设置在门上、锅里、鸡窝里等那些不适合埋设地雷的地方，甚至桌子的抽屉里也可以布下地雷。日军进村后，推门门炸，捉鸡鸡窝炸，翻箱倒柜也都有被炸的危险，整个大泽山区成了石雷的世界。在与日军进行交战的时候，民兵将只是用来防御的石雷改进成了一种进攻武器，并带着地雷对日军实施攻击，进行飞行爆炸。有时还

地雷战

把地雷埋到日军的据点里，送到日军的操场上、饭堂里，搞得日军惶惶不可终日。

其中有一次，日军搞了一批机器，据点里的民兵得知了这一情况之后，便决定来一个飞行爆炸，夜袭日军据点，将日军的机器毁掉。当夜，民兵挑选了18名精干的小伙子，靠近了日军的据点，有的摸岗哨，有的扛机械，有的布设地雷，一气折腾了近一个小时，已经将机器都扛了出来。日军发现这样的情况之后，民兵们早就已经转移，但是慌乱的日军将据点周围的地雷踩响了，最后只能落下一个死无全尸的下场。

就是这样，在整个大泽山区，民兵以麻雀战配合地雷战。只要日军一进入根据地，便"时时枪声响，处处地雷炸"。甚至有伪军曾经这样说过："如果没有长一个铁脑袋，就不要想到大泽山里去与当地的民兵进行战斗！"

在山东的其他地区，也广泛地开展了地雷战，同样取得了重大成绩。海阳民兵也以地雷战闻名于整个山东。他们根据不同的斗争的需要，创造了10多种地雷，并创造出36种埋雷、设雷的方法，从最简单的铁雷、石雷、拉雷、绊雷等常规方法，发展到复杂多变的飞行雷、马尾雷、防潮雷、子母连环雷、慢性自燃雷等；从单一的沿路埋雷，发展到村村设下"地雷宴"，即使是门上面或是草堆中也可以将地雷埋

下去，那里已经发展到了家家有雷，人人会布雷的地步。在抗日战争期间，仅海阳一地，就涌现出"模范爆炸村"3个，民兵"爆炸英雄""爆炸大王"11名。曾经闻名一时的莱芜县李念林爆炸队，曾经在章丘至雪野的公路上将8个钉子雷埋设了下来，这8个钉子雷一次就将30多名日军炸死或炸伤。沂南县在1945年5月的反"扫荡"中，共打死打伤日军231人，其中被地雷杀伤的有97名。虽然平度东北的杏庙村只有百来户人家，与大田的日军据点只有一条河的距离，但是该村的民兵将500个地雷埋在日军必经的道路上摆开地雷阵，与大田之日军隔河对峙，日军始终不敢进犯。

地雷战在各地民兵反"蚕食"斗争中发挥了巨大威力，使日军无从捉摸，防不胜防。民兵在之后普遍开展的"飞行爆炸"运动中，将大量的地雷埋到日军的交通线上和据点周围，甚至还将地雷埋在日军的营房操场里面。日军出动时，走大路大路炸，走小路小路炸，大路、小路都不敢走，去走崖头、山岭、海滩和庄稼地，但是令日伪军想不到的就是那些地方也会响起地雷。有的地方日伪军的汽车没办法出来，于是就好用牛拉着石滚子在前面进行探路。另外民兵还用真假雷相结合的办法来迷惑日伪军，对付日伪军的搜索。当日伪军将假雷拿出来的时候，真雷就会立时爆炸。其中有一次鬼子将几个延期爆炸地雷挖了出来，并将它们带回放在了桌子上，得意扬扬地围着桌子哈哈大笑，但是令他们没有想到的就是忽然一声巨响，那些地雷居然爆炸了，那些日伪军瞬间就被炸得血肉横飞。另外日军后方的军民甚至还一度将地雷埋到了日伪军的碉堡之下，常常在日伪军出发的时候将他们炸得血肉横飞，这些都使那些日伪军感到心惊胆战，防不胜防，但是他们始终无可奈何。

在日伪军的心中地雷战已经给他们造成巨大的伤亡和心理震撼。所以伪《新民报》这样惊呼："踏进'匪区'，如临深渊，如履薄冰。"

回民支队抗日斗争

"抗日的火焰燃烧在冀中平原，伊斯兰的教胞挥起了战斗的臂膀，在共产党的爱护培养下组织自己的武装""我们誓为回民的自由、中华民族的解放，永远跟着共产党，直到最后的胜利，直到日伪军的灭亡"。这几句歌词是《回民支队大合唱》中的。在抗日战争那段硝烟弥漫、炮火连天的岁月里，与中华民族其他民族一样，回族人民英勇拼杀，浴血奋战，为中华民族的解放作出了卓越的贡献。这个民族英勇抗战的光辉代表就是在冀中平原和鲁西北地区活跃的回民支队，以及支队司令员马本斋。他们在冀鲁大地纵横驰骋，越战越强，取得了辉煌的战果，声名远扬。

回族人民和其他各民族人民一样，因为日本帝国主义的疯狂入侵，遭受了前所未有的深重灾难。有1000多名回族群众在南京大屠杀中，惨遭日军毒手；有大批回民在西安、桂林、盐城等地的清真寺被炸时，或死或伤；因拒绝杀猪"慰劳日军"，济南、德州等地的回民被血洗，每一个地方的回民都遭受到了日军的不断污辱和蹂躏。但是，为了利用回汉两族宗教信仰的不同及民族间的隔阂来将回汉人民进行分裂，日军居然无耻地打出"建立回国""尊崇回教"等伪善的口号。面对野蛮实施暴行和想阴谋分裂民族团结的日军，回族人民对中国共产党团结抗日的号召积极响应，各种救亡团体纷纷自发组织起来，勇敢地加入了抗日救亡运动的行列。在陕甘宁边区，回族人民组织的抗日救亡团体有"陕甘宁救国宣传团""回民战地服务团""伊斯兰青年学会"等，他们主要从事唤起回民救亡和国际援华反日的工作，出版刊物，自编自演跟抗战有关的戏剧，开展各种抗日宣传活动，表现十分活跃。为了反抗日本侵略者的暴行，回族人民在日军所到的地方，都会自发地组织起来，进行反抗。在当地教长的率领下，山东济宁数千位回民与强大的日军展开了生死决斗。1937年秋，河北省文安县夏村的回民对日军进行袭击，战绩显赫：击沉日浮船、俘获多名日军。在共产党的民族政策号召下，随着八路军深入日军后方和各抗日根据地的开辟，日军后方回民的抗日斗争进一步展开起来。冀中各地回民于1937年底先后建立的抗日团体有"回民抗日救国会""回民公会"（或"回教公会"）等。1938年8月，冀中回民第一次代表会议召开，决定对各地的回民组织进行统一，将"冀中区回民抗战救国联合会"建在任丘，并在各分区设立分会，各县设立支会。建立晋察冀边区后，"晋察冀边区各界回民抗日救国联合会"也统一成立了。在冀鲁边区，"回民救国联合会"于1938年建立，后来更改名字为"回民抗日救国总会"，并且在各县设立了分会。回奸马良等受日军指使，于1938年2月在北平组织伪"回教总联合会"，各地回民组织和回教团体先后通电后，作出开除马良等人的教籍，并另行组建"中国回民救国协会"与之相对抗的决定，并申明"一面发扬教义，阐明我教立场；一面唤醒同胞，参加抗战工作，以保我回教固有的英勇光荣"是协会的任务。同年10月，"中国回民救国协会陕甘宁边区分会"在延安成立。从此，进一步加强了回汉人民的抗日大团结，回族人民的抗日斗争也出现了新的高潮。

在抗日战争中，十分活跃的还有回族人民武装抗日的斗争。许多地方都组织了回民支队。在河北，有在定县、河间一带活动的马本斋领导的冀中回民支队，在香河一带活动的冀东回民支队，在定县活动的七分区回民支队，在献县、河间一带活动的八分区回民支队，在任丘、肃宁、文安一带活动的九分区回民支队，在武清、永清、雄县、霸县一带活动的十分区回民支队。上述各回民支队总兵力达3000人。此外，也有人数不等的回民支队在山东、华中和陕甘宁边区活动。在这些回民抗日武装中，最著名、在全国影响最大的是以马本斋领导的冀中回民支队。它不仅是冀中军区的八路军的主力部队之一，而且也是一面回族人民坚持抗日游击战争的英雄旗帜。

1902 年，马本斋在河北省献县东辛庄一个贫苦家庭出生了，上了两年多私塾的他，后来在张家口一家饭馆当了 3 年学徒之后又来到内蒙古多伦替牧主放马。1921 年漂泊到东北，参加了东北军，从战士升至团长。"九·一八"事变后，他目睹在关外的日军的暴行，看着妻离子亡、到处流浪的东北人民像"亡国奴"一样的生活惨景，愤然要求率部抗日，但是上司以"攘外必先安内"的训令拒绝了他的要求。1932 年他为民离职回乡。开始抗战后，在中国共产党抗日救国思想影响下的马本斋，以"抗日保家"为号召，于 1937 年 8 月在家乡成立了回民义勇队，率领回民兄弟进行抗日斗争。后来他接受了中国共产党的领导，并在不久之后成为一名优秀的共产党员。

抗日战争开始时，在定县一带活动的抗日义勇军第九支队，把回族青年刘文正和白仲庆、马国忠等人发动起来，组织了两支回民抗日队伍，刘文正领导的是一支有 200 多人的回民抗日队伍，白仲庆、马国忠领导的是一支有 130 多人的回民抗日队伍。1938 年初，平汉路西的河北人民自卫军主力返回冀中后，整理了在定县一带活动的回民支队，编成百余人的河北人民自卫军干部教导队。刘文正领导的回民武装这一时期也发展得很快，他们组织的河北游击军回民教导队在河间成立。马本斋率部于 1938 年 4 月来到河间，加入刘文正的回民教导队，队长由马本斋担任，全队 200 多人。1938 年 6 月，冀中军区回民教导总队由安平迁到河间的河北人民自卫军回民干部教导队，与河北游击军回

马本斋

189

民教导队合编而成，约 500 人，总队长由马本斋担任。虽然在初建时，马本斋带领的这支回民武装，武器装备不是很好，但却有十分高涨的战斗士气。在马本斋的率领下，他们凭着简陋的武器，在日军后方灵活机动地深入，时而乔装打扮，向日伪军的心脏插入，把日伪军的据点拔掉，时而对日伪军的一股展开袭击，破坏日军的交

通设施，对日伪统治构成严重威胁。从1938年8月至11月，他们在河间、献县、青县、沧州一带活动，一共进行了30多次战斗，打死打伤500多名日伪军，进行70余次破路战斗，颠覆20余列日伪军军车。听到消息的回民弟兄积极响应，迅速壮大了回民队伍，很快队伍发展到1500多人。1938年10月，马本斋在抗日的烽火中加入了中国共产党。回民教导总队于1939年7月改编为八路军三纵队回民支队，司令员由马本斋担任，政治委员由郭陆顺担任，约2000人的兵力。

日军于1938年末至1939年初，大规模地"扫荡"冀中地区，回民支队与八路军主力相互配合，展开了英勇的反"扫荡"斗争。1939年冬，利用土炮的回民支队把在无极至藁城的公路上抢粮的千余日军击溃，歼灭300余名日伪军，击毁8辆日伪军汽车，缴获新式武器一大批，把日军的抢粮计划彻底粉碎了。1940年5月，运用伏击手段，在康庄地区，速战速决，消灭66名日军，缴获1门平射炮、2挺重机枪、50多支步枪及若干弹药等。冀中军区对此战进行了表扬，并授"能征善战的回民支队"的锦旗给回民支队，为此毛泽东还专门题词"百战百胜的回民支队"。冀中抗日根据地于1941年，进入了极其困难时期，回民支队在清河、交河和子牙河以东等地区继续转战，由于马本斋对地形、民俗十分熟悉，又对指挥作战十分擅长，常常在日伪军没有想到的时候打击日伪军，搞得日伪军坐卧不安，这也给冀中人民克服困难、战胜日军封锁的斗志带来了极大的鼓舞。回民支队把日伪军手中的武器夺过来装备自己，很快队伍发展到2000余人，成为冀中军区最早的纪律严明和野战化的部队之一。

回民支队把在大清河地区的作战任务胜利完成后，于1941年7月1日，奉命向建国县境（当时我冀中抗日根据地的一个县，含河间县、献县的各一部地区）开进，展开了与在河间县驻守的日军的联队长山本的十分激烈的斗争。

为人狡诈，诡计多端，非常自大的山本觉得，回民支队根本不配做他的对手，扬言要在建国县境消灭回民支队，然后向上司邀功请赏。当战场形势的发展不是他所希望的方向时，他便决定采取分化瓦解的计策对付回民支队。山本利用了各种关系，只为了把"马本斋如果拉着队伍过来，最低给个师旅长职务"这句话传给马本斋。而针锋相对的马本斋，也通过各种渠道把"八路军的政策是不杀俘虏，山本只要放下武器，缴枪投降，保证留他一条狗命"这句话传给了山本。

叛徒哈少甫在山本正无计可施时，献策给山本说："这个马本斋，孝顺是出了名的，只要抓他的母亲白文冠来做人质，不愁马本斋不投降。"

8月4日深夜，从河间、献县、沙河桥、淮镇、景和等据点出动1000余人的日军，突然将马本斋的家乡献县东辛庄包围了。第二天清晨，全村群众被驱赶到清真

190

寺门前的草坪上，被日军用机枪和刺刀逼着供出马本斋的母亲。没有群众供出，日军就用辣椒水灌、用火烧、用刺刀挑。目睹惨状的马本斋的母亲，对乡亲们为她流血牺牲的情况实在不忍，愤怒地高声喊道："我就是马本斋的母亲！"面对日伪军，她毫无惧色地大声质问："马本斋是我的儿子，你们不是想抓他吗？他现在就在河东岸，你们为什么不到那里去抓他呢？"日军带着马老太太回到河间后，对她威逼利诱。首先让叛国分子哈少甫劝马母写信给儿子，让儿子投降来营救母亲。自知日伪军不会轻易放过她的马母，不想成为儿子的牵挂，7 天没吃没喝，于 9 月 7 日含笑而终，时年 68 岁。临终前，马老太太对押在她身边的一个亲戚说："跟本斋讲，叫他多杀日伪军给我报仇，给乡亲们报仇。"

日军胁迫马母劝子投降的阴谋失败后，依旧不死心，为了让马本斋投降，继续利用汉奸特务对其进行诱骗。马本斋坚决不辱使命、仇敌爱国，把日军的阴谋都一一识破了，还将劝降的敌特哈少甫、马庆来先后处死。

在失去母亲以后，马本斋继续指挥着回民支队在大清河两岸和子牙河以东地区驰骋。1942 年 5 月，斗争环境更加险恶。冀中地区遭到了集结了 7 万多日伪军的"全面扫荡"。日伪军的据点在 8000 个村庄、6 万平方公里的土地上，密密麻麻地分布着，足有 1500 个，经常有 700 多辆巡逻车，在 1 万里蜘蛛网般的公路上游荡。奉命转移到阜城县马本斋，把日军主力的合击巧妙地躲过后，还把前来搜索的 300 多名日伪军一举歼灭，随后向海边转移。1943 年 3 月，进入冀鲁豫根据地回民支队，由马本斋担任冀鲁豫军区第三分区司令员兼回民支队司令员。他和副司令员赵健民、接替已经牺牲的郭陆顺任政委的孙越一起对日伪军的情况进行了分析，决定把兵力集中起来各个击破，先后把日伪军的 30 多处据点攻克，将日伪军的 40 多座碉堡岗楼烧毁，使鲁西北抗日根据地得到了保卫和发展。

1943 年秋天，日军对各根据地进行了更加疯狂的扫荡。马本斋率部在鲁西南一带，英勇机智地把日军一个骑兵旅团组织的秋季"扫荡"粉碎了之后，又接着加入了著名的八公桥战斗。八公桥是伪二方面军孙良诚指挥部所在地，位于河南濮阳县境内，以此为中心，形成了一个不断对抗日根据地进行蚕食的庞大的蜘蛛网。马本斋在军区团以上干部会议上，提出了"牛刀子钻心"战术，即把兵力集中起来，先把日伪军的总指挥所拔掉，然后再回过头来对外围据点进行清扫。11 月 13 日，开始战斗，担任主攻的马本斋的回民支队和六、七团，紧急行军三天三夜，按预定计划于 16 日深夜到达八公桥。身先士卒的马本斋，在日伪军还没发现时就将日伪军总指挥部包围了，然后发动了猛烈的进攻，把八公桥的日伪军一举歼灭，俘虏了 1600 余名伪二方面军参谋长以下官兵，反蚕食斗争取得了巨大的胜利。马本斋获得了中共冀鲁豫区党委书记黄敬"后起的天才军事家"的盛赞。

数年来，回民支队进行了870余次的大小战斗，歼灭3.76万余名日伪军，把数百处日伪军碉堡、据点和破坏日伪军铁路攻克，并且把大批枪炮、弹药、战马和军用物资缴获，战绩辉煌。冀中军区曾对回民支队英勇善战、顽强杀日伪军的精神进行过通报嘉奖，并授"无攻不克，无坚不摧，打不垮、拖不烂的铁军"的锦旗给他们。1944年1月底，回民支队接到八路军冀鲁豫军区司令员杨得志传达的命令，准备开赴延安。这时马本斋因患急性肺炎，躺在床上，不能动弹，随后脖后又生疮，因此随部队一起行动已是不可能的事了。部队走后不久，在山东莘县养病的马本斋，病情迅速恶化，于1944年2月7日病逝，终年43岁。大家按照他生前的愿望，将他的遗体护送到鲁西北的回民中心地——张鲁集安葬。2月9日，马本斋烈士遗体安葬仪式在张鲁集清真寺举行。赶来参加吊唁的有：冀鲁豫军区党委书记黄敬、冀南军区政委宋任穷等，以及7个军分区的代表和团以上军政干部。当马本斋烈士的遗体被送到墓地安葬时，成千上万的群众，手持熏香、佩戴孝符前来送行。1944年3月17日，马本斋追悼大会在清真寺举行，300多名来自延安回族的各界代表参加了追悼会。参加大会的还有林伯渠、吴玉章、叶剑英等中央领导。许多不能参加的中央领导都送了挽词。

为抗击日本侵略者，马家母子两代英雄光荣殉国的事迹，不只感动了回汉军民，也使为打败日本帝国主义而奋战的回汉军民受到了鼓舞。吴玉章、叶剑英等在追悼大会上作了讲话，对马本斋的英雄业绩作出了高度评价："从马氏母子的英雄事迹看来，我们中华各民族都能出现这样好的民族英雄。事实上，在抗战中，他们已经创造了很多可歌可泣的史诗。"

狼牙山五壮士战斗

风萧萧兮易水寒，壮士一去兮不复还，呜呼！三壮士已战死矣，而生者犹继续为人民战斗，望狼牙山巍巍之高峰，谁不为之赞叹而高歌。我军对民族之忠贞，坚信我民族之不可战胜也。

——选自《五壮士纪念碑碑文》

位于河北省保定西北部的狼牙山十分巍峨，就像一道耸立在太行山脉的坚固铜墙，向下俯瞰着易县、满城、徐水地区。这里到处都是奇峰险隘、悬崖峭壁，像一支支锋利的狼牙一样，绵延的山峰直插云天……山的东面是直伸平汉路的丘陵和平原，九莲山和一溜十八岗在其西北面，易水河和紫荆关在其北面。我晋察冀抗日根据地在抗日战争时期的东线门户就是这个地区，所以它拥有十分重要战略地位。

1. 狼牙山危急

日军华北方面军从 1941 年 8 月中旬起，把超过 7 万余人的兵力集结起来，大规模地"扫荡"了我晋察冀抗日根据地。9 月 24 日，位于易县西南的狼牙山地区被日军 3500 余人合围。此时，隐蔽于该地的有我晋察冀军区第一军分区机关、部队和涞源、易县、徐水、满城四个县的党政机关、游击队及周围村庄的数万名群众。狂妄的日军扬言："这次扫荡，要石头过刀，草木过火""狼牙山也要晃三晃!"

面对这种十分危机的情况，只有快速转移才行。经过研究，第一军分区第一团第七连负责掩护机关、部队和群众转移的任务。杨成武司令员指示："采取机动灵活的战术，死死拖住日伪军，不准让日伪军在明天 12 点以前，越过狼牙山顶峰——棋盘陀!"

第七连接受任务后，马上开进山上，为了作好战斗准备，一路上边对地形进行勘察，边把地雷埋好。

9 月 25 日凌晨 4 时许，山下传来几声"啪，啪!"的枪声。"有情况，准备战斗!"连长刘福山立刻下令："第二班、机枪班跟我把北山口右翼无名高地抢占，把上狼牙山的各条通路控制住，其余各班听指导员指挥。"

不久，在弯弯曲曲的山路上，一股日伪军正向上爬来，等日伪军距第七连阵地只有几十米的时候，刘连长突然一声令下："打!"随着密集的枪声，在第七连阵地前顿时横七竖八地倒下了一大片日伪军。同时，在几处山梁上的其他班的战士和民兵也接到蔡指导员的指挥，开了火。当时的阵势，就好像八路军遍布整个阵地。以为网住了一条"大鱼"的日伪军不惜一切代价，发动多次进攻，但都被一次次地击退了。

对战多时，前沿阵地上的第七连第二班、机枪班的同志牺牲大半，连长也负了重伤。这时，日伪军把包围圈逐步缩小，情况变得愈发紧急了。考虑到基本完成阻击任务，同时也是为了把连队的战斗力保存下来，让转移出去的干部群众争取走的更远一些，连长和指导员作出了只留下 1 个班对日伪军继续阻击的决定。

在狼牙山主峰棋盘陀上集合的第七连，队伍里没有任何声音，四下也是十分安静。只有山顶上的松树枝被呜呜的山风刮得沙沙作响。

见连长和指导员半晌不说话，第六班班长马宝玉实在憋不住了，他"啪"地站到连长面前，要求道："连长，让我们班负责坚守狼牙山的任务吧，我们一定会坚决完成任务!"

连长看着马宝玉那坚决而庄严的神情，又看了看葛振林、胡德林、胡福才、宋学义那一双双对承担重任的渴望眼神，问："六班长，你们才 5 个……"连长爱护战士的心情马宝玉是知道的，于是毫不犹豫地说："是，我们只有5个人，但是，我们都是毛主席、共产党培育的八路军战士，就算只剩下1个人，棋盘陀也要守住！"

连长和指导员低声商议了一下，最后决定阻击任务由第六班担任。

目送着转移的战友远去，马宝玉和战士们站在山头，此刻他们心中只有一个信念，那就是：只要这里有我们在，棋盘陀就是一把铜锁，狼牙山就是一道铁墙！

2. 棋盘陀上巧诱敌

战士们按照马宝玉的命令，把手榴弹捆成一束一束的，从山脚一直到半山腰，就像埋地雷一样，全部埋上了手榴弹。葛振林乐呵呵地说："咱班长想得真周到，都准备好鬼子明天的早点了。嘿！明天这'狼牙山牌'的地雷是啥滋味就让他们好好尝尝！"

山下的枪声响起的时候，东方刚刚露出鱼肚白，正向山上移动的日伪军，大约有500多名。5个人同时把手榴弹盖揭开，把子弹推进枪膛，目不转睛地盯着上山的日伪军。突然，"轰"的一声，事先埋好的一捆手榴弹在日伪军中爆炸了，紧接着，又有两个地方的手榴弹包爆炸了。顷刻间，响声隆隆，烟尘四起，一个个日伪军随着硝烟飞上了天，又摔进山谷里。

日伪军在硝烟过后，就小心翼翼地继续往山上爬。在前面开路的是伪军，随后是日军，顺着山路慢慢蠕动，就好像一条长蛇。只有二三十米了，"打！"马班长猛地挺起半截身子，狠狠地把手榴弹向日伪军投去。其他4个人的手榴弹紧接着也一起向日伪军飞去。手榴弹像是带着战士们的愤怒一般，猛烈地在日伪军中爆炸了。日伪军乱七八糟地退了下去。马班长料到日伪军一定会报复，那就会用炮击，他们还在此地逗留十分危险，所以迅速把全班带领着转移到了"阎王鼻子"。

果然不出马宝玉所料，日伪军开始向山上炮击。日伪军大概是没把山上的虚实摸清，以为有千军万马在山上埋伏着，因此，一直采用猛烈炮击的方法。一刹那间，"阎王鼻子"以及附近的几个山头浓烟滚滚、土石四溅、硝烟弥漫，密集的炮火足足打了半个小时。炮火停止，硝烟渐渐消散。5位战士把满身的灰土抖掉，慢慢把眼睛睁开四处观察日伪军的动静。马班长关心地问："同志们，没受伤吧？"副班长葛振林一边摆弄着手榴弹，一边不紧不慢地说："要咱死，可没那么简单，我还要亲眼看看日伪军怎样投降，亲眼看看社会主义呢！"胡德林、胡福才也风趣地说："可能是炮弹长了眼睛，一见咱们是八路军，都拐弯走了。"逗得大家哈哈大笑。他们一边说笑，一边在阵地上，一排排地放手榴弹、滚雷、石头，作好再次迎击日伪军的准备。

日伪军这次对战术作了改变，不似之前，一个劲儿地向上冲，而是分散进攻，共分了五路。日伪军变我变，班长命令全班每人对付一路，要尽量等日伪军靠近以

194

后再打。他们每人都把自己要打的那路日军死死盯住，默默地在心里估计着："50米、40米、30米……"

"打！"一声命令，马班长的手榴弹"嗖"的一声先飞了出去，正好打在他这一路日伪军的中间，炸倒了一个挥舞指挥刀的日军军官和一个机枪手。其他同志也把手榴弹投向日伪军。打得刚刚进入"阎王鼻子"的日伪军都懵了，上也上不来，下也下不去。前面的被打倒，后面的也一连串跟着摔下悬崖见"阎王"去了。

日伪军面对两次失利的进攻，对共军山上到底有多少兵力又没摸清，所以也不敢再贸然前进了。只是一会儿用机枪扫射，一会儿用炮轰，一会儿又用少数兵力轮番冲击，想把能攀登上山的道路找到。第六班的战士们都心知肚明：我们扼守着唯一上棋盘陀的路，就让日伪军在那找吧，只要靠近我们了，就把他们"送回东洋"。几名同志一天多滴水没沾，又渴又饿，加上烟呛火烤，嘴唇因为干裂血丝都渗出来了，但战士们依然坚强地坚持战斗。日伪军大喊着，冲上山来。马宝玉立即命令："正面阻击由葛振林、胡德林负责，我到左边侧击，宋学义、胡福才跟着我。""打！"5个人同时开火。马宝玉一枪一个，弹无虚发。葛振林也不示弱，每打一枪，都要大吼一声："哈哈，小鬼子，尝尝八路军的厉害吧！来吧，上来几个，我们打几个！"宋学义见子弹不多了，就把手榴弹抢起向日伪军狠狠地抛去。胡德林和胡福才什么也不说，脸绷得紧紧的，向日伪军一枪一枪地瞄准射击。就这样，他们利用有利地形，越打越勇，接连打退日伪军几次进攻。

马宝玉把脸上的汗水擦了擦，又抬头看看太阳，估摸着现在12点已经过了，便立即下命令："撤，我们的任务完成了！"但他刚迈出两步突然又停住了。他望了望棋盘陀顶峰，又望望部队和群众转移的方向，心想，眼下有两条路摆在我们面前：一条向南，一条向北。向南，是通往棋盘陀顶峰的路。到了顶峰，三面都是悬崖绝壁，上去后再往其他地方转移就困难了，走向北这条路，很快我们就可以回到部队，可这条路是主力部队和地方干部群众转移的方向。这样日伪军马上也会跟来，会造成对转移的部队和地方干部群众威胁。在这生死关头，该走哪条路……

在太阳还有一竿子高的时候，第六班的战士英勇地在狼牙山的顶峰——棋盘陀上，像五棵青松一样矗立着，他们决定对日伪军来个最大限度的阻击。日伪军也像一群疯狗似的跟了上来。

怎么办？马宝玉沉思了一下，果断下令："抢占牛角壶！"

位于棋盘陀右侧的牛角壶，地势十分险要，就如一对牛角的山峰如尖刀般直插云天。

日伪军紧紧追上来了。马宝玉瞅了一下周围的地形说："在这儿顶一阵子。"于

195

是 5 个人忙在乱石和草丛中隐蔽，做好战斗准备。

"砰！"一声枪响，马宝玉的"三八大盖"第一个"发言"，一个端机枪的日伪军往后一仰倒了下去。在后面紧跟的两个日伪军正打算俯下身去扶。宋学义一个点射，"啪，啪！"两个日伪军又齐刷刷地倒下了。后面的日伪军吓得屁滚尿流，滚下去 10 多米远。稍停片刻，看样子是日伪军的一个小头目，晃了几下手里拿着的一面小旗，紧接着又有 30 多个日伪军从下面上来了，在一棵松树下架了一门小炮，东侧还有一挺重机枪，朝着六班猛烈射击。半人高的蒿草被打着了，大火弥漫，硝烟滚滚，熏得眼睛直淌泪水。大火烧着了葛振林的棉袄，他也顾不上解开扣子，用力一撕脱下来扔掉。

日伪军的第四次冲锋又被击退。就在这时，山峰脚下又集结了 100 多日伪军，还有两架日军飞机呼啸着掠过山顶。之后，又有一群日伪军从山脚下往山上冲过来了。全班在马宝玉的率领下奋力登到了牛角壶顶上。他们抬头仰望，蔚蓝的天空，飘浮着朵朵白云，向四下看去，一面是沿途已堵满了日伪军的刚才走过的小路，三面是万丈悬崖。

"八路的，跑不了……"崖下的日伪军得意地狂叫着。

"还有没有手榴弹，副班长？"胡德林问。葛振林一摸口袋，没有了。班长和宋学义、胡福才摸了摸也没有了。日伪军爬向顶峰了，马宝玉吸了一口凉气，把扳机狠狠地扣紧，却发现也没有子弹了。拉开枪栓的葛振林，发现枪膛也已经是空空的了。胡德林、胡福才和宋学义摸了摸子弹袋，也都打光了。胡福才从草里捡起最后一颗手榴弹，正准备向日伪军投去时，马宝玉把它夺了过来，用牙咬掉手榴弹盖，把半截弦拉出来又按进去，然后在腰间别着。大家明白，这是班长最后的一招。

葛振林把一块 10 多公斤重的石头搬起，向日伪军狠狠地砸去。正好把一个日军的天门盖击中。

"好啊！砸吧！"全班一齐举起石头，向冲上来的日伪军砸去，日伪军号叫着滚下了山。

3. 永垂不朽五忠魂

不一会儿，已经用光身边能搬动的石头了，在督战官威逼之下的日伪军又向上爬过来了，眼看快要到第六班跟前。日伪军狂叫起来："抓活的，抓活的！"马宝玉从容地从腰间抽出那颗手榴弹。大家知道这颗手榴弹的用处，都向班长自动地靠拢，抬头挺胸，打算和日伪军同归于尽。

几个日军已经爬到断崖边，哇啦哇啦直叫："八路的，快投降吧，优待优待的。"马宝玉看着残忍蛮横的日军，听着这鬼哭狼嚎的声音，胸中顿时燃烧起一股民族仇恨的烈火，毫不犹豫地把手榴弹的弦拉掉，一声大吼："老子优待你们一颗手榴弹！"随着"轰"的一声，几具日军尸体滚下深谷。已知道八路军战士弹尽路绝的日伪军，这时又组织兵力慢慢逼近峰顶。毫不畏惧的马宝玉马上带领全班撤到悬崖边，对着葛振林坚定地说："老葛，我们牺牲了，有价值……光荣……我们无论如何不能当俘虏！"

　　班长的意思葛振林是知道的：他和班长是 5 个人中的共产党员，应该做出榜样。他说："人牺牲，也不能叫日伪军得到枪。"话没有说完，山崖边已经可以看到日伪军的钢盔乱晃了。马宝玉随手把那支从日军手中夺过来的"三八大盖"抢起来朝山谷扔了下去。葛振林举起手中的枪向石头上摔去。宋学义、胡德林和胡福才也含着泪水举起心爱的枪，狠狠地摔坏扔下山崖。

　　战士的第二生命就是枪，它是从战士入伍那天起，就一直和战士们朝夕相依的伙伴。战士爱枪，就像爱护自己的眼睛一样啊！以前在战斗中挂了彩，他们也没有流过泪，可今天，当他们要把心爱的枪毁掉时，眼泪却控制不住地滴落在岩石上。

　　沉默，良久的沉默。最后，马宝玉望着胡德林、胡福才、宋学义，

狼牙山五壮士影视剧照

郑重地说："同志们，虽然你们入伍的时间不长，但是你们在党的培育下进步很快。这次战斗，是对你们 3 个都具备了共产党员的优秀品质的最好证明。我和葛振林愿意做你们的入党介绍人！"葛振林深情地看着 3 位战友，举起右手表示赞同。马宝玉把兜里一张小纸片掏出来，迅速地写下了最后的也是最神圣的遗言，接着说："我衣兜里的这封入党介绍信将来一定会被同志们发现的。现在，我们就用实际行动来表示我们对党的无限忠诚吧。"

　　夕阳坠在西山，晚霞烧红了半边天，断崖上几簇野菊花在残阳的辉映下，金光灼灼，分外耀眼。

　　第一个大步走向悬崖的是马宝玉，其他的战士们也紧紧跟上，每个人都是那么刚毅、不屈……

　　日军爬上崖头后惊呆了：与其五六百之众激战的八路军，仅仅 5 个人！而这五个人又宁死不降，跳进了深谷！

是啊，撼山易，撼八路军难。

5个勇士中，牺牲了班长马宝玉和胡德才、胡福林3人，副班长葛振林和宋学义因被半山腰的树挂住而幸免于难，但受伤严重，后来幸运地被老乡救出。

为了对五壮士掩护主力和群众安全转移的功绩和他们宁死不屈的英雄气概进行表彰，八路军晋察冀军区司令部授了"八路军荣誉战士"的光荣称号给他们。在棋盘陀顶峰有狼牙山地区的人民为了纪念他们修建的"五壮士纪念塔"。它就像在太行山脉守卫的威武哨兵，它就像永远耸立在棋盘险峰的五壮士的光辉形象！

河北抗日游击战争

根据中共中央和北方局的指示，中共河北省各地方组织于"七七"事变之后即发动平西、冀中、冀南等地的群众，建立了人民抗日武装，轰轰烈烈的抗日游击战争也就此展开了。

在中共北平市委和"东特"的直接领导下，1937年8月10日，一支主要在北平郊区圆明园附近地区活动的数十人的抗日武装组成了。8月22日深夜，他们把北平德胜门外的第二监狱大门砸开，把被囚禁在里面的几十位共产党员和爱国志士救了出来，很快部队就发展到了1000余人。9月5日，这支打起"国民抗日军"旗帜的武装，由赵侗任司令员，有三个总队规它管辖。12月11日，该部到阜平地区组织整训。后来，八路军总部批准其编为晋察冀军区第五支队，司令员由赵侗担任，副司令员由高鹏担任，第一、第二、第三总队规它管辖。

第五支队整训后，即于3月下旬奉命返回平西地区。与此同时，晋察冀军区根据中共中央的指示，为了给挺进冀东、开辟以雾灵山为中心的冀东抗日根据地进行准备工作，决定以第一支队、第三大队为主组成邓华支队，进抵平西地区。互相配合的两个支队，积极对日军进行袭击，连续将日军据点攻克，逐步开辟了房山、涞水、良乡、昌平、宛平等县的抗日工作，建立了3个联合县政府和抗日救国会，使平西抗日根据地初具规模，为准备向冀东挺进的八路军创造了条件。

在冀中地区，抗日斗争也迅速发展起来。中共保属特委在"七七"事变后，向石家庄南移，改组为平汉线省委，省委书记由李菁玉担任，对河北省中部地区的各项抗日工作进行统一领导。石家庄失陷后，平汉线省委西迁阳泉与八路军第一二九师会合，所属保东、保南特委于1937年10月10日合并为保属省委，省委书记由张君担任，继续对该地区的抗日斗争进行领导。此时，受中共中央派遣，正在延安抗日军政大学学习的红军团长孟庆山回到家乡冀中，发动在高阳、蠡县、任丘、安新一带的群众，组织抗日武装。

10月中旬，遵照中共北方局回师北上抗日的指示，国民党军第五十三军第六十九一团团长吕正操（共产党员），与向南撤退的国民党军脱离，率领回师抗日。10月14日，在晋县小樵镇，该部改编为人民自卫军，司令员由吕正操担任。改编后的部队，继续北上，经博野、蠡县，把高阳报站，并把在驻高阳的伪保安团收编。到12月上旬，人民自卫军即发展到3000余人。12月12日，赴平汉路西阜平地区进行整训的人民自卫军主力，大大提高了部队的军政素质。

在人民自卫军去平汉路西整训的中途，中共保属省委将省委之军委改为河北游击军司令部，司令员由孟庆山担任，对在冀中区组建的中共地方组织的各抗日武装进行统一领导。游击军司令部先以一些县人民自卫团为基础扩编成了第一、第二、第三师，又以加委和收编的方式把十三路抗日武装部队及三个直属团组成。

1938年1月中旬，人民自卫军整训后由平汉路西返回冀中。1月下旬，中共保属省委改为冀中省委，书记由鲁贲担任。在冀中省委的领导下，相互配合的人民自卫军与河北游击军，对日军据点积极袭击，将10余股游杂武装收编和消灭。2月间，人民自卫军以独立第一团组成北上先锋队，赴大清河以北地区开展工作。该部连续将新镇、霸县、永清等县城攻克，并将安次、武清、霸县、永清、固安等地联庄武装4000余人收编，将大清河以北的抗战局面初步打开了。3～4月间，人民自卫军和河北游击军在反击日军对冀中地区的春季"扫荡"中密切配合，与日伪军共进行100余次大小战斗，毙伤1000余名日伪军，自身600余人伤亡，并先后将河间、高阳、安新等县城收复，把冀中军民团结抗战的威力充分显示了出来。

1938年4月下旬，冀中区召开第一次党代表大会，进一步统一了冀中区党、政、军的领导。会后，改中共冀中省委为冀中区党委，书记由黄敬担任。接着，冀中行政主任公署也成立了，主任由吕正操兼任。专员公署也在各专区成立，使县、区、村各级政权机构进一步健全。5月4日，人民自卫军和河北游击军合编为八路军第三纵队，同时成立了冀中军区，军区机关兼纵队机关，纵队兼军区司令员由吕正操担任，政治委员由王平担任（8月任职），第七、第八、第九、第十支队都是其下辖区，并成立4个军分区。到此，西起平汉铁路，东至津浦铁路，北迄平津铁路，南达沧（县）石（家庄）公路的冀中抗日根据地初步形成。在冀南地区，在"七七"事变之后，中共中央北方局马上派马国瑞等1771人到冀南，组成冀南特委，对当地人民群众开展的抗日游击战争进行领导。他们先后在南宫一带组建了八路军别动大队，在赵县、藁城、栾城一带地区组建了抗日义勇军第五支队，在巨鹿也组建了抗日游击武装。特委还把一批共产党员派遣出去，进行争取游杂武装的工作。赵辉楼等人在共产党的影响和帮助下，也在宁晋、束鹿一带成立了民众抗日自卫军。上述开展的工作，给创建芜冀南抗日根据地打下了一定的基础。

1937年12月中旬，八路军第一二九师挺进支队，由辽县进入冀南地区的任县、隆平、尧山等地开展抗日活动。很快部队发展到三四百人，并且还把收编的地方武装和部分农民组成了2个游击支队。第一二九师也于同月将八路军东进抗日挺进纵队组成，由陈再道任司令员，李菁玉任政治委员，于1938年1月挺进冀南，与先期到达的挺进支队会合。他们在巨鹿等县先后建立了动委会，对南宫县政府进行了改组，把巨鹿、南宫等县保安团（队）和冀县的部分地方势力武装进行了收编、改编，对威县伪军警备旅争取反正。

为了把冀南地区各色地方武装争取过来共同抗日，东进纵队经过与河北民军赵云祥部及青年抗日义勇军团段海洲部的协商，决定成立统一战线组织"冀南抗日军政委员会"，由三方各派代表参加，主任委员为陈再道，对冀南各抗日部队进行统辖。军政委员会的建立，是八路军在冀南执行共产党的抗日民族统一战线政策所取得的一个重大胜利。

为了冀南的领导和军事力量的进一步加强，1938年3月19日，第一二九师政治部副主任宋任穷率骑兵团开赴冀南。20日，在南宫成立中共冀鲁豫省委，书记为李菁玉，东进纵队政治委员由宋任穷接任。3月下旬，向西南挺进的骑兵团等部，相继将广宗、曲周、平乡、南和等县城及附近广大地区解放。东进纵队第一团与此同时，也向北把滏阳河西岸之冀县、新河、宁晋、束鹿等县的广大地区开辟出来了。东进纵队到4月底，已发展到2万余人。冀南先后建立的抗日政权包括20余个县。冀南抗日游击军区也于4月27日成立，东进纵队机关兼军区机关，并且第一、第二、第三、第四、第五军分区相继成立了。在4月间还正式成立了"冀南军政委员会筹备会"（具有政权性质），主任由宋任穷担任。至此，初步建成以南宫为中心的冀南抗日根据地。

山东抗日游击战争

山东地区抗日游击战争的局面就是由山东人民的抗日武装起义开创的。然而，起义部队的发展及各项抗日工作的开展因为各起义武装成分新，没有领导骨干，指挥不够统一而受到了直接影响。1938年5月间，中共中央、中共中央军委多次向八路军总部电示，把部分主力部队派遣入鲁，并决定派郭洪涛率50余名干部对山东地区的领导力量进行加强。同时，对山东省委指出：要广泛地发动群众，大量地组织武装，开展游击战争，建立抗日民主政权，创建抗日根据地，使山东成为华北敌后抗战的一个战略支点。中共中央于5月下旬，决定扩大山东省委为苏鲁豫皖边区省委，书记由郭洪涛担任。毛泽东又于 6 月 8 日强调指出："凡属我党领导、已得广大民众拥护，又邻近友军之游击队，以用八路军名义为宜。"

　　苏鲁豫皖边区省委根据中共中央和毛泽东的上述指示，统一领导山东各地抗日武装，决定建立以各大起义武装为基础组织的支队，把一批有领导能力和战斗经验的红军骨干分配到各支队担任领导职务。至 1938 年底，将编在沂水、莒县地区活动的第四支队第六大队编为八路军山东人民抗日游击第二支队；编清河区第五军为第三支队；恢复鲁中抗日联军独立第一师之前使用的第四支队番号；编胶东第三军为第五支队；合编泰西区抗日自卫团和汶上县起义部队为第六支队；由胶东往清河地区西返的鲁东游击指挥部（辖第七、第八支队）依旧用原番号；编湖西武装起义为挺进支队；在苏北邳县地区成立了陇海南进支队。除此之外，第九、第十二支队也相继成立。

　　各起义武装在整顿部队的同时，也在大力开展游击战争，积极对日伪军进行打击。8 月间，第三支队在清河地区先后对张店、周村、黄台火车站进行了袭击；8 月 13 日对济南进行袭击，并且一度攻入济南北关，把伪省政府占领。9 月，在鲁中区活动的第四支队先后袭击了胶济铁路周村至张店段及张（店）博（山）铁路，毙伤 300 余名日伪军，击落一架日军飞机。在胶东地区活动的第四支队与此同时也数次对烟台的日军进行了袭击，并在蓬莱、龙口、栾家口把试图由海上登陆的日军连续击退。鲁南人民武装起义于 9 月间在临（沂）枣（庄）公路上的燕柱山对日伪军的汽车队进行了伏击。泰西区的第六支队、滨海地区的第二支队等部，也都积极对日伪军进行打击，把抗日游击区进一步扩大了。

　　为进一步对山东各抗日武装实行统一领导，12 月，中共中央作出成立八路军山东纵队的决定，指挥由张经武担任，政治委员由黎玉担任。同时，改苏鲁豫皖边区省委为中共山东分局，书记为郭洪涛。山东起义武装的领导因为山东纵队及山东分局的成立，进一步加强了。分局的成立也是山东各抗日武装由分散的游击队成长为统一指挥的游击兵团的标志，对开展山东抗日游击战争及创建和发展抗日根据地具有十分深刻的意义。

八路军山东纵队
第三支队成立大会

从誓师出征至 1938 年 10 月，八路军共参加 1500 余次战斗，歼灭 5 万余名日伪军，缴获 1.2 万余支各种枪，把大片国土收复，晋察冀、晋绥、晋冀豫、晋西南及山东等大块抗日根据地也建立起来，使广阔的华北敌后战场得以形成，部队的人数也由出征时的 3.2 万人发展到 15 万余人，成为华北抗战的中坚力量。

　　八路军连续在华北敌后战场作战的胜利，使大量日军受到了牵制和消耗，使其抽调兵力转用于正面战场变成了不可能。因而，对削弱日军的力量，使日军对正面战场的战略进攻被迫停止，使抗日战争的战略相持阶段加速到来，也起了重大作用。

东北抗日联军战斗

1. 东北抗日新高潮

　　广大东北人民在"七七"事变之后，接收到东北各地中共党组织、抗联各军发出的抗日救国的呼唤，并积极地接受中共党组织以及抗联各军的领导，同日军作坚强的斗争。中共南满省委领导下的抗联第一路军于 1937 年 7 月 25 日向广大的东北同胞发表了《为响应中日大战告东北同胞书》，这份告同胞书向东北全体同胞发出号召，号召着国家兴亡匹夫有责的原则，希望东北人民为"恢复中国人之东北"而与日军进行坚持到底的斗争。同年的 8 月 20 日，抗联第一路军总司令杨靖宇署名的布告发布出来，将日本帝国主义鲸吞中国的野心向整个东北人民揭露出来，希望在全国总动员之下，东北人民能够积极"响应中日大战，暴动起来，打倒日本帝国主义，推翻傀儡政府满洲国，为独立自由幸福之中国而奋斗"。中共吉东省委于 25 日以东北抗日救国总会名义发布了《关于抗日救国宣战运动的紧急通知》，在通知中对东北抗日军民提出了具体的斗争任务，那就是将能动员的一切力量动员起来，包括一切财力、物力、人力，来援助抗日联军与日军的抗战，同时号召伪军发生哗变，把救国当成是第一重任，并将多处的抗日部队集结起来对日军铁路交通等实施破坏，使日军的后方支援产生障碍，这样就可以同关内与日军作战的部队遥相呼应，争取最后的抗战胜利，将日军赶出中国。北满抗联总司令部于 9 月 18 日也发出紧急通知，希望能将东北人民号召起来为配合全国抗战而积极行动起来，开始展开反对劳役和征兵，抗捐抗税，反对归屯和建立"集团部落"的行动，将日军兵站、仓库、交通破坏掉，并积极参加抗日队伍，对日本侵略军进行袭击，最终将他们消灭掉。

　　东南满、吉东、北满抗日游击区的广大群众在全国抗战的号召鼓舞下，热烈并积极地响应东北各地党组织和抗日联军的号召，组织起来，并秘密组织建立了救国会、妇女会以及儿童团，利用各种各样的作战方式，积极地配合支持抗日联军在东北方面的作战。

中共北满临时省委于 1937 年 8 月开始从桦川县火花沟向依兰县境内转移，20 日到 24 日的时候，在转移的途中中共北满临时省委召开了军政联席会议。会议将"9月 18 日"定为国耻日，并将松花江下游地区的爱国群众组织起来，举行抗日反满的大暴动。中共汤原县委于 9 月 5 日将组织暴动的具体方案已经制定好了。对于这次暴动抗日联军第六军第三师展开积极配合。另外，为了这次暴动能够顺利进行，他们还进行着各种积极地准备，包括派人加紧修理土枪、土炮，赶制大刀、长矛等兵械。

汤原县格节河区人民在 9 月 17 日和 18 日这两天开始举行抗日反满大暴动。在宝山有 1000 余名暴动群众在这里集会。之后，暴动群众开始手持武器进行声势浩大的示威游行，他们沿途将各种标语和传单散发出去，并将电话线割断，将电线杆砍倒，将公路桥梁烧毁，这样就将通往汤原县城和佳木斯的交通完全阻断了。那时候的日本守备队驻守在格节河区丁家粉房里面，由于受到群众抗日暴动的威慑，所以吓得整日龟缩在据点里面，不敢出来，20 日深夜的时候，他们终于狼狈逃走。就在格节河人民进行抗日反满暴动的时候，在汤原县龙区、鹤区、汤区也开始相继爆发了反日游行。东北地区到处出现的抗日反满暴动，使日伪军的统治受到了严重打击。这些行动表现出广大东北人民拒绝做一名亡国奴，保卫自己的家园，要与日本侵略者斗争到底的反抗精神，抗日斗争的新高潮在松花江下游地区逐渐掀了起来。

随着全国抗战和人民反日斗争的不断发展，在这样高涨形势的影响下，许多地方的伪军和伪警的思想开始发生动摇，一些尚具有民族意识的伪军伪警开始纷纷反正，积极参加到抗日救国的行列中来，积极开展抗日行动。宁安县三道河子伪森林警察大队 150 人于 1937 年 7 月 12 日在经过抗联第五军第一师参谋长张镇华等人的积极工作，思想已经发生了根本转变，在大队长李文彬的带领下，全体官兵毅然倒戈抗日，将日本指导官津村昌、日本教官加藤直秋等 8 人击毙，并将森林警察队的防所及附属设施焚毁，将所有的武器装备都携带出来向抗联第五军靠拢。在 7 月 15 日的时候他们已经被编为抗联第五军警卫旅，其中李文彬担任旅长的职务，张镇华担任政治部主任，下辖有 2 个团。为了对该部反正抗日的爱国行动表示欢迎，抗联第五军甚至举行了军民联欢誓师大会。之后，周保中军长亲自率领警卫旅向依东转移，积极开展抗日游击战争。在三道河子森林警察大队起义之后，8 月 21 日，在依兰驻扎的伪军第三十八团机枪连等共 118 名士兵，也将自己部队的所有兵器携带出来，参加了抗日联军第六军，他们带出的武器有迫击炮 1 门、轻机枪 4 挺、重机枪 1 挺、步枪 100 余支，最后被编为第一师第六团并积极举行起义。驻勃利伪军第二十九团 600 余人于 9 月 10 日，在牡丹江东小河附近也进行反正并随后加入抗联第八军。伪军警的反正起义，使那些驻守在依兰、桦川、富锦、宝清一带的伪军第二十三、第二十

四、第二十六、第三十、第三十五团以及第三十八团残部的作战意志开始产生动摇。伪军警的这些动作使伪统治者感到惊恐异常。他们为了防止伪军起义，不得不采取监视、缴械甚至遣散等办法，对他们进行严加控制和防范。

2. 抗联掀起的游击战争

各部队都积极开展猛烈的游击战争，就是为了配合全国抗日战争的顺利进行，拼尽全力牵制日军入关，对日军不断实施打击。

根据中共满洲省委被日伪军破坏之后先后成立了中共南满、吉东、北满省委的实际情况，为了适应东北抗日游击战争发展新形势的需要，东北抗联亦随之将军队编成第一、第二、第三路军，归三省省委分别领导。并为各路军划分了活动区域，军队之间进行互相配合，协同作战，对日伪军进行有力打击。

1936 年 7 月组成的第一路军的总司令兼政治委员是杨靖宇，副总司令由王德泰担任，下辖第一军、第二军。第一军的军长兼政治委员由杨靖宇担任，参谋长是安光勋，政治部主任是宋铁岩；第二军的军长是王德泰，政治委员是魏拯民，政治部主任是全光。

1937 年 10 月组成的第二路军总指挥兼政治委员由周保中担任，副总指挥是赵尚志（1940 年 2 月 2 日任职），下辖第四军、第五军、第七军、第八军、第十军，第四军的军长是李延平，副军长是王光宇，政治部主任是黄玉清；第五军的军长是柴世荣，政治部主任是宋一夫；第七军的军长是李学福，政治部主任是郑鲁岩、王效明两人；第八军的军长是谢文东，副军长是滕松柏，政治部主任是刘曙华；第十军的军长是汪雅臣，副军长是张忠喜，政治部主任是王维宇。

1939 年 5 月组成了第三路军，总指挥由张寿担任，政治委员是冯仲云，下辖第三军、第六军、第九军、第十一军。第三军军长是许亨植，政治部主任是张兰生；第六军军长是张寿篯，政治部主任是冯仲云；第九军军长是李华堂；第十一军军长是祁致中，政治部主任是金正国。

由于受到"七七"事变的影响，东北抗日联军第一路军总部指示所属各部在长白山区的游击战要更加积极展开，尽最大可能将日军的关东军及伪军消灭，与华北、华中军民积极配合进行抗战。杨靖字于 7 月中旬率第一军一部，由桓仁开始向西开进，9 月份的时候已经转战到了宽甸县镜。10 月份的时候，第一军第一师在辽宁本溪和宽甸县四平街等地连续对日军守备队展开袭击，战斗中将日军牛岛队长、水出少佐等以下 100 余人击毙。第二军在杨靖宇的领导下在濛江、辉南、抚松、桦甸等地积极开展游击战争，先后在老黑顶子、榆树川、二站、西岗等地使日军遭到重创。

由于抗联第一路军各部对日军进行了有力牵制，使日伪军损失较大力量。所以，为了将这一部分兵力彻底消灭掉，秋后，日伪军开始对第一路军各部展开报复性的"讨伐"，并对长白等县游击根据地进行毁灭性破坏。为了躲避日军的"讨伐"，抗联第一路军第二、第四、第六师向吉林桦甸、漾江等地的密营转移休整，这些密营都是建立在人迹罕至的深山密林之中，只是作为临时指挥所、安置伤员、囤积军需给养和休整的场所。冬天的时候，总部和第一师也开始由本溪等地向桓仁地区密营返回休整。杨靖宇率总部和第一师等部于1938年初由桓仁进入辑（集）安，在老岭山区开展游击战争，将日军想要在通化地区掠夺资源的计划彻底打碎。该部于3月13日对老岭铁路隧道工程进行了破坏，使日军修建通（化）集（安）铁路工程，不能顺利完工，一再延期。第二军第六师400余人于4月将长白县六道沟镇顺利攻占。第二军一部和独立旅在此期间与同杨靖宇所率领的部队进行会合，共同研究今后军事行动的具体作战计划，并从金川向南转移，与杨靖宇部在集安老岭地区会合。

中共南满省委和第一路军总部于5月中旬至6月1日在老岭召开高干联席会议，会议决定将重建第一军第三师，准备进行西征热河、沟通与关内八路军联系之先遣任务，随后军部率第一、第二师跟进；留在长白山地区与日军进行坚持斗争的是第二军各师，他们牵制日军，掩护部队西征。会后，就是第一军部署西征的最佳时机。但是不幸的是第一师师长叛变了革命，致使西征意图被暴露。于是7月初，第一路军总部召开了第二次老岭会议，在此次会议当中果断决定放弃西征，同时将所属第二、第四、第五、第六师以及独立旅先后编为第一、第二、第三方面军及警卫旅，同时命令在集安地区活动的部队立即开始转移，以摆脱日军的围攻。第二军一部于7月10日开始转移，但是在转移的过程当中，在通化七道沟对日本武装勘探队实施袭击。第一军一部于8月2日在集安西北长岗将伪军索玉山旅之第四十二团击溃，在这场战斗中共缴获140余支步枪、30余支手枪、8挺轻重机枪。杨靖宇率第一军400余人于10月18日在临江以北外岔沟地区遭到日军的围攻，经多次顽强战斗并歼日军百余人，终于胜利突围。第一路军所属各部于1938年冬在吉林集安、通化、临江、辉南、漾江、桦甸等地不断展开战斗，不断对日军施以打击。

1937年秋，第二路军成立，于是第四、第五军开始展开西征。在中共吉东省委领导下，抗联第四、第五、第七、第八、第十军经常在松花江下游地区展开革命活动。与中共北满临时省委领导的抗联第三、第六、第九军积极协同合作，对下江地区的日军造成了重创，先后对宝清县凉水泉子伪警察所展开袭击，在桦川孟家岗展开伏击战，对聚宝山的伪警察署进行攻击，并且这些战斗全都取得了胜利。

1938年1月5日，中共吉东省委在吉林省饶河县（今属黑龙江）境召开下江特委扩大会议，为的就是加强统一指挥，使各部队能够协同作战，会议决定成立抗联第二路军，总指挥由周保中担任，统辖第四、第五、第七、第八、第十军。

由于抗联各军在松花江下游地区对日伪军不断进行打击，所以，关东军以其第四师团为主力，纠集伪军混成第十六、第二十三、第二十七、第二十八旅等部，共集结了2.5万余人，准备于1937年底对活动在下江地区的抗联各军展开大规模的军事"讨伐"，企图将这一股革命势力瓦解掉。针对日军的"讨伐"，抗联各军开始展开艰苦的反"讨伐"斗争。日军骑兵约400人于1938年3月18日对第五军的营地展开进攻，但是在宝清县石灰窑被该军第三师一个连的16人阻击住了攻势。这场战斗一直从拂晓持续到傍晚时分，最终歼日军一个部，击毙日军90余匹战马，最后连长以下12人壮烈牺牲。为迅速从日军的合围圈中脱离出来，1938年4月，第二路军总部决定第四、第五军主力展开西征，在宝清、饶河等地总部率第四军一个团、第五军第三师和第七军坚持斗争，目的就是要牵制住日军，掩护其他部队西征。

西征部队根据第二路军总指挥部的部署将部队分为东西两路军：西路军由第四军统一指挥，为主的是以第四、第五军之骑兵，首先要将苇河县的楼山镇夺取过来，将苇河县（镇）攻占过来以作为临时游击根据地，之后向越中东路前出至五常、榆树、舒兰等地展开攻击，另外根据具体情况再行向西发展，尽最大努力与在南满活动的第一路军取得联系，进而与关内进行沟通联络。东路由第五军统一指挥，以第四、第五军的步兵为主要进攻部队，首先要对中东路上绥芬河进行强行攻击，同时要将少数部队留下来建立后方基地；之后将主力转向东（宁）、宁（安）、汪（清）、珲（春）等县转移，并积极开展游击活动，尽最大可能将东老爷岭游击根据地恢复发展过来。参加西征的第四军主力和第五军一部分于5月中旬分别从富锦、宝清等地出发，向牡丹江方向进发，到6月中旬的时候，绕经勃利、林口部队到达依兰花泡地区，与在当地活动的第五军和第一师会合。在中苏边境由于日军事先挑起武装冲突，加强中东路沿线的封锁，使第四、第五军的西征行动受到严重阻碍。6月底，西征部队于林口县之刁翎召开干部会议，决定将东、西两路部队集中。统一向百常舒兰方向前进。最后终于到达五常地区并与在此地活动的第十军取得联系。具体的作战部署就是：先遣队由第五军第一师担任，以第四军一部、第五军第二师为前梯队，以第四军第二师、第五军教导团为后梯队。各部于7月初从林口以西的四道河子越过张广才岭，于12日拂晓将苇河县之楼山镇攻占。战后，第五军教导团等部转向牡丹江地区。第四军主力和第五军第一、第二师分路向五常前进，由于对地形不熟悉，所以最后错误地进入了延寿县境内，经过辗转，一直到7月末的时候，这两支部队又在苇河县境会合。尔后，两部协同作战，袭击珠河（今尚志）县元宝镇"集团部落"获胜。日军于8月初的时候从哈尔滨、长春等地利用飞机将千余人兵力空运过来，就是想要将抗联西征部队进行围歼。西征各部与日军展开连续苦战，至9月初，开始突破日军之堵截进入五常县境。此后，第四军主力和第五军第一、第二师即分散活动。在强大的日军的围追下第五军第一师甚至难于立足，最后决定突破日军重围向东面返回。10月上旬，该师回到牡丹江支流乌斯浑河岸边与日军遭遇。随该师行动之第四、第五军军部妇女团8名各族女战士，为了掩护部队顺利突出重围，与日军展开激烈交锋，直到最后弹尽粮绝，在走投无路的情况下毅然跳入乌斯浑河的激流之中，为中华民族的解放事业献出了宝贵的生命。此即为东北人民广为传颂的"八女投江"。由舒兰突围东返宁安的第五军第二师余部经过几番波折，终于和第二军第五师会合。第四军主力虽同在当地活动的第十军取得联系，并积极协同作战，但处境日益艰难。至11月中旬，该军负责人被害，部队遂大部失散。

同年6月，第一路军之第五师为配合第二路军西征行动，立即将兵力集中起来，随时待命。7月末，该师在破坏日军镜泊湖北湖头水电站设施并全歼日军后，进入额穆地区活动。但是由于日军将重兵派来封锁路线，虽然已经拼尽全力试图与第四、第五军主力取得联系，但终未如愿。活动在五常的第十军，也曾于同年8月北上接应西征军，但因遭日伪军阻击未达目的。虽然最后和第四军会合，并取得与伪森林警察队、袭击沙河子日军守备队等作战的胜利，但是由于有日军的围攻，同时遭受到了很大的损失。

在第三、第六、第九、第十一军远征海伦时，鉴于北满抗联各军聚集于松花江下游地区，有遭日军合击的危险，1937年7月初，中共北满临时省委邀请中共吉东省委代表参加在黑龙江省汤原县汤旺河召开的执委扩大会议，根据海伦地区日伪统治力量薄弱，易于抗联斗争、生存、发展，而且早在1936年第三、第六军即有远征小部队在海伦地区开展活动的情况。最后会议决定在下江地区留有一部分原来的部队坚持抗日，剩下的兵力要远征到海伦地区，在那里发展新的游击区。

会后，留第三军大部及第九、第十一军坚持延寿、方正、汤原、依兰等地开展抗日斗争。第六军军部率保安团及第二、第四师约700人向海伦远征。进入海伦县境的这些部队，因为对预有准备的日军据点进行强行攻击，所以遭受较大的损失。之后由于日军的跟踪追击，遂被迫返回汤原老区驻守。同年11月，第三军又以第九师由汤原向海伦远征，并在该地坚持抗日游击战争。到1938年6月，北满抗联第三、第六、第九、第十一军与日军连续作战数达百次，虽然取得了一定的作战成绩，但是自己的兵力有的也伤亡过大，甚至有的部队已经减员过半，战斗力大大损失。为保持部队战斗力，中共北满临时省委决定整编部队，将第三军缩编为4个师，同时指示各军突破日军之包围，继续向海伦远征。在6月份的时候，组织将各军召集起来举行会议，之后会议确定要分三批进行远征。第六军主力作为首批远征军，出发地是萝北的老等山，8月份就要进入海伦县境。第二批为第三军和第六军一部，于9月上旬由萝北地区出发，10月上旬进入伦县境。10月16日，上述两批部队在海伦境内召开了团以上干部会议，决定以第六军一部在海伦建立后方临时基地，这样就可以对第三批远征部队展开接应；西北远征队由第三、第六军各一部组成向讷河、德都方向发展，开辟战场；另以第六军一部执行开辟北安、通北游击区的任务。11月，由第六军教导队、第十一军一部组成第三批远征队，在富锦集结后，向海伦进发，到12月下旬抵达海伦地区。仍留依兰地区坚持斗争的第九军主力，这支部队归第二路军指挥。

至此，第二路军之第四、第五军及第三、第六、第九、第十一军的西征与远征行动告一段落。在这场战争中各路军队都有所损失，尤其是第四、第五军遭受的损失最大，虽然如此，但是打破了日军企图将吉东、北满抗联各军压缩包围于三江平原聚而歼之的计划，并开辟了部分新的游击区，扩大了抗联的政治影响。

3. 艰苦环境下的抗日斗争

为彻底消灭东北抗联，日军对其殖民地不断进行巩固统治，同时还积极作着同苏军作战的准备，并在1938年下半年，将关东军兵力增至7个师团，并加紧对抗联的军事"讨伐"和经济封锁。东北抗日游击战争开始进入极端艰苦的斗争阶段。到1939年底的时候，关东军的部队已经增至9个师团。日军于同年开始将兵力集中起来，将作战重点定为抗联第一路军，连续地进行"讨伐"，使抗联部队得不到休整机会；并提出"匪民"分离等口号，加紧进行招抚诱降，希望通过这样就能够将抗联队伍分化瓦解掉。日军的这些做法使一些在抗联中态度不坚定的士兵先后出现叛变投日的现象。同时，实行所谓"米谷管理法"，以及控制布匹、鞋帽、油盐、医药等物资，以断绝抗联生活必需品的来源。另外，日军对于国际法准则竟然公然违反，在哈尔滨平房镇、长春孟家屯先后设立了代号为"七三一部队"和"满洲一〇〇部队"等细菌研究机构，用于对抗中国的抗日组织。"七三一部队"还在海拉尔、林口、孙吴和牡丹江等地设立支所，用抗联被俘人员和群众进行惨无人道的细菌试验，致使数千人惨遭杀害。

抗联活动地区在日伪军疯狂的军事"讨伐"以及严密的经济封锁中实力日渐缩小，在迫于无奈的情况下部队大部转移到深山密林中，在冰天雪地之中战斗，粮食断绝，常以树皮和野果充饥，备受艰难困苦。然而，尽管斗争形势日趋恶化，处境日益艰险，但是抗联在几经辗转之下得到的中共六届六中全会精神和六中全会给东北抗联、东北人民致敬电的鼓舞下，在毛泽东的《论持久战》一书的思想指导下，绝大多数部队仍不屈不挠地坚持东北抗日游击战争。

第一路军在杨靖宇的带领下，坚持在吉林、辽宁两省东部地区进行艰苦的抗日游击战争，并数次将日军的重点"讨伐"粉碎掉，1939年春节前夕，第一路军一部在杨靖宇的率领下，袭击吉林省桦甸县木箕河林场，全歼伪森林警察队，缴获步枪近百支、轻机枪3挺、军用物资一批。接

东北抗联

着杨靖宇领导的部队于4月初又对敦化大蒲柴河日军野战仓库进行了袭击，将200余名伪警察解除了武装。尔后，第二军继续在桦甸一带活动，第一军向东部山区转移。这时，日本集中日伪军警共7万余人，重点"讨伐"抗联第一路军。日军分别采用了"分进合击、穷追搜捕""分兵驻守、随时出动"以及将交通要道封锁等手段，同时还组织"特殊工作队"（亦称"特别搜索班"）实行"狗虱战术，叮住不放"，跟踪追击。在日军的围攻中，第一路军第一方面军艰苦转战，牺牲较大。虽然第二、第三方面军受到一定数量的损失，但是日伪军同样也遭受到了很大的打击。6月上旬，第二方面军在安图红旗河附近闭门屯设伏，歼灭日伪军50余人。尔后袭击敦化大蒲柴河，全歼日军助川"讨伐"队；破袭延吉地区天宝山铜矿，迫其停产一年。第三方面军于8月23日和24日在第一路军副总司令魏拯民的指挥下，以一部兵力采取"攻城打援"战术对安图县城实施攻打，并将伪警察署消灭掉，同时以另一部兵力在安图以北设下埋伏，将由明月沟出发的增援日军歼灭。这次战斗，全歼日军官本队长以下100余人，缴获步枪近百支，轻机枪2挺，毁汽车7辆。25日，又在大沙河以北柳树河子附近设伏，毙日"讨伐"队近百人，毁日军汽车5辆。该部于9月20日又在敦化以南的寒葱岭对日军进行伏击，这次战斗将日军12辆汽车毁掉。入冬后，中共南满省委和第一路军总部在桦甸以东红石砬子附近召开干部会议。为能够使部队保存实力，减少牺牲，会议最终决定将部队分散开来，进行活动。杨靖宇率总部直属队于1940年初将濛江西北龙泉镇顺利攻克，虽取得毙伤日军近百人的胜利，但暴露了总部行踪，加之叛徒告密，日伪军警遂组织多支"讨伐"队跟踪追击。迫于无奈，杨靖宇只好将部队化整为零，分散进行抗日战斗。之后杨靖宇单独率领一支小分队在濛江县西部、辉南县东部与日军展开周旋，转战50余天作战40余次，

209

仍未能突击重围。2月23日，杨靖宇在濛江西南保安村三道崴子壮烈殉国，为中华民族的解放事业献出了宝贵生命。之后，魏拯民领导第一路军继续同日军进行着艰苦卓绝的游击斗争。

1939年初，第二路军突破日军封锁向东部国境转移。日军集中约6000人兵力，编成十几支"讨伐"队，轮番对第二路军总部和第五军等留守在这里的部队进行"讨伐"。周保中于3月底在林口县牡丹江西岸的四道河子主持召开了中共吉东省委的扩大会议，会议决定总部率第四军留守部队向宝清、密山方向转移；第五军向穆棱、东宁方向转移。4月初，日军黑石"讨伐"队步、骑兵约700人，跟踪追击第二路军总部。总部直属队及第五军一部在周保中等人指挥下，在海林以北的葫芦崴子对日军施以痛击，这场战斗共毙伤日军百余名。4月15日，部队由林口以北向刁翎出发，隐蔽地通过日军之封锁，于6月20日到达宝清兰棒山后方基地。第五军于4月15日夜从林口徐家屯附近向穆棱方向转移，中间需要渡过乌斯浑河，于23日的时候，在穆棱泉眼河一带与跟踪之日军进行了战斗，并获得最后的胜利。5月初到达宁安镜泊湖地区。在此期间，第七军在虎林、饶河袭击日军据点，截击其运输队，并巩固了后方基地。第十军在舒兰等地不断打击日军，继续坚持斗争。

为加强和统一指挥，第三路军开展黑（龙江）嫩（江）平原游击战，1939年5月30日，抗联第三路军在黑龙江省德都县东北的朝阳山正式成立。李兆麟任总指挥，冯仲云任政治委员，下辖第三、第六、第九、第十一军，活动于黑龙江省北部十几个县境内，先后开辟了朝阳山、阿荣旗、甘南等游击区。在半年多的时间里面，嫩江两岸活动的部队，就与日军进行了40余次的战斗，并将讷河等城镇攻占，歼灭日军共250余人，缴获各种枪500余支。同年9月，第三、第六军各一部联合袭击德都县伪警察署，毙日军百余人，缴获步枪百余支。

1940年1月20日，中共吉东、北满省委的部分代表鉴于抗联各路军均遭受较大损失，最后决定在中苏边境地区召开会议，会议决定采取保存实力、逐步收缩的方针，将第一路军缩编为第一、第四、第七支队，第二路军缩编为第二、第五、第八支队，第三路军缩编为第三、第六、第九、第十二支队。第三路军于三、四月间已经完成了其所属部队第三、第六、第九、第十二支队的缩编任务。4月1日，第二路军总部将第七军缩编为第二支队；1941年2月，将第五军缩编为第五支队；由于第十军军长已经牺牲，再加上部队大部失散所以最终未能编成。另外还有远在南满的第一路军，由于已经中断联系，所以仍以几个方面军的番号开展活动；到1941年3月开始将第二方面军一部编成第一支队。各路军基本完成缩编后，积极展开对日军的斗争。1940年9月25日，第三路军第三、第九两个支队将克山县城攻克，使日军守备队受到重创，这场战斗共缴获日军 100 余支步枪，同时还将狱中的 300 余名同胞解放出来。10 月，第三支队袭击嫩江以北霍龙门车站，烧毁车站、仓库等建筑物，打乱了日军修筑黑（河）嫩（江）铁路的计划。第十二支队于 8 月上旬奉命由木兰地区出发，并于 8 月底 9 月初进入哈尔滨附近的肇东、肇州地区开展抗日活动。9 月 11 日夜，首袭肇州东北丰乐镇，歼日军 80 余人。尔后，于 11 月 8 日攻克肇源县城，歼日军一部。与日军作战的这些胜利的战果，对当地人民进行了鼓舞，同时也使日军感到震惊。于是日军仅仅调集重兵准备对第三、第九和第十二专队进行围追堵截，上述各部即分散转移。在此期间，第二路军之第二支队在虎林，第五支队在林口、东宁、珲春等地活动，先后取得了奇袭穆棱以南大碱场、东宁杨木桥等战斗胜利，值得一提的就是在战争的过程当中还将驻宝清以北七星镇的 1 个连的伪军争取了过来，使他们反正。第一路军在桦甸、敦化等地坚持斗争。第二方面军于 1940 年 3 月下旬对安图大马鹿沟的日军"讨伐"队展开了袭击，共击毙日军 50 余名。入夏，第三方面军在安图红旗河设伏，毙日军前田总指挥以下 140 余人。

在 1941 年的时候，抗日联军的全部兵力还不足 2500 人，再加上魏拯民等负责人在战场上相继牺牲，损失已经日益增大。为适应随时变化的战争形势，1940 年 12 月下旬至 1941 年 3 月中旬，东北党组织在中苏边境地区开始召开党的代表会议，会议最终确定采取保存力量、培养干部的作战方针。这次会议之后，在中苏边境上，抗联部队分别组成南、北两个野营，并积极进行军政整训，之后还组成了若干个游击小分队深入到内地继续开展抗日游击战争，为东北的解放奠定了良好的基础。

在中国共产党领导与东北人民的支援下，东北抗日联军高举抗日救国的旗帜，同日军进行长期斗争，进行殊死的反抗，这些斗争与反抗表现出中华民族抵御外侮、坚强无畏的革命精神。在全面抗战爆发之后，日本关东军大量兵力被东北抗日联军牵制与消灭，这些对全国抗战起到了战略上的配合作用，同时还支援了苏联人民反法西斯的斗争，为争取抗日战争的胜利作出了极为重要的贡献。

华中敌后游击战争

新四军根据中共中央和毛泽东关于开展华中敌后抗日游击战争的方针部署，于 5 月间向所属各部下达该军的任务，那就是要深入到日军后方，对日军积极开展广泛的游击战，尽最大可能牵制和分散日军的兵力，积极配合国军主力在正面战场上的作战，在进行持久战的过程当中，一定要争取最后的胜利。另外，中共中央对在华中敌后开展抗日游击战争的有利和不利条件进行了具体的分析，分析指出日军主要在交通发达的平原地区以及河川湖泊纵横的地区活动，虽然该地区有一些小山，但

211

是也有众多的公路，同样便于日军的机械化部队活动；而八路军正好缺乏平地、河川战斗的实际经验，同时还缺乏经验的就是与精良装备的日军作战的经验。但是，日军兵力不足，空隙地区甚多，而且新四军素能团结群众，即使地形不利，同样能开展游击战争。并且强调指出："取得广大群众的拥护，才是开展游击战的最基本条件。"新四军军部在指示中提出，基于以上种种条件，以后本军的作战原则就是"积小胜为大胜，团结群众以游击动作进行胜利的战斗，并力求达到自身的壮大和战斗力量的坚强而能进一步进行大的运动战歼灭大的敌人"。

新四军遵照中共中央确定的方针和军部的指示，各支队开始向华中的日军后方崎岖挺进，实行战略展开，同日伪军在大江南北展开广泛的游击战争，为抗战胜利奠定了良好基础。

创建以茅山为中心的苏南抗日根据地。苏南地处京、沪、杭之间，战略位置十分重要。该地区沦陷后，汉奸、土匪活动猖獗，人民处于水深火热之中。为牵制向华中内地进犯之日军，顺利在苏南敌后开展抗日战争，与正面战场配合作战，新四军组成、第一、第二、第三支队部分干部和侦察分队组成的先遣支队，由第二支队副司令员粟裕率领，1938 年 4 月 28 日，由皖南岩寺出发，向苏南敌后挺进，执行战略侦察任务。5 月中旬，先遣支队到大苏南镇江地区。同时，由陈毅率领的第一支队由岩寺出发，向苏南方向挺进。第一支队 6 月中旬的时候到达苏南溧水竹箦桥，随后展开于镇江、句容、金坛、丹阳地区，并积极向京沪、京芜铁路及各公路线薄弱之日军展开袭击和破击作战。

新四军先遣支队 6 月 17 日到达镇江西南的韦岗，对乘汽车由镇江开往句容的日军展开伏击作战。经半小时激战，毙伤日军少佐以下 20 余人，击毁日军汽车 4 辆，缴获长短枪 10 余支。新四军汇南首战告捷，这次的战斗意义十分重大，在日军华中派遣军指挥机关附近的京沪铁路一侧将日军车队歼灭，引起了日军极大的震惊。这一胜利更使苏南渴望解放的人民看到了光明，振奋了民心，提高了新四军的声誉。

新四军第一支队以第二团于 7 月 1 日夜，在丹（阳）北地区 8 个乡人民自卫团和千余群众的配合下，对镇江东南的新丰车站展开袭击，趁日军熟睡，突击队攻入车站，并向顽抗之日军实施火攻，一举消灭 40 余名日军，摧毁其车站大部设施，并拆除一段路轨，使日军京沪铁路交通一度中断，有力地支援了正面战场友军的作战。第一支队第二团于 8 月 12 日对京杭公路上的日军的重要据点句容城展开夜袭。由东南门之间架梯进入的突击部队突袭进入城内，将日军逼退至县政府和教堂，在歼日伪军 40 余人后，主动撤出战斗。这次战斗是袭击日占中心城市南京附近的县城，对日军的震动和对群众的影响颇大。在京沪铁路、京杭公路上新四军第一支队连续获胜，使日军产生了严重恐慌。在加强城镇交通线守备的同时，日军将兵力调集起来，准备寻找新四军部队进行作战。8月23日，驻金坛之日军200余人乘船两艘出犯，其一艘沿丹（阳）金（坛）漕河北进。第一支队第二团遂于日军必经之珥陵镇设伏，毙伤其40余人，给出犯之日军以有力打击。

在第一支队挺进苏南后，张鼎丞于1938年7月率领第二支队也进入了苏南日军后方，于京芜铁路以东、京杭公路以西的江宁当涂、溧水、高淳地区，同日军展开激烈斗争，并创建了敌后抗日根据地，积极打击日伪军，并破坏其交通线。8月22日，日军调集4500余人，在飞机、坦克掩护下，由秣陵关、溧水、当涂、采石、江宁等地，分8路水陆并进，围攻小丹阳地区第二支队，企图摧毁初创的抗日根据地。为打破日军的围攻，第二支队将一部兵力转移到日军围圈的外线，向日军的据点当涂、陶吴等地展开袭击，对日军的兵力进行牵制和调动，另以一部兵力在广大群众和地方武装配合下，广泛袭扰和阻滞日军的进攻；在小丹阳以西杨家庄地区将支队主力大部进行隐蔽集结，对日军薄弱之路寻机进行打击。为配合第二支队的反围攻作战，第一支队主力和地方武装在群众的配合下，积极向京杭、京沪、句丹等公路展开广泛的破袭战，并派出小分队深入南京近郊袭击麒麟门等日伪据点，牵制日军，进行策应。23日，由溧水、秣陵关、当涂三面前来的日军对小丹阳地区展开包围，兵份数路对小丹阳展开合击。第二支队主力于鸡笼山给进犯之日军以有力打击后，迅速转移。日军合围失败，又遭到不断袭击，于26日被迫开始撤退。日伪军于9月以后又开始连续对苏南抗日根据地进行多次"扫荡"。一直到12月的时候，苏南地区的军民先后将日伪军近30次的"扫荡"彻底粉碎，沉重打击了日军，初步巩固了以茅山为中心的苏南抗日根据地。

在对日军进行作战的同时，第一、第二支队同时还大力摧毁当地的伪政权，但是对当地的各种武装却采取了合作态度。由于第一、第二支队贯彻执行了正确的政策，因而，绝大部分游击武装均愿与新四军合作共同抗日。值得一提的是，当中有一个丹阳抗日自卫团，他们在第一支队的指导下获得了大发展，最后将部队扩展到4000余人，扩建为丹阳县游击纵队。与此同时，第一、第二支队还派出战地服务团和民运工作组，配合中共地方组织发动群众，并成立了租息调解委员会，实行减租减息等政策，逐渐将社会秩序稳定下来，就这样使广大人民群众的抗日热情更加高涨起来。"吃菜要吃白菜心，当兵要当新四军"，不少青壮年自动参军，群众主动支援军队作战。为了争取和团结各阶层人士共同抗战，第一、第二支队还积极开展统一战线等工作，陈毅还亲自争取了茅山地区的一些民族资产阶级代表人物，促使他们积极支持新四军抗战。

1938 年 7 月 1 日，第三支队开赴皖南抗日前线，与此同时，新四军第三支队亦进入皖南抗日前线，抗日活动东起芜湖、宣城，西至青阳、大通（镇），南起章家渡，北至长江的横宽百余公里，纵深约 60 公里的狭长地带。由于这个地区面对着日军的长江交通线，所以日军经常出动兵力进行"扫荡。9 月底，第三支队在担任坚守青弋江阵地防御战中，多次击退小股日军的袭扰。日军于 10 月 29 日在湾沚凤凰闸、大洋桥等地集结 800 余人，准备进犯青弋江阵地。在马家园、十甲村一线第三支队第六团一部在正面对日军进行阻击，以第五团一部在跑马山一带，待机向进犯马家园之日军实施侧击，并控制有力的预备队，伺机反击。日军 500 余人与 30 日由湾沚向青弋江阵地发起进攻。在清水潭，第 3 支队与日军展开激战，战斗中共歼日军 100 人，之后主动撤出战斗。11 月 3 日，日军继续增兵后向马家园围攻。第三支队以主力向日军实施反击，并以小分队夜袭日军湾沚及九里等据点，日军前后受袭，到 4 日的时候，被迫撤退。经过 4 天连续作战，这场战斗共歼灭 300 余名日伪军，使日军受到重创，并对皖南前线阵地进行了巩固。

1938 年 4 月底，新四军第四支队进入舒城、桐城、庐江、无为地区展开战斗。该支队先遣队于 5 月上旬向东进发到巢县以南地区，12 日，第九团一部在运漕河西岸蒋家河口伏击日军，江北首战告捷，歼日军 20 余人。7 月间，第九团 4 个连，袭击运漕地区日伪军，共击毙 50 余名伪军，并将伪副司令以下 100 余人俘虏，缴获150 支步枪，6 挺轻机枪。9 月 3 日，该支队以两个营在桐城以南的棋盘岭伏击日军汽车运输部队，双方经过半个小时的激烈交战，一举将 70 余名日军击毙，俘虏了 4 名日军，共击毁 50 余辆汽车。此时，当地封建势力乘机搜罗土匪，勾结日伪，破坏抗战，第四支队于 10 月下旬攻克庐江、无为两县城，歼灭反动武装共 3000 余人。

新四军军部令张云逸为贯彻东进方针，遵照毛泽东的指示，开展江北地区统战工作，加强对皖中抗日战争的领导，于是率领军部特务营渡江向北进发，于 11 月间，抵达无为地区，当即与国民党桂系军队建立了统战关系，将庐江、无为中共地方组织领导的游击队统一编为新四军江北游击纵队，担负皖中地区的抗战任务。同时，第四支队又以一部推进至淮南铁路以东开展游击战争。经过半年的作战，第四支队终于将皖中地区的抗战局面打开了，最终使皖中抗日根据地初具规模，为抗战胜利打下了很好的基础。

1938 年 9 月 2 日，游击支队东进豫皖苏边区。中共河南省委根据周恩来、叶剑英关于把工作重心移向豫东、开创苏鲁皖边新局面、与八路军冀鲁豫边区部队沟通联系的指示精神，决定创建豫皖苏边根据地，并以省委武装部长彭雪枫率新四军游击支队 300 余人挺进豫东。9 月 30 日，新四军游击支队由竹沟出发东进，经遂平于

214

10 月 11 日到达西华杜岗，与豫东游击第三支队一部及先遣大队合编，扩大为 3 个大队，共 1000 余人，部队的番号仍然为"新四军游击支队"，其中彭雪枫担任司令员兼政治委员。新四军游击支队于 10 月下旬东渡新黄河向鹿邑方向前进。10 月 27 日，游击支队进至淮阳以北 20 余公里的窦楼时，遭到戴集的 100 余名日军的进攻。随即该支队以直属队扼守窦楼，另将一部分兵力安排到马菜园以北地区占领有利地形，进而将日军牵制住。通过勇猛的作战，支队主力对进攻的日军翼侧实施包围，经两小时激战，歼日军数十人，残败的日军仓皇窜回戴集。游击支队在东进中取得初战胜利，给当地人民以很大鼓舞。游击支队于 11 月下旬进入唯县、相县、太康等地区，并在西陵寺、陈寨、宋庄等地的战斗中相继取得胜利。随后，又粉碎了唯、租、太、商（丘）地区日伪军 2000 余人的"扫荡"，初步打开了豫东敌后的抗战局面，为发展豫皖苏边抗日根据地创造了有利条件。

　　在中共中央和中央军委的正确领导下，自新四军成立一直到 1938 年 10 月，已经较为顺利地将集中、改编和向华中敌后地区挺进的任务完成了，并积极在长江下游苏皖地区的广大农村，发动与组织群众，鼓励群众建立自己的抗日武装，积极同日军抗战到底，开展抗日民族的统一战线工作，建立抗日民主政权。仅仅用了半年的时间，就已经取得了 100 余次的战斗胜利，共歼灭了 3300 余名日伪军，使华中敌后的战略展开已经初步实现。同时创建了一系列的抗日敌后根据地，包括有苏南、皖南、皖中和豫东等，像一把尖刀插向了日军华中派遣军的背后，有力地牵制了日军的兵力，对正面战场友军的作战进行了有力的支援和配合，对稳定华中战局起到了重大的作用，为进一步发展华中地区敌后抗日的游击战争奠定了良好的基础。

华北敌后军民反扫荡作战

　　日军使用各类手段对付抗日军民，但军事打击是运用的最核心手段，以其优势不断对抗日根据地军民实施"扫荡"。当时，日军华北方面军的兵力共有 30 万人，为 11 个师团、12 个独立混成旅团，伪军约有 10 余万人的兵力。

　　日军华北方面军准备非常充分，于 1941 年 5 月 7 日至 27 日，投入了大约 10 万人的兵力大规模进攻中条山的大约 18 万国民党军，最终摧毁了国民党在中条山的根据地，除少数国民党军残部仍坚持在黄河以北继续斗争外，多数南渡黄河转移到河南。之后，日军便开始对中共抗日根据地发动更大规模的"扫荡"作战。

　　百团大战后，八路军开始调整与日伪的斗争策略。首先，百团大战虽然对日军造成沉重打击，但八路军方面也出现较大伤亡，而且受到严重摧残的根据地也需要恢复的时间。其次，当前的国内形势为，在 1940 年底、1941 年初，国共矛盾日益激化，国民党强令新四军向黄河以北撤退，然而当新四军军部自皖南撤离时，却遭到国民党军的伏击，制造了"皖南事变"。从1940年年底开始，八路军不得不着手准备应对国民党的反共突发事变。1941年1月6日，彭德怀、左权、罗瑞卿发出《关于目前作战策略的指示》，认为日军今后作战计划的可能性有三种：一是"南进"，二是"西进"，三是"正面僵持（不南进也不西进），抽兵增加华北进行大'扫荡'。就目前形势看，西进与增兵华北两种可能较南进可能多。我们一切准备中心要放在增兵华北"，"不管敌人企图如何，不管国内国际变化如何，今年华北战局比以往任何一年会要严重"。为了随时应付新的形势，八路军开始准备足够力量并制定了具体军事行动方案：（一）对津浦、平汉、平绥、同蒲、正太诸主干铁路，暂停炸车破路与夺城镇据点，以一个月为期；（二）想尽一切办法进行伪军工作；（三）敌对抗日根据地、游击区的"扫荡"修路，应给以坚决的打击与破坏修路计划；（四）华北交通战已经占重要的地位，要注意炸车破路的技术；（五）坚持完成4个月整军计划。

1941年，八路军与日军反复拉开扫荡与反扫荡的斗争，战事空前残酷，以下是主要完成的反扫荡斗争。

1. 鲁西军民的反"扫荡"斗争

在鲁西，郭城属于日伪的一个重要据点，1940年底以来，郭城日伪军对中共地方武装不断进行疯狂袭击，致使中共地方组织遭受了较大破坏。八路军第一一五师教三旅兼鲁西军区（杨勇为旅长兼军区司令员，苏振华为旅兼军区政治委员）为此提出一项战斗口号，坚决"打胜仗，缴大炮，迎接1941年"，并决定通过围点打援的战术狠狠打击这伙日伪军。1941年1月7日24时，八路军开始对郭城西北日伪军据点侯集发动围攻，同时在侯集与郭城之间的潘溪渡设下埋伏。1月8日晨，160余名郭城日军、30余名伪军闻讯赶来增援，行至潘溪渡时遭遇八路军的打击，全部被歼，八路军缴获一门九二步兵炮。1月15日，日军出动第十二军以第二十一、第三十二师团、独立混成第一旅团及伪军各一部，总兵力约1万人，自临清、济宁、菏泽、大名等地出发，开进以范县、观城为中心的鲁西抗日根据地，实施了报复性"扫荡"。当时中共鲁西区党、政、军领导机关转移到了朝城以西的苏村、马集地区，1月17日拂晓，日军搭乘70余辆汽车对其展开合击，为掩护领导机关脱险，教三旅特务营一个连在苏村坚守，最终全部牺牲。之后，日军对鲁西发动了反复"清剿"行动，八路军则以营为单位分散开来与日军展开周旋，日军最终于2月6日结束"扫荡"，撤回了原据点。这次反"扫荡"持续了将近1个月，当时八路军部队并没有开展大规模反"扫荡"的经验，因而未能有力打击在平原快速运动的日军机械化部队。日军在"扫荡"中还设置了两条封锁线，范围从郭城经寿张至阳谷，以及由东平湖东岸经东阿至平阴，鲁西由此被分割为泰西、运东、范（县）观（城）中心区三块，八路军回旋机动能力则受到很大限制。

2. 冀鲁豫边区的反"扫荡"斗争

日军对鲁西发动"扫荡"，随后又将目标对准了邻近鲁西的冀鲁豫边区，着手准备进行"扫荡"。为了不让八路军察觉其"扫荡"企图，日军第十二军抽调第三十五师团、独立混成第一旅团各一部共 8000 余人，在冀鲁豫边区中心区——沙区（内黄、濮阳、滑县之间的沙地）周围据点内秘密集结，随后为了吸引八路军主力，适时发动聚歼，命令 2000 余名伪军率先侵入根据地。4 月 11 日，这伙 2000 余人的伪军已经侵占了内黄西南之茨藩、安化城等地。八路军第二纵队兼冀鲁豫军区（杨得志为司令员，崔田民为政治委员）被日军的障眼法所蒙惑，没能判断出日军的企图，随即集中主力对侵占安化城的伪军发动围攻。激战到 12 日拂晓，安化城伪军即将被解决，正当此时，五陵集、大堤口、许村、蔡村等地的日军突然出动，自四面八方推进沙区，以严密包围之势威胁着八路军主力。第二纵队在战情突变之下紧急作出决定，内线留守 1 个营坚持战斗，主力兵分两路进行突围，分别向观城、南乐县转移。新二旅第四团第二营负责留守内线，并与占据优势的日军周旋了两天两夜，最后，仅有第五连突围成功，第六、第七连的战士全部壮烈牺牲。在扫荡中，日军实行了惨无人道的"三光"政策，群众生命、财产在暴行之下损失严重。4 月 20 日，日军撤出，返回原防。其间，八路军主力部队转入外线后又将 700 余名日伪军毙伤。日军通过这次大"扫荡"，完全切断了冀鲁豫抗日根据地中心区与鲁西南之间的联系。

1941 年上半年，冀鲁豫、鲁西两个平原抗日根据地面对着极为严峻的局势，中共中央北方局、八路军总部最终批准，两区联合组成新的冀鲁豫区，以实现对日斗争力量的统一。1941 年 7 月 1 日，成立了新的冀鲁豫区党委，书记由张霖担任。7 月 7 日，又成立了新的冀鲁豫军区，两区内主力部队随后接受统编，组成八路军第二纵队。第二纵队司令员由杨得志担任，纵队副司令员由杨勇担任，军区司令员由崔田民担任，苏振华担任纵队兼军区政治委员。9 月初，新的冀鲁豫边区行政主任公署也成立起来，主任为晁哲甫，副主任为段君毅、贾心斋。

1941 年 5 月，按照日军制订的年度作战计划，一场更大规模的"扫荡"即将降临抗日根据地。日军在 1941 年度的作战计划中，反复强调要"重点集中力量统一"，即将绝对优势兵力集中起来，对抗日根据地实施各个击破，逐一将其毁灭。此次，日军统治中心北平周围的晋察冀边区抗日根据地，成为"扫荡"重点。5 月 29 日至 7 月 21 日期间，日军集中 4 万余人对冀东抗日根据地进行围攻，6 月 10 日至 7 月 10

日期间，又集中2万余人对冀中北部——第十军分区进行围攻，随后又在8月14日至10月10日期间，集中7万余兵力对平西、北岳区进行"扫荡"。日军的攻势异常凶猛，致使八路军在此次战役中遭受了巨大损失。

3. 冀东抗日根据地的反"扫荡"斗争

日军将华北与东北视为其"交通走廊"，为了确保其安全，在冀东作了重点部署，冀东抗日斗争的开展十分艰苦。1941年1月，日军曾对丰润西北一侧的鲁家峪进行"扫荡"，洗劫了九沟十八峪，同月2日，又在丰润东北制造了潘家峪惨案，共有1300余名群众被集体屠杀。2月23日至3月8日，关东军驻热河部队与华北方面军独立混成第十五旅团密切协同，对冀东西北的密云、平谷、蓟县发动了"肃正作战"，4月1日至同月末，又发动了对其中的盘山地区的战斗。5月又开始准备大举围攻冀东，日军此次又采取了障眼法，为了麻痹八路军，隐蔽其企图，在5月初派出一股小部队在冀东西部虚晃一枪，并故意丢下汽车上的武装胶皮人，以造成其兵力薄弱的假象。同时又将第二十七师团、独立混成第十五旅团两部的主力和关东军独立守备步兵第一、第七、第九、第十六、第二十七大队秘密调集，连同伪军共4万余兵力，在冀东抗日根据地四周的据点完成部署。5月29日，东线日军自东向西挺进，长城沿线日军自北向南挺进，将包围圈逐步压缩。对于当前的战斗形势，八路军冀东军分区并未了解充分，且没有作好反"扫荡"的准备工作，也没有形成周密的通信联络，致使在东、西部地区活动的部队，不约而同地向玉田南部的杨家套、杨家板桥一带的狭小平原地区转移而去。冀东军分区察觉到了这一危急情况，急令部队分散，然而日军此时已经开始发动进攻，根本未来得及执行。6月2日，日伪军开始对杨家套一带的军分区机关和第十三团发起进攻，八路军不得不实行艰苦的村落防御战。2日夜，第十三团第一营和军分区警卫连在军分区司令员李运昌率领下，向北侧突围，经盘山向平北地区转移。第十三团第二、第三营却突围失败，蒙受了巨大损失。冀东军分区第十二团突围过程中，团长陈群壮烈牺牲，部队有数百人伤亡。此后，日军的"剔抉剿灭""清剿"和"清乡"接踵而至，一直持续到7月21日才宣告结束。反"扫荡"告一段落后，8月初，中共冀东区党分委在遵化县的张家屯，召开会议，对此前一战的经验教训进行总结，决定不再坚持以往主要在平原和靠近平原的边缘区发展抗日根据地的做法，转而将主要力量放在热南山区的开辟上，以实现抗日根据地的扩大和巩固。据此，9月中旬，仅将第十三团第二营留在基本区坚守，剩余3000余人，包括第十三团第一、三营，第十二团全部和地方武装一部，分路向北前进，跨越长城，挺进已被日军统治8年时间的热南地区。历经2个月的时间，八路军在平泉、青龙、承德、兴隆诸县境内约40万人口的广大地区，主要

218

是沿东起都山西至雾灵山之间建立了一些交通站。至此，在热河锦热路南的广大地区，抗日斗争蓬勃地展开起来，创造了坚持冀热边游击战争的新的有利条件。

4. 冀中军区的反"扫荡"斗争

冀中第十军分区位于大清河北侧，处于被日军侵占的北平、天津、保定几大城市之间，同时也是日军进攻的重点。到1941年初，第十军分区境内约有1万余名常驻日伪军，204个据点，在整个冀中据点总数中所占比例达到38%。当前，日军已经控制了永定河北和牤牛河以东，八路军仅剩下大清河以东、以北和大清河以西各一块抗日根据地，大约涉及百十个村庄。从4月1日起，日伪军以2000余兵力开始对大清河以西以容城为中心的地区实施"扫荡"，时间长达1周，并沿公路增修了据点。第十军分区回旋余地由此大为缩小，于是令第二十七、三十二团分别向北岳区和平西地区转移，第二十九团4个连、军分区警卫营5个连、游击总队7个连和县、区地方武装留守原地，继续坚持战斗。自6月10日开始，日伪军又以2万余兵力对第十军分区实施了大规模"扫荡"。日军首先对大清河以东地区展开围攻，第十军分区部队坚持斗争5天后，西渡大清河向容城以西转移。日军在后面跟踪追击，八路军在容城以西地区遭遇了第二次合围，最后不得不退出根据地，分散南下向白洋淀附近地区转移。之后，日军又分成多股兵力，明确区域划分，逐村实施"清剿"，持续了将近1个月时间，到7月10日才宣告结束。从此，第十军分区所属地区转变为日占区和游击区，这一阶段，大清河北的抗日斗争开始以隐蔽斗争为主。

5. 晋察冀根据地的反"扫荡"斗争

1941年7月9日，在日军年度作战计划基础上，日军华北方面军司令官多田骏向晋察冀边区下达了作战命令。其作战方针为：在击溃晋察冀边区共军及消灭其根据地的同时，结合封锁，破坏其自给自足，进而消耗、困死该地区的共产势力。华北方面军直辖兵团及第一军、第十二军、驻蒙军各一部为主要参战兵力，同时又划分为进攻兵团和封锁兵团。进攻兵团又分成甲、乙、丙3个兵团，接受方面军的直接管辖，任务为向抗日根据地内深入并展开作战。其中，以第二十一师团1个联队为基干编成甲兵团，战前在北平附近完成部署；以第一一○师团第十三旅团为基干编成乙兵团，战前在石家庄附近完成部署；以第三十三师团为基干编成丙兵团，战前在太原附近完成部署。封锁兵团的作战任务为："切断与敌地区的一切交通，以防止敌人逃脱，在不得已情况下，应将逃出之日军予以歼灭"，同时负责为进攻兵团提供的供应、援助，紧急情况下还要配合进攻兵团，深入抗日根据地作战。计划作战分为两期，第一期，时间预定为2个星期，"在此期间应向敌区进攻并击溃敌集体战斗力"；第二期，时间预定为7个星期，"在此期间，各进攻兵团应分别在各该作战区内搜索、扫荡残敌，并搬出和破坏敌资材设施"。日军此次约有6万余兵力参战，另有1万余名伪军。在7月7日之时，日军大本营曾下令由多田骏担任军事参议官，新任华北方面军司令官冈村宁次上将从东京抵达中国后，将担任此次大"扫荡"的指挥。

晋察冀军区根据八路军总部6月21日关于日军可能大举"扫荡"抗日根据地等指示和当面战争形势的重大变化，于7月22日将反"扫荡"训令和政治工作指示发布下去，向各部队提出作好应战准备的要求。

8月14日至9月4日，日军的第一期作战按计划进行。日军率先在8月14日至21日期间，以进攻兵团的甲兵团对八路军平北抗日根据地古北口、密云地区进行"扫荡"，以乙、丙两兵团对冀中抗日根据地深泽、安平、无极、安国等地区进行"扫荡"。日军计划将上述地区的八路军彻底消灭，或者"最低限度亦应将该敌压向西方山地以内"，从而为下一步聚歼做好准备。之后，从8月23日开始，日军开始大规模扫荡北岳、平西区，这也是此次作战的主要目标。日军进攻兵团和封锁兵团一部密切协同，围攻了平西十渡地区，北岳娄山，水泉地区，中共晋察冀分局等机关驻地陈家院、陈庄地区，晋察冀军区机关驻地蚊潭庄、湾子里、六亩园地区。晋察冀边区党政军机关随后转移到了阜平地区，主力部队则转移到了平汉、正太铁路和进攻日军的侧后，至此，终将日军的第一次围攻摆脱了。8月31日，日军甲兵团派出6000余人对平西区党政军机关所在地蓬头、小峰口地区实施合击，因八路军早于前一天晚上转移，让日军扑了空。与此同时，日军乙、丙两兵团等部集结了约5万兵力开始大规模合围阜平地区，9月1日，晋察冀边区党政军机关、学校七八千人遭遇围困，被压缩在阜平以北以雷堡为中心东西约25公里、南北约35公里的狭窄范围内，陷入十分危急的处境。晋察冀军区领导遂作出向西侧的常家渠一带山区转移的决定。此时，八路军巧施障眼法，迷惑日军，1日黄昏，军区领导派侦察分队抵达雷堡以东的台峪一带，并借助携带的一部电台以"军区呼号"向各方联系，故意将自己的目标暴露出来，使其产生八路军领导机关已向东转移并仍在合围圈内的假象。2日下午，日军果然中计，派出一部7000余人的部队打算合击台峪，晋察冀领导机关、学校立即抓紧时间，当晚便向西行军40公里顺利转移到常家渠，随后又在此隐蔽了5天。7日，军区领导机关向平山县的东西文玉地区转移，随后继续指挥反"扫荡"作战。

9月4日至10月15日，日军转入第二期作战，对抗日根据地进行"梳篦清剿"，9月7日、15日，晋察冀军区相继发出指示，要求各军分区一面适当地集结主力一部，对日军的交通运输实施打击，把日军搜山"清剿"部队消灭干净；一面实施更大的分散，以游击动作极力控制地区，打击伪政权，恢复社会秩序。要求地方武装和民兵，通过游击战为群众收割、保藏粮食、保卫秋收提供掩护。其中，"狼牙山五壮士"的英雄壮举就是在反"清剿"的斗争涌现出来的。狼牙山位于易县、徐水、满城、涞源之间，在易县城西南约25公里处。面对日军的大肆"清剿"，上述4县的中共党政机关、游击队和附近村庄的数万群众都在狼牙山区隐蔽起来。9月24日，日军以3500余人的兵力，搜剿狼牙山区。为顺利转移狼牙山区的数万军民，晋察冀第一军分区以第一、三、二十团在后方提供掩护。第一团第七连第二排第六班5位战士断后，25日，毅然将日军吸引到狼牙山绝境棋盘陀，致使90余日军被毙伤，直到子弹和手榴弹全被打光，毁坏步枪，誓死不屈，英勇跳崖，班长马宝玉和战士胡福才、胡德林壮烈牺牲，战士葛振林、宋学义因架在山腰树丛中而保住性命，随后得到群众救护才成功脱险。

9月24日，日军华北方面军命令进攻兵团集结回撤。据此，从10月1日开始，甲兵团率先逐次撤退，到10月15日，抗日根据地内的日军进攻兵团、封锁兵团已基本撤出。当日军回撤时，晋察冀军区迅速集中主力部队，在地方武装和民兵配合下，对日军展开袭击、伏击、追击，使其遭受了巨大打击。

在北岳、平西反"扫荡"期间，晋西北、太岳、太行、冀南、冀鲁豫、冀中、冀东抗日军民，在八路军总部的指示之下，对日军的后方交通线、据点发动进攻，对北岳、平西的反"扫荡"斗争形成了有力配合。

在两个多月的反"扫荡"斗争中，北岳、平西区八路军部队共作战800余次，5500余名日军被歼；在民兵方面，只有北岳区毙伤日军485人，俘获30人。八路军部队也遭受了2000余伤亡，人民群众有4500余死伤，将近2万名青壮年被抓走，15万余间房屋被烧毁，2899万余公斤粮食、3万余头牲畜遭受损失。日军新建113个碉堡和据点，534公里公路，158公里封锁沟，在第二军分区的冀晋两省边界以西地区制造了无人区，抗日根据地面积缩小4000余平方公里，并陷入了更加困难的处境。与此同时，八路军在反"扫荡"斗争中也暴露出一些缺点，如各级领导机关过于庞大，行动缓慢，易陷于日军合围圈等。

1941年秋的11月1日至12月25日期间，日伪进行第三次"治安强化运动"。按日军的说法既是，"运动的重点在于进行灵活的军事行动的同时，断然进行强有力的经济战。即彻底封锁所有敌占地区，一切物资一概不准外流。另一方面，积极确保能够获得的物资，并实行合理的配给，促进华北经济自给自足，以期安定民生"。换句话说，日军将进一步加紧对抗日根据地的经济封锁、物质掠夺，通过在占领区民众中实行所谓"配给制"，进行物资的控制和掠夺，为其"以战养战"服务。

6. 太岳根据地的反"扫荡"斗争

1941 年 5 月，中条山会战结束之后，国民党第九十八军武士敏部继续坚守在太岳南部沁河以东长子、沁水地区，进行抗日作战。8 月初，八路军太岳纵队兼太岳军区奉总部下达指示，以第三八六旅第十七、十八团及决死队第一旅第五十七团组成太岳南进支队（司令员由周希汉担任、政治委员由太岳区党委书记聂真兼任），将岳南沁河以西孔滩、马壁地区的抗日根据地开辟出来。为了将岳南、岳北沁河河畔的八路军歼灭，同时将国民党第九十八军迫降或歼灭，日军第一军决定以第三十六师团、第四十一师团、独立混成第十六旅团各部主力以及独立混成第四、九旅团各一部发动一次大"扫荡"，计划率先将岳南的八路军、国民党军解决掉，随后北上对沁源地区的八路军发起进攻。9 月 22 日，日军 2 万余人分别由安泽、浮山、屯留、长子等地向南北孔滩、马壁合击。八路军太岳南进支队派出小股部队与日军保持接触，主力则向高平以西的东西峪地区转移。29 日，日军又向东西峪合击，再次扑空。与此同时，国民党第九十八军对日军的劝降不但不予理睬，而且还对日军石哲镇的警备队发起主动攻击。28 日，日军对第九十八军实施包围，该军一部因得到八路军支援突出重围，军长武士敏率部作战中牺牲。10 月 3 日岳南反"扫荡"结束，太岳南进支队随后便在岳南长子、高平等 7 县地区，将太岳军区第四军分区组建起来。10 月 6 日，日伪军 3 万余人开始对岳北以沁源为中心的地区进行大"扫荡"。岳北抗日军民事先做好准备，已经采取了"空舍清野"等措施，同时在内线部署地方武装，以主力转至外线，内外线相结合积极打击日军。18 日，日伪军被迫退出抗日根据地。八路军在此次岳南、岳北反"扫荡"斗争中成绩突出，毙伤 1400 余日伪军，而八路军方面约有 374 人伤亡、失踪。

7. 太行区的反"扫荡"斗争

10 月底开始，日军第三十六师团两个联队及独立混成第四旅团一部共 7000 余人，根据"捕捉奇袭"的战法，在八路军总部、第一二九师师部和水腰兵工厂之间连续奔袭。10 月 31 日，日军第三十六师团 4000 余人由潞城、襄垣等地出动，连续对八路军第一二九师师部驻地涉县赤岸村及八路军总部部分单位驻地黎城西井镇等地发动夜袭。11 月 3 日，日军独立混成第四旅团 2000 余人也由辽县、武乡出动，在大有、贾豁、宋家庄等地之间进行奔袭。因为太行军民事先有准备，所以日军扑了空，同时还遭到不断的打击，至 11 月 6 日，日军独立混成第四旅团撤回辽县、武乡，第三十六师团撤至黎城。11 月 9 日，退到黎城的日军第三十六师团步兵第 8 联队等部，突然对黎城以北的黄崖（烟）洞、水腰地区发动袭击。八路军总部为保卫水腰兵工厂，命令总部特务团等部凭借有利地形，对日军实行坚决抗击，同时调集第一二九师4个团部署于外线以配合作战。经过连续8昼夜激战，总部特务团毙伤日军700余人，于11月16日转移。17日，日军将水腰兵工厂破坏后便撤退而出，途中不断遭到八路军的截击，至20日夜不得不逃出黎城返回潞城。太行区在这次历时20余天的反"扫荡"中，共歼日军1384人，八路军伤亡396人。

8. 沂蒙山区的反"扫荡"斗争

山东日军第十二军在制订1941年度"肃正"计划时，将津浦铁路以东、胶济铁路以南山区的八路军抗日根据地确定为重点，为此于9月进行了博（博山）西作战，10月对鲁南郯城、马头地区进行了"扫荡"，同时还积极筹谋从11月初开始对鲁中沂蒙山区发动一场更大规模的"扫荡"。日军对沂蒙山区"扫荡"的目的是企图消灭沂州（临沂）、沂水、蒙阴三角地带的八路军，将抗日根据地逐步摧毁，并进行第三次"治安强化运动"，同时借助日军武力的扶植建立起伪政权。其中，除第十二军的主力（第十七、第二十一、第三十二师团，独立混成第五、第六、第八、第十旅团各部主力）参战外，华北方面军配属的第三十六师团，独立混成第三、第四、第九旅团的各一部也同时参战，总共约有5万兵力。这是抗日战争时期日军对山东抗日根据地发动的规模最大的一次"扫荡"。

为了实现山东地区的军政领导和统一作战指挥的加强，9月13日，中共中央和中央军委下达指示，山东纵队和第一一五师两个军政治委员会合组为山东军政治委员会，书记由罗荣桓担任，第一一五师首长全面指挥山东纵队。10月7日、10月13日，山东军政治委员会、第一一五师相继发出反"扫荡"作战准备的指示。山东军政治委员会于11月2日作出决定：中共山东分局和第一一五师、山东纵队直属队、抗大第一分校根据情况向外转移；山东纵队第一旅主力向日军合围圈的外围转移，等待时机发动进攻；鲁中军区及各军分区和县区武装则就地领导民兵坚持斗争；在鲁中附近活动的教导第一旅和山东纵队第二、第三、第四、第五旅等部分别部署于滨海南部和北部、胶济路沿线及新泰以东和烟台一带，积极发动攻势，对沂蒙山区的反"扫荡"作战形成配合。

11月2日，日军开始逐步压缩和封锁沂蒙山区。4日拂晓，北面约400余日军对马牧池的山东纵队指挥机关发动偷袭，山纵指挥机关分散突围至沂水西北之南墙峪。日军第十二军主力于5日拂晓发起进攻。其第二十一师团顺着沂水南北一线向西挺进，第十七师团由岜沂及其东北地区向北方及西北方挺进，第三十二师团由蒙阴、新泰一线向东方挺进，打算对八路军展开"铁壁合围"。至5日黄昏，2万余日军包围了八路军第一一五师师部等领导机关，大约5000余人被围困在驻地留田一带。八路军在5日晚上向西南方向隐蔽突围，通过日军两道封锁线，到达埠山庄，在此隐蔽 1 个白天，6 日晚上转移到费县东北的黄埠前。6 日，日军再次合击了在南墙峪的八路军山东纵队领导机关。随后，八路军经天宝山区向外线的泰（安）泗（水）宁（阳）边区的石莱一带转移。8、9 两日，日军对芦山发动合击，八路军鲁中军区司令员刘海涛英勇献身。12 日，日军开始转入第二期作战，打算展开分区"清剿"。为粉碎日军的"清剿"，保卫根据地人民的生命财产安全，八路军第一一五师派出一部主力回到沂蒙基本区，对内线斗争进行支援，之后，第一一五师等领导机关也回到了沂蒙基本区。30 日，日军于东、西蒙山之间大谷台以南的大青山合击了第一一五师等领导机关一部，12 月 4 日，日军又在大青山附近的瓮城子一带合击了第五师直属队一部及蒙山支队，八路军由此遭受巨大损失。其中，山东省战时工作委员会副主任兼秘书长陈明、第一一五师敌工部副部长王立人、国际友人德国记者希伯、山东纵队直属第三团政治委员刘涛等不幸牺牲。之后，第一一五师领导机关不得不再次向外线转移，进入滨海区，以实现安全保障和不间断地指挥作战，内线作战部队则由山东纵队统一指挥。12 月 11 日，1000 余日军又在蒙阴以东的高湖对山东纵队领导机关发动合击，山纵宣传部长刘子超等英勇献身。23 日，日军主力分路撤退，八路军乘机反击，收复村镇，至 28 日，沂蒙山区抗日根据地基本已经恢复平静，此次反"扫荡"作战告一段落。

此次反"扫荡"持续了将近两个月的时间，2000 余日军被歼，但八路军也遭到很大损失，伤亡人数达 1400 余人。其间，机关庞大的弊病日益凸显，致使八路军一再遭遇日军合击，在 11 月 11 日至 12 月 11 日这一个月的日军"清剿"期间，日军抓走壮丁近万人，3500 余名群众惨遭杀害，被奸污的妇女更是难以计数，另有数万只家畜家禽被掠走，80 余万公斤粮食被抢走，沂蒙基本区 1/4 以上房屋被烧毁，群众的生产生活用具多被抢走或毁坏。经过此次"扫荡"，日军打通了台（儿庄）潍（坊）、临（沂）蒙（阴）、沂（水）临（沂）等公路，沂蒙区的据点增加了近 70 个，严密分割封锁了八路军根据地。

1941 年，是华北敌后抗日根据地转入严重困难的第二年。在这一年里，日军发动了 3 次"治安强化运动"，1000 人以上的"扫荡"发动了 69 次，万人至 7 万人的大"扫荡"达到 9 次，"扫荡"时间长、兵力大，重点集中，从之前的分进合击向现在"铁壁合围"和"梳篦清剿"不断发展。而此时，八路军尚未真正认清日伪推行的"治安强化运动"的严重性，对日伪的"蚕食"还未采取有力措施对付。在这样的情况下，抗日根据地面积不断缩小，人口逐渐减少，八路军的伤亡也持续增加，财政经济出现危机，可谓困难重重。到日军推行第三次"治安强化运动"之前，1941 年 10 月底，相较于一年前，抗日根据地的面积已经缩小了约 1/6。此时，八路

224

军约控制了1/4的华北人口，日军却控制了将近3/4，抗日根据地约有人口2200万，日占区内约有人口6000万（内中一部是双方游击区）。八路军约占据着60%的华北乡村范围，日军占据着40%；华北城市八路军占2%（437座县城中占10个），日军占98%。抗日根据地都是较为贫穷的地区，日占区却相对富有，人口稠密。日军在华北方面约有兵力32.5万，与八路军作战的兵力达到26.5万，另有伪军人数11.7万。八路军兵力数量上与日军大致相等，但技术装备上不如日军，战斗力强弱对比明显。

1941年12月8日，日军对美国海军基地珍珠港发动偷袭，由此爆发了太平洋战争。日军企图把华北变为其大东亚战争的兵站基地，继续在华北推行其"肃正建设三年计划"，推行"治安强化运动"，"扫荡""蚕食"抗日根据地、游击区。

此时，日军要同时应对太平洋战场和中国战场，在日军发动太平洋战争、调走部分兵力的新情况下，为了防止中国军队趁势发起反击，同时也配合1942年度的作战计划，日军决定先发制人，于1942年在华北全区展开作战，主要包括"扫荡"冀中、太行、太岳、晋西北八路军的作战，在山东对国民党军于学忠、孙良诚部发起进攻的作战，最后，孙良诚率领所部向日军投降。

9. 冀中根据地反"扫荡"斗争

无论是日军还是八路军，都将冀中地区看做是"粮仓"，它在战略方面、经济方面占据着重要地位，而当时，八路军已经在冀中地区站稳脚跟，这里也成为其供应、培养战斗力的重要基地，正好对缺乏农产品的太行山区抗日根据地提供了支援，只要扼守这一基地，就会收到很大成效。为此，日军华北方面军在1942年度的作战计划中，选择冀中为主要作战对象。4月中旬，日军华北方面军将冀中作战实施计划制订出来，其方针是："对以吕正操为司令的冀中地区的共军主力，进行突然袭击的包围作战，摧毁其根据地，同时在政治、经济、思想上采取各种措施，以便将该地区一举变为治安地区。"日军此次共集结了5万余兵力参加"扫荡"。事实上，日军早在大"扫荡"开始前，便加紧"蚕食"步伐，控制了冀中抗日根据地基本区约2/3的面积、人口。当时八路军只剩下3000余个村庄，约280万人口，1.9万平方公里土地。对于日军此次"扫荡"冀中，中共冀中区党委和冀中军区早有预料，并发出作好反"扫荡"准备的指示与要求。各部队拟定了分散活动的方案，划分了活动区域，规定主力团一般以营为单位，基干团、地区队以连为单位活动，疏散了机关以及医院学校、工厂等非战斗单位。尽管已经作出了一定部署，但是八路军对日军"扫荡"的残酷性、长期性、严重性仍然认识不足。

5月1日，日军的第一期"扫荡"开始了，投入了大约1.5万兵力，作战地区仅限于边缘区，企图将八路军活动范围压缩到淳陀河、滏阳河与德石路之间的三角地带之内。在9、10两日间，日军第四十一师团由山西开到德石线，并将兵力展开，合围的部署已经基本完成。冀中区党委、军区曾于7日指示，主力部队大部转向日军侧后，但无法执行，机关、部队大部被迫向根据地中心区后退，开始处于拥挤、被动局面。11日，日军转入第二期"扫荡"，对抗日根据地中心区进行分割围歼。冀中军区除将主力一部留守在中心区坚持斗争外，领导机关和主力大部开始逐步突围，打算转移至外线，13日，军区机关率领第二十七团等，转至滏阳河以东地区。日军则将5万余兵力全部出动，对向外线突围的八路军部队发动连续的围追堵截。

5月16日，日军转入第三期作战，这时日军在抗日根据地中心区留下机动部队，在主要点线集结隐蔽，让八路军误以为仍有较大空隙，诱使其返回。在这一反"扫荡"的紧急时刻，5月18日、20日，中共中央北方局和八路军总部先后发出指示，对日军此次"扫荡"冀中的残酷性和长期性予以明确认定，号召冀中军民将顽强性与坚韧性最大程度发挥出来，争取反"扫荡"的胜利；并决定冀中军区抽调3个团和部分地区武装，向山地转移，以使力量得以保存；冀中地区党政机关开始放弃之前的斗争方式，采取两面政策，不能立足的干部，应随军转移；坚持原地斗争的武装，斗争方式应实现公开和隐蔽、军事和政治相结合。同时对邻近冀中各区八路军下达指示，采取积极行动，对冀中反"扫荡"斗争形成配合。

由于冀中区党委和军区对战斗形势判断不够准确，认为"扫荡"的日军可能撤走，仅保留了一部分兵力建立据点发动"清剿"，并在5月21、22日，向留守部队连续发出反"清剿"恢复地区的指示，要求第六、第八、第九军分区主力部队返回抗日根据地中心区。察觉到八路军开始返回中心区之后，日军随即以重兵发动围攻，第六、第八军分区部队因此遭受了巨大损失，第九军分区部队进到肃宁以西时，获悉第八军分区部队遭合围，即返回白洋淀地区。

6月4日，得到上级指示后，冀中区党委和军区决定让主力部队分别向外转移，留守大部分基干团（小团）和地方游击队，继续坚持斗争，并指示外转部队要绝对保守秘密，对当下情况的变化要准确把握，自行拟定路线，具体时间自行安排，而新兵和分散的干部、学员要尽量多带一些。到7月初，冀中党政军机关和主力部队先后到达了预定地区。第十七团（欠1个营）、第十八团、第二十九团转移到了北岳区；冀中领导机关、第二十七团、警备第一团、抗大第三团、骑兵团、回民支队，先抵达了冀鲁豫区，随后经太行区到达北岳区；第八军分区第二十三团和地委警卫营转移到了冀鲁边区；警备旅第二团转移到了太行山区。在冀中留守的干部、游击队和群众，则继续坚持斗争，与日军展开艰苦的反"清剿"斗争。

到 6 月 20 日，日军对冀中的大"扫荡"终于告一段落，大部陆续撤离出去，留下完备部队和大量伪军继续进行"清剿"。

　　在 5~6 月的反"扫荡"斗争中，日伪军约有 1.1 万余人伤亡，而八路军方面也损失惨重。根据地大部被日军占领，部分成为游击区。部队减员将近一半，达 46.8%。地方党政组织受到的破坏也相当严重，大量地方干部被捕或者牺牲。另有 5 万余名群众被打死、打伤或抓走。但是，日军的暴行并不能使冀中军民屈服，他们在更加残酷和困难的条件下，坚持斗争。

　　10. 太行、太岳反扫荡斗争

　　4 月 16 日，日军第一军按照方面军年度作战计划，将制订的作战计划大纲下达各部。日军的设想为：预计于 5 月 15 日开始作战，并划分为 3 期，第一期消灭太岳南部沁河沿岸的八路军；第二期对太行区涉县北方；第三期对涉县南方八路军作战。随后，在实际执行中又增加了对太南国民党军的第四期作战。日军此次约有 3 万余兵力参与作战。八路军太行、太岳军区根据同年春季反"扫荡"经验教训，作了较为充分的对日作战准备。

　　5 月 15 日，日军的第一期"扫荡"全面开始，日军派出 7000 余人，包括第三十六师团主力及第六十九师团一部，突袭太岳南部沁河沿岸东峪、马壁地区的八路军第三八六旅。第三八六旅由于事先已经向北转移出去，使日军扑了空。之后，19 日，日军第三十六师团调往太行北部地区，第六十九师团于 28 日撤回浮山、府城等原据点。同时，日军独立混成第三、第四旅团及独立混成第一、第八旅团，从 18 日起逐渐开始行动，对中共中央北方局和八路军总部驻地窑门口、青塔、要城、南艾铺地区，从北面、东面构成了封锁线；第三十六师团于 23 日进至西南和南面，从而完成了合围。5 月 24 日日军转入第二期作战，在航空兵的支援下，对合围圈内的八路军展开攻击，八路军总部和北方局机关在第三八五旅第七

新四军某部反"扫荡"斗争中的瞭望哨

227

六九团一部掩护下，分西、北、南三个方向突出重围，八路军副总参谋长左权等几位负责干部于 25 日在十字岭指挥突围作战中壮烈牺牲。尔后，日军转入"辗转清剿"。为反抗日军之"清剿"，八路军主力分别向日军后方城镇据点和交通线积极展

开破袭战。30 日，八路军于速县县城东南苏扩镇设伏，歼日军 140 余人；31 日奇袭长治日军机场，毁日机 3 架、汽车 14 辆、油库 2 座；八路军还袭入日军后方庶委、五阳、黄碾等据点。6 月 8 日，日军转入第三期"扫荡"，"扫荡"太行南部地区，将第一二九师直属队和新编第一旅一部压缩合围于涉县西南的石城、黄花地区。6 月 9 日夜，八路军突围。19 日日军撤退。从 6 月 20 日开始，日军转入第四期"扫荡"，进攻太南陵便等地区的国民党第 27 军。

太行、太岳敌后抗日根据地此次反"扫荡"，为时 38 天，共歼日军 3000 余人。八路军副总参谋长左权牺牲，是一个重大损失。经过这次"扫荡"，日军构筑了对太行抗日根据地的第三道封锁线。日军在平汉铁路边沿有第一道封锁线；到 1941 年 5 月，距第一道封锁线 15~25 公里，在北起获均，经南英、赞祈、殖林、三王村、民权、营显、和村、彭城，南到观台、水单，构筑了第二道封锁线；第三道封锁线距第二道封锁 10~20 公里，南起武安西北的任家岭、功德同、西坚固、神台、台峪、院头镇、北正村，北至元氏西北的仙官寨。

1942 年夏季，日军在中途岛海战中被美军打败，自此之后战略攻势处于停滞状态，而且战争形势由此转折，开始让日军处于不利局面，对侵华日军产生不利影响。日军大本营为扭转太平洋被动战局，急需从侵华日军中再向太平洋方面抽调兵力，并明确取消在上半年计划的"四多作战"。据此，12 月 17 月，中国派遣军召开方面军及军司令官会议，下达了中止"四多作战"（五号作战）准备工作的命令，并明确指示各军应以加强治安、压迫当面的日军确保占领区作为主要任务。

10 月 8 日起，日伪开始发动第五次"治安强化运动"，持续时间长达 2 个月。其间，日军还发动了秋冬季"肃正"作战（也被日军称为"治强战"）。此次作战也被包括在第五次"治安强化运动"之内，是其主要组成部分。相较于日军春夏季进行的"扫荡"，这些作战规模较小一些，每次持续时间也相对较短。

1942 年，华北敌后抗日根据地共遭受了日军 1000 人以上的"扫荡" 77 次，（1941 年为 69 次），其中，有 24 次是万人至 5 万人规模的大"扫荡"（1941 年有 9 次万人以上的"扫荡"），与 1941 年相比更为频繁。

减租减息

减租减息是中国共产党在抗日战争时期的重要政策，它有利于妥善处理农村的土地问题，同时将农村各阶级广泛发动和团结起来，积极参加抗日战争。减租减息政策的制定、考虑到了当前实际，因为抗日战争是一场民族解放战争，它事关中华民族的生死存亡，而中国历来都是农业国，要实现抗战胜利必须发动广大农村社会这一最基本的力量，千百年来农村一直处于残酷的封建剥削和压迫中，致使农村阶级间的矛盾不断激化，其间并未发挥出广大农村的巨大的抗战潜力。只有消除封建压迫和剥削，解决广大贫苦农民的基本生存问题，才能将广大农民全面发动起来，加入到长期艰苦的抗日斗争中。与此同时，抗日战争又是涉及全民族整体利益的民族解放战争，面对的是凶恶而强大的日本帝国主义。如果无法建立起一条抗战的统一战线，不能发动社会各个阶级，根本无法实现抗战的胜利。因此，在解决广大贫苦农民面临的政治压迫和经济剥削的同时，还必须将农村中其他群众的利益考虑在内，并根据他们能够接受的范围，对农村中的生产关系进行改革，以团结他们共同参加民族解放战争。

"七七"事变爆发后，8月，中共中央在洛川召开的政治局扩大会议，会上正式决定将减租减息作为抗战时期解决农村问题的基本政策，并写进了《抗日救国十大纲领》，随后逐步在农村贯彻执行。抗日战争时期，晋察冀边区是最早实行减租减息的抗日根据地。1937年10月，八路军第一一五师一部进入晋东北后，即提出了"二五减租""一分利息"的口号，并将群众发动起来打算全面开展减租减息斗争。然而，当时正处于根据地的初创和发展时期，广大群众还没有真正发动起来，大部分旧政权还未得到彻底改造，因此尚未广泛地贯彻执行减租减息政策。此外，八路军还要面对极其复杂的减租减息工作，而各地又经验不足，因此，除晋察冀边区外，其他各根据地都还未能制定出一套贯彻执行的具体政策和办法。

1940年初到1941年底这一时期内，各根据地巩固区的减租减息政策开始转入普遍贯彻阶段。这个时期，日军的主要兵力已经转向中国共产党领导的敌后根据地，敌后开始面临日益严峻的斗争形势。华北敌后各根据地根据此种情况重新调整政策，从大发展转以巩固为主。1939年11月1日，中共中央指示各根据地：必须立即实行减租减息，凡已经实行的，必须检查实行程度。此后，各根据地相继制定出具体政策并予以完善，最终，在各根据地的巩固区，群众性的减租减息运动普遍开展起来。

敌后抗战进入严重困难时期后，为了进一步发动各阶层的抗日和生产的积极性，把一切能够团结的抗日阶层广泛团结起来去战胜困难，中共中央开始详细研究总结以往的减租减息运动，于1942年1月28日发布了《中共中央关于抗日根据地土地政策的决定》及其附件。《决定》对减租减息运动在巩固抗日根据地方面的作用予以高度评价，并指出：抗战以来，凡是减租减息搞得好的地区，那里的根据地就比较巩固，反之，抗日根据地就经不起敌人的"扫荡"，成为软弱无力、无法巩固的地区。《决定》重申了"党在各抗日根据地实行的土地政策，是抗日民族统一战线的土地政策，也就是一方面减租减息一方面交租交息的土地政策"。并强调：承认农民是抗日与生产的基本力量，承认地主的大多数是有抗日要求的，承认资本主义生产方式是中国现阶段比较进步的生产方式。在制定抗日民族统一战线的土地政策时，必须以这三点作为出发点，因为只有坚持这些

农民拥护减租减息政策

原则，才能实现抗日民族统一战线的巩固，才能正确地处理土地问题，才能将全民族联合起来共同支持民族抗战。中共中央还在《决定》的附件中对地租、债务等问题的一些具体规定予以明确，从而进一步完善了党的减租减息政策。

根据中共中央的精神，各根据地党政部门制定和修正了有关条例、法令，配合相关有力措施，掀起了普遍的减租减息运动的高潮。

减租减息运动的普遍开展，使得各敌后抗日根据地接受了严重困难时期的考验，因此具有非常重要的意义。首先，减租减息政策的贯彻执行，削弱了封建剥削，使广大农民的生活得到改善，同时将农民群众抗战的积极性激发出来，为敌后抗日根据地战胜严重困难奠定了坚实的基础；其次，减租减息政策的贯彻执行，使农民的生产热情得到极大提高，进一步促进了农村生产力的解放，为生产事业的发展奠定了基础。

总而言之，各抗日根据地的减租减息运动使得社会结构发生了深刻变革，并广泛地发动与组织起广大农民群众，让上层人士和开明士绅见识到了全民抗战的力量和形势，不断增强了他们对抗日民族统一战线的信心，同时也巩固和加强了根据地在政治领域、经济领域的建设。当时，面对日军来自军事、政治、经济、思想文化的全面进攻，它为敌后抗日根据地最终取得胜利起到非常重要的作用。

大生产运动

由于日本帝国主义在中国地区的残酷"扫荡"政策以及国民党顽固派对共产党的包围封锁，接连不断的自然灾害更是雪上加霜，抗日战争已经进入了相持阶段后，抗日敌后根据地已经开始发生严重的经济和财政困难。中国共产党面临的问题已经十分严峻，如今只有三个选择，不是解散就是饿死或是咬紧牙关坚持下去，如今已经进行了这样长时间的抗日战争，就这样放弃实在是很可惜。于是共产党人作出了

一个十分响亮的回答，那就是坚持下去，坚持就是胜利。于是那些还在根据地里面的军民，开始一手拿枪，一手拿锄头，开展一场轰轰烈烈的大生产运动，开始实施自力更生，与大自然抗争的新的战斗。各抗日根据地里面的军民凭着自己的一双手，开荒种地，纺线织布，不但摆脱了天灾人祸的困境，而且创造了举世罕见的战争奇迹。邓宝珊将军作为国民党的爱国将领在路过延安时看到陕甘宁边区的军民正在举办生产成果的展览会，就感慨而风趣地说道："毛泽东领导的就是好啊！就连边区种出来的南瓜也是比较大的！"

1. 抗日根据地的困难局面

进入相持阶段之后的抗日战争，尤其是太平洋战争于 1941 年爆发后，中国共产党领导的抗日敌后根据地就面临着各种各样的困难：

第一，进入相持阶段的抗日战争基本上没有什么进展，这时候的日本帝国主义军事进攻将重点向已经占领区逐渐转移，1941 年，日本帝国主义在长期争夺、逐步巩固已占领城市的目标下，将之前单纯的军事进攻转变为军事、政治、经济、思想、文化等相对全面的殖民统治，企图将中华民族彻底殖民化。日军经过之前几年在中国地区阵地争夺与经营，在华北、华中等已经占领的地区之内，日军为了增强自己以及日伪军的军事控制，修筑大量的交通线、封锁线以及据点。在对待抗日游击区的态度上，日军采取的手段就是渐进的"蚕食"，不断将游击战区的力量逐渐消耗，进而扩展自己的军事力量，从外向内将伪组织的统治逐步吞并，并占为己有。在对待抗日根据地的态度上，日军的作战方针就是以军事"扫荡""清剿"为主，配合实行毁灭性的"三光政策"，对抗日根据地内部赖以持久坚持的人力、物力进行大肆摧残。日军在百团大战后开始对晋冀豫鲁根据地进行频繁的扫荡，同时还竭力推行所谓的"三光政策"以及"经济封锁政策"，另外，日军还在华北制订了要征 2000 万石粮食的计划，将根据地的粮食资源进行了一番疯狂掠夺。

第二，由于正面战场上与日军对抗的压力的逐渐减轻，所以国民党顽固派在对日作战方面的态度也开始日渐消极，取而代之的是日趋活跃的反共活动。1940 年 11 月起，国民政府军政部开始对八路军的薪饷、弹药、被服等军用物资停止发放，希望通过这些手段将八路军逼至绝境。除了这些手段，国民党还用几十万军队将陕甘宁边区包围起来，实行所谓的经济封锁，让陕甘宁边区里面的所有军队断绝与外界的一切联系和援助。为了将八路军消耗光，国民党军队甚至会采用掠夺土地、牲口以及其他财物的办法，将一切能够自力更生、春耕秋收的有用物质掠夺光，想方设法破坏各抗日根据地的经济建设。这样的事情在每一个根据地里面都会经常性发生。仅关中一地，1940 年 6、7 月间国民党军队就已经窜进边区将 18 头耕牛抢走了，烧毁了17堆小麦，另外还将150石粮食抢走或糟蹋，并勒索数百元现洋。国民党军队将大量人力、物力以及历时8个多月的时间耗费在构筑起的碉堡封锁线上，已达到对陕甘宁边区实行绝对的经济封锁战略，对于那些日常用品包括布匹、棉花、药品、火柴以及边区需要的所有日用品全部都严禁向里面输入，即使是边区输出的食盐和其他土产也要实行一番严格检查。国民党严密封锁的对象就是边区部队和党政机关，即使是一般的商人、脚户他们也不会放过，如果他们发现有他们认为是"走私"的物品，经常会将他们就地枪杀。

雪上加霜的是，从1940年起华北各地开始连续几年遭受各种自然灾害，包括水、旱、虫、雹灾等，土地大片荒芜，粮食歉收，这些情况使敌后抗日根据地的困难更加严重了。

基于以上种种天灾人祸，从1940年冬开始中国共产党领导的抗日根据地已经出现了种种难以解决的困难，1941年至1942年这种困难已经达到了极其严重的地步。各种各样的战斗极为频繁，但是医药、弹药极其匮乏，那些因战斗而受伤的官兵常常无药可医，部队伤亡极其严重，开始大量减员，就连干部也损失较大。到1942年的时候，八路军、新四军的官兵总署由50万人减员至40万人；根据地面积在这种情况下也开始缩小，拥有的人口由开始的1亿下降到了5000万；根据地里的生产也遭到严重破坏，根据地中的财政经济和军民生活已经产生极大困难。青黄不接的时候，在晋察冀边区，甚至在群众和部队中发生了粮荒，无路可走的老百姓将树叶当成了最主要的粮食。聂荣臻要求军区政治部发出训令：在村庄附近的所有部队的伙食单位都不能随意采摘杨树叶、榆树叶，要将那些树叶留给群众吃。一二九师部队战士们已经开始衣不挡寒、食不果腹，同日军战斗的时候经常饿着肚子。在这样的艰难局面之下，如何渡过这个难关，使根据地经济状况迅速好转，成为了根据地面临的最重要的问题，同时也是能不能将抗战进行到底的关键问题之一。

2. 自力更生，毫不畏难

如何才能将日军和国民党的经济封锁打破，将这重重困难克服掉呢？所有的干部包括党中央、毛泽东以及根据地的干部战士都在寻求解决问题的办法。

林伯渠、高岗和萧劲光有一天被毛泽东叫了过去，毛泽东对他们说："如今我们来陕北是做什么的呢？当然是要将革命进行到底，如今日本帝国主义、国民党顽固派想要将我们困死、饿死，那要怎么办呢？无非就是三个办法：第一个方法就是我们的革命进行不下去了，那也就是不革命了，大家将部队解散了，各回各家。第二个方法就是我们既没有解决的办法，又不想将队伍解散，那大家就只好等着饿死。第三个方法就是靠着我们自己的两只手开展自救，自力更生，发展生产，大家一起努力将困难克服。"毛泽东深谙讲话的艺术，他说的话就像一盏明灯，让在场的所有人都感到豁然开朗。所有人不约而同地回答毛泽东说："第三种办法是大家都会赞成的方法。"

毛泽东接着说："就现实情况来看，也只有这个办法可以行得通。我们的唯一出路就是克服现在的困难，打破敌人的封锁，自力更生是最有效最根本的解决办法。至于国民党顽固派对边区的进出物资实行的封锁，我们可以想些办法进行一个反封锁嘛！"当谈到当前军队的任务时，毛泽东又笑着对边区留守兵团司令员萧劲光说："咱们的战士每人都有两只手，带爪子的小鸡还知道找食吃呢。有两只手的一个大活人，当然不能被活活饿死、困死。咱们的官兵可以一手拿枪、一手拿锄头，这样就可以将问题顺利解决了。"

这次谈话之后不久，各抗日根据地党政军民接到了党中央、毛泽东发出的"自己动手，丰衣足食"的伟大号召。毛泽东于1942年12月在陕甘宁边区高级干部会议上作了《抗日时期的经济问题和财政问题》的报告，后来毛泽东又为中共中央起草了《开展根据地的减租、生产和拥政爱民运动》的党内指示，之后还作了《组织起来》等讲话。在总结经验的基础上，中共中央和毛泽东对根据地的经济建设和大生产运动的基本方针作了系统阐述。

毛泽东首先将"发展经济，保障供给"是财政经济工作总方针作了深刻的阐明。毛泽东那时候明确指出："财政困难，只有从切切实实的有效的经济发展上才能解决。"毛泽东对经济问题和财政问题的辩证关系作了一番阐述："财政政策的好坏固然足以影响经济，但是决定财政的却是经济，未有经济无基础而可以解决财政困难的，也未有经济不发展而可以使财政充裕的。"其次，为了保证能够实现经济建设的总方针，根据当时所处的具体环境中共中央和毛泽东还制定了一系列具体的方针和政策。

在经济工作中，中共中央和毛泽东强调，应该将90%的精力去用于发展生产。各级党政军机关、学校的一切领导人都必须学会一项本领，那就是如何领导群众生产，那些未脱离生产的农村党员让自己成为群众模范的条件之一就是发展生产。

由于中共中央确立了经济建设的正确方针，在正确方针的指引和推动下，各抗日根据地自力更生，丰衣足食的大生产运动开始了蓬勃发展。

3. 军民同心，共辟生路

为响应党中央的号召，各抗日根据地里面的军民不分男女老少，都开始迅速展开行动，于是规模空前的大生产运动开始行动起来。无论是山峁还是山沟，无论是河滩还是原野，到处都是根据地民众开荒种地的大生产劳动的景象，那战天斗地、热火朝天的生动场面，令人既感动又振奋。不论是中共中央领导人诸如毛泽东、周恩来、刘少奇、朱德等领导人还是各抗日根据地的党政军各方面负责人，都开始亲自动手，参与到大生产运动当中，积极开展自救方针。在杨家岭毛泽东住的窑洞对面的山沟里面，毛泽东开垦了一块长条形的耕地，在那一片土地上毛泽东种上了蔬菜，一有闲暇时间，他就会到地里面浇水、拔草。至于周恩来和任弼时等人，也都有自己的拿手绝技，他们每人都有一架手摇纺车，纺的线又快又好，他们经常盘腿而坐，像女同志那样练习纺纱。由于有他们的模范带头行为，各根据地军民受到了鼓舞，于是极大的推动大生产运动的进行。经过了几年的艰苦奋斗，抗日根据地里面已经是硕果累累。那些想要封锁抗日革命根据地的日伪军及国民党顽固派可能做梦也没想到，凭着自己的一双手各抗日根据地军民不但没有被他们的手段所困住，反而摆脱了困境，并且还创造了世间罕见的奇迹。

1941 年，陕甘宁边区的机关、学校、部队通过自行生产，已经将所需经费的 70% 顺利解决了。到 1942 年的时候，部队和地方政府的所用经费通过大生产运动已经可以完全由自己解决。为贯彻以农业为主、发展经济的方针，陕甘宁边区政府于 1942 年在财政极为困难的情况下，

大生产运动

向农业方面投资了近 1000 万元，仅延安等 7 个县就发放贷款 158 万元，其中农具 4980 件，增开荒地 10 万亩。除此之外，政府还发放植棉贷款。1942 年，由于边区政府的措施得当，所以全边区的粮食产量已经达到了 148 万石；这样的数字已经比 1941 年增加 2.78 万石，棉花也比去年增收了 43.5 万公斤。1942 年底，陕甘宁边区高干会议之后，发展生产已经成为了边区政府一切工作的中心，这些举动都促使农业和工业生产开始大幅度增产。1943 年和 1944 年这两年时间粮食产量均超过 180 万石；1944 年，公营、私营再加上家庭纺织业共织布的量已经是 16.2 万匹，其中仅家庭纺织业就有 11 万匹。

美国代表和爱国华侨陈嘉庚等到延安访问，当他们看到陕甘宁边区一派欣欣向

荣、五谷丰登、六畜兴旺的景象时，都感到十分惊讶。有一次国民党爱国将领邓宝珊将军路过延安，正好碰见陕甘宁边区的所有军民正在举办生产成果的展览会。展会上的展品都是一些粮食产品，其中有各地生产的稻、麦、小米等一二十种各种各样的粮食，另外还有各种各样的蔬菜、瓜果，以及不同花样的布匹、鞋袜、文具和其他日用品，同时还有膘肥体壮的战马、鸡、鹅等家畜家禽，展品中还有一些驻陇东一带战士猎获的各种野兽毛皮，也有驻三边的战士挖掘的长达20多米的"甘草王"。展会上的展品可谓是丰富多彩，琳琅满目。陪同他去参观的是萧劲光，看到这些之后也啧啧称赞。

八路军一二○师王震旅长率领的三五九旅在陕甘宁边区的大生产运动中成绩是最为突出的。1941年3月，该旅就开始响应中共中央实行屯田政策的号召，向延安东南的甘泉县境内的南泥湾开赴，开始屯田进行生产。南泥湾这里之前是荆棘遍野，杂草丛生而且人烟稀少。三五九旅到这里之后，从旅首长、团首长到战士、饲养员、炊事员、干部家属，全旅上下开始辛勤劳动，全力开垦南泥湾。进入南泥湾的当年，该旅就已经开垦1.12万亩荒地，并收了1200余石细粮，粮食自给率已经达到了79.5%，就连经费自给率也已经达到78.5%；该旅官兵于1942年开垦了2.68万亩荒地，并全部种下粮食，之后收了3050余石细粮，粮食和经费的自给率已经分别达到了96.3%和90.2%；到了1943年，该旅已经开荒种地的数量达10万亩，收1.2万石细粮，已经开始自给有余了，之后该旅还向上级上缴了近万石公粮。全旅在1943年的时候，已经养了共4200头猪、820头牛、7800只羊，基本上已经实现了"两人一猪，一人一羊，十人一牛"的生产目标，全边区的部队当年总共有20万亩耕地，收细粮已经达到了3.1万石，并且开办了89个工厂作坊、74个商店，经费自给率最低的也已经达到了51%。

三五九旅经过几年的努力开展生产自救，共开荒27万亩用于种植了粮食、蔬菜、麻类等作物。他们在陕北荒芜的土地上，开垦出了万顷良田，将它们变成了一块块绿油油的稻田，一片片玉米、大豆田。山下的田园在山上海棠、红枫、栗子树的衬托下显得美丽极了，南泥湾在三五九旅的努力之下变成了"陕北江南"。他们除进行必要的农业生产之外，还积极发展多种经营，他们将畜牧业、运输业以及商业都置办起来了，另外他们还开设了纺织厂、鞋厂、肥皂厂、造纸厂等工厂，还兴办了盐井、炭井、磨坊、油坊、骡马店等有利于生活的场所。冬天，全旅的战士都穿上了厚厚的棉衣，军队里面有了呢子军毯、毛背心、毛围巾、毛袜等生活用品。全旅甚至还打了1000多孔窑洞，建起了600多间平房，另外置办了1万多件农具、家具用于生产。

由于日军频繁地在晋察冀抗日根据地进行"扫荡"和"蚕食"，所以1941年至1942年间，抗日根据地巩固区的面积已经大为缩小，日军已经将所有的生产、生存条件破坏掉。为了从根本上将困难局面扭转过来，1941年8月，边区政府召开了边区第二次经济会议，会议明确提出将边区自给自足的抗战经济迅速建立起来，将农村畜牧业大力发展起来，积极发展手工业和家庭副业生产，另外还要适当发展采煤、冶铁等重工业和军工产业，尽可能解决边区必需品的自给自足问题。1941年至1943年，在边区政府的领导组织下，全边区经"消灭熟荒，防止新荒，开展小型水利"作为重点，开始对旧渠进行修理，同时开挖1056道新渠，并凿了1309眼井，将可耕地增加至19万余亩。并实验推广了多种适宜山区种植的抗旱粟，例如"燕京""靠山黄""曲五"等，这些品种可使亩产提高10%～15%。全边区在1943年的时候，开展了农业生产劳动的竞赛运动，以达到"组织劳力互助，解决人力畜力困难""普遍锄三遍""定户计划、提出奋斗目标和季度管理措施"三项内容为生产中心的目的，这些行为都大力促进了农业生产的发展。在大生产运动当中新建了3个煤矿和7个直属工厂，就连边区部队所需要的新式枪支弹药军工企业也基本上可以满足，那些想要将共产党领导的军队困死在边区的想法已经不攻自破了。

晋冀鲁豫抗日根据地是由八路军一二九师创建的，这个根据地是华北的战略要地，更是侵华日军必定会与中国军队争夺和控制的地方。就连国民党顽固派也对这块根据地虎视眈眈，每时每刻都想要从八路军的手中将这块"失地""收复"到自己的手中。基于以上种种情况，在晋冀鲁豫抗日根据地的一二九师面临的困难就显得尤其严重。虽然晋冀鲁豫抗日根据地的全体军民也开始全力开展大生产运动，但是效果还是一定的。边区政府为了自给自足，开始组织和帮助群众制订生产和安家计划，并通过贷粮贷款等政策扶助群众恢复和兴办水利事业，另外还大搞纺织、运输和家庭副业生产劳动。全边区1942年发放农业贷款达到了1657万元，于是1943年政府又发放9570万元，数量增加近5倍。由于边区各级政府的大力扶持，致使根据地的生产事业得到迅猛发展。1941年，仅用了一年的时间晋东南地区的军民就已经新开荒地3.37万亩，在1943年冀南区也将耕地扩大到8.9万余亩，1942年全年，全边区共开垦了40万亩荒地、6万亩水田。最为显著的就是边区的纺织业、造纸业的发展，1943年，边区的纺织人数已经达到了6.49万人。造纸厂已经能够生产出仿板纸、油光纸、牛皮纸等8种新型纸张，为边区革命事业的进展作出了较大贡献。

根据地军民积极开展大生产运动将国民党的经济封锁彻底打破，使部队供给得到了足够的保证，使边区军民的生活得到了较大改善，还将人民的负担减轻了，更值得一提的是使军民、军政和官兵关系更加密切了。大生产运动不仅增强了部队的劳动观念，同时还为战胜严重困难、夺取抗战胜利奠定了坚实的物质基础。广大农民在大生产运动中，在中共中央"组织起来"的号召下，组织成立了不同形式、不同名称的军民组织，包括变工队、互助组、合作社等，将农村几千年来一家一户生产劳动的传统习惯进行了初步的改变。互助合作社的建成将劳动生产率大大提高了，同时还为解放后的农业合作化运动积累了经验基础。通过领导大生产运动，中国共产党在经济领域中培养出了大批的相关干部，为在全国解放后恢复和发展国民经济，积累了丰富经验，为进行社会主义经济建设创造了有利条件。

整风运动

抗日战争时期中国共产党内的一次规模较大、影响较深远的马克思列宁主义教育运动就是整风运动，这次运动也是中国共产党成立以来，在党的建设方面进行的一次卓有成效的实践活动。经过这次规模较大的整风运动，全党思想基本高度统一，团结度也大大加强，进一步深入了实事求是的思想路线和工作作风，为党领导人民夺取抗战的胜利，战胜严重的困难奠定了重要的思想、政治和组织基础，这次运动的影响十分深远。

1938 年中共六届六中全会提出："普遍地深入地研究马克思列宁主义的理论的任务，对于我们，是一个首先亟待解决并须着重地致力才能解决的大问题。……如果我们党有一百个至二百个系统地而不是零碎地、实际地而不是空洞地学会了马克思列宁主义的同志，就会大大地提高我们党的战斗力量，并加速我们战胜日本帝国主义的工作。"会议还指出："对于中国共产党说来，就是要学会把马克思列宁主义的理论应用于中国的具体的环境，使马克思主义在中国具体化。"

为了认真执行六届六中全会关于学习问题的决议，中共中央于 1939 年 2 月 17 日特别设置了干部教育部，集中领导和组织全党的党员开始学习马列主义理论。六届六中全会之后，为大力开展学习和研究马列主义基本理论，号召全体党员学习和研究中国社会、中国历史和中国革命的基本经验，学习和研究党的建设的基本经验、探索中国革命运动的基本规律，为此毛泽东、刘少奇等先后写了《〈共产党人〉发刊词》（1939 年 10 月）、《中国革命和中国共产党》（1939 年 12 月）、《新民主主义论》（1940 年 1 月）、《论共产党员修养》（1939 年 8 月）等一系列著作。这些著作将中国革命的基本理论和党的建设的基本经验进行了科学阐明，所有的著作都贯穿着马列主义的普遍真理以及中国革命的具体实践相结合的精神。在整风运动时期，1940 年 1 月 3 日和 2 月 15 日，中共中央还先后发出《关于干部学习的指示》和《关于办理党校的指示》，指示要求全党各级党委都必须将干部的学习、教育放在极其重要工作地位之上，各根据地均应办理以加强干部的马列主义教育为目的的党校。

这次的整风运动，已经有 120 多位高级领导干部在延安参加学习，其中核心组就有 40 多人，值得一提的是即使是其他地区的高级领导干部也不例外，同样也进行了整风运动，对马克思列宁主义进行了学习。毛泽东用半年多的时间主持编辑了党的历史文献《六大以来》，就是为了领导党的高级领导干部进行整风学习和路线学习，为党的干部学习提供资料。与此同时，中央还规定了哪一些马克思主义的经典著作是这次整风运动中必读的，使党的高级领导干部能够通过学习马克思主义的立场、观点和方法，进而对党的历史经验和抗日战争能够进行全面的分析和研究，进而得到新的经验，并从中吸取经验教训，得出正确的结论，避免之后再次发生。整风运动已经顺利进行了 4 个月，对之后的高级领导干部的整风学习作了进一步推动，毛泽东于 1941 年 5 月 19 日在延安党的高级干部会议上作了一份报告，这份报告的名字就叫做《改造我们的学习》，该报告提出了改造全党的学习方法和学习制度的问题，同时也指出了在过去的行动方针上之所以会产生错误路线的思想根源，就是因为相关领导人在进行工作的时候，理论和实际行动相分离的主观主义倾向较为严重，并将马列主义关于理论联系实际的基本原理进行了着重阐明。

中共中央于 1941 年 9 月 26 日作出《关于高级学习组的决定》，采取了从根本组织上推进高级干部整风学习的措施。同时要求不仅延安地区的所有党员，就是外面的重要地区也要进行整风运动，都要成立高级学习组，参加学习的范围包括了以中央、各中央局、中央分局、区党委或省委的委员和八路军和新四军各主要负责人以及各高级机关的一

整风运动

些干部和高级学校的一些教员。并提出了一系列的关于这场整风运动的具体问题，包括以理论与实践统一的方法，研究马列主义的思想方法以及党的历史和中国革命的其他问题。

党的高级领导干部在经过这场整风学习之后，对于中国革命的许多重大问题有了新的认识和理解，重新认识了马列主义思想，并在其基础上取得了一致的认识，从思想上、政治上和组织上已经做好了充分的准备。

毛泽东于 1942 年 2 月 1 日在中共中央党校开学典礼上发表了一份演说，演说的名字叫做《整顿党的作风》，同年 8 日，又在中共中央宣传工作会议上发表了名字叫作《反对党八股》的演说。毛泽东这两个演说的发表，是整风运动由准备时期转入全党干部党员普遍整风时期的标志。在这次整风运动中有毛泽东发表的文章《改造我们的学习》《整顿党的作风》《反对党八股》，刘少奇发表的文章《论共产党员的修养》以及陈云发表的《怎样做一个共产党员》等，列为全党整风运动的基本著作文件共有 22 个。

　　党的各级干部都要学习中央规定的文件，以整顿思想方法和思想作风为主，反对主观主义以整顿学风，反对宗派主义以整顿党风，反对党八股以整顿文风是普遍整风时期的主要任务。从 1942 年 2 月到 1943 年 10 月都是普遍整风时期，这次运动共进行了 1 年又 8 个月。

　　中共中央宣传部在前两个月普遍发动的基础上于 1942 年 4 月 3 日作出了《关于在延安讨论中央决定及毛泽东同志整顿三风报告的决定》，这份决定对整风运动作了明确的具体的规定，包括这次整风运动的目的、要求、方法、步骤以及学习的文件，标志着整风运动已经进入了整顿学风的学习阶段。这个阶段的学习重点就在于反对主观主义，整顿学习作风。中共中央为了加强领导，于是就成立了由毛泽东主持领导的总学习委员会，将整风学习扩展到全党。在毛泽东同志的领导下各地各级领导也建立健全了整风学习的组织。毛泽东于 5 月份的时候在延安文艺座谈会上发表了一份重要的讲话。中共中央宣传部于 6 月 8 日又发出《关于在全党进行整顿三风学习运动的指示》。从此以后，全党范围内就蓬勃开展起来了以反对主观主义、宗派主义和党八股为主要任务的整风运动。

　　各地的整风运动已经于 1942 年 8 月相继进入了党风的学习阶段，学习阶段着重反对宗派主义。党风学习着重解决组织路线，学风学习着重端正思想方法，这样就可以保证党的思想路线和政治路线得以全面贯彻执行。在党风学习中，对于理论联系实际的原则，广大干部有了进一步的领会。在党风学习过程中，中共中央对加强党的领导、实现党的一元化领导的问题作了进一步的强调。中央政治局于 1942 年 9 月 1 日通过了《关于统一抗日根据地党的领导及调整各组织间关系的决定》。这个决定对于加强党的领导，整顿党风，起到了极大的推动作用。经过党风学习，极大地增强了全党干部的党性意识，这次会议不仅加强了党的领导，同时还有效地克服了大量存在于党内的宗派主义、自由主义等违反党的统一领导的各种错误倾向。

　　中共中央总学习委员会于 1942 年 12 月 18 日发出《关于文风学习的通知》，从这个时候开始整风运动已经开始转入文风学习阶段，这一阶段的重点就是反对党八股以整顿文风。各地各单位和每个党员干部通过学习《反对党八股》等文章，所有的党员对自己在工作中的形式主义现象和宣传等工作中的党八股作风作了深刻的自我反省，其中文教部门尤其如此，他们在文风学习上花费了更多的精力，以达到更贴近实际，更贴近人民群众的目标。

中共中央总学习委员会于 1943 年 3 月 20 日发出《关于整风学习总结计划》，对各系统各单位按照不同情况进行具体要求，最迟于 6 月底作出总结，采取不同的结束办法。全面检查工作是总结阶段的主要任务，这份工作就是对普遍整风时期的学习作出总结，每个同志对自己的思想和历史都要进行全面的反省，之后再写出总结。中共中央政治局于 6 月 1 日正式通过《关于领导方法的决定》，并在全党公布实施。对于全党的整风学习，这个文件从辩证唯物论的认识论的高度进行了深刻总结。整风运动普遍整风时期结束的标志就是这一文件的发表。

打退国民党第三次反共高潮后，中共中央于 1943 年秋决定，从这一年的 10 月 10 日开始，对于党的历史和党的路线问题所有的党的高级干部进行了重新学习。由此整风运动转入总结党的历史经验的时期。参加这个时期学习的高级干部比准备时期大大增加，中央书记处把党的历史文献汇编成《两条路线》一书，供所有的学习者使用。在这一段时间内，党中央领导机关和高级干部对党的全部历史，进行了多次讨论。讨论的次数尤其多的就是 1931 年初到 1934 年底的这一时期中央的政治路线问题。中共六届七中全会于 1944 年 5 月 21 日在延安召开。在整风运动的基础上，这个全会之所以会召开就是为了全面总结党的历史经验。这次会议一共进行了 11 个月，其间多次召开大会讨论党的历史问题和路线、政策问题。会议于 1945 年 4 月 20 日通过了《关于若干历史问题的决议》，对共产党的历史上的许多重大问题作了正式的结论，并最终达到了全党统一的认识，对党的团结进行了进一步巩固。

整风运动的开始就是党的高级干部学习党的路线问题，整个整风运动期间经过了全党范围的普遍整风，将主观主义、宗派主义和党八股的恶劣影响在广大干部中彻底扫除，对于全党干部的马列主义思想水平实现了极大的提高。之后，又将整风运动向党的高级干部路线学习上转过来。根据这种科学的领导方法，使整风运动成为广泛群众性的运动，在全党普遍提高了理论水平的基础上，对党的历史经验进行了总结，端正了全党干部的工作态度，尤其是高级干部的思想方法和政治路线。总而言之，整风运动为领导根据地军民克服严重困难，争取抗日战争的彻底胜利，奠定了坚实的基础。是中国共产党在抗日战争时期进行的一次重要的思想、政治和组织上的教育和建设运动，正如毛泽东指出的那样："一九四二和一九四三两年先后开始的带普遍性的整风运动和生产运动，曾经分别在精神生活方面和物质生活方面起

240

了和正在起着决定性的作用。这两个环节，如果不在适当的时机抓住它们，我们就无法抓住整个的革命链条，而我们的斗争也就不能继续前进。"

敌后根据地的恢复和发展

1. "敌进我进"的战斗方针

经过 1941 年和 1942 年两年的艰苦斗争，华北地区的敌后抗日根据地里面的军民，已经将日军残酷的"扫荡"和"蚕食"彻底粉碎，将日军接连 5 次的"治安强化运动"都打退了，这些战斗使日军在中国地区的行动逐渐陷入了困境。冀南、冀中、冀东等抗日根据地从 1942 年冬天的时候就开始恢复，一直到 1943 年，进入恢复和再发展阶段的敌后抗日根据地已经扩展到了整个华北地区。

当时，世界反法西斯战斗已经由原来的挨打阶段逐步转入了对法西斯的反攻与进攻阶段，整个世界的战争形势对日军已经越来越不利，所以日军在华北方面的军队的处境也开始日益艰难。日本华北方面军于 1942 年 12 月 26 日和 1943 年 1 月 7 日先后召开了所属各兵团长和参谋长会议，对 1942 年 12 月 26 日日军大本营制定的《为完成大东亚战争而决定的处理中国问题的根本方针》进行了深入贯彻。该方面军司令官冈村宁次于 1943 年 1 月 11 日在讲话中宣称："自大东亚战争爆发以来，华北地区就已经担负起了兵站基地的任务。从今往后要更进一步将野战军的本领发挥出来，除了要对重庆军加大压力外，还要与中国战士合作将对华北建设有致命危险的敌人——中国共产党军消灭。"日本陆军于 1943 年初共有 58 个师团，其中除了留守日本国内的 5 个师团、在朝鲜驻扎的 1 个师团以及用于太平洋和东南亚战场的 15 个师团之外，中国战场上仍然还有 37 个师团，占日军师团总数的 64%；其兵力部署为华北 9 个师团，华中 13 个师团，华南 1 个师团，东北 14 个师团。华北方面军于 3 月 24 日下达了 1943 年度《作战警备纲要》，纲要确定八路军及其根据地将会是未来一定时间内的作战重点，并促使日伪军积极配合作战，将共产党军队消灭。

华北八路军在这样的形势之下，根据中共中央北方局关于战斗的作战方针，进一步将抗日根据地巩固起来，并坚持敌后游击战争，要克服重重困难、积蓄力量，同日军坚持作战，并深入贯彻"敌进我进"的方针，按照主力军、地方军、人民武装相结合，根据地、游击区、敌占区的斗争密切配合的原则，派遣千百支武装工作队（简称武工队）、小部队，深入日占区内部，对日军进行积极打击，除奸反特，积极发动群众将日伪军除掉，并对伪政权进行改造，将日占区变为游击区，最后再将游击区变成敌后抗日根据地，与此同时，还要积极配合根据地里面的军民进行反"扫荡"、反"蚕食"的斗争，将根据地恢复并有效扩大。

为深入贯彻"敌进我进"的方针，晋察冀军区决定以主力军的1/3或1/2、地方军的全部，深入到日军的后方，广泛开展游击战争以瓦解或减少日军的作战兵力。将北岳区部队的活动地区进行了重新划分，深入敌后的许多支武工队、小部队，开始向群众进行宣传和动员，对汉奸特务进行镇压，尽最大努力瓦解伪军伪组织，并建立两面政权，积极开展各种形式的对敌斗争。北岳区是八路

敌后战场缴获的武器

军晋察冀军区领导机关所在地，是日伪军1943年"扫荡"的重点地区之一。日军于1~3月开始对行唐、平山、灵寿、曲阳、唐县一线进行逐步侵袭。由于该区主力部队与敌后武工队、小部队的夹击，所以日军的计划遭到了失败。日本华北方面军第一一〇师团、独立混成第八、第三、第四旅团各一部共1.2万余人，于4月19日分别从平山、灵寿和五台、灵丘向阜平以南的陈庄为中心的北岳第四军分区同时出动，想要对这些地区实施合围，想要将第四军分区的部队消灭掉。基于日军的作战方针，第四军分区将部队就地分散，展开游击战争，不断阻击和侧击日军，在与日军争夺白花山、九龙山等制高点的作战中，将日军重创；与此同时，深入日军后方的武工队、小部队，对桃林坪、白家河、陈庄、大湾等日军新建立的据点进行了分别袭击，将里面的日军尽可能杀伤。到28日的时候，已经将日军对第四军分区的"扫荡"彻底粉碎。日军于4月29日将"扫荡"重点转向阜平东北的军城地区，企图将第三军分区部队消灭掉。但是第三军分区部队由于有民兵的配合，所以分散作战，对日军进行冷枪射击、地雷战等作战方式，5月15日，迫使日军撤退。这次反"扫荡"作战，北岳军民共歼日军1700余人。至1943年底，北岳区的抗日根据地已经共恢复和发展了2000多个村庄，建城了5个县的抗日民主政权，争取了对日军斗争的主动权。

为执行武工队的任务，冀中区将连队改为小连大班制，全面展开了分散的群众性的游击战争。冀中根据地的许多地区，不仅形成了房上、地面、地下三通，能打能藏的立体战斗地道体系，而且还形成了户户相通、村村相连的地道网。利用纵横交错的地道，冀中区军民同日军展开艰苦卓绝的斗争，将地道战、地雷战进行了极大的发展，并创造了"院落伏击战""化装奇袭"等类型作战形式。在满城民兵的配合下，游击队攻克日军据点炸毁日军碉堡共42处。利用河川湖泊、芦苇草荡，活跃在白洋淀的雁翎队及大清河上的水上游击队，神出鬼没地打击日军，仅王寨附近的一

242

次战斗中，就将50余名日伪军人毙伤，并截获大货船数十艘。经过各种斗争，冀中军民使许多小块根据地连成一片，使斗争的环境得到极大改善。为适应斗争形势的需要，冀东区也派出大批武工队、小部队，到丰润、宁河、滦县、遵化、玉田等日军后方地区进行深入战斗，开展军事斗争和政治斗争，将日军据点攻克了40余处，已经基本上将原有的基本区进行了恢复，并开辟了北宁铁路以南、滦河以东的部分新区。同时，蓟（县）遵（化）、兴（隆）游击队和长城工作团再度出关，同日军展开各种形式的斗争，将热南山地抗日游击根据地进行逐步恢复和重新建立。遵照1943年1月太行分局高干会的精神，晋冀鲁豫边区各军区积极贯彻"敌进我进"的方针，共派出近1000支武工队和小部队，全区开展了变游击区为根据地及在日占区建立隐蔽的游击根据地的斗争。在完成对驻晋东南地区的国民党第二十四集团军诱降之后，日军第一军于5月6日以日军3个师团及伪军一部共2万余人的兵力，向潞城、武乡、左权、林县、陵川等地出动，准备对太行抗日根据地的中心区进行梳篦式"扫荡"行动，企图将八路军总部及第一二九师主力消灭掉。但是日军在开始行动时，八路军总部和第一二九师就已经将日军的作战意图了解得很清楚，于是趁日军尚未对根据地形成包围之前，总部和第一二九师主力适时转移到外线，同时向日军的交通线展开破袭战。为了保卫群众利益，太岳和冀南军区部队分别对本区内的白晋和平汉铁路展开破袭战，第一二九师一部兵力配合地方武装及1.5万多名参战民兵，坚持内线斗争，以打冷枪的作战方式结合地雷战向日军进行打击，对太行军民的反"扫荡"作战进行了有力配合。日伪军"扫荡"太行区的时候被太行、太岳、冀南3区的军民进行了联合打击，共损失2500余名有生力量，最终于5月下旬撤离该地。平汉路西侧的广大地区，其大部分已经被太行军恢复为游击根据地。争取和瓦解了部分伪军，太岳军区打开了高平、晋城以北以及长子、青城、沁水、曲沃、翼城、沁县等边沿区斗争局面。冀鲁豫第一军分区将根据地恢复和发展为1140个村庄，另外还在齐河、花平、禹城一带开辟了一块新的游击根据地。在伪军伪组织中，冀南军区建立了"抗战复仇同盟""回心社""忠义社"等秘密组织；在日占区冀南第二、第三、第六等3个军分区，秘密建立了573个民兵自卫队等组织，用以对伪乡、伪政权及汉奸进行打击。冀鲁豫、太行、太岳和冀南等根据地经过一年的斗争，再加上武工队和小部队恢复和扩大的面积，这时候的根据地已经约占全年恢复和发展总面积的3/5。其中，拔除和逼退了冀南军区日据点140余处，恢复和开辟了10个县的根据地，约占冀南全区面积的1/10。

遵照毛泽东关于"把日军挤出去"的指示，1943年初，晋绥军区从主力部队抽调了一批干部和战士用于对地方武装的领导和民兵建设；另外又从部队和地方抽调出320多名有斗争经验的干部，用于加强武工队，最终的目的就是要使每支武工队都有营以上干部进行负责。武工队由原来的15支扩大到37支。与此同时，为配合武工队进行对日斗争，还将39个主力连和49个游击中队派来。根据晋绥军区的对日斗争计划，武工队进入离石至岚县、忻县至静乐、五寨至三岔堡公路沿线及交城以西的山区进行发动群众，将日军一个村庄一个村庄地挤出了地盘。根据不同情况，对日军伪据点采取不同办法，主力部队与武工队、民兵相互配合，对日军实施打击，例如，将日军包围，使其孤立，造成供应困难，导致生活不便，于是被迫撤走；或者是乘机对日军据点进行突袭占领；或是将伪军策反，进行里应外合，进而占领日军据点；或是将兵力集中起来强行夺取。依靠群众第八军分区派出的武工队在交城西北地区，将一个由40多人组成的特务网成功摧毁。又于2月7日在岔口以西的石沙庄进行伏击战，28名日军被歼灭，并往岔口据点送去了13具尸体，这个行为对日军的震动很大。于30日的时候又对岔口据点进行了袭击，共歼日军40余人。只用了3个多月的时间，晋绥区军民就将800多个村的"维持会"成功摧毁，并恢复和建立了500多个村庄的抗日政权恢复和建立，尽最大可能将近400个村"维持会"进行改造使其成为两面政权，帮助抗日战争。1943年下半年，共产党军队已将日伪军基本上挤到据点和交通线附近；日军的58个据点被全军拔除，收复了1000多个村庄，整个晋西北已经变成了"中方进日方退"的局面，这对于整个抗日的局面是十分有利的。

1943年初，山东军区决定将"敌进我进"的方针贯彻到底，于是就运用了"日方打进中方这里来，中方打到日方那里去"的"翻边战术"，将600多名革命干部组成43个武工队，到铁路沿线和被日军"蚕食"的地区进行革命活动。这些武工队在日占区积极进行战斗，采取办法和战术灵活多变，只要能将日军赶出去，采取了各种各样的措施，他们对群众进行宣传，保护群众利益，解除群众对日负担，将群众组织起来，并领导群众进行反抢粮、抗苛捐杂税的斗争；将汉奸和特务铲除，并和日伪武装和政权进行坚决斗争；采取点"红黑点"，记"善恶录"等办法，将伪军尽量争取过来，如果争取不过来就进行瓦解，广泛开展游击战打法。只用了一年多时间，山东军区的武工队、小部队就已经拔除了340多处日伪据点，开辟了7000多个村庄，在伪军和伪组织中建立了1000多个内线关系，促使伪军溃散、逃亡的人数就已经达7000多名，对反"扫荡"、反"蚕食"斗争进行了有力的支持。

日军的大规模"扫荡"于1943年春季首先从山东开始。日军第十二军（司令官喜多诚一中将）以7000余人的兵力于1月10日分别由广饶、羊角沟、利津、滨县、蒲台、博兴等地向小清河以北八路军清河军区驻地北隋一带出动，企图将八路军合围。为了同日军进行抗争，在蒲台、博兴之间的清河军区机关立即转向日军后方。清西军分区独立团第七连于 1 月 14 日遭到日军的合击，虽然与日军展开了激战，但是不幸的是最后全部壮烈牺牲。在外线清河军区令其他军分区部队广泛开展破袭战，再加上内外线部队密切配合，最后迫使日军将大部退到津浦铁路沿线。日军 8000 余人和伪军 4000 余人于 1 月 17 日对八路军冀鲁边第二军分区进行"扫荡"合围。为了应对日军的扫荡，该军分区部队决定采取分散作战的办法，最终使日军的 3 次合围全部落空，无功而返。

1943 年 3 月，八路军第一一五师与山东军区领导机关为了适应新的斗争形势，统一和加强山东抗日武装的领导，最后决定将两者合并，成立了新的山东军区，军区司令员兼政治委员由罗荣桓担任。新的山东军区下辖鲁南军区、鲁中军区、清河军区、冀鲁边军区、滨海军区、胶东军区等 6 个二级军区。将原山东军区所属各旅及各支队和第一一五师的番号撤销，统一整编成了 13 个主力团，实行了主力军地方化，将地方武装进行了加强。

日军于 4 月 22 日至 29 日又以独立混成第五、第六和第七旅团以及伪军各一部共 2 万余人对清河区进行再次"扫荡"。在 8 天时间内，日军已经实施了连续 3 次的搜寻并合围清河军区领导机关和主力部队，但是均未得逞。之后，在清河区北面的日军以三里庄为中心，部署日伪军的兵力达 2500 人，将黄河沿线控制住；以 7000 余人的兵力在南面，沿小清河由东向西展开，开始以夹击之势步步向内"蚕食"。清河军区遂以一部兵力与民兵相配合，对日军展开广泛的游击战，打击日伪军"蚕食"活动；同时，集中直属团及特务营于 5 月 28 日，以袭击手段攻克北线三里庄据点，歼灭伪军 1 个团大部。6 月 4 日，日伪军南北两线同时出动，占据广（饶）博（兴）蒲（台）中心区，并建立据点 20 处。清河军区主力转移到利津以北垦区，7 月利用青纱帐，在日军换防的时候乘机发起反击。到 9 月的时候，该军区已经歼灭 3 个伪军团，被占的中心区成功收复，而且将小清河以南部分地区顺利收复。

山东各地民兵和游击队在恢复和扩大根据地的斗争中发挥了极为重要的作用。在战斗过程中，他们将村落战和三五成群、忽聚忽散的"麻雀战"结合起来，将日军打得措手不及，并且根据日军的活动规律，创造了一种"车轮战"，就是日军走到哪里就打到哪里的打法，以及同日军兜圈子的"推磨战"，还有一村打响四处驰援的"蜂窝战"。另外他们还制造了铁雷、石雷、瓦罐雷、瓷瓶雷等众多的自制武器，并将这些武器进行巧妙的埋设，其中有拉雷、绊雷、滚雷、水雷、连环雷和真假结合的子母雷等。这些地雷不仅被民兵们用来包围村庄，同时民兵们还把地雷作为进攻性武器向日军开展"飞行爆炸运动"。他们将大量地雷在日军交通线上、据点周围埋设好，就连日军的操场、办公室、浴室等场所及日军可能行动之处都已经被安装上了可能会引爆炸弹的装置，只要日军触动连着地雷的树枝或其他东西，就会引起爆炸，让日军感到到处有触雷丧命的危险。在鲁南铁路线上活跃的铁道游击队，他们炸火车、截给养，将日军打得叫苦不迭。在海上胶东区军民及沿海民兵同样也进行游击活动，不断将日军运输船只截获或击沉，将船上的日军俘虏。经过艰苦斗争的山东军民，发展鲁中区和滨海区，清河区和鲁南区曾经被严重分割的局面已经基本上改变。山东抗日根据地的斗争形势已经有了明显好转。

八路军以武装工作队的组织形式和斗争形式全面贯彻"日方进中方进"方针，开展军事、政治、经济、文化全面对日斗争，积极恢复和扩大抗日根据地，使1943年的武工队得到了很大发展。这种形式不仅将日伪军的"扫荡""蚕食"和经济封锁彻底打破，同时对扭转抗日根据地的退缩被动局面，发挥了极为重要的作用。

2. 扭转华中局面

华中敌后抗战在1943年的时候依然处于极为严重的局面。日本从总的战略需要出发急于将华中地区占领，这样就可以加强其对东部沿海重要港口的控制，进而确保其苏北和南京、上海、杭州之间的占领区及在长江下游的交通安全。所以，根据日军大本营的《对华新政策》和1943年的《对华作战指导计划》，中国派遣军一面调整日军在华中对新四军作战的兵力部署，使作战部队仍保持在11万人左右；另一面对汪精卫伪政权实施加强并大力扩充伪军，使其由原来的18.5万余人增加到22.8万余人，重点对华中的苏北、苏中和苏南的抗日根据地实施更加残酷的"扫荡""清乡"和"蚕食"战略。中共中央华中局和新四军军部针对根据地所面临的严重困难局面，遵照中共中央和毛泽东关于华中应准备在最严峻形势下坚持斗争的指示精神，对部队发出《关于坚持敌后艰苦斗争的指示》，号召军队咬紧牙关，坚持两年的最艰苦的敌后斗争，要求该地区的武装部队要做好各种应对日军的反"扫荡"、反"清乡"和反"蚕食"战斗准备。

日伪军于1943年初对苏北等地区发动了春季"扫荡"。华中日军第十三军和伪军各一部共1.4万余人的兵力于1月底分别由滁州、海州、如皋等地向淮阴、涟水、南新安镇（今灌南）、响水口、盐城、兴化等地推进开始进行"扫荡"。日伪军于2月12日对国民党军韩德勤部所控制的淮安以东地区进行"合击"，并迅速将风谷村、车桥、曹甸等地占领。之后，在新四军部队的掩护下韩德勤部大部向淮海地区撤退，其中有一部分已经向日军投诚。新四军军部判断日军可能将韩德勤部作为首先"扫荡"的目标，然后再将兵力转移到盐阜区进行"扫荡"，于是2月16日，第三、第四、第一师接到反"扫荡"作战指示。为了将日军的春季"扫荡"彻底粉碎，苏北

246

党政军民抓紧时间行动了起来，开始动员群众，坚壁清野；将匪特奸细消灭干净，并开展对伪军伪组织的争取和瓦解工作。按照反"扫荡"计划，主力部队和地方武装及民兵进行分工合作，以一部兵力开展游击战，对日军实施打击和牵制，选择日军之弱点集中一部分主力不失时机地予以打击。

日军第十七师团、独立混成第十二旅团各一部及伪军一部共 2 万余人于 2 月 17 日分别由阜宁西南的东沟、湖垛、沟安墩、陈家洋（阜宁东）和新安镇（阜宁西北）等地出动向盐阜区的东坎和八滩地区合击展开"扫荡"，企图将新四军领导机关和主力部队进行围歼。1942 年底，中共中央华中局和新四军军部已经由苏北的盐阜区转移到淮南的盱眙县东南之黄花塘地区。于是在内线新四军第三师除留一部与日军周旋外，师部和第七旅主力及第八旅一部已经转向阜（宁）东和淮海地区进行战斗。2 月 21 日，合围扑空后的日军又以"梳篦拉网"战术，对阜（宁）东和滨海地区连续进行"扫荡"。对于日军的穷追不舍，新四军第三师第八旅与游击队和民兵积极配合，坚持内线斗争，在外线攻击日伪军据点和运输线的师部主力，积极打击日军。与此同时，第一师在苏中、第二师在淮南、第四师在淮北也积极打击当面之日军，对第三师的反"扫荡"作战是有力地策应。在苏北抗日根据地"扫荡"的日伪军，已经处于到处扑空、挨打和遭受内外线夹击的情况，于 2 月 26 日，日军被迫停止了全面"扫荡"。日伪军于 2 月 27 日将全面"扫荡"改为全区"清剿"，在阜宁东、西及射阳河东地区建立伪政权，构筑据点、公路，企图对该地区进行长期控制。日伪军在新四军第三师内外线部队及游击队与民兵的有力打击下，顾此失彼，被迫于 3 月初开始为撤退收缩兵力。基于这样的情况，新四军军部令第三师适时集中兵力对撤退之日军进行追歼战斗。各路"清剿"之日军于 3 月 11 日开始向新浦、淮阴、盐城等地撤退。于是坚持内线斗争的第八旅立即集中兵力，自 3 月 14 日起以伏击、袭击等手段对日军实施反击，先后歼灭 500 余日伪军。第七旅第十九团第四连于 3 月 18 日在淮阴以北刘老庄遭到敌数千人的反扑合围。该连的 82 名指战员竟日与日军展开苦战，在炮火中与日军顽强抗击，子弹打完了，就开始与日军展开肉搏战，将日军的多次进攻成功打退，击毙日军 170 余人，最后全连官兵全部壮烈牺牲。第三师各部于 3 月 25 日展开以"围点打援"和伏击、袭击战术对日军实施全面反击。战斗一直持续到 4 月 14 日，反"扫荡"作战终于胜利结束。至此，历时 50 余天的反"扫荡"作战最终结束，新四军第三师及盐阜、淮海人民经 20 余次较大规模战斗，共毙伤俘虏 1800 余日伪军，攻克了 50 余处据点，使日伪军消灭苏北区领导机关和主力部队并控制该地的企图彻底崩溃，为坚持长期斗争及之后恢复和扩大苏北抗日根据地创造了有利条件。

华中日军以第六十师团及伪军一部共 1.5 万余人于 1943 年 4 月 1 日开始对新四军苏中第四军分区的南通、如皋、海门和启东地区进行"清乡",采取的手段就是先军事后政治以及军事与政治相结合的手法。根据苏南区军民之前的反'清乡'斗争经验,尤其是陈毅在《苏南反"清乡"斗争的总结》中所指出的:"'清乡'是长时间的精密的蓖梳,其目的不仅在于打击我军之主力,而且要使我之地区彻底伪化,故集中力量软硬兼施,以彻底破坏我地方党及民众团体为敌伪"清乡"之特点。"苏中区军民已经作好坚持艰苦斗争的准备,并为取得反"清乡"斗争的胜利作了相应的部署。首先日伪军在根据地中心区的南通县中部和海(门)启(东)以北地区进行"军事清乡",大量增设据点,并依托据点,采用"梳篦""拉网"战术,日夜出动部队分区进行反复"搜剿",企图将抗日武装和党政军领导机关消灭掉。同时在"清乡"庄的边缘,沿河川、道路设置了 200 多公里的封锁竹篱笆,在不同的据点派重兵扼守,对来往行人都要进行盘查,企图用这样的办法使内外联系隔断。苏中抗日军民针对日伪军的"军事清乡"特点,密切配合,积极开展斗争。苏中第四军分区的大部主力在日伪军开始合击时就已经转移到"清乡"区边缘线上。并在双(甸)岔(河)、马(塘)掘(港)和林(梓)白(蒲)等公路沿线,对日伪军据点展开袭击,将封锁篱笆破坏,将日伪军的交通也毁掉,积极打击日伪军。同时,将广大群众组织起来,对日伪军进行多次破击,将日伪军用于建造封锁篱笆的 500 万根以上竹竿烧毁。坚持内线斗争的部分主力、地方武装及民兵在日军深入中心区进行"清剿"时,在日军空隙中进行灵活穿插,避开日军主力,专门对"清乡队"进行打击;并组织大量的锄奸组、狙击队,对"清乡"人员进行抓捕。苏中的其他部队也在东台、兴化等地对日伪军实行进攻,先后将安丰、富安、钓鱼庙等 10 余处据点攻克,对内线的反"清乡"斗争进行了有力的策应。一直到 5 月底,日伪军的"军事清乡"活动才宣告结束。日伪军于 6 月初将政策转变为"政治清乡",将大量军、警、宪、特和保甲人员集中起来,开始对南通、如皋、海门、启东地区进行"政治清乡",先后进行"和平编查保甲"和"武装编查保甲",以及对户口进行清查,实行"连保连坐"的政策,并建立了"反共自卫团""爱乡会"等组织,企图建立伪化统治并对其进行加强。对于日伪军的这次行动,苏中第四军分区采取以武装斗争为主与合法斗争相结合的斗争方针,继续以短枪队和民兵等力量对小股日伪军和"清乡"人员进行打击,同时开展政治攻势,动员和掩护群众进行反对编查何甲的斗争。伪军在军事打击和政治攻势下,开始大批反正,伪职人员纷纷开始自首,这时候日伪军建立的伪组织已经名存实亡,从而将日军分区"政治清乡"的计划彻底打乱。8 月以后,日伪军进行的"政治清乡"也遭到挫败。于是不甘心的日伪军接着又进行了为期 3 个月的"延期清乡"战斗，企图通过更加残酷的烧光、杀光、抢光的"三光"政策，将抗日根据地彻底破坏。苏中第四军分区在这样严重的情况下，开始采取主力部队到"清乡"区边缘和日占区积极打击日伪军，在中心区则相对减少公开的军事活动，加强秘密和合法斗争的作战方针，到 12 月底将日伪军的"延期清乡"计划顺利粉碎。经过 9 个多月的反"清乡"斗争，苏中军民共摧毁 49 处日伪军据点，歼灭 2400 余名日伪军和"清乡"人员，将 1700 多名伪军、伪行政人员策反，取得了反"清乡"斗争的重大胜利。

苏南和浙东抗日根据地军民几乎与苏中地区同时展开了反"清乡"斗争。通过采取游击战和政治攻势相结合、公开斗争与隐蔽斗争相结合的作战方针，两区军民经过艰苦斗争，终于将日伪军的"清乡"彻底打败，保护了抗日根据地。

在苏北、淮北、苏中和鄂豫皖边区，华中日军为巩固和扩大已经占领的地区，于是，开始加修公路，广设据点，并根据对这些据点的依托对抗日根据地边缘区进行"蚕食"。为了使日军的"蚕食"政策破坏掉，自 1943 年春开始，淮海区军民积极开展以武装斗争为中心的反"蚕食"斗争。首先就是军民结合展开破路斗争，将日军占领的各据点之间的联系打断。然后，群众性的游击战要在日军孤立据点周围开展，通过打冷枪、围据点的作战方式，将伪军争取过来或瓦解掉。该地区新四军主力从 5 月开始在地方武装和民兵的配合下，向沭阳东南以塘沟为中心开始展开反击战，共攻克 10 余处日伪军的据点，歼灭 5000 余名日伪军，使淮海抗日根据地原有的态势得到基本恢复。

日军在淮北地区"蚕食"了淮（阴）泗（县）和邳（县）睢（宁）铜（山）地区的东陈集、顺河集及土山、叶场等地。自 1943 年春开始，淮北区军民展开了以武装斗争为主、以泗宿地区为中心的全面反"蚕食"斗争。新四军第四师一部从夏季开始也进行反击，拔除罗坪、顺河集、叶场等 26 处日伪据点；将武工队派到日军占区内部，恢复与开辟的游击区有 13 个区、70 多个乡，从而使边缘区的形势更加稳定。

日军在苏东地区对南通、海门、启东等地实行"清乡"的同时，又对苏中的其他根据地的边缘区进行"蚕食"。于是在这样的情况下，苏中区的军民一面要进行反"清乡"斗争，一面还要抽调干部带领群众对日军的"蚕食"活动进行打击。经过春夏两季的连续斗争，终于将日军的"蚕食"计划彻底粉碎，不仅如此，还扩大了根据地，为抗战胜利奠定了良好的基础。

自 6 月下旬起，日军在鄂豫皖边区就开始对抗日根据地的边缘区进行"蚕食"。为了对抗日军，新四军第五师以主力一部与地方武装和民兵积极配合，对日军展开群众性的破袭战，对日军的"蚕食"活动进行打击；同时将武工队组织起来，深入到日军占领区内部开展军事、政治、经济斗争活动，将伪政权变为"两面政权"，从而对日军的"蚕食"活动进行遏制。

1943年春、夏季，华中地区的军民取得反"蚕食"斗争的胜利，对日军的扩张进行了有效地遏制，使抗日根据地得到恢复和扩大。

华中敌后抗战严重困难的一年就是1943年。这一年在中共中央华中局和新四军军部的领导下，华中敌后军民积极开展群众性的游击战争，经过共4500余次的作战，终于将日伪军30多次千人以上的"扫荡"以及"清乡"和"蚕食"活动粉碎掉，歼灭3.6万余名日伪军人，终于将这十分困难的局面实现了扭转，为华中敌后抗日根据地转入攻势作战创造了有利条件。

3. 华南抗日游击战争的发展

东江、珠江和琼崖地区是华南抗日根据地的主要分布区。1943年这一年，这三个地区的抗日游击战争也得到了进一步发展。

从1943年1月开始，在东江地区的广东人民抗日游击总队（总队长梁鸿钧）所属各大队开始向日伪军展开广泛出击。1月和2月这两个月的时间，惠阳大队已经将伪军的重要据点王母圩攻占。游击总队的主力大队在5月的时候将虎门东南的伪军据点福水攻占。7月的时候又对伪军据点公明圩实施突袭，最终使东莞、宝安两县和广（州）九（龙）铁路以西的抗日根据地连成了一片。从1943年1月至11月这近一年的时间里，东江地区的游击队共进行了70余次战斗，歼灭1000余名日伪军，缴获500余件日伪军的武器，将部队发展到4000余人，另外民兵组织也已经发展到了近1000人，对占领广九铁路运输线的日伪军产生了严重威胁。日伪军集中近万人的兵力于11月18日晨从平湖、樟木头、常平、东莞等地出动，以分进合击战术，再加上航空兵的配合，开始对大岭山抗日根据地展开"扫荡"，企图确保广九铁路的交通的畅通无阻。在莲花山、怀德、百花洞等地广东人民抗日游击总队给进犯的日伪军以打击后，就向大岭山区撤退。日伪军于当日11时左右向大岭山区展开进攻，在方圆仅10公里的地区将游击总队压缩包围里面。利用有利地形，游击部队与日伪军展开顽强抗击，战斗一直持续坚持到黄昏，游击队才开始兵分三路展开突围作战，突围之后的游击队转移到大进埔、温塘、桥头等地区。结果日伪军对大岭山抗日根据地"扫荡"无功而返，之后又将宝安地区作为"扫荡"重点。日伪军1000余人于11月20日至12月4日兵分两路对龙华、乌石岩等地展开"扫荡"，但是均被当地武装击退。在日伪军"扫荡"期间，游击总队第三大队对东莞县城进行了突袭，并将城外公路大桥炸毁，并将一部分兵力安排在广九铁路东莞至宝安段进行炸毁，最终将广九铁路线上的日军重要据点常平车站占领，对宝安地区的反"扫荡"作战作了有力策应。直到12月5日，日伪军才全部撤退。1943年12月2日，为了进一步发展东江的敌后游击战争，广东人民抗日游击总队进行了改编，番号改为广东人民抗日游击队东江纵队（简称东江纵队），司令员由曾生担任，政治委员由林平担任，下辖7个大队。之后，向东江北岸发展之后的东江纵队最终建立了以罗浮山为中心的抗日根据地。

到1943年初，在珠江地区坚持抗日游击战争的部队已经有300多人。为了使南（海）番（禹）中（山）顺（德）地区的斗争得到统一领导，1943年4月该地区成立了珠江指挥部，其中林锵云担任指挥，罗范群担任政治委员，下辖禹南大队、顺德大队、中山抗日义勇大队（1944年1月1日成立）。该部根据珠江指挥部确定的以五桂山为基地向平原发展的方针，一面在五桂山内建立政权，锄奸清匪，另一面将主力派往五桂山周围的平原地区对日军开展游击活动。到1943年底，五桂山抗日根据地已经得到了有效巩固，该地区的部队已经发展到500余人，另外还有500余名民兵。

在琼崖地区，根据1942年7月反"蚕食"、反"扫荡"的经验教训，1943年1月17日，中共琼崖特委和独立总队作出"坚持内线，挺进外线"的决策。琼山、文昌地区由第一支队向西挺进到琼山、澄迈两县交界的儒万山地区，并建立儒万山抗日根据地。第二支队第一大队和琼山基干大队向琼东、定安转移，与在当地活动的部队一起，对琼东南抗日根据地进行扩大。在琼山、文昌地区仅留下第二支队主力坚持内线斗争。日伪军于1943年夏秋之交对琼山、文昌抗日根据地进行"蚕食""扫荡"，但是被粉碎之后，就立即向儋县、临高、澄迈地区进行再一次的"扫荡"。除一部兵力在内线坚持反"扫荡"斗争外，琼崖游击部队将主力转移到外线，对日军在琼岛的工业区北黎至石碌铁路沿线造成了直接威胁，战场战斗转战月余，琼文抗日根据地得到了逐渐恢复，另外还开辟了万宁、陵水和保亭等广大游击区，对绿现山、儒万山抗日根据地进行了创建并巩固，最终使澄迈、临高、儋县、昌江、感恩等县的抗日游击根据地连成了一片，在这一片战斗的部队也得到进一步的发展，为日后实施反攻创造了有利条件。

中国敌后战场的形势在1943年有了明显的转折。日伪军的"扫荡""清剿""蚕食"等战略遭到了敌后抗日根据地军民的粉碎，中国军民战胜了日伪军的"总力战"，终于渡过了最严重的困难时期，进而抗日战争进入到了恢复和再发展的新阶段。艰苦抗战的敌后军民终于取得了胜利，这样就使日军以主力保护占领区的作战计划彻底破灭，同时也使中国抗战的局面发生了根本的有利的变化，对1943年全世界反法西斯战争的转折作出了重大贡献。

第六章 国民党的其他抗战形式

抗战初期的中国空军

在中国展开全面抗战之前，已经初步建立起了一支空军部队，但是空军战士的素质相差很大，飞机的种类也是多种多样，而且要在很大程度上依靠外国的支持，和日本的空军比起来差距是非常大的。

抗战初期的空军

在发动全面侵华战争的初期，日本陆军航空兵拥有的飞机就有约1000架，在中国战场上投入了战队29个，约300架飞机；海军航空兵拥有约1200架飞机，在中国战场上投入了航空队7个、航空母舰3艘、水上飞机母舰5艘，约550架飞机。日军的飞机性能良好，飞行员也都经过了严格的训练，具备了很强的战斗力。而且日本的航空工业相当发达，能够研制出性能比较先进的飞机，也能进行批量生产。1937年，日本生产了1500多架飞机，到1944年的时候，每年的产量已经增加到了2.4万架，这使得日军在中国战场上的飞机更换和补充进行得非常顺利和迅速。

在日本全面开始侵华战争之后，中国也曾试探性地向苏联询问过得到其军事援助的可能性。当时的苏联也期望中国能够将日本拖延住，以使得日本对苏联的军事压力减轻一些。1937年8月21日，中国和苏联签订了互不侵犯条约。随后，苏联政府就对中国提供了物资援助，并派出了空军志愿队参与到中国的抗日战争中。10月，从阿拉木图经兰州到汉口的航线开通之后，苏联政府就派出了由254名飞行员和机械人员组成的第一批苏联空军志愿队。该志愿队由马琴和库尔丘莫夫（途中殉职后改为普洛柯非也夫）率领，分别驾驶 21 架轰炸机和 23 架战斗机来华参战。10 月 21 日，苏联空军志愿队的第二批人员，又从阿拉木图出发，此次到中国的人员为 447 人。两批苏联空军人员合并在一起组成了 4 个大队，共拥有 194 架飞机。11 月，波留宁率领着第二批轰炸机来到中国，在汉口机场驻扎。12 月底，布拉戈维申斯基率领着战斗机大队分三批先后来中国，在南昌机场驻扎。此后，苏联空军志愿队的中心基地就定在了汉口和南昌。苏联飞行员和地勤人员不定期地和苏联国内的人替换，到 1939 年 2 月中旬为止，曾经到中国参加过对日作战的苏联空军志愿队人员总共有 2000 多人，在中国牺牲的苏联志愿人员共有 900 多人。1938~1939 年，苏联先后三次向中国提供贷款，共计 2.5 亿美元，中国用这些贷款向苏联购买了 600 架飞机，以及各种军用物资。中国用重要稀有金属和农牧产品进行抵价偿还。

1937 年 9 月 21 日，中国空军第四大队将本队剩余的飞机交给第五大队，11 月又派出一队飞行员赶赴兰州，将从苏联买回的飞机陆续接收过来。这样一来，中国空军的战斗力大大增强。中国空军经过整训并装备苏制飞机后，重新投入战斗。1938 年初，中国空军一共拥有 390 架飞机，其中包括 160 架轰炸机和 230 架战斗机。随着日本陆军地面作战不断向前推进，其航空兵的活动范围也由东南沿海地区扩展到中国腹地。在飞机的数量方面，日军航空兵保持着一定的优势，共有飞机 600 架。但是，苏联制造的飞机性能较好，中国空军与苏联志愿航空队携手战斗，以各种方式有力地打击了日军。

第一，迎战日机，保护后方。在后方城市与战略要地的防空作战方面，中苏空军花费了很大的精力和力量，给来袭日机以有力打击。1937 年 12 月 9 日，在 14 架驱逐机的掩护下，数架日本轰炸机对南昌进行袭击。中苏空军出动 4 架飞机迎战，击落日驱逐机 1 架。1938 年 2 月 25 日，由 35 架轰炸机和 18 架驱逐机组成的日军飞机大编队再一次向南昌发动了袭击。中苏空军出动飞机 30 架，分 3 个队群迎战，击落日机 1 架。4 月 13 日，在 17 架驱逐机的掩护之下，日军 8 架轰炸机对广州进行了袭击。中苏空军出动 18 架飞机迎战，双方激战 30 分钟，7 架日机被击落。1938 年，为了保卫武汉，中苏空军和日机共进行了 4 次大空战，共有 58 架日机被击落。

第二，充分发挥空军作用，积极配合陆军作战。1938 年 3 月，中国空军撤销前敌总指挥部，另外设立 3 路司令部：第一路司令部设在南昌，协同第三、第五战区作战；第二路司令部设在广州，负责指挥驻扎在广东、湖南的空军部队作战，协同第四战区作战；第三路司令部设在西安，负责指挥驻扎在河南、湖北等省的空军部队作战。1938 年 1~2 月间，在经过补充之后，中国空军将主力集结起来，轰炸了华中战场和津浦铁路南段的日军机场和阵地及在长江内活动的日军舰艇，并截击破坏粤汉铁路的日机，给日军以重大打击。3~5月间，中国空军支援陆军参加台儿庄大战及徐州会战等战斗。在"三一八""三二五"和"四一〇"空战中，共将15架日机击落，3架日机击毁，并对日军阵地、车辆及集结与溃逃部队进行了多次轰炸。其中仅3月18日，即向日军阵地投弹67枚，击毙击伤多名日军，炸毁日军坦克、装甲车10辆。除此之外，还对黄河以北的安泽、灵石、风陵渡等日军据点进行了轰炸，对日军渡黄河的部队进行了打击。9月21日，中苏空军出动飞机，协助第十七军团进行武汉外围战，连续轰炸罗山、柳村一带，延缓了日军第十三军在豫南的前进步伐。

第三，深入日军后方，攻击日军第十三军占领区内的军事目标。1938年1~6月，中苏空军对日军机场先后进行了20多次轰炸，日军的100多架飞机在中苏空军的轰炸中被毁。7月8日，中苏空军出动5次，轰炸安庆、芜湖日军机场及湖口日舰，炸毁日机20多架，10多艘日军舰船受到沉重打击。8月，中苏空军继续经常出动，对九江、安庆一带的日军舰艇及登陆部队进行轰炸，炸沉大小舰艇9艘，炸伤23艘，延缓了日军向武汉方面的推进。自参加保卫武汉的战斗以来，前后5个月，中苏空军共计炸沉日舰23艘，炸伤67艘；击落日机62架，炸毁日机16架，击伤日机9架。

第四，远程奔袭日军后方及日本本土。1938年2月23日，中苏空军从汉口起飞，跨海对日军在台北的松山机场进行了袭击，在这次袭击中，12架日机、10座兵营和3座机库被炸毁，让日军遭受了很大损失。5月19~20日，中国空军第十四队队长徐焕升及担任僚机的佟彦博驾驶着2架马丁轰炸机，第一次飞到日本本土执行任务，这在精神方面对日本帝国主义者造成了严重的打击。日本随即加强了本土的防空力量。

1938年1~10月的这段时间中，尽管中苏空军和日军相比在力量上处于相对劣势的地位，但他们英勇作战，以弱胜强，共击落击毁日机264架。武汉、广州沦陷后，中苏空军的根据地转移到了四川的成都、重庆等地。到11月的时候，苏联空军志愿队接到命令，暂时停止执行战斗任务，而是将飞机集中到兰州进行大修。如此一来，日军就将中国广大地区的制空权控制在了自己的手中，并对中国大后方的战略要地重庆、成都、兰州等地进行了多次猛烈的轰炸。1939年初，中国空军仅仅拥有不到100架飞机，这样的实力显然难以抗衡拥有约700架飞机的侵华日军航空兵。在1939年这一年的战斗中，尽管中国空军补充了200架新飞机，苏联空军志愿队组成的新机队也来到中国继续援助作战，却从头至尾都是在困境中坚持作战的。1940年夏，日军的陆、海军航空队联合发动了代号为"一〇一号作战"的空袭战斗。在这次袭击中，日军共出动 297 架飞机，连续轰炸了以重庆、成都为中心的中国大城市和空军基地，使得中国后方遭受了极大损失。同年 9 月，由于日军将新研制的零式驱逐机投入战场，中国空军面对的形势更加残酷，到 1940 年底，中国空军拥有的飞机仅仅只有 65 架。1941 年 6 月 22 日，苏联和德国之间的战争宣告爆发，苏联的飞行员陆续回国参战，中国空军的处境越发艰难。

武汉空战

在将南京攻占之后，武汉就变成了日军、空军主要的攻击目标。

1938 年 2 月 18 日，日空军开始对武汉进行大规模的袭击。当天中午 12 时左右，日空军组织的 26 架战斗机和 12 架轰炸机，在安徽和江西的交界处进行会合之后，直接向武汉飞去。

隶属于中国空军第四大队的第二十一、二十二和二十三中队，马上升空迎战。在武汉上空高 5000 米到几百米的范围内，中日双方的几十架飞机互相缠斗在一起，战斗进行得异常激烈。在战友的配合下，中国空军第二十一中队的柳哲生首先击中日机。第二十二中队的 H-15 机群被 12 架日军飞机紧紧咬住，日机不仅在数量上占优势，而且在战术位置上也占据着比较主动的地位。面对这种情况，大队长李桂丹沉着应对，指挥第二十二中队与日机进行周旋，凭借优势的火力与日机展开空中格斗，很快形成了单机混战的态势。中队长刘志汉最先将一架日机击落。在搜索日机的过程中，第二十三中队的 8 架 H-15 驱逐机编队发现第二十二中队处于非常不利的态势，马上协同第二十二中队作战，将 2 架日机击落。

以前日机来袭击的时候，武汉人民都是急忙躲进地下室，而在此次二一八空战进行的时候，人们都爬到屋顶上观战，为中国空军将士的表现喝彩、助威。

此次空战持续了 12 分钟，被第四大队击落的日机恰好也是 12 架。取得胜利的同时，第四大队也付出了极大的代价。在掩护战友作战时，大队长李桂丹的飞机不幸被日机击中，中队长吕基淳和飞行员巴清正、王怡、李鹏翔等 4 人则不幸牺牲，为国捐躯。

中国空军 12 分钟内将 12 架日机击落的消息迅速在武汉三镇传遍了，百万中国军民欢呼雀跃。2 月 21 日，武汉 2 万多名各界民众举行了空前盛大的游行和集会，庆祝中国空军取得大捷，同时也悼念牺牲的烈士们。

日军在二一八空战中吃了大亏，有两个多月不敢大胆侵入武汉领空，只是偶尔在夜间前来偷袭。4 月 20 日左右，中国空军在孝感驻扎的一架飞机在进行试飞时将日军的一架侦察机击落，在日军飞行员的日记本上发现了一个重要情报：日军准备在 4 月 29 日（日本天皇的生日，即日本的"天长节"）这天将驻守武汉的中国空军主力一举消灭，为天皇祝寿。获悉日军的这一计划之后，武汉空军马上就将中苏两个大队的战斗机都调到武汉集中，准备迎战。

日海军"左世保"第二航空队被调来执行轰炸武汉的任务。4 月 29 日下午 2 时 30 分，由 70 架左右的战斗机和轰炸机编成的日军混合机群，进犯武汉。中国空军和苏联志愿航空队 70 多架飞机升空迎战。

空军第四大队再一次投入到战斗之中。在武昌上空，第四大队和日机的比例是 1：4。但中国和苏联组成的航空队并没有惧怕日军，而是英勇地冲进日军的机群中间和日军展开了厮杀。开战仅仅 5 分钟，少尉飞行员陈怀民抓住战机，首先告捷，一举击落一架日机。5 架日机马上就向陈怀民扑了过来，向陈怀民驾驶的飞机进行猛烈的射击。陈怀民驾驶飞机和日军展开生死搏斗，不时抓住战机，发起攻击。不幸战机多处中弹，已难以操纵。在生死存亡的关头，陈怀民本可以弃机跳伞求生，可是他没有这样做，而是将飞机开足马力，向附近的一架日机机背高速撞去，以身作弹，与日军同归于尽。

在陈怀民英勇行为的鼓舞之下，中苏空军的战士们在战斗中表现得越来越勇敢，经过 30 分钟的激烈战斗之后，击落日机 21 架，其中战斗机 11 架，轰炸机 10 架，取得抗战以来最光辉的一次胜利。武汉的天空成了日本飞机的巨大焚烧场，日军的狂妄意图化为了泡影。

取得这一巨大的胜利之后，武汉民众再一次陷入了兴奋之中，庆祝活动再一次在各处展开。政府部门、社会团体，还有普通百姓，蜂拥着奔向王家墩机场，热情慰问凯旋的中苏空军的将士们。武汉花店里几乎一大半的鲜花都被送到了这里，慰劳品堆积如山。

5 月 31 日上午，日军飞机再次袭击武汉。中国空军第三、第四大队和苏联志愿航空队早已展

武汉空战

开了迎战的队形，日军飞机见此情况，赶忙掉头逃跑。中苏空军的将士们借此机会向日军展开了攻击，将 10 多架日军飞机击落。

6 月 5 日，武汉各界人士在汉口总商会礼堂隆重公祭陈怀民等 4 位烈士。蒋介石

亲自前来祭奠致辞，参加祭奠活动的各界人士共计 2 万人左右。肃穆的祭堂，花圈如海、挽联如云，在这些挽联中，有两幅是最引人注目的，周恩来等人送来的挽联是："为五千年祖国英勇牺牲，功名不朽；有四百兆同胞艰辛奋斗，胜利可期"，深深地表达出了中国共产党人对为民族献身的空军烈士的崇敬和悼念之情，蒋介石夫妇送来的挽联是："武汉居天下之中，歼敌太空，百万军民仰成绩；滂沱挥同胞之泪，丧我良士，九霄风雨招英魂"。6 日上午举行的出殡仪式中，所到之处都有无数的群众争相一睹烈士们的遗容，城内的交通陷入瘫痪，气氛悲壮，倍极哀荣。陈怀民等忠骸合葬于武昌青山矶头。为了表彰烈士们的忠勇行为，武汉商界的著名人士陈经特意请暨南大学的卢前教授撰写了烈士殉国纪念碑文，并将石碑立在了墓前，以备万世景仰。抗日战争胜利后，汉口旧日租界里的一条小路被重新命名为陈怀民路，以此来纪念在抗日战争中牺牲的先烈们。

重庆空战

国民政府将首都迁往重庆之后没过多长时间，日本大本营便于 1938 年 12 月 2 日下达命令，要求空军对重庆发动战略性的轰炸，第三四五号大陆令要求：攻击敌战略及政略中枢时，须集中兵力，投入优良飞机，特别是要捕捉、消灭敌最高统帅和最高政治机关。日军企图对重庆进行轰炸，其实只有一个目的，那就是对于抗日政权的首都进行轰炸，以打击中国军民的抗日决心。所以说，国民政府将首都前往何处，何处就会受到日军的猛烈攻击。为了执行对重庆的轰炸任务，日本华中派遣军航空兵团司令江桥英次郎中将命令第一飞行团长寺仓正三少在 5~7 周的时间里完成远距离航空作战和轰炸的训练任务，随后便开始对重庆进行拍照侦察。

1938 年 12 月 26 日，日军对重庆的轰炸开始了。第一次进行轰炸的时候，因为天气的原因，日机的命中率并不高。在 1939 年这一年的时间里，日军先后出动了 865 架次的飞机，对重庆进行了 34 次轰炸，在这些轰炸中，日军共投弹 1897 枚，使得重庆的 4757 幢房屋被炸毁，5247 名市民被炸死，4196 人被炸伤。

1940 年，日军对重庆等地实施了"一〇一号作战"，日陆军共派出飞机 21 批、904 架次，海军派出飞机 54 批、3651 架次，日军共投弹 27107 枚，重达 2957 吨；在这之中，日军在对重庆市区内进行的空袭活动中，共出动飞机 2023 架次，投弹 10021 枚，共计 1405 吨。"一〇一号作战"共持续了 110 天，是日军对中国军队进行的最大规模的空中作战。

1941 年，日本大本营决定将中国境内的航空部队的大部分兵力集中起来，实施"一〇二号作战"，企图对中国内陆进行最后一次毁灭性的打击。这一年，日本一共对重庆进行了 81 次空袭，出动飞机 3495 架次，投弹 8893 枚，炸死 2448 人、炸伤 4448 人、炸毁房屋 5793 幢。鉴于日本和美国以及英国之间的关系急剧地恶化，日本便决定发动太平洋战争，便将第十一航空队的主力撤回日本国内准备战斗。1941 年 9 月 2 日后，留在中国境内的日本海军飞机只剩下了 10 多架，尽管在之后有所增加，但是已经没有力量组织起规模较大的进攻作战了，主要作战任务从此交给陆军航空兵。

八一四空战之后，中国空军和日军空军进行了长期的较量，在屡次的战斗中，中国空军的消耗很大，加上 1940 年 3 月份开始，苏联志愿队就逐步撤离中国，到 6 月的时候，就只有 1 个战斗机大队在中国留驻，所以，在重庆空战开始的时候，中国的防空力量已经很薄弱了。重庆空战中歼灭的日本飞机的数量，比起

被中国空军击落的日机

1937 年的南京空战、1938 年的武汉空战和 1939 年的兰州空战，均有很大的差距。但是即便是这样的情况下，中国空军仍然顽强抗争，和强大的日军进行殊死战斗，保卫重庆。日军不得不承认："重庆上空不好对付"，"靠轰炸来粉碎重庆政权的抗战意志并非易事"，日军对重庆进行战略性轰炸的目的被打破了。

1939 年 6 月 11 日，日军开始了对重庆的第 6 次轰炸，中国空军第四大队的 15 架战斗机升空进行拦截，在激烈的战斗中，第二十三中队队长梁添成的飞机被日军击中，最后在涪陵附近坠落。到这个时候为止，在抗战初期荣立过赫赫战功的中国空军的高志航、刘粹刚、乐以琴、梁添成等四位优秀飞行员已全部为国捐躯。

1940 年 6 月 20 日，《向空军致敬》一文发表在中国共产党开办的《新华日报》上，这篇文章对于中国空军英勇抗战的行为给予了非常高的评价：在这半个多月的敌机狂炸中，重庆的市民，经常在烈焰硝烟中过生活，日军的烧夷弹虽然摧毁了部分同胞的房屋，化成了灰烬，但是烈焰燃烧不了广大市民对日本侵略者愤怒的心。今天全重庆的市民无论男女老少，大家没有一点沮丧，反而增加了兴奋的情绪和紧张的工作精神，这是由于什么？我们不得不感谢空中的英雄，他们的视死如归，奋勇杀敌的精神。因此，我们要特别代表重庆的市民，全国抗战的民众对英勇作战的空军将士致热烈的敬礼！

第四篇　外部抗战环境

扁鹊西来

日本发起侵华战争，给中国人民带来了无数的灾祸与苦难。疾病大肆传播，大多数是外伤导致的"传染病"。世界并没有将中国遗忘，加拿大、美国、印度以及欧美很多国家的医疗队和名医纷纷来到中国，帮助中国抗日将士和百姓抵御病魔。这些医疗队中，有外科、内科、眼科、泌尿科、妇产科等专业的医生，但他们在中国，却变成了什么病都能治的"全科"医生。代表人物就是白求恩、布朗、柯棣华。被他们救治过的中国伤病员，亲切地称他们为"洋扁鹊""洋华佗"。

1. 加美医疗队援华

1938 年春，中国抗战正处于困难的时刻，著名的加拿大胸外科医生诺尔曼·白求恩（HenryNormanRethune）受加拿大共产党和美国共产党委托，组织一支医疗队来到中国，支援中国人民的抗战事业。

白求恩，1890 年 3 月 3 日出生于加拿大安大略省北部的格雷文赫斯特镇。他的父亲是个牧师，1909 年，他进入多伦多大学学习医学。第一次世界大战爆发期间，他进入加拿大皇家陆军到法国参战，在加拿大第一师团担任战地救护队担架员。第一次世界大战以后，他在英国海军军舰"飞马"号上做上尉军医。后来又调到加拿大驻法国的航空队中任军医。1924 年冬，他退役并离开了欧洲，在美国底特律开了一家诊所，1927 年，他用当时非常少有的"气胸疗法"把自己的肺结核治好了，以后又发明了许多以自己名字命名的手术器械，比如白求恩人工气胸器械、白求恩肋骨剪、白求恩肋骨剥离器等。白求恩顿时成为欧洲和美洲非常有名的胸外科专家。后来他又在美国纽约州结核病医院工作了两年。1929 年，他返回了加拿大，在皇家维多利亚医院担任加拿大胸外科专家阿奇博尔德的第一助手。1933 年，他再次前往美国底特律，在一家医院担任胸外科代理主任，一年后重新回到加拿大。这时候的白求恩，在医学方面已经有了非常多的成就，在整个北美都非常有名。1935 年 7 月，

259

他赶赴苏联列宁格勒参加生理学大会，苏联的社会主义医疗事业使他感到耳目一新并深受启发。回国后，他便秘密加入了加拿大共产党。1936 年 10 月，白求恩去欧洲参加了西班牙国际纵队，在西班牙马德里前线抢救、护理伤兵，为西班牙人民捍卫他们的阵线贡献出了自己的一技之长。但是，随着人民阵线的阵地日益缩小，他深切体会到西班牙人民更需要的是国际援助，于是他在 1937 年 5 月启程，回到加拿大发起募捐。1937 年 7 月 30 日，白求恩受美国洛杉矶医药局邀请，参加他们举行的欢迎西班牙人民之友的宴会。宴会之上，他同中国代表陶行知结识。陶行知在会上满怀激情与焦虑地向与会者们介绍了"七七"事变以后抗战的中国。白求恩被陶行知立场坚定、泾渭分明的话语所打动，改变了重返西班牙的计划，向加拿大共产党的负责人提出想要率一个医疗队前往中国协助抗日。加拿大共产党与美国共产党商量后，决定联合派出一支以白求恩为首的加美援华医疗队前往中国帮助抗战。1937 年底，医疗队正式组建而成，成员共三人，除白求恩外，还有美国外科医生帕尔森斯和加拿大护士琼·尤恩女士。

白求恩

白求恩接受委托后，于 1938 年 1 月初，带领医疗队携带价值约 5000 美元的医药和器械，从温哥华出发乘船前往中国。然后，经过香港，抵达武汉。在武汉，周恩来热情地接见了白求恩等人，白求恩要求深入到共产党领导的特区去，除了特区以外，他根本不想到别的地方去。白求恩说："我没有别的可奉献给你们，只有一样，就是艰苦地工作。"周恩来沉默了良久，说："你也不可能指望得到什么，也只有一样，就是伤员的感激。"受到国民党的邀请，帕尔森斯留在了武汉。白求恩和琼·尤恩于 1938 年 2 月在数名八路军警卫员的护送下离开汉口前往华北，沿途遭遇到 3 次日机的空袭，终于在 3 月底辗转抵达延安，受到了八路军卫生部部长姜齐贤和美国医生马海德的热烈欢迎。毛泽东在几天以后专门接见了白求恩和尤恩。白求恩见到朴素的毛泽东后，将自己的加拿大共产党党证交给了他。毛泽东幽默地说："我们将把你的组织关系转到中国共产党，你现在就不是外人啦，请你不要见外。"会面中，他们交换了针对西班牙内战的一些看法，谈到了中国抗战及抗日民族统一战线的方针、政策问题，并且拟订了一个关于在前线建立战地医院、组织战地医疗队的计划。

　　1938 年 4 月下旬，白求恩离开延安，开始向晋察冀边区进发。一路上，白求恩并没有只顾赶路，他考察、诊疗两不误，长途跋涉，穿山越岭，在 6 月 17 日终于抵达了晋察冀军区司令部驻地——山西五台县。在五台县，白求恩受到了军区司令员聂荣臻的欢迎，并请他在晋察冀军区担任卫生顾问。第二天，白求恩就赶到 60 里之外的军区后方医院——松岩口医院，抵达以后，就马上着手开始了紧张的医疗工作。仅在第一周里，就诊疗了医院全部 520 名伤员，第二周就针对诊疗的结果安排做手术。4 周内，他连续为 147 位伤员做了手术，有些时候，他一天就要连续做 10 个手术。他的这种工作态度和责任心震撼着医院的每一个人。几个月后，白求恩向军区卫生部提议：在晋察冀抗日根据地建立一所相对正规一些的医院，不但可以更好地对伤员进行诊疗，而且可以给全根据地的其他医务工作点起到示范作用。这个建议一经提出，立刻得到了党中央毛主席和军区的支持，白求恩计划用 5 个星期改造松岩口后方医院，创建晋察冀根据地第一个"模范医院"。五台山深处的古庙热闹起来。白求恩既忙碌又兴奋，他亲手设计了很多图纸，指导木匠做病床，让锡匠打探针、镊子和钳子，让铁匠做"托马式"夹板，用猪油来配制凡士林软膏，用砖头在火里烧热后，裹上毛巾作热水袋。他还抽出时间给医生和护士讲授生理学、解剖学、伤员的搬运等课程。9 月 15 日，松岩口"模范医院"终于建成了。这座军区医院配备了手术室、消毒室、病房、俱乐部等，白求恩更是亲自制定了一套医疗卫生制度。为了提高军区整体医疗水平，白求恩还开办了各种医疗卫生培训班，开展专题讲座、巡回讲座、组织理论与实践结合的现场实地研讨、演示，为根据地输送了一批又一批医疗卫生骨干。

　　1938 年 9 月，日军华北调派军司令部集结了三个师团和一个混成旅团，分成数个分队从各个方向扫荡晋察冀边区，其中一路分队在 25 日侵占了金刚库、松岩口，并将龙王庙的模范医院烧毁了。白求恩带领军区医院随指挥机关转移到了河北平山的蛟潭庄。他又向军区提出了组织"战地流动医疗队"的建议，还特地设计了用牲口驮载的流动医疗器具箱，打开以后就是手术台，两边是有抽屉的箱子，分装手术器械和各种药品，外形很像一座拱桥，人们形象地称其为"卢沟桥"。1938 年 11 月 27 日，八路军一二〇师三五九旅旅长王震给流动医疗队送了一封急信，要求白求恩带领医疗队参加蔚县——广灵公路伏击战。在奋战中，白求恩日夜不眠，忘我地工作着。据当时的统计，他在不到三天三夜的时间里，居然给 115 名八路军伤员做了诊疗和手术。

1939年，国民党对医疗器械和药品的控制越来越厉害，同时日伪军对抗日根据地也进行了大肆封锁和破坏，致使医疗条件本来就非常贫乏的根据地内更加困难。白求恩觉得这样下去不是办法，计划于10月20日回国，说动一批医护人员并组织一批医疗器械和药品进行支援。正当白求恩下定决心启程回国的时候，日军对晋察冀根据地发起了一次规模庞大的冬季"扫荡"。白求恩只得把回国的计划暂时搁置，决定等反"扫荡"结束以后再安排回国。但是，非常不幸，在10月28日的一次战地手术中，他左手的中指不慎被手术刀划破。11月1日，白求恩在为一名患颈部丹毒并蜂窝组织炎的伤员进行手术时，受伤的手指被病毒感染。病毒侵入他的血液，无情地吞噬着他的健康和生命。在此以后，他还没有来得及处理伤口，便立即前往击毙日军中将阿部规秀的黄土岭奋战，继续在前线抢救伤员。奋战结束后，当人们发现他的病情，急忙用担架将他抬到河北唐县的黄石口，可是，这时候他的病情已极度恶化，回天乏术了。即使在临终前，他仍然没有忘记阵地的情况，他还给聂荣臻留了一封信，专门叮嘱：要代购足奎宁和铁剂，以备疟疾和贫血患者之用。一定不要再到保定平津一带去购买药品，那边的价格比沪港的要贵两倍。1939年11月12日晨5时20分，医护人员尽了最大的努力，仍然没有挽留住这颗拯救了无数生命的巨星，他陨落了。白求恩逝世的消息令聂荣臻以及所有接受过他治疗和与他一起工作过的人们陷入了巨大的悲痛当中。八路军总部为白求恩举办了隆重的葬礼，朱德高度赞扬了白求恩为中国抗战所付出的努力以及作出的巨大贡献。为了纪念白求恩，发扬白求恩精神，1939年12月1日，八路军总部颁布命令，将八路军设在延安的军医院改名为"白求恩国际和平医院"。

2. 布朗和他缔造的国际和平医院

布朗和白求恩有着不一样的信仰，布朗信仰的是上帝，是加拿大圣公会传教会的传教士医生，但他的精神是和白求恩一样的，为中国人民的抗战事业作出了巨大的贡献。

1898年12月，布朗医生在英国伦敦出生，十几岁时他跟随父母搬到了加拿大安大略省多伦多市，1928年毕业于多伦多大学医学系，获得医学学士学位，继续苦读5年后获得了医学博士学位。布朗擅长的当属眼科，对治疗白内障格外有心得，并以此远近闻名。1930年受教会调派，布朗来到了中国河南商丘的圣保罗医院。

1938年2月，布朗正在汉口办理在华护照延期事宜的时候，得知加美援华医疗队的白求恩已经到了中国，并决定取道延安前往八路军华北抗日前线。布朗便决定自己也到延安和华北前线去看看，或许在那里，自己的作用更大。2月19日，布朗

在汉口给主教怀威廉写
信，希望他能批准 3 个
月的假期。信中说：
"我希望以我为榜样，
能够影响其他的教会医
师们。战争使残破的中
国现在急需真正的朋
友。万一我有不测的事
情发生，希望朋友们能
照顾我的家眷。"布朗
于 4 月 6 日登上西去的
列车，途经西安前往延
安。在西安，他从红十

布朗（右）

字会领了一批八路军急需的设备和药品，而后搭乘国际联盟防疫站的汽车与白求恩
等人结伴抵达延安。6 月 17 日，他们直接从延安奔赴晋察冀抗日根据地所属的五台
县金刚库村。聂荣臻在五台山接见了他们并进行了亲切热烈的交谈。他们向聂荣臻
提出，希望能到松岩口后方的医院工作。在松岩口医院，布朗和白求恩共同工作了
25 天，相处得非常愉快。3 个月的时间很快过去了，布朗的假期已满，他实在是舍
不得离开医院，更舍不得朝夕相处的白求恩医疗队。但他又不能失信于人，只得决
定于 7 月 13 日离开五台山南返。

　　1938 年 7 月 29 日，布朗抵达山西辽县。他见到这里伤员和难民医疗资源匮乏的
状况感到非常痛心，他倾尽所能帮助治疗当地生病的受难群众。"要是在这里建立一
所医院，有了充足的药品，能救活多少人啊！"眼睁睁地看着由于医疗条件恶劣，很
多伤病员死在自己面前，布朗医生心中备受煎熬，内心不禁萌生了在这里建立起一
所医院的念头，可是筹措医药供应和款项非常难，无从做起。抵达沁县八路军总部
以后，布朗拜见了八路军总司令朱德和副总司令彭德怀。布朗把他在辽县办医院的
想法告诉朱德和彭德怀，他们都非常赞成。当得知布朗准备回汉口，朱德把一封自
己亲笔署名的《欢迎国际友人协助抗战的公开信》交给布朗，希望这封信对布朗的
筹款有所帮助。布朗把这封信带给在汉口的外国友好人士传阅，后来布朗又奔走于
香港和上海给大家传阅这封信，果然募捐的进度非常有起色，国际红十字会华中委
员会和中国红十字会先后对布朗在晋东南的辽县开办国际和平医院的计划表示支持。
1938 年 11 月 24 日，布朗医生带着筹措到的药品和款项，带领国际红十字会晋东南医疗队启程，在12月中旬抵达山西省辽县。这里原有一家停办已久的美国教会医院，把这里作为基础，布朗主持建立了晋东南国际和平医院。由于这里的医生也非常少，所以布朗没有再去五台山找白求恩。

1939年1月8日，晋东南国际和平医院正式开张接待患者。但是迫于日军的扫荡，医院只坚持了19天。日军侵占辽县以后，晋东南国际和平医院改成流动医疗队，继续为根据地抗日军民服务。到1943年为止，晋东南国际和平医院在晋东南和冀西一共拥有12个流动医疗队，医务人员发展到920位之多。

布朗医生在医院迁出以后就辞去了教会的职务，赶赴青岛将妻子和儿女安顿好。太平洋战争爆发后，布朗参加了英国驻印度远征军，在那里做随队医生。1944年秋经英国回加拿大多伦多大学攻读公共卫生学，战争结束后一度在联合国驻日、驻朝卫生机构工作。1963年9月19日，布朗医生因心脏病突发于加拿大温哥华逝世，享年65岁。

3. 柯棣华领导的印度援华医疗队

继加美医疗队以后，印度援华医疗队是作为第二个志愿来华并前往共产党领导的华北敌后前线的国际医疗队。印度援华医疗队的到来，还要从朱德与史沫特莱的通信说起。

1937年11月27日，八路军总司令朱德和国际友人史沫特莱给印度国民大会党领袖尼赫鲁写信，倡议印度能够针对中国予以一些衣物及医疗等方面的援助。接到朱德总司令的信后，印度各界，各大政党如印度国大党、印度共产党、国大社会党、全印工会大会、各农民团体以及以泰戈尔为首的进步作家，相继表示支持中国的抗战，号召医务界组织医疗队援助中国。

1938年8月，由爱德尔、卓克尔、木克吉、巴苏和柯棣尼斯组成的印度援华医疗队正式建立。尼赫鲁任命爱德尔担任印度援华医疗队队长。爱德尔1886年10月出生于印度北方邦的名门望族，曾经就读于英国爱丁堡大学，获得博士学位，不久又通过了英国皇家医学会的考试，成为皇家医学会的会员。1936年他只身赴西班牙反法西斯战场，参加了国际纵队红卡字小组的工作。当中国的抗日战争爆发以后，爱德华特意从伦敦赶回印度，主动请缨带领医疗队赴华。柯棣尼斯1910年10月出生于印度孟买绍拉普尔，1932年考入孟买格兰特医学院，获得医学学士学位。当他得知将要向中国调派医疗队的消息，放弃了报考英国皇家医学会和在国内谋求丰厚收入的机会，找到印度援华医疗队筹备委员会主席麦太医生，尽力介绍自己的特长。巴苏1912年3月出生于达卡，早在1934年就加入了印度共产党，1936年毕业于加尔各答大学医科系。卓克尔和恭克吉也是当地知名的医生。

1938 年 9 月 1 日，印度援华医疗队携带 60 多箱药品，登上英国"拉普吉塔纳克"号邮轮从孟买启程，于 9 月 29 日，经广州、长沙辗转来到汉口。第二天晚上，董必武、叶剑英代表八路军驻武汉办事处设宴欢迎他们，中共中央代表凯丰和八路军代表叶剑英分别致了欢迎词，随后他们参观了八路军驻武汉办事处。

　　10 月 17 日下午，周恩来又在中共代表团驻地会晤了印度援华医疗队的全体成员，医疗队提出去延安的请求。周恩来建议他们先在国统区工作一段时间以后，再赴共产党领导的敌后抗日根据地。于是，中国红十字会将印度援华医疗队编为第十五救护队，先后前往汉口、宜昌、重庆等地工作。1938 年 12 月 8 日，援华医疗队在八路军驻重庆办事处，向董必武第三次提出了希望能去延安的请求。

　　为了表达与中国风雨同舟的决心，他们专程请中印文化协会主席谭云山为医疗队的每个人都起了一个中国名字。谭云山提议，在他们每个人的名字后面都加上一个"华"字，于是就有了这些让大家一直铭记的名字：柯棣华、爱德华、木克华、卓克华、巴苏华。就在医疗队前往延安之前，柯棣华得知了父亲不幸去世的消息。其他几位医生纷纷劝他先回国给父亲料理后事，他强忍内心的巨大悲痛，说："我的家庭确实遭到了巨大的不幸，但这里千百万无辜受难的人民更需要我。在我没有实现我向印度国大党所作的保证——至少在中国工作满一年之前，我决不能回印度。"印度援华医疗队 5 名队员于 1939 年 1 月 22 日登上了一辆标有印度国大党徽志的救护车，后面跟随着一辆装有药品和医疗器械的卡车，离开重庆向延安进发。1939 年 2 月 12 日，2000 多人组成的欢迎队伍冒着严寒，在凛冽的寒风中迎接印度援华医疗队的到来。2 月 14 日，延安八路军卫生部大礼堂举行了盛大的欢迎晚会，毛主席和边区政府的其他领导人都兴致盎然地出席了晚会。3 月 15 日上午，毛泽东在凤凰山麓自己的窑洞内，正式会晤了印度援华医疗队，并且与他们共进午餐并合影留念。

265

　　爱德华决定把医疗队分为两部分，延安附近的张村泽八路军卫生学校的教学由卓克华和木克华负责；而自己则带领着柯棣华、巴苏华到一所离城几十里的八路军医院给伤员治病。1939 年 5 月和 8 月，医疗队的卓克华和木克华先后返回印度，留下来的爱德华、巴苏华和柯棣华提出了希望前往八

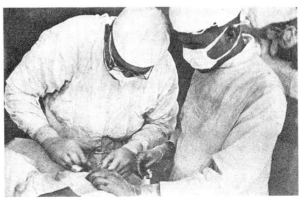

抗战手术

路军敌后根据地帮忙的请求。1939 年 11 月，中共中央批准了他们的请求。另一位来自德国的年轻医生汉斯·米勒也加入了他们三人去前线的行列。1939 年 11 月 4 日，这四位不同国籍的外国友人结伴离开延安，经西安、渑池等地，穿越层层封锁线，于 12 月 21 日抵达山西武乡县王家峪的八路军总部。当天，朱德总司令亲切接待了这四个不同国籍的外国医生，并邀请他们参加 12 月 24 日在八路军总部举行的白求恩追悼大会。白求恩追悼会举行后没多久，爱德华也由于身体机能极度透支病倒了，不得不于 1940 年初返回印度。

　　1940 年 3 月，柯棣华、巴苏华离开晋东南，来到白求恩曾经生活和奋战过的晋察冀根据地，在这里整整奋战了三个春秋，他们出入枪林弹雨之中，走遍了晋东南、冀西、冀南、冀中、平西和晋察冀等敌后抗日根据地，行程近万里，数次穿越日军封锁线，虽然处于以南瓜汤为唯一蔬菜，以小米和玉米为唯一粮食，而且随时都有生命危险的恶劣生存环境中，但他们在沿途进行了 50 多例外科手术，诊治了 2000 多伤病员。为了打击日本侵略者的嚣张气焰，八路军于 1940 年 8 至 12 月，发起了威震中外的百团大战。柯棣华、巴苏华分别带领两个医疗队各自进行战地救护。由于救治伤员的需要，在百团大战第二阶段，他把救护所直接安排在前线附近，日军炮弹就在旁边不断爆炸，很多人出于安全考虑劝他暂时后撤，但他始终拒绝撤离。他在前线 13 天的奋战中，收治了 800 多名伤员，其中施行手术 558 名，三天三夜没有很好地休息，终于圆满完成了前线救护任务。他在致队友巴苏华的信中说："我在此间，曾过着一种前所未有的生活，我觉得我充满了活力和愉快，我热爱着中国，热爱着正以无穷的威力摧毁法西斯暴行的英勇抗战的军民。"巴苏华的救护所也设在离火线 5 里的一个小村子里，连续两天两夜，他治疗了多达 250 名伤员。1940 年 10 月 13 日，由延安转来印度方面发来的电报，要求希望他们回国。巴苏华回到延安了解情况，柯棣华则继续留在晋察冀根据地。1941 年 1 月，柯棣华出任晋察冀军区白求恩国际和平医院首任院长，他继承了白求恩未完成的事业，像白求恩那样，对工作极其负责，对同志对人民极其热忱。医院一时尚缺政委，他工作虽已很繁忙，但还是主动请缨，兼职了医院政委工作，从精神上辅导伤病员，提高其奋战情绪。1941 年，他除了担任医院领导工作外，还亲自参与了 440 多例外科手术，而且 75% 以上都是大手术。就这样，柯棣华以精湛的医术，从死亡线上拉回了很多的八路军伤病员。

　　不仅如此，柯棣华还把护理工作作为自己的职责，只要是他做的手术，他都会都亲自检查换药。1942 年夏天的一个晚上，柯棣华到司令部看望病人，往返百余里，回来以后顾不上吃晚饭，就马上赶到病房给伤病员换药，伤病员知道后过意不去说：

"柯院长还没吃饭，赶快回去吧!"柯棣华笑着说："晚一点吃饭不要紧。"直到处理好伤病员，他才离开病房。柯棣华就是这样以忘我的极其负责的精神，诊治护理伤病员，他的无私奉献令许多八路军伤病员很快恢复了健康，重返抗日前线。

为了更好地培训战地医护人员，晋察冀军区建立了一所"白求恩卫校"。柯棣华根据两年来战地救护的经验，亲自为卫校制订教学计划，撰写了数十万字的外科讲义，这是在他身患癫痫病的情况下完成的，直到临终前，他还赶写《外科总论》。柯棣华就是这样不知疲倦地夜以继日地为中国人民的解放事业辛勤工作，昼夜操劳。

柯棣华不仅对工作极其负责，而且在医疗技术上完全继承白求恩"对技术精益求精"的服务态度和工作作风。柯棣华的医术在当时的晋察冀根据地算是一流的，但他从来没有把自己看成来自外国的医疗队员，更没有因为自己是医科大学毕业生而表现出倨傲，而是虚心好学，勤奋努力，根据地的老医生、老教员都是他的老师，在当时那种简陋条件下，用简陋的医疗器械做胃肠吻合这类的手术是非常难的，而他却能成功地做这样的手术。凡是从前线回来的人说到柯棣华，都会挑起大拇指，没有一个不佩服，没有一个不为他的精神所感动。晋察冀边区的军民，只要是亲身被柯棣华医生医治和亲眼看过柯棣华大夫工作的人，无不为之感动。柯棣华逝世后，晋察冀军区司令部为柯棣华追悼大会献挽词，称颂他"医泽广被媲美于白求恩"。

1942年7月7日，在抗战爆发五周年纪念日，柯棣华被批准加入中国共产党，实现了他的宿愿。繁忙的工作使他的癫痫病数次发作，但他一再拒绝党中央要他回印度或香港治疗的安排。为了解救中国人民的疾苦，柯棣华以惊人的毅力和勇气奋战到生命最后一刻。1942年12月6日，是柯棣华病逝前三天，他的身体状况已经非常差。可是当他得知送来一位危重病人时，又立即前去诊疗，诊断结果是急性阑尾炎，急需住院手术，当晚柯棣华几次到病房查看病人，夜不能寐，一直惦记着。7日早上，柯棣华亲自给病人做了两个多小时手术后，拖着疲倦的身体走出手术室，满脸是汗。8日一早，柯棣华拖着病体给手术病人换药、作检查，中午又让护士给病人专门送去饭菜，病人家属感动得不知说什么好。连续工作已经令柯棣华疲劳过度，但他工作之余还在赶写《外科总论》讲义，当撰写到第177页时，突然，他手中的笔停住了，然后在纸上留下了一道长长的痕迹——癫痫病剧烈发作，医生们竭尽全力，但还是抢救无效，柯棣华于次日凌晨离开了这个世界，终年32岁。12月30日，延安各届召开了隆重的追悼大会，会场上悬挂着毛泽东同志亲笔题写的挽辞："印度友人柯棣华大夫远道来华，援助抗日，在延安华北工作五年之久，医治伤员，积劳病逝，全军失一臂助，民族失一友人。柯棣华大夫的国际主义精神是我们永远不应该忘记的。"

我们感谢他们，我们怀念他们。是他们，在我们最危险、最困难的时刻向我们伸出了援手，奉献了自己的热情、热血乃至生命，把一个个伤病的士兵和百姓从死亡线上挽救回来。他们的名字和贡献会永远铭刻在世界反法西斯战争的史册中，永远铭记在中国人民的心中。

开罗会议

三国外长会议结束后，美国总统罗斯福和英国首相丘吉尔邀请蒋介石共同讨论下一步的联合对日作战计划。1943 年 11 月 22 日至 26 日，三国政府首脑会议在埃及首都开罗举行。会议有针对性地讨论了战后如何处置日本的问题。经过商讨，很快取得了结果，签订了《开罗宣言》。宣言庄严声明："关于今后对日作战计划，已获得一致意见，我三大盟国表示决心以不松弛之压力，从陆海空诸方面军加诸残暴的敌人。此项压力已经在增长之中。我三大盟国此次进行战争之目的，在于制止及惩罚日本之侵略。三国决不为自身图利，亦无拓展领土之意。"会议的宗旨是：剥夺日本自 1941 年第一次世界大战开始以后在太平洋所侵略侵占的所有岛屿；日本侵占的中国领土，如东北、台湾、澎湖列岛等，必须归还中国；将日本从其用贪欲和武力残忍夺取的土地上驱赶出去；使朝鲜自由独立。宣言宣告："三大盟国抱定上述之各项目标并与其他对日作战之联合国家目标一致，将坚持进行为获得日本无条件投降所必要之重大的长期作战。"

会议还针对侵入缅甸的日军的部署进行了商讨，计划于 1944 年 1 月，中国调派一部分军队从缅甸北部发起进攻，英国从孟加拉湾调派出一支海军，从缅甸南部切入，展开两栖登陆作战，南北夹击入侵缅甸的日军。

开罗三国首脑会议是唯一一次有中国参加的第二次世界大战期间同盟国家之间举行的首脑会议。它表现了国际反法西斯力量团结一致，加速打败日本法西斯的坚定态度。

莫斯科外长会议

1943 年 8 月 19 日，美国总统罗斯福、英国首相丘吉尔联名发电报给苏联人民委员会主席斯大林，提议举行三国首脑会议。8 月 24 日，斯大林复电表示，可以先开一次三国外长会议，为首脑会议的召开打好基础。

10 月 19 日至 30 日，美国国务卿科德尔·赫尔、英国外交大臣安东尼·艾登和苏联外交人民委员维·莫洛托夫齐聚苏联首都莫斯科举行了三国外长会议，同时与会的还有各国的部分高级军事参谋人员。会议的议题主要为：关于尽快在欧洲开辟

268

第二战场，以迫使德国东西两面作战，加速其灭亡问题；关于加速战争的结束及战后建立安全制度问题；关于建立盟国间磋商与战争有关的机构问题。经过研讨，会议发表了《会议公报》和4项《宣言》。公报指出，美、英、苏三国政府保证"在有关共同作战努力的一切问题上紧密地合作"，并一致认为"在战争结束后期间内继续目前在进行战争时的紧密协力和合作"。

发表的4项《宣言》中，最重要的是《普遍安全宣言》。由于对全世界反法西斯战争来说，中国人民进行的抗日战争作出了重大贡献，所以作为第二次世界大战中四大同盟国家之一的中国，国际地位得到了应有的重视，此次被邀加入了这一《宣言》，由当时中国驻莫斯科大使傅秉常受权与三国外长一起在《宣言》上签字。《宣言》庄严声明，四国政府对法西斯轴心国坚决作战到底，"直至各轴心国在无条件投降基础上，放下武器时为止"。

《宣言》为缔造战后和平奠定了有利基础，也为后来制定联合国宪章，确立了一些基本原则。

10月30日，斯大林同美国国务卿赫尔，在会议结束时的晚宴上的谈话中第一次正式表示：在同盟国打败德国法西斯以后，苏联将参与对日本法西斯的作战。

德黑兰会议

1943年11月28日至12月1日，以莫斯科外长会议和开罗三国首脑会议为基础，英国首相丘吉尔、美国总统罗斯福和苏联人民委员会主席斯大林在伊朗首都德黑兰举行了著名的德黑兰三国首脑会议。这是第二次世界大战爆发以来第一次三国首脑会议。同时参加会议的还有三国的外交顾问和军事参谋部代表。主要的会议议题是：开辟欧洲第二战场问题。决定于1944年5月在法国南部开辟第二战场；就战后建立一个维护世界和平与安全的

德黑兰会议

国际组织问题交换了意见；就战后如何处置德国的问题进行了初步讨论，三国提出

不同的分割方案；对于波兰问题，三国一致赞成战后重建独立的波兰，其边界西移，将德国东部的部分地区并入波兰；苏联对日作战问题，苏联表示在欧洲战争结束后参加对日作战，并提出归还整个库页岛等条件。

会议结束时，三国政府首脑签署了《德黑兰宣言》《关于伊朗的宣言》和《德黑兰总协定》。《德黑兰宣言》宣称：关于战争问题，三国已经商定好消灭德军的具体计划，并已经将从东、西、南三面对德国法西斯采取军事行动的规模和时间达成一致。

苏联出兵东北始末

1. 雅尔塔协议

1945 年初，世界反法西斯战争已经快要胜利。德军孤注一掷地在西线发起的进攻已经被击退。苏联红军已经将波兰和东欧的德军战败，并从东线向德国步步逼近。美国军队解放了马尼拉，美军的轰炸机正在从空中对日本进行轰炸。于是，在德黑兰会议上没有解决的一些问题，到了该解决的时刻：德国作为战败国的未来发展走向，东欧国家的地位，以及联合国组织和远东问题。这次，解决问题的会议地点最终选在了克里米亚半岛的雅尔塔。雅尔塔临近黑海，风景如画，以前这里曾经是沙皇休息度假的地方。雅尔塔会议就定在沙皇尼古拉二世的利伐吉亚夏宫举行。

2 月 4 日至 11 日，雅尔塔会议召开，苏、美、英三国首脑斯大林、罗斯福、丘吉尔，以及三国外交部长莫洛托夫、斯退丁纽斯、艾登出席会议。这是苏、美、英三国在第二次世界大战期间举行的一次最重要的会议，期间总共开了 8 次首脑会议、4 次工作午餐或晚餐会议、数次双边会谈、数次外长会议。

会议上远东问题中涉及的一项重要内容，就是讨论苏联向中国东北发兵的问题。早在 1943 年，斯大林就德黑兰会议上对罗斯福和丘吉尔说过："一旦德国最后垮台，那时就有可能把必要的支援部队调到西伯利亚，然后我们就能联合起来打击日本。"这是第一次，斯大林明确表示在打败德国后，苏联将会参与对日作战。当时，三方还就苏联发兵东北的政治条件进行了试探性的会谈。

一位英国人曾经在修建西伯利亚铁路的时候这样说过："在亚洲获得一个不冻港作为铁路的终点站，可能是俄国合理的愿望。而当这生效时就意味着俄国大大增加在亚洲的武装力量……拥有一个不冻港就意味着这条铁路直达那个港口穿过的那整个地区都将成为俄国的了。"

德黑兰会议期间，罗斯福、丘吉尔与斯大林会面。当时，斯大林主动提出疑问："假设苏联兵发东北，美英可以为苏俄做些什么呢？"

丘吉尔提到："正是为了这一点，美英非常想听听斯大林元帅对于《开罗宣言》

的看法。"丘吉尔甚至明确表示，对弄清楚苏联政府对远东和那里的不冻港问题的所持有的看法非常感兴趣。

斯大林说："我们当然有一些自己的看法。等我们加入远东战争以后，再提这个问题可能更合适。不过，我倒是觉得，俄国在整个远东海岸线上所有的港口基本上都是冻的。日本控制的海峡包围着的海参崴，也只是一个部分不冻港而已。"

罗斯福说："国际自由港的主张也许同样适用于远东，比如说大连港。"

斯大林说："我感觉中国人应该不会喜欢这样的提议。"

罗斯福说："是吗，我倒是觉得他们会喜欢这个在国际保证下的一个自由港的主张。"

斯大林遂表示："如果那样就最好了。"

德黑兰会晤以后，斯大林对于发兵远东的事情，提出还有"政治问题"尚待解决。2月8日，苏美双方开始秘密商讨如何解决太平洋战场的问题。双方的参谋长在龙苏波夫亲王豪华的官邸内会面，展开了会谈，着重研讨了一旦苏联对日宣战，盟国应当采取哪些应对步骤。与此同时，罗斯福和斯大林也在利伐吉亚夏宫展开密谈，苏方的外长莫洛托夫和翻译巴甫洛夫，美方的哈里曼和翻译波伦，参加了这次会谈。

会谈开始后，罗斯福首先发表言论称："至今，我们已经将日军在太平洋的外围防线全部摧毁，很快就要驻扎到小笠原群岛（钓鱼岛）和台湾岛，并建设起空军基地，对日本本土展开大规模轰炸行动，逼迫日本投降。但我们目前还不会直接进攻日本本土四岛，否则美军将要付出巨大的伤亡代价。"

斯大林则明确提出：希望讨论苏联参加与日本作战的条件。

罗斯福显然对此已有准备，他认为大连、旅顺不应成为苏联的租借地，而是可以成为国际自由港。于是，他回应说："同意归还千岛群岛和萨哈林岛给苏联，但是这个大连不冻港的问题，我还没有与蒋委员长商量，不能代中国人发表意见。但是，我认为苏联有两种可以达到使用大连港的目的的方法：第一，是向中国人直接租借；第二，在国际委员会之下使它成为自由港。我个人认为，第二种方案更合适一些。"

斯大林说："中东铁路和南满铁路是帝国时代俄国就享有的，苏联也希望继续获得使用权。"

南满铁路指长春至大连的铁路。中东铁路，西起满洲里，中经哈尔滨，向东延伸至绥芬河，又从哈尔滨起，向南延伸至长春。这两条铁路都是沙皇俄国在1897年至1903年间修建的。日俄战争后，日本占据了南满铁路。俄国十月革命后，中苏双方合办了剩余的中东铁路，"九·一八"事变后，这条铁路也被日本霸占了，斯大林提出，要租借这两条铁路。

罗斯福回应：“我也没有与蒋委员长谈过关于铁路的事情。但是，我同样认为是这两种办法可以达到使用铁路的目的：苏联经营，或是中苏合营。”

对于罗斯福的表态，斯大林很不满意，指出：“如果这些条件无法实现，我和莫洛托夫外长就没有办法向最高苏维埃会议和苏联人民阐明，我们派兵参加对日作战具体是为了什么。”

罗斯福当然迫切希望苏联能够发兵，只好解释说：“我现在还没时间，所以还没有能跟蒋委员长商讨此事的机会。而且重庆也没办法保密，哈里曼也知道，我们与他们所商量的事情，基本上在24小时内就传遍全世界了。”

斯大林马上强调说：“我想现在没必要通知中国人，我们三国签署定下来就行了。我能担保，苏联最高苏维埃是一定会保密的。”

斯大林停了一下，又提议说：“最好在我们离开雅尔塔时，能由三大国签署下我们已经达成的一致的这些条件。”

罗斯福表示可以接受。

于是，这样一个涉及中国领土与主权的问题，就在根本没有中国代表到场的情况下，就这么由苏美两国首脑决定了。

以后，双方又谈了战后朝鲜独立的托管问题，接着，两人谈到中国目前的局势时罗斯福表示了对中国战后局势的忧虑。他介绍了赫尔利在国共两党之间进行调停挽救，经过多重努力，现在国共关系已经开始好转。罗斯福又说，在他看来，这其中的过错主要在于国民党和重庆政府，而不在共产党一方。

斯大林则说：“中国是会永远存在的，但是蒋介石需要有良臣辅助，国民党有很多优秀的人才，真不明白蒋先生为什么不起用？”

这时候，有人提醒下午正式开会的时间快到了，两巨头的会谈暂时告一段落，商定了由哈里曼和莫洛托夫对苏联兵发远东的条件，并进一步进行具体的秘密商议。

2月11日，经过雅尔塔会议讨论，有关苏联发兵的协议产生了。最初的标题为《斯大林大元帅关于苏联参加对日作战的政治条件》，经商议改为《苏美英三国关于日本的协定》，又简称《雅尔塔协定》。内容如下：

苏美英三大国领袖兹决定，在德国投降及欧洲战争结束后两至三个月内，苏联将参加盟国方面的对日作战，其条件为：

1. 要维持外蒙古的现状。

2. 要将日本于1904年背信弃义进攻之破坏的俄国过去的权益恢复，即：

①库页岛南部及该岛附近的所有岛屿应交还苏联；

②将大连港国际化，并保证苏联在该港的优越权益，恢复苏联曾经租用的旅顺

272

港为海军基地；

③保证苏联在中东铁路和南满铁路的优越权益，并保持中国在满洲的全部主权。

3. 千岛群岛须归苏联所有。

三大国首脑一致同意，苏联上述要求在打败日本后全部予以实现；经谅解，上述关于港口和铁路的协定，必须经过蒋介石委员长的同意，美国总统将采取行动以取得蒋介石的同意。

苏联方面承诺与中国国民政府签订一项苏中友好同盟条约，并用其武力协助中国达成解放中国打倒日本侵略者的目的。

在针对上述文字进行最后的决定和讨论时，斯大林坚持可以让大连成为国际化港口，但是旅顺港必须由苏联租借为军港，罗斯福同意了。同时斯大林也同意了罗斯福提出的"有关港口与铁路的协定，需要征求蒋介石之同意"。斯大林又提出加上"美国总统将采取步骤以取得蒋介石同意"这段话，罗斯福对此也表示认可。

但是，罗斯福问斯大林："你是否愿意在宋子文抵达莫斯科时，直接去跟他商讨这些事项，还是由我去向委员长提出？"

斯大林说："我属于当事人，不太方便直接去提。还是美方提出更为妥当。"

至此，罗斯福与斯大林之间有关苏联发兵对日作战的条件问题基本达成一致。这个协议一直被封锁消息，并没有征求中国人的同意，也没有同丘吉尔商量。就连美国国务卿斯退丁纽斯都是事后才知道这件事。当该协定交给英方过目时，非常了解国际法理的外交部长艾登马上意识到这里面有问题，主张英国不要签字。艾登曾经在私下对丘吉尔说："对苏俄之参战，不值得也亦无必要付出如此高昂的代价。"丘吉尔本来是忧虑如果不签，会危及到英国在远东的整个地位，身为首相还是决定非签不可。但当他听了艾登的分析后，也预料到了未来的风波，于是下定决心与该协定划清关系。晚年，丘吉尔在他的回忆录里提到：我必须说明，我虽然代表英国参加签署了这个协定，但我和艾登都没有参与制定这一文件。这件事是美国的事，这与他们的军事行动有非常大的利益关联。对我们来说，我们不要求制定它。总之，事前我们并不知情，也没有跟我们商量，只让我们表示了赞成态度，我们就这样做了。对苏联的这些让步，美国曾经有很多谴责的声音。这是他们自己的代表的责任。这个问题对于我们来说是并不重要的。

时光飞逝，转眼雅尔塔会议距离现在已经60年了。它留给后人评说的东西实在太多，正如当年的英国外交部长艾登所说："这里是一个将来国际上的匪窝。"艾登还曾批评罗斯福，说他喜欢与斯大林搞"秘密谈判"，达成有关远东问题的协议，"既不通知他的英国同事，也不通知他的中国盟友"。也许正因如此，苏美双方才会约定对协定必须绝对保密，所以罗斯福在很长一段时间里对美国驻华大使赫尔利都否认了这个协定的存在。

1945 年 8 月 14 日，对斯大林来说，又是一个高兴的日子。这天，中国国民政府与苏联政府签订了《中苏友好同盟条约》。如果说《雅尔塔协定》的签订促使苏联发兵东北，那么《中苏友好同盟条约》就是苏军进入中国东北以后的直接产物。

这时，用"非常得意"来形容斯大林的心情一点都不夸张。他兴致盎然地走到地球仪旁，用手指拨动地球仪，向莫洛托夫描绘了苏联的边界线，他的手指在苏联版图的东部停住了："这边怎么样呢？千岛群岛如今是我们的了，库页岛全是我们的了，您看，多棒呀！就连旅顺口、大连都是我们的了。"说到这，斯大林深深地吸了一口烟，烟雾一丝丝的飘散在空气中。斯大林又用烟斗沿着中国的东北地区描绘了一条线，兴奋地说："就连中长铁路也是我们的了。中国、蒙古——一切正常……您瞧，对我们的边界我还能不满意？"

"九·一八"事变以后，日本帝国主义妄图侵占中国、称霸远东地区的狼子野心已经显露出来。

日本侵占东北后，开始不断在中苏边境地区挑起冲突。1938 年 7 月，日本政府要求苏联将边防人员撤出具有重要战术意义的哈桑湖以西无名高地和扎奥焦尔纳亚高地（张鼓峰地区），并向哈桑湖地区调集大量兵力。3 个步兵师（第十九、十五、二十师），1 个骑兵团和 1 个机械化旅（步兵第十九师的一部分部队和分队直接参加了战斗）。日军在图们江河口集结了 15 艘战舰和 15 艘快艇用来支援。7 月 29 日，日军以近两个连的兵力越过边界并侵占苏联领土上的无名高地。

面对日本的攻势，苏联远东方面军司令苏联元帅布柳赫尔命令向哈桑湖地区派遣了步兵第三十九军第四十师一部。师先遣分队和边防小队一起在当天就把日军赶出高地并赶回了边境线。同时向冲突地区调集了师的主力。进入奋战准备的太平洋舰队舰船为陆军进行了运输。

7 月 31 日，日军经过短时间的炮火准备以后，以大概 2 个团的兵力向无名高地和扎奥焦尔纳亚高地发起冲击，经激战侵占了这两个高地。苏军本来计划以当时仅有的 2 个步兵营兵力夺回高地，但是没有成功。

8 月 2 日，苏军步兵第四十师的部队向高地冲击。日军负隅顽抗。由于军事冲突扩大，苏军向哈桑湖地区再次派出了步兵第三十二师和步兵第三十九军的机械化第二旅。任命远东方面军参谋长、军级指挥员施特恩为这个地区的苏军总指挥，并在作战期间任军长。8 月 5 日前，指挥部在奋战行动地域集结了 15000 余人，237 门火炮，285 辆坦克，另外还有 250 架飞机支援苏军部队行动。

8月6日16时，苏军180架轰炸机在70架歼击机的掩护下对日军阵地开展了2次密集突击，并进行了45分钟的炮火准备。在此之后，受到机械化第二旅1个坦克营加强的步兵第三十二师从北侧对无名高地发起主要突击，而步兵第四十师（并含1个坦克营和1个侦察营）从东南向扎奥焦尔纳亚高地方向展开配合辅助突击。8月8日，步兵第四十师一部协同步兵第三十二师1个团击破了日军的顽抗，攻占扎奥焦尔纳亚高地。次日，步兵第三十二师强势夺取了无名高地。8月10日，日军妄图重新夺回高地，却遭受重大损失。就在当天，日本驻莫斯科大使建议开始谈判。8月11日12时双方停止了军事行动。经过商榷，各自向张鼓峰后撤80米。

张鼓峰之战狠狠地打击了日本关东军的嚣张气焰，但是并没有因此削弱关东军的侵略野心，在国际帝国主义势力的怂恿下，日本侵略苏联的既定方针没有变，它企图通过蒙古夺取苏联在远东的要地后贝加尔地区，将西伯利亚的铁路切断，以使苏联内地和远东孤立起来。此时，中国的抗日战争已经如火如荼，东北的抗日武装力量也不停地壮大，非常有效地牵制了日军兵力。在这种背景下，日本关东军裁定用部分兵力，在东北边境的诺门坎地区对苏军再进行一次军事冒险，侵占蒙古东部的哈勒欣河东面地区，刺探驻扎在那里的苏军力量，为大举进攻苏联做好准备。

当时在东北地区关东军驻扎有14个师。这次战斗初期，起用了战斗素质较强的二三师和一部分伪军，作为前锋先刺出去。后来关东军感到兵力不足，又增派了2个步兵师（缺1个团）、2个坦克团、2个炮兵团、2个骑兵旅，约3.8万人，以及装甲车145辆、火炮310门、飞机250架。

关东军

当时，驻扎在蒙古的苏联红军是第五十七独立军。1939年5月初，部队在塔姆查格布拉格地区进行了大规模集结。苏联和蒙古参加的军队共2个步兵团、3个坦克装甲旅、2个骑兵师，计1.2万余人，配有坦克装甲车452辆、火炮109门、飞机82架。

从5月11日开始，关东军数次偷越蒙古边境，对那里的边防哨所展开袭击，企图将在诺门坎以西、哈勒欣河以东、海拉斯台音河南北两岸的苏蒙军全部击败，占领这个地区，获得战略优势。但是苏军对于日军这一企图早有准备。

哈勒欣河东面的高地是一处光秃秃的山岭，在荒山包上，苏蒙军构建了一条坚固的防线，阻止关东军的攻势。

5月28日凌晨，天色阴沉。关东军40多架轰炸机突然向苏蒙军阵地发起突袭，同时，地面的2500多名步兵、骑兵向苏蒙军阵地发起猛烈进攻，计划从侧翼迂回包围苏守军。苏蒙军的朱可夫元帅面对日军突袭临危不乱，井然有序地指挥军队进行反击，于战斗第二天将日军击退。

日本关东军虽失败了一次但并不气馁，重新调集了145辆坦克和装甲车，250架奋战轰炸机，3.8万名日伪军准备卷土重来。

7月2日，关东军派一个步兵师偷渡哈勒欣河，35架飞机紧随其后向苏军阵地展开猛烈轰炸，接着145辆坦克配合3.8万名步兵、骑兵，从70公里宽的正面，全面展开攻击。一小时后，将苏蒙军在哈勒欣河的河防工事击破。局面非常紧迫，哈勒欣河以东的苏蒙军队面临着侧后遭受日伪军袭击的危险。

7月3日，苏军派出2个坦克装甲旅，配合1个摩托化步兵团，迅速向巴莫查岗冲去。苏军的坦克速度快、机动性强、跃岗爬坡灵活，而且火力猛，是关东军、伪军非常恐惧的武器。苏军坦克洪流带领着后面一排排端着自动步枪的步兵，勇猛地向山上冲去。苏军从三个方面向山上发起进攻，如三把锋利的尖刀向山上插去。山顶的日伪军依仗天然工事拼命抵抗，机枪、步枪一齐猛打，使苏蒙军的冲锋队伍受阻。7月5日，苏军又发起了一次较大的攻击，日军终于抵抗不住这样的猛烈攻势，日伪军大部被歼，剩余的一部分残兵向哈勒欣河东部退去。此后，日军数次向哈勒欣河东部的苏军发起反攻，在哈勒欣河东岸5至6公里的地方形成了一个正面宽70公里，纵深10~15公里的防御地带，积极构筑工事，制定新战斗方案，筹划更大的奋战。

8月20日清晨5时40分，苏蒙军的炮火铺天盖地地向日伪军阵地轰去。10分钟后，轰炸机向日军炮阵地和营区展开轮番轰炸。炮火打了几十分钟后，苏蒙军南方集合准备的坦克洪流便向日伪防御薄弱的部分迅速冲了过去。在右翼担任牵制掩护的蒙古骑兵第八师，以迅猛和高超的骑术击败了日伪军的小股骑兵队伍。奋战的第一天，苏蒙军的骑兵队伍就推进到额尔斯乌拉——达尔罕乌拉边境一线。摩托装甲兵第八旅、步兵第五十七师冲破了日伪军的防线，日伪军残兵陆续地逃走了。苏军乘胜追击至诺门坎西南约4公里，将日军的左翼包围起来。23日，苏军完成了对日伪军的两侧合围。苏军集中优势兵力，在飞机、坦克的配合下，将日军阵地分割成3块。一部分在海拉斯台音河南岸，另一部分在海拉斯台音河北岸。

8月27日，苏军发起全面出击，一举将海拉斯台音河南岸的日军全歼，并迅速将战场扩大到北岸。31日，将驻守在海拉斯台音河北岸的日军全部歼灭。至这时候，关东军已经彻底丧失了反击之力。

8月30日，日军参谋次长中岛铁藏赶赴长春试图说服关东军首脑立即停止对苏联的进攻，但关东军司令部仍然认为即便事态已经发展到了这个程度，也要尽快集中兵力再次出战。中岛无奈只好答应，预定9月10日发起对苏的进攻。参谋本部知道这一消息后，大为震怒，再次派中岛铁藏去长春，严令关东军必须于9月4日前，停止一切对苏联的战斗，并把军队撤到争议区以外。对此，关东军仍然执迷不悟，请求允许他们进行一次小规模的作战，以打扫战场，收回阵亡将士们的遗体，并且扬言，如果不能批准这个请求，军司令官就准备辞职。但参谋本部依旧没有同意关东军的请求，6日到8日几天内接连下达两道命令，免去植田军司令官以及矶谷参谋长、矢野音三郎副参谋长、寺田雅雄作战科长的职务，服部等两位作战参谋也被免职，副参谋长以上一律退出战役，诺门坎事件另派出外交谈判负责解决。梅津美治郎中将被任命为新的关东军司令官。

至此，历经4个月的奋战，以日本关东军的惨败而终结。9月15日，日军代表在莫斯科和苏联代表签署了停战协定，于9月16日正式停战。

张鼓峰战役和诺门坎事件后，在苏联强大军事力量的威慑下，日军的挑衅活动全部收敛，但是日本人的侵略野心却丝毫没有改变。苏德战争爆发后，苏军将远东的兵力抽调至西部战场，使远东步兵减少了1/3，坦克和飞机减少了1/2，战斗力大幅下降。日本帝国主义抓住了这个难得的机会，日益加紧战备活动。

1941年7月2日，当法西斯德国侵入苏联第十天的时候，日本东京的高层领导人举行了一次会议。会议上大家意见一致，利用战机发起新的侵略。与会的日本关东军司令松津、外相松岗等人认为在此时最有利的是进攻苏联，但近卫首相认为应该先趁势侵占东南亚。会上的决议，暴露了日本帝国主义者的贪婪的野心以及坐山观虎斗乘人之危的花招。决议指出：既然日本对德苏战争的态度取决于罗马——柏林——东京轴心精神，那么，在一段时间内日本将不干涉德苏战争。但是，日本要主动采取措施，秘密武装起来，为对苏战争做好准备，如果德苏战局转化为对日有利的局势，日本将以武力解决北方问题，以此来稳固北方地区的形势。

在《日本首要战犯的国际审判》一书中，有这样的记载：1942年初，日本拟定的《大东亚共荣圈领土处理方案》中写道："滨海省应并入帝国版图，毗连满洲帝国的地区应包括在它的势力范围内。西伯利亚铁路将安全置于德国管制之下，并以鄂木斯克为我们之间的分界线。"这将日本要侵略苏联的野心赤裸裸地暴露了出来。

因为这项决议，1941年起，盘踞东北的日本关东军由最初的40万急速发展到了100万。1942年，兵力更是增加至110万，占日本陆军的30%。随着军力的变强，他们开始频繁对苏联发起寻衅活动。

不过，战争显然没能按照日本帝国主义所期望的方向发展，1945年5月，日本的盟友法西斯德国溃败，德、意、日结成的轴心国反动同盟彻底垮台。在中国的战场上，日军死伤多达100多万，英美的太平洋战争也节节败退，日本军内和国内渐渐升起了强烈厌战情绪。驻扎在中国东北的关东军惶惶不知所终。尽管如此，他们仍然心有不甘，决议不惜代价，顽抗到底。

1945年7月5日，日军大本营将关东军的对苏作战的具体方针确定了下来：利用满洲广阔地域将苏军的进攻粉碎；万不得已，也要死守长春——大连线以东、长春——图们线以南要地，坚持进行长期作战，以利于遂行大东亚战争。指导要点：1.尽量利用朝鲜东部山地、牡丹江流域西侧山地、大小兴安岭和四平——齐齐哈尔线外沿地区的地形和工事，努力争取粉碎苏军的进攻；为拖住苏军的进攻，预期以一部兵力玉碎。2.之后，利用东北广阔地域和地形，持久地拖住苏军的进攻，同时展开广泛游击战。3.关东军主力适时集中在长大线以东、长图线南山地，针对进攻的苏军采取诱歼策略；到了万不得已的时候，也要守住通化、临江周围要地，长期死守。

关东军辖第一、三2个方面军、6个集团军和第二航空集团军，计24个师又12个旅，70余万人；伪满、伪蒙军8个师，12个旅，约20余万人。日伪军总兵力近100万人，作战飞机150架（另有可用于作战的教练机约500架），坦克160辆，各种火炮5000门。此时的关东军基本上都是刚组建的新部队，装备和战斗力都大不如前。由于在中国关内作战和太平洋方面的巨大消耗，其精锐的部队大部分都已经不复存在。为了应急，关东军于1944年新编4个师，1945年2月新编8个师，在7月的"全体动员"中，又新编成8个师、7个旅，使关东军的兵力迅速膨胀，达到上述师、旅的总数。

关东军的部署如下：第一方面军负责东部正面防御，集结主力部队在牡丹江、延吉一线，司令部设在牡丹江；第三方面军负责西部正面和南满的防御，司令部设在沈阳，其第四十四集团军驻扎在阿尔山、洮南、通辽地区，第三十集团军驻扎在长大线以东地区；第四集团军负责北部正面防御，司令部设在齐齐哈尔。第三十四集团军为关东军的预备队，驻扎在朝鲜咸兴地区。

关东军的防御共有三道防御地带。第一道，由边境筑垒地域及二线主阵地组成；第二道，沿长大和长图线设置，以据点为形式进行防御；第三道，以通化为中心，沿中朝边境山区设置，是最后的抵抗地区。纵深工事在开战前才开始动工。

2. 苏联对日作战计划

1945年4月，在斯大林的重点关注下，对日作战计划报告已经紧锣密鼓地筹划起来。6月20日，斯大林亲自主持召开会议，研讨战役方案。经最高参谋部和各方面军司令反复研究、商讨，6月27日，斯大林敲定这一方案，决定向驻扎在中国东北腹地的关东军同时展开三个方面军的毁灭性突击。

苏军的计划是：从东、北、西三个战略方向向中国东北腹地实施突击，以东西两面为主要突击，迅速将战线分割开来，将关东军围困在沈阳、长春地域，然后迅速歼灭，避免持久作战。

设在伯力的苏远东军总部共统帅 3 个方面军，1 个舰队和 1 个内河舰队，1 个战役集群，4 个坦克和机械化军，共有 80 个师，其中有 6 个骑兵师，2 个坦克师，40 个坦克和机械化旅，6 个步兵旅，总兵力计 1577725 人，坦克和自行火炮 5556 辆，火炮和迫击炮 26137 门，战斗飞机 3446 架。

蒙古人民军派出的部队有 4 个骑兵师，1 个航空兵师，1 个装甲旅，1 个坦克团，1 个炮兵团和 1 个通讯团；同时参战的还有东北抗日联军，周保中、李兆麟及一部分苏联军官领导的国际旅，统计的总兵力超过日军 8 倍，坦克多 3.8 倍，飞机多 0.5 倍。

苏军太平洋舰队有 2 艘巡洋舰、1 艘驱逐舰，计划在朝鲜北部及南库页岛、千岛群岛登岸，协助陆军作战。

与此同时，莫斯科总参谋部致电延安八路军总部，希望八路军同时向张家口、山海关发兵，在张家口与索伦地带与苏军会师，共同攻打关东军。延安派晋察冀的詹大南和段苏权率两个团和直属队向张家口挺进，由李运昌率 1.3 万大军分三路北出长城，向关东军展开进攻。

6 月下旬，华西列夫斯基元帅和马利诺夫斯基元帅接受完任务立即奔赴前线。6 月 27 日，麦列茨科夫元帅也抵达远东，三位主要指挥官都已到位。三个人行动时都把元帅肩章摘了下来，这是斯大林的授意，目的是绝对保密。他们把麦列茨科夫元帅的名字改为马克西莫夫上将，马利诺夫斯基临时改为莫洛佐夫上将。

6 月 29 日，麦列茨科夫抵达双城子。7 月 5 日，华西列夫斯基元帅抵达赤塔。

7 月初，伯力（哈巴罗夫斯克）军事会议召开。

伯力军事会议是苏联红军远东对日作战指挥部组织召开的。会议由远东军总司令华西列夫斯基元帅主持，就发兵中国东北，全歼日本关东军的行动部署了具体的战略、战术、进攻路线。参加会议的基本上都是从欧洲苏德战场上接受过血与火洗礼的红军高级将领。在这些苏联红军将领间，还有一名年轻的中国军官，他就是抗日联军国际八八旅旅长周保中将军。他是应苏联远东军一方面军司令员马利诺夫斯基特约来列席这次会议的。因为，周保中将军所率领的国际八八旅，将成为苏联远东军对日作战的参战的 158 万大军中的组成部分，并且将负责从向导、翻译、情报等各方面对苏军进攻关东军进行配合。

伯力军事会议明确提出，苏军的"远东战争行为""包括满洲战略性进攻战役、南萨哈林岛进攻战役和千岛群岛登陆战役"。其中"满洲进攻战役"于1945年8月9日至9月2日由后贝加尔方面军，远东第一、二方面军，太平洋舰队和红旗阿穆尔区舰队实施。苏军在荡山进攻战役中的奋战行动根据作战计划和实际情况，分为两个阶段：第一阶段为8月9日至14日，突破国境筑垒，将日军的掩护部队彻底粉碎，前出至中满平原；第二阶段为8月15日至9月2日，苏军发起进攻，对关东军形成分割围歼的战势，前出至东北中部地域和朝鲜。在战役的两个阶段中，又可以将战果分为两个层面，第一层面，8月9日至19日，苏军将占据中国东北和朝鲜的日军主要集团彻底击溃。以后直至9月2日为第二层面，苏军一方面接受部分日军的投降，一方面也在继续歼灭剩余负隅顽抗的日军残兵和守备队。

1945年7月根据最高统帅斯大林批准的苏军参谋总部制订的针对日军的作战计划，远东军总司令华西列夫斯基元帅作出的总的作战部署如下：从蒙古地区进入，对占据在中国东北的日本关东军展开突击，并从北侧开展辅助突击，将关东军分割与围歼在东北腹地，速战速决。其意图是，派出3个方面军从西、东、北3个方向，向中国东北纵深实施向心突击。夺取沈阳、长春、哈尔滨、吉林，切断关东军与关内日军及朝鲜日军的联系，全歼关东军主力，侵占中国东北全境。日军设施相对薄弱的西部被选为战役的主力突击方。

苏军预计兵分三路，第一路是由马利诺夫斯基元帅率领的后贝加尔方面军。该方面军下设4个合成集团军、1个坦克集团军、1个骑兵机械化集团军，共37个师，20个旅，约65万多人。方面军的基本兵力、兵器部署在蒙古东部塔本察格布拉克地区，向沈阳、长春方面实施主要突击。坦克集团军在主突方向第一梯队内行动。同时方面军还安排了两个辅助突击军队，一个向张家口、承德方向；一个向海拉尔、齐齐哈尔方向。方面军进攻正面约2300公里，进攻纵深约1200公里。

第二路是由麦列茨科夫元帅率领的远东第一方面军。该方面军下辖4个合成集团军，共32个师，14个旅，约58万余人。方面军的基本兵力、兵器部署在兴凯湖东南地区，向绥芬河、牡丹江方向发起主要突击，尔后向吉林、哈尔滨推进。同时，安排两个辅助突击，一个向密山方向，一个向汪清、延吉方向。

第三路是由普尔卡耶夫大将带领远东第二方面军。该方面军辖3个合成集团军及其他部队，共11个师，12个旅，35万人左右。方面军的基本兵力、兵器部署在列宁斯科耶地区，沿松花江向哈尔滨发起主要突击。同时安排两个辅助突击，一个向饶河、宝清方向，一个向孙吴、齐齐哈尔方向，意将关东军独立第四军牵制并歼灭。

伯力军事会议明确部署，在苏联境内的东北抗联部队配合苏军的对日作战，与苏军一起反攻东北。为了将这个重要战略部署落实好。首先，东北抗联教导旅和苏

280

联远东军共同制定了反攻东北的作战方案，决定了东北的抗日联军随进攻东北的苏军一同进展。同时，中共东北委员会还拟定了政治组织和行为《备忘录》，规范抗联指战员的行动。8月8日夜，数十个抗联先遣小分队乘苏军飞机伞降到东北，最先投入秘密奋战。他们一边侦察，一边奋战和发起群众，承担起解放东北的先锋作用。由于抗联战士熟悉东北地形，尤其是在对日宣战之前就起用了秘密潜伏在日军国境筑垒地域的地下党特工人员，做好了一切迎接反攻的准备。内外情报配合的同时，选派到苏军第一方面军中的有160人，第二方面军的有80人，后贝加尔方面军有100人，共计340名有丰富敌后工作经验和懂俄语的抗联指战员执行向导任务。在东北坚持地下游击活动的抗联小部队也奋起奋战，向日军发起猛烈进攻，迅速抢占了57个战略要地，有效地对苏军的行动进行配合，加速了抗日战争的进程，为中国共产党抢在国民党之前进驻东北，建立东北革命根据地奠定了坚实的基础。

在苏联最高领导层积极筹划战略方案的时候，大规模的军事调动也在秘密状态下有条不紊地进行着。

1945年4月到9月，共发出火车1692列。5月至8月，苏联向远东滨海地区和后贝加尔运去了136000节车皮的部队和作战物资。其中，运送步兵的列车为502列，运送炮兵的列车为261列，运送坦克兵的列车为250列，运送工程兵和其他部队的列车为670列。在调运高峰的6月和7月，平均每个晚上都要发出的火车在26列左右。当时从西线调到远东的苏军共有3个兵种合成集团军和1个坦克集团军，共12个军，39个师，使苏军在滨海地区和后贝加尔的兵力增加了一倍。

调往后贝加尔地区的各路大军在乔巴山会合以后，大举向展开斗争的地域挺进。从卡雷姆斯卡亚到乔巴山的铁路是单轨，无法保证大量的车辆顺畅通行，所以，大部队通常是要步行很长的路途。机械化牵引的炮兵部队和机械化兵团在赤塔和卡雷姆斯卡亚下车后，至少要行军600~1200公里，即使从乔巴山走到中蒙边界也要走250~300公里。

同时开展的还有大量作战物资的运送工作。铁路工人和民工昼夜不停地抢修铁路。为保证进度，苏军从道路兵部队抽调了两个公路桥梁营和两个公路建筑营来支援。第三十九集团军在没有铁道兵修路的情况下，就将工程兵调上来，并向当地老百姓作了动员，获得了百姓们的支援，修复了哈隆——阿尔山——兆安的线路。在中国百姓的大力协助下，总共修复和改轨2623公里，修复大、中型桥梁39座，小型桥梁60座，5条隧道。

苏军共建立了200多座大型仓库、若干所野战医院，还有油库，储备了共157万人用的物资，确保了后勤保障的充足。

3. 波茨坦会议

波茨坦位于德国首都柏林西南 30 公里处，1945 年 7 月 17 日至 8 月 2 日，斯大林、杜鲁门和丘吉尔在这里举行了代号为"终点"的秘密会议。这也是三国首脑在第二次世界大战期间的最后一次会晤。尽管会议主要内容是讨论欧洲问题，但对日作战问题在会议上同样占有重要地位，三国外长为此举行过数次会谈。

7 月 15 日，杜鲁门和丘吉尔首先抵达波茨坦。7 月 17 日上午，斯大林带领苏联代表团抵达这里。7 月 17 日下午 5 时 10 分，三巨头在塞西林宫开始了第一次正式会议。

美国助理国务卿格鲁早在 5 月 5 日就把敦促日本投降的公告初稿起草好了。当时，格鲁建议应当立即把这份公告发布出去，以此来配合盟军在冲绳的作战。美国军方的意见则是要坚持等到日本拒绝投降后，盟军攻入日本本土时再发表，最终杜鲁门决定在波茨坦会议期间发布。7 月 24 日，杜鲁门同丘吉尔就草案的内容进行磋商，双方同意邀请中国参加。随后，杜鲁门将公告的文本发给蒋介石，征求他的意见并在公告上签字。可是，电报在檀香山通讯站转送的过程中被耽搁了。直到晚上 8 时 35 分，在重庆的赫尔利才收到电报。深夜，电报全部被译成中文，然后递给蒋介石。蒋介石看后表示同意，但他提出，希望在发布公告时，将三国首脑名字的顺序调换一下，将他的名字排在丘吉尔的前面。这样，使他在国内外都会比较有面子，能够帮助他获得更有利的情势，杜鲁门同意了。

282

7 月 26 日晚 9 时 20 分，美、中、英三国向日本发布了由杜鲁门、蒋介石和丘吉尔签署的《促令日本投降之波茨坦公告》，全文共 13 条，主要内容有：美国总统、中华民国国民政府主席及英国首相，"代表余等亿万国民，业经会商，并同意对日本应予以一机会，以结束此次战争"；美中英三国派出的庞大的陆海空部队，已经由西方调来的军队和空军

波茨坦会议三巨头

的增援，现在增强多倍，"即将予日本以最后之打击"；德国的结局可以作为"日本人民之殷鉴"；"日本必须决定一途"，是继续执迷不悟，而"使日本帝国陷入毁灭"，还是"走向理智之路"；"吾人之条件，吾人决不更改，亦无他途可循，吾人亦

决不犹豫迁延"；"欺骗及错误领导日本人民使其妄欲征服世界之威权及势力，必须永久剔除"；"开罗宣言之条件必将实施，而日本之主权必将限于本州、北海道、四国、九州及吾人所决定之其他小岛之内"；日本军队在完全投降并解除武装以后，将被允许返其家乡，"使其有和平及生产生活之机会"；"吾人无意奴役日本民族或消灭其国家，但对于战犯，包括虐待吾人俘虏者在内，将处以法律之严厉制裁"；消除"阻止日本人民民主趋势之复兴及增强之所有障碍"；允许日本保留其经济所必需及足以偿付实物赔偿的工业，但"使其重新武装作战之工业不在其内"；在上述目的全部达成以及根据日本人民的意志建立起一个倾向和平的政府之后，同盟国侵占军队当即撤退；"吾人通告日本政府立即宣布所有日本武装部队无条件投降，并对此种行动之诚意予以适当及充分之保证"，否则，"日本即将迅速完全毁灭"。

当时苏联没有在《波茨坦公告》上签字，事先美国并未征求苏联的意见，而是在公告发布的那天，美国国务卿贝尔纳斯才派人送了一份副本给莫洛托夫。苏联立即要求把公告发布的时间再推迟三天，但美国拒绝了。事实上，当苏联拿到副本时，公告已经发布了。其实在波茨坦会议召开以前，美国在起草公告时，签字国内曾经列入了苏联。但在公告发布前夕，杜鲁门总统删除了这一条。8月8日，苏联宣布同日本处于战争状态时，又表示要参加《波茨坦公告》。

7月27日早晨，东京的监听员收听了《波茨坦公告》，他们立即赶赴帝国图书馆，把匆忙记录的副本递交给正在举行会议的政府内阁。当日，日本首相铃木贯太郎主持召开最高战争指导会议，用一整天时间讨论日本政府对《波茨坦公告》的立场问题。出席会议的有首相铃木、外相东乡茂德、内务大臣木户、海相米内光政大将、陆相阿南惟几大将、国务相安井、参谋总长梅津美治郎、海军上将丰田、陆军总司令东条英机，天皇也参加了会议。

东乡茂德认为，公告并非"敦促无条件投降的命令"，所以劝诫日本天皇要以"极其慎重的态度"对待这一通告。其实，7月25日，东乡茂德曾经与日本驻苏联大使佐藤通电话，希望他会晤莫洛托夫，表示日本"真诚希望结束战争"。但东乡茂德同时提出：日本想以"十分合理的条件来终止战争"，也就是希望能够保留天皇。在日本人看来，天皇的存在是关系到日本民族生存和荣誉的问题。前提必须是在保留天皇的情况下，日本才会投降，反之，日本拒绝无条件投降。所以，东乡茂德在电报中说："万一美国和英国一定要坚持解决这个形式上的问题，那么，在这种形势下，我们为了这么一点事情除了坚持打到彻底垮台之外，别无其他办法。"

实际上，美国在起草《波茨坦公告》时，也曾有人提出过保留日本天皇制度来促使日本投降，但没有被采纳。不过，从公告的内容来看，既没有说废除天皇，也没有说要保留天皇，实则是回避了这个问题。况且苏联没有在公告上签字，所以，东乡茂德坚持不要正面拒绝《波茨坦公告》，等等苏联的态度，再作定夺。

但是，以阿南惟几、丰田等为代表的军方人士态度非常强硬。阿南惟几认为，现在就讨论结束战斗还为时尚早，日本陆军是世界上最强大的力量。丰田则明确表示："这个公告是荒谬的，应不予考虑。"

军方坚持不公布《波茨坦公告》，以免影响日本军队决战的士气，如果必须要公布，那就附上一项声明，表示坚决反对。最终，铃木屈服了军方的压力。双方达成协议，决定向外界公布一份删改过的公告文本，

随后，铃木首相在对外发布回应时，犯了一个语义学上的错误，由此造成了一个日后人类历史上的巨大灾难。当天下午4点，铃木告诉记者："在我看来，波茨坦宣言不过是开罗宣言的翻版，所以日本政府不会认可它的重要性。我们对此不作评论。"当时在日本"不作评论"有两层意思，一层意思为"沉默"，另一层意思是"杀死"，因此，如果严格地按字面意思翻译，意思是"用沉默杀死"——但日常的也可以引申理解为"不作评论"。

铃木首相想要表达的意思是"不作评论"——这样可以为日本争取一些时间用来继续研究宣言，然后再作最后决定。然而，大多数日本记者都是按照字面上的意思来解读了首相的发言，即用沉默杀死或不加理会。由此，他们认为政府已经将《波茨坦公告》拒绝。同时，好几家报纸得意忘形，公然无视政府严禁对此作出任何评论的禁令，都发表了自己的意见。《每日新闻》头条报道"一件可笑的事情"；《朝日新闻》评论道："美国、英国和重庆的联合声明并不具有非常重要的意义，宣言仅仅是加强了这些国家的合作关系，使他们能更快取得战争的胜利。"

7月30日，《纽约时代》依据这些判断铃木的回应实际上意味着日本拒绝了《波茨坦公告》，于是当日报纸的头条标题为"日本正式拒绝盟军促其投降的最后通牒"。

同时，美国政府也认为铃木的讲话表明拒绝接受《波茨坦公告》。于是，大家的美好愿景最终破灭了。实际上，不会有人愿意用原子弹来结束战争。同一天，《时代周刊》报道，陆军部长史汀生在华盛顿致电总统，请求下达投掷原子弹的命令。很快，杜鲁门签署了答复命令："批准提议。一切准备就绪，即可投掷。"

4. 苏联对日宣战

8月以后，对日本的形势越来越不利。8月8日，东乡茂德在心急如焚的情况下又给日本驻苏联大使佐藤发去电报，称"局势急转直下，必须尽快澄清苏联的态度。请再作努力，并急复告"。

但到了现在这个情况，斯大林已经不再考虑调停了，而是考虑何时对日宣战

的问题。莫斯科时间8月7日下午4时30分，斯大林签署命令，命令苏联远东红军备战，于9日0时开始进攻。

8月8日，莫洛托夫致电苏联驻日大使马立克："8月8日白天，您将收到一封我们递交给日本政府的紧急电报。确实保证立即将密码译出来并及时交与收件人。"

与此同时，佐藤正打算就东乡的电报指示联系莫洛托夫，企图做最后的努力。莫洛托夫通知佐藤，于8月8日晚8时约见他。之后，莫洛托夫又将会面的时间提前了3个小时，改在下午5时。

佐藤准时赴约。见面后，莫洛托夫却并未提起苏联出面调停之事，而是向佐藤宣读了苏联对日本的宣战书。

打败希特勒德国以后，日本便成了唯一一个仍在继续战争和侵略的国家。7月26日美、英、中三国发布的关于日本武装部队无条件投降的通告遭到了日本的拒绝，于是日本政府要求苏联调停远东战争的提议便没有了一点基础可言。由于日本拒绝投降，为了缩短战争的持续时间，同盟国要求苏联政府一起加入反对日本侵略的战争，减少无谓牺牲，并促进迅速恢复整体和平。苏联必须忠于其同盟的义务，接受同盟国的建议，并且已经参加了7月26日同盟国的公告。苏联政府认为，这项政策是唯一一个能够尽快使一切归于平静的手段，它将使人民免于进一步的牺牲和苦难，并且为日本人民提供了一个不错的可能，可以令其免于受德国拒绝无条件投降后所遭到的那种危险和毁灭。根据上述理由，苏联政府宣布从明天即8月9日起，将与日本处于交战状态。

莫洛托夫念完宣战书后，佐藤马上追问道："所谓自8月9日进入战争状态的时间，那就意味着8月8日是和平状态，自9日起为战争状态吗？"

"是这样的。"

佐藤又问莫洛托夫："我可以把这个消息通知日本政府吗？"

"当然可以，你想发什么样的电报就发什么样的电报，甚至可以用密码。"

事实上，在佐藤回来之前日本大使馆的电话线就已经被切断了，佐藤只好写了一封明码电报，派人送到莫斯科电报局打算发往国内，但他的电报并没有发出去。

其实，佐藤这封电报发或不发都是一回事，因为莫斯科时间8月8日下午5时，已是东京时间8月8日晚11时。佐藤5时30几分回到大使馆，这时，东京时间已经是11时30几分了，距离次日零时苏军发起进攻只有20几分钟了。也就是说，在莫洛托夫向佐藤宣读战书的这段时间，苏联红军已经进入了计划的攻击点。况且，大使馆的电话线已被尽数破坏，佐藤想通知国内，已然来不及了。所以，苏联红军向关东军发起进攻时，日本还不知道。

直到 8 月 9 日凌晨，日本通过同盟社收听到一则国外广播以及来自长春关东军司令部关于苏联红军进攻的报道，才刚刚得知苏联已经与日本开战。

当日上午，马立克要求会晤东乡茂德，但是，东乡茂德直到 8 月 10 日上午 11 时 15 分才与马立克见面。见面后，马立克直接把一份迟到的宣战书递给了东乡茂德。

5. 百万苏军大作战

8 月 7 日 16 时 30 分，苏联最高统帅部给远东军总司令华西列夫斯基下达了命令，令各方面军于 8 月 9 日零时 10 分展开进攻。

8 月 9 日 0 点 10 分，苏联红军从东、西、北三个方向，在长达 4000 多公里的战线上，越过中苏、中蒙边境，对关东军发起总攻。

首先出击的是后贝加尔方面军。各部队的先遣支队和侦察支队，在没有安排炮火准备和航空火力的情况下，以闪电般的速度，穿过了漆黑的夜幕，穿过了所有作战方向上的国境线，率先拉开了在兴安岭——沈阳战略方向的进攻序幕。

4 时 30 分，后贝加尔方面军主力在所有作战方向上同时跨过中蒙国界，展开了全面进攻。由于日军第三方面军主力已经撤退到了东北腹地，位于长春和沈阳地域，后贝加尔方面军 66 万大军所面对的只有日军 2 个步兵师团、2 个步兵旅团和伪满军及德王的近 10 个骑兵师和步兵师，所以一路上没有遇到有力抵抗。方面军右翼和中央部队在几个方向上前进了约 50 公里，而快速兵团则前进了 120～150 公里。在左翼，苏军经过奋战，攻克了扎赉诺尔—满洲里国境筑垒阵地和地下要塞，占领了沿途的大型道路枢纽和火车站，满洲里、扎赉诺尔两城，在博格州诺夫卡、旧楚鲁海图地段强渡了额尔古纳河，在几个方向上挺进了约 40 公里。

苏蒙骑兵机械化集团主力在多伦方向前进了 55 公里，并且分出了部分兵力从后贝加尔方面军右翼最边缘的一点，沿着中蒙国境向二连浩特方向推进。

8 月 9 日 24 时前，第十七集团军部队的主力在赤峰方向前进了 50 公里，先遣部队前进了大约 70 公里。第三十九集团军从南边迂回到阿尔山筑垒地域，坦克第六十一师诸部向纵深挺进大约 60 公里。

前进速度最快的是方面军主要方向上的第一梯队内行动的近卫坦克第六集团军。他们利用飞机来掩护总攻方向，安排两个纵队越过国境线，前进了约 150 公里，开始向长春发起进攻。该部先遣支队抵达大兴安岭山垭口的接近路上，第五十一集团军负责方面军第二梯队，准备随近卫坦克第六集团军部队以后前进。

进攻的第一天，苏军调动了有红五星标志的歼击机组成的轰炸机群，对吉林、哈尔滨、沈阳、长春的军事工业目标和主要铁路枢纽部进行突袭。

8 月 10 日，烈日炎炎，烤得人口干舌燥。大军冒着滚滚浓尘和硝烟，向纵深奋力挺进，不断肃清沿途各地的日本军。航空兵一直维持并有效配合地面部队在进军中协助作战，致使方面军攻占了一个又一个异常重要的阵地。

8月11日，在攻到海拉尔筑垒地域时，遭遇了日本守军疯狂阻击和反冲，步兵第一五二团刚完成迂回作战，休整了一个半小时后再次展开对海拉尔的攻击。第三十六集团军主力封锁了海拉尔筑垒地域6000多名日军后，向大兴安岭山垭口发起攻击。但是，隐藏在海拉尔筑垒阵地和地下要塞群中的日军继续负隅顽抗。为了歼灭这部分日军，第三十六集团军调来了重炮。

海拉尔筑垒阵地和地下要塞，建立了一个庞大而典型的防御体系，位于内蒙古东北部呼伦贝尔。呼伦贝尔以高原为主，海拔在1000米上下，地势起伏和缓。东部边缘是大兴安岭山地，呈东北西南走向，山势东陡西缓，南部最高峰海拔达2000米。海拉尔河自东向西横贯市区北郊，其支流伊敏河由南向北穿越市区中部与海拉尔河交汇于敖包山（安保山，又名鄂博山）南麓。海拉尔市地处大兴安岭西侧缓坡山地上，海拉尔阵地的分布密度达到每2.8平方公里就有一处野战阵地，在14处国境守备队中，除东宁外，它是阵地最密集并兼有进攻功能的筑垒阵地。在防御固守性质的国境守备阵地中，其防御体系高于虎头要塞。根据日方使用的兵器种类、轻重、攻击力的强弱，“特”种国境阵地的水泥厚度可达3米，能够抗御30厘米以上口径炮和1吨的重型炸弹的轰击。按日本关东军国境阵地构筑强度可分为“特、甲、乙、丙、丁”5种类型。海拉尔阵地就是4个“特”种国境筑垒阵地之一，而且在14个国境筑垒地域中是唯一一个以防御功能为主的前沿阵地。正因如此，在苏联后贝加尔方面军实施突破的计划中，遭遇了最大的障碍。于是，第三十六集团军在海拉尔筑垒地域展开了殊死搏斗。

山岗很高，草木丛里隐藏着布满钢筋混凝土的永备火力点，每个山头或者与沟谷之间形成一个交错纵横的火力网，形成半圆，居高临下地俯视着海拉尔。防坦克壕、数道带刺的铁丝网和其他障碍物蜿蜒在高地的山脚下。习惯使用重炮夺取胜利的苏军，面对这样的防御工事，只能采用重炮轰击和工兵爆破相结合的战术。

当坦克掩护步兵冲入海拉尔市内时，日军以野村为首的守备队伍退到山岗，撤到地下要塞，借助混凝土构成的3米多厚的永备火力点顽强抵抗。

苏军想粉碎地下要塞火力点的任务只能依靠工兵来完成。工兵部队派出强击手，用爆破筒、汽油、手榴弹，针对几十个永备火力点进行爆破。有时不得不通过白刃肉搏拔掉一个又一个工事。工兵的英勇顽强，浴血奋战，为主力军的大举进攻立下了赫赫战功。

当进攻行动达到最猛烈的时候，日军从残存的永备火力点里举起了白旗，从地下要塞钻出了 1000 多名日军宣告投降。日本关东军历时十多年建造起来的海拉尔筑垒阵地和地下要塞群，在短短几天之内，被苏军所摧毁。

第三十六集团军攻克海拉尔筑垒后，主力继续向大兴安岭支脉推进，其他方面军主力，分别在各自的进攻方向上，朝东北中枢地域挺进。

张家口和多伦方向上，苏蒙骑兵机械化集群也在顺利地向前挺进。经过短时间奋战，击溃了一些骑兵，主力于 8 月 10 日结束前进入宝尔陶苏木以北 20 公里一线。8 月 11 日，骑兵机械化集群越过宝尔陶苏木后面的沙漠，靠近了大兴安岭的西南支脉。

第十七集团军在穿越没有水源的沙漠地区时，没有遇到什么严重抵抗，只有为数不多的几支伪满军，还没有交战就逃向了东北内地。

近卫坦克第五军于 8 月 10 日下午开始翻越大兴安岭，次日，机械化第七军也开始翻越。

大兴安岭上非常荒凉，四周感觉一片阴森，只有一两只山鹰掠过这片荒野的天空，时不时的啼叫声更令四周显得空旷寂寥。这是一道异常艰难的天然屏障。苏军冒着酷暑，以令人难以相信的毅力穿越丛林、攀爬峭壁、蹚过河水，仅用了两昼夜，8 月 11 日，苏军先遣部队就登上了大兴安岭，出现在前面的就是坐落在广阔的东北江河盆地的充满人间烟火的城市和乡村。

8 月 12 日，近卫坦克第六集团军奉方面军司令命令紧急向南调转，开始向沈阳方向实施进攻，部分兵力向长春出发。

在张家口方向行动的苏蒙骑兵机械化集群，于 8 月 14 日前粉碎德国各骑兵师后，随即与日军小股部队在接近张家口市的路上展开了激烈交战。在热河方向行动的骑兵机械化集群主力先遣部队，于 8 月 14 日 10 时，翻越大兴安岭，攻占林西和大板两地，并在接近建平的路上展开奋战。

8 月 13 日，第三十九集团军攻克了王爷庙和索伦两城，到达中满平原，向洮安和洮南方向继续进攻，先后把齐齐哈尔、海拉尔和索伦方向的日军之间的联系切断。

第三十六集团军各兵团主力在牙克石以南地区，为争夺通过大兴安岭的山垭口与日军进行了惨烈的战斗，先遣部队则在接近博克图的路上与日军展开了奋战。

经过 8 月 9～14 日的奋战，后贝加尔方面军部队向中国东北腹地前进了 250～400 公里，前进到中满平原，并在通向中国东北的主要军事、政治和工业中心张家口、热河、沈阳、长春、齐齐哈尔等方向发起了规模庞大的进攻行动。日军在 8 月 12～14 日期间，分别在林西、索伦、王爷庙、博克图等地域实施反冲击，全部惨败。各部队失去了日军指挥部的指挥后，各自在盲目中慌乱抵抗，已经无法阻止后贝加尔方面军的迅速进攻。从 8 月 13 日起，日军采取了紧急措施，加强长春和沈阳的地面防御和对空防御，拉开了与苏军最后决战的架势。至此为止，后贝加尔方面军率先在全线进攻中完成了战役第一阶段的任务。按照规划好的战略计划，进入了战役第二阶段——决胜于沈阳、长春。

在后贝加尔方面军铁甲东进的同时，8月9日午夜1时，苏联远东第一方面军以强有力的先遣营和边防部队各支队，悄悄越过国境线，向日军国境筑垒阵地展开进攻。

午夜时分，沉静的天忽然狂风呼啸，闪电照亮了夜空，大暴雨倾盆而下。这次暴雨一直持续到次日拂晓。躲在各自的要塞群中的日军守备队官兵，怎么也没有想到，苏军会在暴风雨之夜突然袭击。趁着低沉的夜色，冒着大雨，在通往最接近日军国境筑垒工事的边缘上，红军战士们成散兵线展开。他们俯下的身子越来越低，坚强地向前运动，以便稍后缩短距离，一举扑向各火力点。各先遣部队偷袭火力点取得了成功。要塞里的日军听到枪声以后惊慌失措，混乱不堪。此时，步枪、机枪、冲锋枪、手榴弹一阵轰响，与瓢泼大雨交相辉映，形成了一副令人叹为观止的"枪林弹雨图"。在许多日军筑垒阵地前的战壕里，更是展开了残酷的白刃格斗。

一路跟随先遣支队一起行动的各强击群，封锁和摧毁了日军工事，伴随火炮和自行火炮用直接瞄准射击来压制以及消灭火力点。在关键时刻，苏军用自行火炮的车体堵住永备火力点的射击孔，从而减轻了封锁日军火力点的难度。

苏军各先遣部队和分队出其不意地冲击日军国境筑垒阵地，快速从阵地之间的结合部穿过，并迅速攻占了前方阵地和较有利的地形。在许多突破口上，深入日军后方15～20公里，造成前后夹击的局面，扫清了进攻方向上的火力点和所有防御工事，从而为主力部队顺利进军创造了先决条件。前沿袭击奋战，对于日军来说是非常突然的，当时一大部分日军还在营房中睡觉，没有来得及进入工事中，就被消灭或封锁了。原日军第三军参谋长说："苏军的进攻竟如此突然，致使司令部在8月8日的整个夜晚直到8月9日前还不能掌握也无法弄到有关边界所发生的事件和部队态势的情报。"

远东第一方面军主力部队于9日8时30分全线转入进攻。原计划中的炮火准备，现在依据几个小时的夜战袭击已不需要了。

在方面军右翼进攻方向上行动的第三十五集团军，从古别罗沃和列索扎沃斯克地域向虎头方向发起总攻，对虎头筑垒地域实行远程火力打击和航空火力轰炸的策略。在对虎头筑垒地域以南的日军防御阵地开展了15分钟左右的炮火袭击后，该集团军主力于午夜1时30分，强渡了乌苏里江和松阿察河。

苏军在摧毁日军抵抗以后，快速通过了这两条江河以西辽阔的多林地带和沼泽

289

地，并展开了奋战，以扩大登陆场和突破虎头筑垒地域。

日军虎头国境筑垒阵地和地下要塞位于黑龙江省虎林县虎头镇周边完达山余脉丘陵中。其范围与俄罗斯伊曼隔岸相望，西起火石山，东至乌苏里江，南起连子山，北至虎北山。中心区域正面宽12公里，纵深6公里，主要集中在虎东、猛虎、虎北、虎西和虎啸等5座高为100~150米的丘陵地带。

虎头要塞与海拉尔要塞不同，是日本关东军计划对苏作战时，作为确保部队转入战略进攻需要而修筑的进击型战略设施，规模非常庞大，工事复杂。要塞各地区的交通壕，结构大致差不多，均呈"Y"字形，深度在80~100厘米之间。堑壕的两侧用土堆成堤坝状，走向各不相同，有的按地形挖掘，还有"Z"字形、"S"形、逆向形、直线形等，整体曲折纵横，犬牙交错，连绵不断，将地下地上的各类军事设施沟通在一起。日军设计构造如此复杂的交通壕设施，其意图显然是依靠交通壕本身的复杂化而令其攻防一体。

显示虎头要塞攻击性最突出的便是各种火炮阵地。15厘米口径加农炮炮塔阵地，位于虎头镇西北约2.5公里的中猛虎山北偏东，距中猛虎山地下要塞约200米，标高约80~90米。该阵地有4座钢筋混凝土炮塔，配备4门加农炮，并挖有隧道通往中猛虎山地下要塞。炮塔为水泥构筑，正面壁厚约3米，后部约1.5米，上部为坚固钢筋混凝土覆盖并隐蔽在厚重的土层下面。可用于中程目标攻击，直接威胁江岸前，封锁正面进兵方向，属于攻防一体的永久性火炮阵地。

40厘米大口径榴弹炮阵地，是14个要塞群中最大的也是唯一的一个远程重型火炮阵地，位于西猛虎山西山麓，距西猛虎山的制高点约200米，距虎头镇2.2公里，标高82.5米。该火炮阵地由日本关东军第四国境守备队第十四炮兵中队（1945年7月缩编为虎头第十五国境守备队第一中队第四小队）驻守。40厘米大口径榴弹炮炮身长约20米，炮筒直径达1米，最大射程20公里。炮弹长4米，弹头直径40厘米，长1.2米，最大装药量为1000公斤。这种大炮是日本陆军装备中口径最大的陆上重型火炮。在虎头要塞阵地安放这样一种重型火炮，显然是以破坏苏联境内的西伯利亚大铁路伊曼铁路为军事目的，在交战时一举切断苏军交通线，阻断苏军兵力增援及军需保障。

火石山（日军称"水克"）列车炮地下阵地，距虎头镇以西30公里。日军虎头守备队以火石山为基地，曾驻有一个列车炮中队，该列车炮原为东京湾富津海防要塞备用的火炮，口径24厘米，最大射程50公里，由动力车、炮车、弹药车及兵员车组成炮车编队。日军所建立的这个阵地，其战略意图很显然是打算以列车炮为主，配以10厘米和15厘米口径加农炮等直射弹道炮，在交战时切断苏军的交通，并且断

290

绝水源、扰乱后方补给、炮击军事目标等远距离作战。

　　整个虎头要塞的轻重火炮分布组成了一个非常强大的供给体系，是 14 个要塞中火力准备最为集中的国境筑垒阵地，并与虎头山、中猛虎山、虎啸山及平顶山、大虎啸山地下要塞和地面工事形成了攻防一体的进攻、防御系统。其规模比绥芬河要塞群要大，比东宁要塞群要小一些，但是它的战略地位和军事功能与东宁要塞群一样重要和强大。在中国东北东部正面，作为攻击型国境筑垒阵地具有明确的代表性。

　　1945 年 8 月 9 日午夜 1 时，远东第一方面军第三十五集团军主力，将突破重点定在了虎头要塞阵地。第五十七边防总队先遣部队将前沿阵地突破，并歼灭了前沿日军哨兵，仅 2 小时，整个边境线已经被苏军边防军控制在手中。日军被击毙 260 多人。集团军主力第一梯队、步兵第六十六师和第三六三师，于 7 时，每师各两个团的主力渡过了乌苏里江和其支流松阿察河，抵达了河的右岸，并向荒岗方向推进。11 时，该师步兵第四〇团以两个营的兵力到达指定地点。

　　荒岗有 5 个交通壕连接起的土木质火力点，周围建有近一米厚的土墙及铁丝网，前边还挖了一条防坦克壕，是日军的一个支撑点，日军的近一个中队防御着这个支撑点。

　　苏军决定调集炮兵实施火力急袭冲击支撑点，为此，调来了 4 门 76 毫米口径的火炮。

　　8 月 9 日 19 时，支撑点落入苏军手中，日军伤亡约 50 人。截至当日，该师推进到大桥的西南段。

　　在伊曼方向，对日军虎头要塞的进攻也在 8 月 9 日开始。日军凭借其强大的工事，向伊曼地区，尤其是西伯利亚铁路干线的桥梁实施了疯狂的火力袭击。在 50 架歼击机掩护下，苏空军 49 架伊尔-4 轰炸机对虎头筑垒地域的工事展开了地毯式的全面轰炸，将日军的炮兵阵地重点摧毁。但日军退入地下要塞中顽强抵抗，远东第一方面军只能抽调兵种齐全的留守部队，一面消灭虎头要塞的日军，一面计划迂回越过要塞阵地，向纵深挺进。留守部队与日军开展了激烈的阵地战，一直激战到 26 日，终于将虎头要塞攻克。1500 名日军和要塞周边地区数百名日本开拓团成员及军属成为这场贪婪的战争的殉葬品，曝尸在这座荒原堡垒里。同时，苏军也付出了沉重的代价，近 1500 名苏军官兵为攻击虎头英勇牺牲，献出了宝贵的生命。

　　发起全线总攻后，红旗第一集团军，从兴凯湖西南，庞大的军队从正面越过国界。但由于险峻的山峰、原始森林、泥泞的道路、沼泽地等阻碍，大军行进速度非常缓慢，一昼夜只推进了 5~10 公里，在穆棱方向稍快一些，也只有 15 公里。

　　在 80 公里的密山日军筑垒地域的地段上，沿兴凯湖通过低洼谷地的土里罗格——密山方向，是行军的必争之地。因为这里经由大顶山和柞木台两个抵抗枢纽部可直达边界。因此，别洛鲍罗多夫将军在观察以后临时决定，将当地壁镇、实边村、安康村、南岭小站等区域的日军观察哨和独立巡逻队全部拔除。命令第一一二筑垒地域警备长丹尼尔·斯捷潘诺维奇·科托夫临时分出多个侦察组和工兵组。其中，以维多夫中士为首的6名侦察员沿前沿小道成链锁形配置，每个人都清楚自己的任务。他们各自隐蔽，用草皮和树枝遮蔽，6人之间设下一条信号绳，"守株待兔"。突然，列兵茹科夫拽了一下信号绳。只见有5个日本兵一个跟一个沿山坡小道走过来，最前边是一名军曹。当他们走入设伏点后，达维多夫再次拽了两下信号绳，侦察员们立即冲出，在一阵干净利落的搏斗以后，4个日本兵全部死亡，军曹被押回了营部。

在大进攻之前，侦察组在完成侦察任务同时，把一一二筑垒前沿的日军观察哨全部消灭了。等午夜1点，各先遣部队集中兵力和炮火分兵前往火力点、制高点和支撑点。鸟青山、大日山、别拉洼、大石砬子、龙王庙、鹿鸣台、十八盘、观月台的日军观察哨、边防哨兵相继被清除，在32公里的正面上，为先遣支队投入"闪击战"扫清了障碍，为冲击日军国境筑垒工事创造了有利的条件。

夜战打起来比较难，而在雨夜突击更难，可以想象，在漆黑的深夜中，风雨交加，一会儿是陡峭的山脊，一会儿是泥泞的沼泽，四周是盘根错节、树影交错的原始森林。除了指南针的磁针外，没有任何方位参照物。磁针和准线之间的夹角仅能指出一个大概的方向，本方向上的步兵团将被它引导，在18~20公里以外的某个地方踏上道路。在伸手不见五指的暴风雨之夜，仅在雷鸣电闪的瞬间才能看清一眼前方行进的人影。为找到一条迂回道路，深一脚浅一脚的战士们不知道要陷入泥沼多少次。战机难求，没有拖延和喘息的时间，只能一往无前，迅速推进。对"高速度"这一命令，结合当时的具体情况，每小时500~700米的运动速度已经使指挥员们非常满意。按照预定作战计划，最后迅速突破的结果，包括日期，已被全部打乱。但是在后面冲击筑垒、夺取制高点、打开前沿通道时，又以惊人的神速，把计划的时间提前了一两天。

左翼第五集团军在进攻第一天中，是方面军各集团军中推进速度最快的。第六十五、七二步兵军先遣支队在接近黎明时，已突破日军得意的强大沃勒恩抵抗枢纽部的纵深，并对观月台要塞阵地的大石砬子、鸟青山和630高地上的永备火力点实施强攻，不到中午便为大部队扫清了前沿通道。很快，绥芬河筑垒地域的其他抵抗枢纽部也被拿下了。第二天结束前，科雷诺夫将军指挥的第五集团军在主要方向上推进了20~23公里。随后奇斯得科夫将军的第二十五集团军在宽大正面上实施进攻，向南则在东宁赴吉林和朝鲜腹地挺进了 10~12 公里。

苏军在 8 月 10 日和 11 日两天就用"闪击战"迅速击破了日本关东军自称的"北满永久要塞"，继续向纵深推进。应该说，这为围歼日本关东军的战役奠定了胜利的基础。虽然日本关东军主力撤到了二线和三线顽强抵抗，但是由于苏军已经在其防线上突破了一个个要塞，分割包抄围歼日军的计划已完全可行。

8 月 12 日结束前，红旗第一集团军各先遣部队在向牡丹江进军的途中强渡穆棱河。第五集团军主力于 8 月 12 日攻占穆棱，也开始强渡穆棱河。与此同时，第二十五集团军主力将日军的抵抗粉碎了以后，除去抽调齐全兵种组成留守部队用来围歼东宁胜哄山要塞群的日军外，主力开始向汪清方向进攻。

8 月 12 日，从预备队抽调的机械化第十军，在东宁地区集合，向吉林方向发起重点进攻，并在 8 月 18 日结束前占领了吉林市。

8 月 13 日和 14 日，远东第一方面军进攻非常顺利。在方面军右翼，第三十五集团军于 8 月 13 日结束前攻占了东安（密山），对方面军主力向林口方向进攻起到了保障作用。红旗第一集团军攻占林口城后，强渡牡丹江，从东北方向攻入牡丹江市，在市内开展了异常激烈的巷战。8 月 14 日日终前，第五集团军主力也从东面进攻牡丹江。

日本关东军司令部想了很多办法，作了很多部署，千方百计地阻止远东第一方面军的重要集团向哈尔滨和吉林突破。日军以穆棱和牡丹江作为屏障，并把重兵集结于牡丹江两岸防线。日军把第一方面军第五军的所有兵团都派遣到了这里，共计 5 个师和 2 个敢死队支队。8 月 13、14 日两天，日军在牡丹江防线加强了阻击和反冲击，并广泛派出敢死队，由敢死队引爆地雷爆炸性障碍物，以死来拖住苏军进攻。为此，远东第一方面军司令决定从南面撤回牡丹江，并从日军之间薄弱的结合部插入吉林地区。为此，把方面军左翼作战的第五集团军的 1 个军和方面军预备队的 1 个步兵军划归第二十五集团军指挥，于是加快了在汪清和吉林方向的进攻速度。

8 月 12 日，机械化第十集团军从这个方向进入突破口，该军在吉林方向顺利发起攻势，方面军部队及时利用机械化军的战车发起攻击，同后贝加尔方面军主力会合。

直至 8 月 14 日结束，远东第一方面军在难以通行的高山密林阻击日军，突破了一个又一个坚固的筑垒防御阵地，向东北腹地前进了 120~150 公里。

进入中国东北的第三支部队——远东第二方面军部队也于 8 月 9 日 1 时发起攻击，他们针对的方向是向黑河、松花江和饶河一线出击。

在伸手不见五指的夜色中，突然一颗红色的信号弹点亮了夜空，第十五集团军的先遣支队和侦察支队率先发起了夺取黑龙江各岛屿的奋战。步兵第三六一师先遣营，登上阿穆尔区舰队的舰艇，向东喀吧亮子岛进发。在雨夜的掩护之下，顺利渡过了黑龙江，悄然登岛后，与日军展开争夺战。清晨,，全歼守岛日军，攻占了整个岛屿。

8月9日天亮前，第十五集团军其他先遣支队按照原计划攻占了黑龙江所有岛屿，为第二方面军主力登陆并向松花江沿岸挺进铺平了道路，保障了红旗阿穆尔区舰艇的机动自由。

这时，侦察支队已经成功登岸。

大雨之后，松花江水位急剧上升，已经决堤，引发了山地洪水泛滥，各大小河流道路横溢，沿岸的大部分地区道路都被洪水淹没了，登岸和进军行动非常困难。而且，日军在松花江河谷地带，建立了许多抵抗枢纽部，尤以抚远、同江、富锦、佳木斯等工事最为易守难攻。最近的一个抵抗枢纽部是抚远的防御工事，它将松花江口封锁得非常严密。

步兵第六三〇团和红旗阿穆尔区舰队负责攻打抚远以及其防御工事的任务。第二支队的大部分舰艇负责保护陆军登陆，并且及时支援攻击抚远防御工事。"远东共青团员"号和"斯维尔德洛夫"号浅水重炮舰，"无产者"号炮舰，装甲舰第二、三中队等组成为一只强大的攻击登陆保障舰群。

8月9日3时20分，"无产者"号炮舰、装甲舰第二中队和扫雷艇第三中队在下斯帕斯洞耶地域装载步兵第六三〇团第一营，在1小时以后向抚远方向推进。"斯维尔德洛夫"号和"远东共青团员"号浅水炮舰及装甲艇第三中队驶进抚远岛，攻占了发射阵位，以保障登陆以后火力的发挥，支援登陆兵在岸上的行动。

载着步兵第六三〇团登陆兵的第二支队舰艇刚一靠近登陆点，浅水重炮舰和各艇就向抚远筑垒阵地各瞭望哨和火力点展开射击。7时30分，步兵第六三〇团登上对岸，在舰艇火力支援下冲击防御的日军。经过了异常猛烈地攻击冲锋，第六三〇团攻占了抚远城。

为了保障好已经得到的战果，方面军命令第十五集团军于8月10日清晨以不少于一个团的兵力攻占五屯、三屯和十二杨树地域，于8月10日对同江抵抗枢纽部实施侦察并战斗。同时命令，于10日前侵占肇兴。

8月9日夜，第十五集团军和步兵第五军强渡黑龙江和乌苏里江。先锋部队首先渡河，将日军击溃，占领阵地，而后向日军防御纵深攻入。主力随后大举渡河。

为让坦克渡河，使用的是3CN-19型门桥。每个门桥由6节舟桥组成，载重量为60吨，可以同时装载1辆T-34-85坦克、2辆T-26坦克，还配载1辆T-34-85坦克、3辆满载的3HC-5汽车、2辆T-34-76坦克和6辆T-26坦克。门桥的航速为顺流每小时为10公里，逆流每小时6公里。航行一次计划用90~120分钟。但是，由于河水暴涨，所以难以确定时间，一个航次实际用了4~5个小时。由于门桥不够充足，所以一个坦克旅渡河要用 2~3 个昼夜。

坦克第一七一旅在左侧列夫斯卡亚河岔渡过黑龙江，全旅包括后勤部队，渡河共历时 4 昼夜。

历时 5 个小时，步兵第五军的坦克第一七二旅用 6 艘 CN-19 型门桥完成渡江。

8 月 10 日，苏军全部清剿了在松花江和乌苏里江之间的黑龙江岸上的所有日伪军。在这个方向上进攻的步兵第三十四师与坦克第二〇三旅协同作战，开始向肇兴——鹤岗——佳木斯公路发起进攻，留下部分兵力消灭剩余被围困在鹤岗地域的日军守备队，这支守备队根本抵抗不了苏军地面炮击和空中打击，将防御工事和主战武器全部抛弃，向佳木斯方向逃窜，另一部分躲进了西部山地。没过多久，100 多名日军全部被俘。

步兵第三六一师先遣营于 8 月 10 日拂晓乘阿穆尔区舰队舰艇登陆后，经过短促激战，逼近同江，拓展并掩护通向富锦的道路。日军在同江拼死顽抗，激烈的奋战持续了 2 个小时，日军大多数被歼灭，少部分人缴械投降，还有一些逃入了深山老林之中。

攻占同江后，在这个方向上行动的步兵第三六一和第三八八师沿松花江右岸向富锦、佳木斯挺进。其先遣支队搭载有步兵的坦克第一七一旅一路推进，兵分两路向富锦和佳木斯逼近。

此时，日军指挥部命令部队从松花江下游撤回满洲纵深地域，迫于远东第二方面军的快速突进的压力，尤其是因为远东第二方面军已进至牡丹江一线，马上就要进入在松花江下游作战的日军后方，不得已只能撤军，在纵深作最后的决战准备。

8 月 11 日 7 时，红旗阿穆尔区舰队第一支队沿着松花江逆流而上，抵达富锦一线，迎着日军火炮和迫击炮的轰击，支队奋勇前冲。"孙中山"号、"列宁"号和"红色东方"号浅水重炮舰以猛烈地炮火还击，掩护支队进攻。经过 30 分钟的炮轰作战，日军各炮队渐渐被压制，炮火逐渐变缓，失去了反击之力。

7 时 30 分，突击连随支队的装甲艇登陆，夺取了停泊场一带的登陆场。1 小时后，"孙中山"号浅水重炮舰停靠在了码头，紧接着，步兵第三六四团三营在 4 分钟内登上了河岸，加入到突破日军江岸筑垒防线的战斗中。

日军依靠永备火力点和钢筋混凝土掩体的强大火力，阻击苏军进攻，当他们发现苏军登陆的人数并不算多时，击溃一个小分队的冲锋后，开始了反冲锋。企图把苏军登陆兵赶进松花江。但是，在浅水重炮舰强火力援助下，日军的反扑以再次失败告终。

8 月 11 日 9 时，第十一集团军先遣支队沿松花江进攻并逐步逼近富锦，消灭富锦筑垒阵地日军守备队的战斗打响。

日本关东军松花江舰队江防步兵团第二营和第二十五守备队及伪满军其他部队负责防守着富锦城和富锦筑垒阵地。

战前，日军已经加强了富锦筑垒地域内富锦城的防御。城郊设有众多的永备火力点。在岩石内修筑了永备工事，在县城周围建立了钢筋混凝土炮楼并在距地面20米的地方设有钢帽堡，钢帽堡上的射孔可供重机枪环射，密集的交叉火力可以击退苏军的多种方向进攻。

苏军先遣支队负责进攻富锦日军主力，在坦克的掩护下冲进了城内，一方面重点攻破城郊的各个火力点；另一方面还开展了街道战。激烈地奋战持续了一整天，在黄昏前，先遣支队在步兵第四五五团1个营的协助下，侵占了县城中心，坚守日军的残余部队缴械投降。但是在争夺筑垒阵地时，数次发生肉搏战，激战一直持续到8月13日，苏军才将通向佳木斯的重要铁路和公路枢纽完全占领。

第十五集团主力继续向松花江上游发起进攻。当罗曼诺夫中尉的坦克排先于先遣支队而挺进佳木斯市时，罗曼诺夫的坦克被地雷炸毁，同时，日军立刻在暗堡中展开了机枪扫射的火力网，令狙击手针对坦克的展望孔实行狙击。日军"特攻队"不止一次企图缴获这辆坦克，但是每次都被坦克的乘务兵打退，并打死了将近30名日军。

8月14日，步兵第三十四九团和步兵第八十三团的一个混编支队，搭乘第一支队的舰艇于8月15日10时登陆佳木斯以北40公里的苏三屯。

8月17日，步兵第六三二团在佳木斯地段登陆，与步兵第三六一师各部协同，经过激烈地战斗以后，清剿了城中的"特攻队"，并迫使伪满军步兵第七旅投降。

日军松花江集团发现合围之势已经逐渐形成，慌忙溃退，向山中逃去。

当第十五集团军沿松花江进攻上游时，步兵第五军的部队在饶河方向将日军击败。8月9日，在阿穆尔区舰队第三支队舰艇的支援下，部队顺利横渡乌苏里江，接近了饶河筑垒地域的防御阵地，并且采取了逐个击破的战术，以强大的火力迅速摧毁了日军一个又一个火力点，将支撑点全部夺取后，攻入了饶河镇。随后，向宝清进军。于8月14日到宝清，并一举攻占县城。当天就开始向勃利方向展开进攻。

在黑河方向，远东第二方面军总司令员普尔耶夫大将由于后贝加尔方面军和远东第一方面军进攻已经取得胜利，便命令担任防御任务的红旗第二集团军于8月11日强渡黑龙江，向嫩江、齐齐哈尔和北安、哈尔滨方向展开全面进攻。集团军在嫩江、齐齐哈尔方向上以一个由步兵营配合的加强坦克旅为第一梯队，以步兵第三九六师不少于两个团为第二梯队。主力是由两个坦克旅组成的第一梯队向北安镇和哈尔滨攻入。8月11日前，第一梯队各部队攻占了黑河以西25公里的山神府和瑷珲、孙吴、逊克、龙镇等地。

8月14~15日，步兵第三师和第十二师陆续向孙吴国境筑垒地域逼近，并迅速从三面展开包围圈，日军守备队步兵第一二三师团的部队被困住。同时，步兵第三九六师和山地步兵第三六八团沿嫩江方向进攻，在西岗子筑垒地域包围了日军步兵第一三五旅团。

在孙吴和西岗子筑垒阵地，日军负隅顽抗，并且再三反扑。苏军只得派重兵进行攻击，这次的战斗规模之大，程度之激烈，在夺取14个国境筑垒阵地和地下要塞的战斗中首屈一指。

日军的孙吴国境筑垒阵地属于北部正面国境阵地的主要防区。北部正面各国境阵地分布在黑龙江，主要集中在现瑷珲县和孙吴境内，背靠小兴安岭的北坡山地及丘陵地带。当年，阵地的范围，东北从黑河上游的法别拉阵地开始，沿黑龙江岸顺流而下，直至西南方向的霍尔莫津（今孙吴县沿江）阵地。国境阵地正面宽100公里，纵深约20公里。拥有永备阵地16处，普通野战阵地3处，重要部位用水泥构筑的野战阵地共30处，由日本关东军第五、六、七、十三等4个国境守备队驻防。其地上地下的钢筋混凝土永备工事的规模和设施种类仅次于虎头和海拉尔。地下要塞主要分布在法拉别西南沿黑龙江南岸的西龙山和东黑山3处。西岗子东南1处，西南5处，朝水1处，黑河市郊西稗子沟、北门镇一带有4处，霍尔莫津西南神武屯3处。西岗子阵地由北山、南山、东山、西山和中山5个阵地工事组成，中山阵地为司令部。右翼朝水阵地，前方由胜山阵地，距司令部西北约4公里处的左翼筑有野战阵地，背倚小兴安岭，形成左右前后护卫西岗子阵地的牢固地形。

苏联远东第二方面军针对这样严密而坚固的筑垒阵地，集团军主力只能依靠主体作战，配合炮兵和空军的掩护作战，从地面发起攻势，围歼筑垒阵地中的日军。

在攻击孙吴筑垒阵地的激战期间，远东第二方面军主力深入50~250公里，与后贝加尔和远东第一方面军将日本关东军主力分割开来，形成了分割包围的态势。

从8月9日零时全线总攻开始，直至8月15日，在第一阶段的作战中，三路大军经过7天的进攻，粉碎了日本关东军将近30万人的第一梯队，有近7万人被击毙。虽有部分日军被围困在国境筑垒要塞里拼死顽抗，但号称"东方马其诺防线"的要塞已被三路大军攻克。各方面军已顺利转入第二阶段战役。同时，太平洋舰队所属部队在诸兵种合成兵团的协同下，牢固地攻占了朝鲜沿海地区。

6. 关东军败退，势不可挡

关东军针对苏军的进攻一直是有所准备的，但如此强烈、迅猛地打击依然令他们难以预料。关东军司令部参谋长草地贞吾在回忆时提到："当时对苏军的进攻，究竟是真正意义上的正式进攻，还是局部的或一时的进攻，并不能非常肯定。因之，还不能下达按计划发起全面作战的命令。"

在遭遇了8月6日和8月9日连续两次的原子弹打击以后，苏联发兵中国东北再一次给垂死挣扎的日本帝国主义以沉重的打击。日本于8月9日召开最高战争指导会议，针对是战还是降的问题进行讨论。会议争论一直没有一个明确的结果，一直开到晚上11点多。最后，天皇作出决断：结束战争。

8月14日，日本政府向美、英、苏、中四国政府发出诏会："1、天皇陛下已就日本政府接受《波茨坦公告》条款事发出诏书；2、天皇陛下准备授权并保证他的政府和帝国大本营签署为执行《波茨坦公告》的规定所必需的条款。天皇陛下还准备命令所有陆海空军当局和所有在他们统辖之下的各地部队停止作战行动，缴出武器，并发出盟军最高率领为执行上述条件所必需的其他命令。"

1945年8月15日中午12时，日本天皇通过广播向全体国民宣读投降诏书，命令日本政府向美、英、中、苏四国通告愿意接受《波茨坦公告》。

8月14日下午4时，通化关东军司令部（8月11日，关东军将司令部迁往通化大栗子沟）接到在长春留守的第二课参谋原野博起的电话，说请总司令官务必立即返回长春，东京有重大问题相告。于是，山田乙三和秦彦三郎急匆匆地奔赴长春。抵达长春后，又接到日本大本营的电报："明天十五日正午，将有重要广播，请收听。"

日本天皇虽然发布了投降诏书，但是关东军的顽抗并没能立即停止下来。所以，莫斯科最高统帅部令苏军继续进攻。为此，8月16日，苏军总参谋部在《真理报》上发表声明：

1. 日本天皇8月14日关于日本投降的公告目前只停留在一个关于无条件投降的一般性宣言，并未向武装部队发出停止战斗行动的命令，日军仍然在顽强抵抗。

2. 唯有当日本天皇命令自己武装部队停止战斗并主动放下武器，而且这一命令在战场上确实开始实行时，日本武装部队才算投降。

3. 鉴于以上原因，苏联远东武装力量将继续同日本作战。

8月17日，远东第一方面军的第一、第五集团军将牡丹江市攻占，俘虏日军4万余人。当日，方面军右翼第三十五集团军进占勃利，左翼第二十五集团军攻占图们，并向朝鲜推进。后贝加尔方面军向前推进了250~400公里，前锋部队已经直指东北中心地带。至此，苏军在东北的战役终于取得了决定性胜利。

16日夜，关东军司令部召开了一次决定关东军命运的幕僚会议。会议围绕三套方案展开了激烈争论：第一，作战到底；第二，继续战争，在有利条件下再伺机停战；第三，立即停战。

会上，多数人表示支持第一种方案。在这种情况下，总参谋长秦彦三郎表示："我们作为军人，除服从陛下命令，别无忠节之道可言，否则，将永世成为乱臣贼子。那些顽固坚持作战的人，最好是先把我的头颅砍下来然后再继续战争。"山田乙三也强调说：既然"圣断已下，本军只能奉戴圣旨，全力以赴终战"。

　　与此同时，日本大本营向关东军接连发出两道命令，命令关东军立即停止作战行动并与苏军进行交涉。8月17日清晨，关东军发出停止抵抗的广播。下午5时，关东军司令山田乙三大将致电苏联远东军司令部华西列夫斯基元帅，说关东军"奉天皇之命停止军事行动"，向苏军缴出武器。晚上7时，日军飞机在苏联远东第一方面军驻地上空投下两个信筒，信筒内是关东军第一方面军司令部关于停战的请求。

　　然而事实上，关东军并没有真正停止战斗，在有些地方，日军甚至还在向苏军发起反击。因此，华西列夫斯基电告山田乙三："日本关东军司令部曾发报给远东苏军司令部提议停止军事行动，却只字不提中国东北的日本武装部队的投降问题。同时，日军在苏军战线的一系列地段上却发起反攻。兹向关东军司令部提出，从8月20日12时起在全线停止对苏军的任何战斗行动，放下武器，缴械投降。之所以提出上述期限，是为了使关东军司令部停止抵抗和投降就俘的命令能够下达到自己的所有部队。一旦日军开始缴械，苏军即停止战斗行动。"

　　8月18日下午，关东军司令部下达命令，令所属部队投降，并通知了苏联远东军司令部。下午7时，扎别林指挥120名苏军空降兵降落在哈尔滨机场。在那里，他们遇见了关东军参谋长秦彦三郎。此时，秦彦三郎受关东军司令部的指派，到哈尔滨同苏军进行谈判。苏军全权代表谢拉霍夫少将向秦彦三郎通报了苏军的最后通牒。

　　从8月19日起，关东军开始有组织地向苏军投降。

　　8月19日清晨，5架歼击机组成的空中护送队，护送1架运输机降落在长春机场。运输机上下来的是后贝加尔方面军的阿尔捷缅科上校，他是代表苏军来同关东军就投降事宜进行谈判的。

　　谈判中，关东军最高司令山田乙三将随身的佩刀双手交给了苏军上校，随后，其他关东军将领也都一一摘下了各自的佩刀。

　　这天上午11时，阿尔捷缅科少校带领空降兵飞机群降落在长春机场。这支空降兵是由近卫坦克机械化第三十旅的官兵组成的。

　　苏军的空降兵立即解除了机场周围的日军武装，并且组织了环形防御，之后又将其他地方的日伪军武装全部解除。

　　关东军的办公室中，投降手续仍在继续进行，山田乙三在投降书上签上了自己的名字。

8月19日晚，关东军司令部大楼上的日本国旗被降了下来，苏联国旗缓缓地升上天空。苏军的空降兵接管了铁路枢纽、银行、邮电局、广播电台和电报局。

随后关东军撤出长春。8月20日，近卫坦克第六集团军的先头部队进入长春。在苏军抵达后，在中央银行、广播大厦、市政公署、海上大楼上的各种日汉文的牌子被摘掉，换上了苏联红军的军旗。同时，在高大建筑物上还悬挂上了马克思、恩格斯、列宁、斯大林的巨幅画像。

8月19日下午，苏军开进沈阳，随后，5万多名日军缴械投降；另外，苏军还在这里将末代皇帝溥仪俘虏。8月20日，关东军第五军司令官清水带领5名将军来到牡丹江苏军红旗第一集团军指挥部，向苏军投降。22日，哈尔滨日军第四军43000人向苏军投降。同一天，苏军进入大连。

苏联在东北打击日军的整个军事行动，都得到了中国共产党的全程支持，人民军队有力地配合了这次战斗。

热河、察哈尔两省，北靠蒙古，南临河北，东接辽宁，西连晋、绥，是连接东北和西北的枢纽。8月11日，朱德总司令在第二号反攻命令中，派遣晋察冀军区部队进军热、察，配合南下的苏军作战；命令晋绥军区、晋察冀军区和山东军区各派遣一部兵力即刻进军东北，配合苏军解放东北的军事行动。8月20日后，中共中央和中央军委连续向各中央局和各军区发出指示，要求派出组建100个团所需要的干部及主力部队陆续进入东北。9月11日，中央军委根据进军东北的需要，指示晋察冀军区控制住热、察全境，大量消灭分散、孤立的日伪军。

晋察冀军区决定在集中主力巩固察南张家口方面的同时，将拒绝投降的日伪军全部消灭。冀察军区主力一部在攻克宣化后，于9月19日攻占平绥铁路东段，重新占领新保安，随后将溃败逃散的日伪军逐步歼灭，将怀来、延庆、永宁等城镇一一收复，肃清平绥铁路东段日伪军。冀中纵队第十二旅于9月29日发起蔚（县）广（灵）暖（泉）战役，作战35天，歼灭日伪军3000多人，解放冀中广大地区。冀晋军区向察南开进的3个团于10月1日攻克阳原县城；在阳高地区作战的第五军分区部队于12日攻克晋东北的浑源县城，攻歼日伪军1300余人。至11月2日，察哈尔省获得了全境解放。

冀热辽军区向热河进军的部队一路在兴隆迫使伪满军3800人投降，另一路将围场、隆化县城收复，之后攻占了承德，又一路在平泉同苏军会师，迫使伪满军1个旅投降，随即分兵侵占凌源、赤峰、朝阳地区。至9月23日，全部肃清了热河省内的日伪军。冀热辽军区部队主力于8月31日，与苏军配合攻下了山海关，俘日伪军1000余人，尔后进入东北，前梯队于兴城、锦西地区迫使伪满军5800余人投降，迅速将辽宁省西部 15 个县的伪满军警和土匪的武装解除。先头部队于 9 月 5 日进入沈阳后，随即分兵辽阳、鞍山、营口、本溪、安东、抚顺、清原、梅河口、铁岭、开原、四平等地区，在东北抗日联军配合下，对大城市实行军事化管制措施，将伪满军警的武装全部解除，开始筹建人民政权。冀热辽军区直属队及 3 个团组成的第二梯队共 5000 余人，于 9 月 6 日进至山海关，然后沿北宁铁路抵沈阳，与前梯队会师，并歼灭残余日伪军。至 11 月底，将辽宁全省、吉林省南部和黑龙江西部地区全部解放，迫使伪满军 3 个旅、2 个团和 60 个县市的警察大队等约 4 万人，以及日本关东军残部 5000 余人缴械投降。与此同时，部队也逐渐扩大，当时已经扩建为 12 个步兵旅、10 个团及 1 万多地方武装，共 10 万余人。

自 9 月至 11 月下旬，罗荣桓率山东军区主力 6 万多人分 3 批先后从陆海两路挺进东北。黄克诚率新四军第三师向东北进军。同时，晋绥军区第三二团、冀鲁豫军区第二一团、冀中军区第三十一团、第六十二团、第七十一团，以及准备南下湘鄂边的八路军游击第二支队、第三支队以及延安炮兵学校、抗日军政大学、教导第二旅等部队也先后进入东北。至 12 月上旬，进驻东北各地的部队约 11 万人，另由延安、晋绥、晋察冀、晋冀鲁豫、山东和华中解放区派到东北的干部约 2 万人。八路军、新四军大批部队挺进东北后，与东北抗日联军会合，在东三省人民群众的大力支援下，将日伪军的武装全部收缴，同时摧毁了伪满政府的各级政权，剿灭了大量土匪特务，建立起人民政权，为东北的彻底解放奠定了基础。

日本投降

1945 年 7 月 27 日晨 6 时许，日本政府得知了中、美、英三国政府发表的促使日本投降的《波茨坦公告》。同日 10 时 30 分，日本召开了最高级别的战争指导会议，讨论波茨坦公告问题。最后，会议赞同了外相东乡茂德的意见：首先，为了给今后和平谈判留下后路，所以对三国公告不正面拒绝；其次，静观苏联的态度，然后再最后决定日本的表态。很显然，这是在想方设法拖延接受《波茨坦公告》。

27 日下午，日本召开内阁会议，讨论是否将《波茨坦公告》发表出来的问题，会议上争论异常激烈。最终，内阁会议终于决定同意发表，但是决定将"吾人无意奴役日本民族或消灭其国家"以及"日本军队在完全解除武装以后，将被允许返其家乡，得有和平及生产生活之机会"等词句删除，并且要求各报刊"尽量用小字，降低它的调子"予以发表，官方不针对公告作任何解释。至此，日本政府仍然在想方设法地隐瞒事实的真相。

在此期间，日本外务省还寄希望于苏联，希望能够获得避免无条件投降的方式。

据此，盟国不愿再扯皮下去，决定对日本法西斯展开摧毁性打击的最后一战。日本军国主义统治集团拒绝投降的结果就是令日本人民群众承受了更大的牺牲。8月8日子夜（莫斯科时间8日下午5时），苏联外交人民委员莫洛托夫与日本驻苏大使佐藤尚武会面，将苏联对日宣战通告宣读给他。至此，日本想以苏联为中间人为自己调停结束战争的最后一线希望，最终化为了泡影。

8月12日零时45分左右，日本军政要员在美国广播中听到了中、美、英苏四国对日照会的答复。日本参谋总长梅津和军令部总长丰田得知后，立刻上奏天皇，强烈表示坚决反对接受同盟国公告。同日，日本军国主义统治集团反复召开内阁会议、皇族会议，并在13日9时召开最高级别战争指导会议讨论同盟国复文，外相东乡等人认为应当接受四国复文，但是陆相阿南等人仍然以难以维护国体为由，坚持原来的四个条件，妄图再次诏会四国进行交涉。8月14日10时50分，召开最后一次御前会议。天皇最终认为大势已去，作出最终决定，接受盟国答复，并令政府起草"停战诏书"。当日23时，日本政府通过驻瑞士公使加濑，拍发了致同盟国的通告电报，全文如下：

致美、英、苏、中四国

8月14日帝国政府通告关于8月10日帝国政府接受《波茨坦公告》的照会，以及8月11日由贝尔纳斯美国国务卿发出的美、英、苏、中四国政府的复文，帝国政府对上面四国政府，荣幸地通报如下：

一、天皇陛下已经颁布关于接受《波茨坦公告》条款的诏书。

二、天皇陛下授予其政府及大本营签署为实施《波茨坦公告》各项规定必要条款的权限，并有保障这种权限的准备。再者，陛下准备命令所有日本国陆海空军官指挥下的所有军队，停止奋战行为，交出

日本递交投降书

武器，准备发出为实施上述条款盟国最高司令官所要求的命令。

正当日本政府打算接受盟国投降条件事宜时，少数极端顽固的法西斯分子，阴谋发起政变，妄图用武力来阻止日本政府的投降决议。14日午夜至15日凌晨，一些少壮派军人发动了兵变，他们枪杀了近卫师团的师团长，然后下达假命令，连夜包

围皇宫，将天皇的诏书录音盘搜出，计划阻止录音的播出；另一些人则搜捕并图谋软禁木户内大臣和石渡宫内大臣，将所谓的主和派镇压，但最终还是因为日本的投降大势无法逆转，而没有得到军部上层的支持，被迅速镇压了。15 日凌晨 1 时 30 分左右，阿南惟几畏罪自杀。15 日正午，天皇亲自宣读的终战诏书录音向日本全国播放。

"九一八"事变以来，历时达 14 年的侵华战争，最终以日本天皇的"玉音广播"的正式宣告而结束。同日，铃木内阁等辞职。17 日，建立了以陆军上将东久迩宫稔彦王为首的新内阁，重光葵任外相。当日，天皇又向国内外的所有日本军人颁布了一项敕谕，命令他们遵照"终战诏书"投降。从这时起到 9 月上中旬，远东、东南亚各国、南太平洋地区和太平洋诸岛的 300 多万日本侵略军，先后向同盟国投降。

东京审判

多行不义必自毙。日本军国主义者，长期图谋太平洋和亚洲的霸权，并妄图以武力打倒中国——将中国变为它的独占殖民地，虽然他们一度在东方猖獗、骄横令人难以匹敌，但最终还是难以摆脱失败的命运，刽子手终沦为阶下囚，接受远东军事法庭的审判。以东条英机为首的日本战争狂人发起的对外侵略，与世界人民为敌。他们欠下中国及东南亚和太平洋地区的血债有几千万人民之多，送上绞刑架，都难以抵消他们的罪恶。

1. 成立远东军事法庭

发起侵略战争的战犯必须受到国际法庭的审判，是战争期间所有的反法西斯同盟各国的一致要求，并且将其载入各国际条约、协议之中，成为一项国际法的基本原则。

早在 1941 年 12 月 4 日，苏联政府就发表过一封由大元帅斯大林签字的宣言，宣言宣布：战争获胜以后，应给予希特勒等战犯以应得的惩罚。1942 年 1 月 13 日，捷克斯洛伐克、波兰、挪威及其他一些国家和法国民族委员会签署了《关于惩办战时所犯罪行宣言》，其中第三项提出："用有组织的审判方式，惩办那些犯有此种罪行（对平民施用暴力）并对此罪行应负责任者，不问此种罪行是出自他们的命令或者由他们本人自犯或者他们以任何形式共犯。"美国总统罗斯福在 1942 年 10 月 12 日的演讲中，也提出了有关惩办"应对难以数计的兽行具体负责的纳粹首领"的要求。他说："对于匪帮首领和其残暴的帮凶们，应该按名检举、逮捕并依刑法加以审判。"1945 年 7 月 26 日，英、美、中三国政府首脑波茨坦会议作出的促令日本武装部队无条件投降的宣言（即《波茨坦公告》）中也明确指出：必须严惩日本战犯。该公告第六条宣布："欺骗及错误领导日本人民使其妄欲征服世界者之威权及势力，必须永久剔除。"第十条指出："我们无意奴役日本民族或消灭其国家，但对于战犯，包括虐待我们俘虏的人在内，将处以严厉之法律裁判。"

但审判德、意、日战犯的现实条件，唯有在全世界人民战胜了德、意、日法西斯力量以后才开始具备。1945年9月2日，日本签署了投降书，同时也标志着第二次世界大战的结束，代表着审判战犯的条件终于成熟。1945年12月16日至26日召开的苏、美、英三国外长莫斯科会议通过决议，规定盟国驻日本最高统帅应当执行一切的必要措施使得"日本投降及侵占和管制日本"诸条款（包括惩办日本战犯）一一实现。随后，经过相关国家，即苏联、美国、中国、英国、法国、澳大利亚、加拿大、新西兰、荷兰之间数次外交商谈以后，最终达成协议，规定：日本要将首要战犯交由上列九国的代表所组成的国际军事法庭审判。之后，印度和菲律宾也参与了这项协议，于是，最终国际军事法庭便是由这十一个国家的代表组成的。

按照莫斯科外交长会议的决议，由盟国驻远东最高统帅率领实际负责实施这个协议。事实上，为了防止日本战犯逃脱审判，从1945年9月起，盟军最高统帅麦克阿瑟就下达了命令，逮捕日本战犯。1945年9月11日，前首相东条英机等38人被宣布为甲级战犯嫌疑犯。11月19日，前陆军省大臣荒木贞夫等11人，12月2日，黎本宫等共52人，12月6日，前首相近卫文麿和前皇宫内大臣木户幸一等9人，全部都被指定为甲级战犯嫌疑犯。直至1945年12月中旬，盟军最高统帅部共将110名前日本领导人指定为甲级战争罪犯嫌疑犯，其中除了几名，如前首相近卫文麿、前厚生省大臣（相当于卫生部长）小泉亲彦、文部省大臣（相当于文化教育部长）桥田邦彦、前日军参谋总长杉山元、前陆军省大臣阿南惟几、前关东军司令官本庄繁等畏罪自杀以外，其余人均被盟军逮捕并拘押。

1946年1月19日，麦克阿瑟签署并颁布了一项特别通告，即"设置远东国际军事法庭"的命令。其要点如下：第一，美国及其同盟国反抗轴心国（即德、意、日等法西斯各国）的非法侵略，曾屡次表态，要求对战犯加以审判；第二，《波茨坦宣言》将对包括虐待盟国俘虏在内的一切战犯予以严厉审判，作为日本投降条件之一，此项条件日本已经签订投降书表示接受，此为盟国审判日本战犯的根据；第三，1945年12月26日莫斯科会议已经获得一致协议，最高统帅为实施投降条款可以颁布所有命令，长官受命为执行投降条款的最高统帅，故有权代表盟国发布设置军事法庭的命令。据此，本长官发布如下命令：第一，为对犯有破坏和平罪以及包括破坏和平罪在内的个人、团体成员和兼有此双重资格而被起诉者，加以审理起见，特没置远东国际军事法庭；第二，关于本法庭之组织、管辖、权能悉依本日由本长官批准之《远东国际军事法庭宪章》之规定；第三，本命令中所规定之任何事项，均不得妨碍为审理战犯而在日本或曾与日本处于战争状态之联合国会员国领土内所已设置或将设置之任何国际、国内或侵占地法庭或委员会和其他法庭之管辖。麦克阿瑟在发布此项命令的同时，批准了《远东国际军事法庭宪章》，它是继《纽伦堡国际军事法庭宪章》以后的又一个重要的国际法文件。它对法庭的任务、组织机构、职权和审判程序都作了说明，对应当归属国际军事法庭管辖的各项罪状的构成也作了详细规定和说明。归纳起来，《宪章》包含了如下主要内容：

第一，设立国际军事法庭的目的，是为了"公正与迅速审判并惩罚远东之首要战争罪犯"（第一条）。

第二，法官与庭长由盟军最高统帅就签订日本投降书之各签字国及印度和菲律宾共和国的代表中任命，人数应在 6 人以上 11 人以下。有 6 名及以上法官出席时，则可以正式开庭。法庭的一切决定与处分，包括定罪与刑罚在内，全部由出席法官以多数表决决定，如意见分歧的双方票数相等时，庭长的投票即作为决定票（第二、第三、第四条）。

第三，法庭有权审判及惩罚被控以个人身份或团体成员身份犯了下述各种罪状的远东战争罪犯：

1. 破坏和平罪。指策划、准备、发动或执行一种经宣战或不经宣战的侵略战争，或违反国际法、条约、协定或保证的战争，或者是参与了上述罪行的阴谋或者共同计划。

2. 战争犯罪。指违反战争法规及战争惯例（如虐待战俘、残杀战俘等）的犯罪行为。

3. 反人道罪。指在战争发生前或战争中进行杀害、灭种、奴役等行为，使用暴力强迫迁居以及其他的不人道行为，或是以政治或者种族上之理由的虐害行为。

凡参与策划或实行旨在完成上述罪行之共同计划或阴谋之领导者、组织者、教唆者、参与者与共谋者，对于任何人为实现此种计划而做出的一切行为，均应负责。被告所处职位以及被告是遵从其上级命令而行动的事实，都不能令被告免除责任（第五、第六条）。

第四，首席检察官负责案件的侦察和起诉，首席检察官由盟军最高统帅任命，任何与日本处于战争状态的联合国家都有权利派遣一位陪席检察官来协助首席检察官工作。

第五，每名被告均可以自行选择辩护人，但本法庭随时可以拒绝此种辩护人。如被告未选任辩护人，本法庭可以代为指定辩护人（第九条）。

第六，为了使审判能够迅速进行，法庭应将审理工作限于从速审理检察方面所提出的各种问题，并采取严格措施以防止任何能够引起不正常阻滞审判的行为，并迅速消除任何与本案无关的问题与陈述（第十二条）。

第七，法庭应不受技术性的采证规则的拘束。本法庭得以确立并适用尽可能简便迅速而不拘泥于形式手续的程序，并可以采用本法庭认为一切有证据价值的任何证据（第十三条）。

第八，法庭有权判决犯罪者死刑或法庭认为的其他适当的刑罚。判决的执行应遵照盟军最高统帅的命令。盟军最高统帅对法庭判决有权减轻或者作出某种修正，但是不能再加重（第十六、第十七条）。

第九，本法庭的固定地址设于东京（第一条）。第一次审理定于东京举行，而以后的审理地点，则可由远东国际军事法庭协商确定（第十四条）。

第十，进行诉讼的正式用语为英语和被告本国语言（日语）。

远东国际军事法庭一经建立，麦克阿瑟将军即于1946年2月16日根据美国政府训令，任命日本投降书签字国的中、美、英、苏、法、加、新、澳、荷9国代表为法官。4月3日，在华盛顿的远东委员会又通过了一项针对国际军事法庭的组织和职权的协议，协议规定：远东国际军事法庭应由远东委员会11国均派代表参加，即除原有9国外，另行增派印度和菲律宾两国代表。因此，远东国际军事法庭法官的人数最终确定为11名。澳大利亚代表韦勃爵士被任命为远东国际军事法庭庭长（审判长），这是因为一方面，韦勃在澳大利亚昆士兰州担任的就是最高法院的首席法官（院长），在远东地区有比较高的威望；另一方面，美国当局也为了消除世界人民对美国独揽此次审判大权的印象所采取的一种策略。参加审判的中国法官是当时在中国政府立法院外交委员会担任代理主席的梅汝璈博士。东京审判中的检察事务，由国际检察局担任，该检察局和远东国际军事法庭一样，都是隶属盟军总部所辖的机构之一。根据《远东国际军事法庭宪章》的规定，检察官分为首席检察官和陪席检察官，首席检察官兼国际检察局局长，职责主要是对战犯的嫌疑事实进行调查、提起诉讼，美国著名律师基南被任命为首席检察官。此外由上述各国再各派陪席检察官一名，辅助首席检察官工作。中国的陪席检察官是当时在中国上海第一特区地方高等法院担任首席检察官的向哲浚。根据《远东国际军事法庭宪章》规定，所有的被告都可以自由选择辩护律师，实际上，各被告都由美国陆军部（后改称国防部）配置美国籍义务律师各一人。此外，各被告又自己聘请了与其自身关系比较不错的日本法律界人士作为其辩护律师。

2. 东京大审判

远东国际法庭建立后，首先进行了侦察、搜集证据的工作。国际检察局经过几个月的努力，在日本找到了大量的可以从中印证各首要战犯罪行的文件、资料，并确定了一批能够出庭的有效证人，侦察收集的工作于 1946 年 4 月底基本完成。4 月 29 日，检察官方面向远东国际军事法庭正式提出了针对东条英机等 28 个日本甲级战犯的公诉。远东国际军事法庭对 28 名日本主要战犯的起诉，实际上是代表了世界各国人民，尤其是亚洲、太平洋地区 2000 多万无辜受害的亡灵的血泪控诉。

1946 年 5 月 3 日上午东京时间 11 时 30 分，远东国际军事法庭在东京日本陆军省大厦会堂内正式开庭。这座大厅，曾经是日本各军阀首领野心外露、策划阴谋，侵略中国、进攻东南亚、挑起太平洋战争的"发源地"，如今这里成为审判、清算这批战犯罪孽的法庭。接受审判的被告于上午 8 时 40 分，由美军宪兵从距离法庭五六公里处的巢鸭监狱中以专车押送到审判大厅被告传唤室，在 11

东京审判

时 15 分进入法庭。这 28 个被告并不是普通的刑事罪犯，而是野心勃勃、作恶多端、双手沾满鲜血的多年身处要职的大军阀、政客、阴谋家。他们是：

荒木贞夫，是侵略中国的元凶之一。1931 年进入内阁，担任陆军省大臣。一上任，他便提出强硬的对华政策，即主张吞并中国东北。在指挥军事进攻的同时，荒木贞夫还与日本间谍黑木亲庆共同策划了一个秘密营救俄国沙皇的计划。1938 年至 1939 年，荒木贞夫又担任了内阁文部省大臣，1940 年至 1945 年任内阁参议。荒木贞夫是日本"皇道主义"的创造者之一，也是日本军阀派系中"皇道派"的头目之一。

土肥原贤二，也是侵略中国的重要元凶之一，是一个双手沾满中国人民鲜血的刽子手。他参与了日本侵略中国的每一次阴谋事件。1931 年任日本关东军特务机关长，专门从事组织秘密间谍人员，调派密探及破坏人员前往中国东北及中国内地的阴谋勾当。他是制造"九·一八"事变和伪"满洲国"事件的祸首之一。曾指挥手下特务，将清朝末代皇帝溥仪劫往东北，引诱并迫使其当伪"满洲国"的傀儡皇帝。1932 年，任日军第九旅团长。1937 年，任日军第十四师团长。1941 年，担任航空总监，1940 年至 1943 年任军事参议官，1944 年任新加坡日军第七方面军司令官，1945 年任军事训练总监。土肥原贤二是最有名的日本间谍。他能讲一口流利的中国话。

桥本欣五郎，不仅是侵略中国的罪魁之一，也是日本法西斯运动的组织者，是日本军内的"少壮派"一系。南京大屠杀期间，他担任侵略南京的日军炮兵纵队长，曾经下令所属炮兵疯狂炮轰南京。

烟俊六，1939年阿部内阁期间，他作为陆军大臣入阁。1941年至1944年任日本中国调派军总司令。1945年任日军第二军司令官。此人看起来不显山露水，其实在日军内的势力非常大。由于他在任侵华调派军总司令期间"战功卓越"，被授予一级金鸡勋章。

平沼骐一郎，1936年任枢密院议长。1939年任内阁首相，高唱国家总动员等军国主义、扩张主义的论调，是日本政界元老，极右势力的"祖师爷"。1940年第二次近卫文麿内阁时任国务大臣。太平洋战争末期，作为日本政界"元老"，曾经极力反对日本投降，主张奋战到底。平沼骐一郎是在所有的被告中年龄最大的一个，在很长的一段时间内，是日本政界极为有影响之人，他主要支持的是日本军方势力，在与法西斯德国和意大利订立同盟、对中国事实侵略等方面都负有重要罪责。

广田弘毅，是臭名昭著的"二十一条"的起草人，1936年曾担任日本首相。广田弘毅在非常长的一段时间内负责主持日本的对外政策，对日本侵略中国、挑起太平洋战争与法西斯德国和意大利建立同盟等负有直接的责任。

星野直树，1934年至1936年，任日本派驻伪"满洲国"的总务厅长，控制了伪"满洲国"的经济实权。1941年起担任东条英机内阁的书记官长。星野直树是策划了针对中国东三省实行经济统治与掠夺的主要人物之一，也是东条英机的智囊和重要助手。日本对英美的宣战书也由他起草。

板垣征四郎，以陆军内的"中国通"而闻名。1929年，任关东军高级参谋。1931年与石原莞尔共同策划"九·一八"事变，以1万人挑战20万东北军。1934年任关东军副参谋长兼伪"满洲国"最高军事顾问。1936年任关东军参谋长，1937年任第五师团长，是"平型关大战"和"台儿庄大战"的日军指挥官。1938年至1939年任近卫文麿内阁（1938年6月至1939年1月）和平沼骐一郎内阁（1939年1月至1939年8月）的陆军省大臣。1939年9月任日本中国派遣军总参谋长，1941年至1945年任日本驻朝鲜军司令官。板垣征四郎对中国的地理、政治、经济、军事情况无不了如指掌，因而与土肥原贤二、矶谷廉介一起，被奉为日本陆军中的"三大中国通"。

贺屋兴宣，1939年至1941年任中国"华北开发公司"总裁，1941年第二次出任东条英机内阁的大藏省大臣。他"独创"的一系列财政经济政策不仅使日本避免了战时经济的倒退和崩溃，而且使日本军国主义者免去了进行战争过程中的财政之忧，是日本军部敢于穷兵黩武、扩大战争的坚强后盾和得力干将，是从事对中国的经济侵略、经济掠夺的元凶。

　　木户幸一，1937 年第一次近卫文麿内阁的文部大臣和平沼内阁的内务大臣（内政部长）。1940 年任米内内阁的内务大臣，兼任日本天皇的首席机要顾问，掌握了皇宫的实权。1941 木户提议由东条英机出任首相。在这种"乾坤一掷"的关键时刻，实际上是木户决定了日本的命运。木户幸一擅长权术，精通阴谋，自 1940 年起到战争结束，一直是东条英机的最大支持者。作为天皇的首席顾问，他主持了历次战时重臣会议，在决定对美国宣战、发起太平洋战争上，也负有主要责任。

　　木村兵太郎，1929 年任参谋本部部员。其后，任陆军省整备局统制课长、兵器局长等职。是日本陆军的"炮兵专家"。1940 年担任日本关东军参谋长。1941 年至 1943 年为东条英机手下的陆军省次官，后又任军事参议官兼兵器行政本部长毫无主见，人送外号"机器人"，是东条英机的"三奸四愚"之一。1945 年任驻缅甸日军司令官，为日军对建筑缅甸铁路的虐俘行为，负有主要的责任。

　　小矶国昭，曾和土肥原贤二、板垣征四郎等人一同谋划扩大针对中国的侵略计划，是主张进军我国东三省以及全中国乃至南洋各国的主要策划人物之一，因长得像老虎和长期在朝鲜任职，被称为"朝鲜之虎"，是文武双全的战犯。1935 年任朝鲜军司令官，1939 年加入平沼骐一郎内阁，任拓务大臣，1940 年加入米内内阁，任拓务大臣，1942 年至 1944 年任朝鲜总督，1944 年 7 月东条英机倒台后，协助米内光政组阁。1944 年 7 月至 1945 年 7 月任首相。

　　松井石根，1937 年曾经是华中派遣军司令官，进攻南京便是由他指挥的，是"南京大屠杀"的主犯。

　　松冈洋右，1937 年至 1940 年任内阁参议，1940 年第一次近卫文麿内阁时任外务省大臣，日、德、意三国同盟的缔结，日苏中立条约的缔结等的签字他都是主要人物之一。

　　南次郎，1931 年任若木规内阁（1931 年 4 月至 1931 年 12 月）的陆军省大臣。1934 年任关东军司令官，1936 年至 1942 年任朝鲜总督，1945 年任日本法西斯组织"政治会"的总裁，贵族院的议员。侵略中国的元凶就有南次郎，在他任陆军省大臣和关东军司令期间，大肆鼓动扩大对中国的侵略，扩大日本的军备。

　　武藤章，1935 年任军务局课员，1936 年任关东军参谋。1937 年为参谋本部课长，积极主张发兵侵略中国，同年，担任中国方面军副参谋长。1939 年任军务局局长。武藤章是日本法西斯军部的"骄子"，东条英机的"左膀右臂"，是侵略中国、挑起太平洋战争的主要鼓动者之一。

　　永野修身，是唯一一个历任海军三长官的人物，1934 年升为海军大将，任军事参议官。1936 年至 1937 年加入广田弘毅内阁，任海军省大臣，1937 年任联合舰队司令官，1940 年任军事参议官，1941 年任军令部总长，为日本海军偷袭美国太平洋舰队的"珍珠港"事件负有主要责任，1944 年为天皇的海军最高顾问。永野修身在战前就为海军扩大军备不惜余力，以有限的预算建造了大和号和武藏号战列舰，他是日本在海洋上扩张侵略的元凶之一，对日本疯狂扩充海军军备、发起太平洋战争等都负有主要责任。

冈敬纯，1938 年任海军省军务局第一课课长，是日本海军中所谓"少壮派"的首领，其地位与武藤章在陆军中的地位相仿，是极力鼓吹发动太平洋战争并亲自指挥作战的战争狂热分子。对日本海军的扩张政策，对英美开战，发起太平洋战争，德、意、日三国同盟的订立以及东条英机战时体制的加强都负有重要的责任。

大川周明，日本极端民族主义者，日本法西斯主义在思想界的代表人物，被称为"日本法西斯主义之父"，是狂热的军国主义和扩张主义分子。

大岛浩，1930 年任炮兵第十联队队长，1934 年任驻德武官，任内缔结《日德防共协定》，1938 年破例由武官直升驻德大使，1939 年因苏德合作而离职，1940 年 12 月复任驻德大使，鼓吹轴心外交，是德、意、日三国同盟订立的积极鼓动者和执行者之一，对日本帝国主义勾结法西斯德国、意大利，扩大对中国的侵略、发起太平洋战争负有重要责任。

佐藤贤了，陆军三大下克上之一的进驻法属印度支那事件的策划者，1941 年任陆军省军务局课长，是日本军阀中的"少壮派"，是自日本开始侵略中国，至太平洋战争的结束为止，东条英机的主要亲信。在发展日本军内法西斯势力方面，也负有重要责任。

重光葵，他历任几届政府的外务省大臣，日本大正、昭和时期的外交官，幕后参与甚至主导了诸多日本侵略各国统治及外交政策制定，是日本对外侵略政策的策划人物之一。

岛田繁太郎，是东条英机对外侵略扩张的最有力的助手。在 1935 年他任军令部次长时，就积极从事废除海军军缩条约和扩充日本海军军备的活动。1941 年任海军省大臣以后，积极追随东条英机，推行侵略计划，竭力主张在国内实施专制统治，在国外对美国开战，争夺在太平洋上的霸权，成为"东条独裁之翼"。

白鸟敏夫，日本外交官和官僚，国家主义的发言人，是日本一系列重大侵略行为的积极参与者。1933 年后历任日本驻瑞典、挪威、丹麦、芬兰等国公使。1938 年任日本驻意大利大使，1940 年担任松冈洋右外务省大臣的顾问，为促成德、意、日三国同盟条约的缔结起到了重要作用。白鸟敏夫是外务省内的所谓"少壮派"，是非常极端的侵略主义分子和扩张主义者，被西方人称为当时日本外交政策的"发言人"。

310

铃木贞一，日本陆军中将。昭和初期军队小集团二叶会的创始人，后来和永田铁山合作成为统治派的领袖，成为昭和军阀的核心人物，传说的田中奏折就是他的手笔，后成为日本企划院总裁，长期负责日本经济战，是一个狂热的扩张主义者和法西斯分子，在领导日本进行战争动员、着手侵华战争和太平洋战争等方面起了重要作用。近卫倒台以后，铃木贞一又成了东条英机的亲信。

东乡茂德，历任驻德国大使及驻苏联大使，曾劝说苏联放弃援华。1941 年加入东条英机内阁，任外务省大臣兼拓务大臣。1945 年 4 月加入铃木内阁，任外务省大臣兼东亚省大臣。他是日本对外侵略、扩张政策的主要策划者之一。

东条英机，是日本军国主义和日本法西斯主义的代表性人物。时任大政翼赞会总裁、日本皇军的陆军大将、陆军大臣和第四十任首相，昭和天皇最忠诚和最愚鲁的手下。长于行动，短于思考，在关东因独断专行、凶狠残暴有"剃刀将军"之称。日本第一兵家石原莞尔因其才智有限，直呼其为"上等兵东条"。在其出任日本陆军大臣和内阁首相期间（1941 年 10 月 18 日至 1944 年 7 月 22 日），发动太平洋战争。疯狂侵略、践踏东南亚和太平洋 10 多个国家和地区，1944 年因指挥无能被解除一切职务，1945 年战败后自杀未遂。东条英机是日本对外侵略扩张的主要责任者，是挑起第二次世界大战的元凶之一。

梅津美治郎，日本侵华战争重要罪魁之一，是日本军国主义侵华战争和对外扩张侵略政策的重要人物。1934 年任中国驻屯军司令，签订了分割中国华北的《何梅协定》。1936 年任陆军省次官，1938 年任第一军司令官，侵入中国华北。1939 年任关东军司令官。1944 年接替东条英机任日本参谋本部参谋总长后，极力反对日本投降，是狂喊死战到底的一个人。1945 年 9 月 2 日，由于各种压力，被迫代表日本大本营在日本投降书上签字。梅津美治郎是日本侵华政策最主要决策人物之一，与土肥原贤二、板垣征四郎、松井石根等一样，对中国人民犯有不可饶恕的罪行。

1946 年 5 月 3 日，法庭在军事会议厅开始了第一次公开审判，开庭审理东条英机等战犯的罪行。审理采用美、英法律，分为立证和辨证两个阶段。3 日至 4 日，首席检察官基南宣读了长达 42 页的起诉书。起诉书历数了从 1928 年 1 月 1 日到 1945 年 9 月 2 日，日本的对内对外政策"被犯罪的军阀所控制和指导，这种政策是重大的世界纠纷和侵略的原因，同时也是爱好和平各国人民的利益和日本人民本身的利益遭受重大损失的原因"。其中第一条罪状是被告的破坏和平罪、违反人道罪和战争犯罪等，即"以领导者、组织者、教唆者或同谋者的资格，参与共同计划或阴谋，欲为日本取得对东亚、太平洋、印度洋以及其接壤各国或邻近岛屿之军事、政治、经济的控制地位，为达到此目的，对任何一个或一个以上之反对此项目的国家从事侵略战争"。第二十七项罪状是"对中国实行侵略的罪状"。起诉书共列举出 55 项罪状。28 名被告中罪状最少的也有 25 项，最多的达 54 项。

东京审判从 1946 年 5 月 3 日开始，一直到 1948 年 11 月 12 日结束，前后持续两年半之久，开庭共 818 次，法官内部会议 131 次，有 419 位证人出庭作证，779 位证人提供证书和宣誓口供，受理证据 4336 份，英文审判记录共 48412 页。1948 年 4 月 16 日，法庭宣布休会，并作出判决。从 1948 年 11 月 4 日起，宣读了一份长达 1231 页的判决书，直到 12 日才读完。整个审判耗资共计 750 万美元。判决书分三部分。第一部分：1. 法庭的设立和审理。2. 法庭的职责（甲、法庭的管辖权；乙、对俘虏的战争犯罪的责任；丙、起诉书）。3. 日本的义务和权利。第二部分：4. 军部控制日本，准备战争。5. 日本对中国的侵略。6. 日本对苏联的侵略。7. 太平洋战争。8. 违反战争法规的犯罪（暴行）。第三部分：9. 起诉书中罪状的认定。10. 判决。判决书肯定日本的内外政策在受审查的时期（1928～1945 年）内，都是旨在准备和挑起侵略战争。

被告最初是 28 人，但前海军大将永野修身和前外交大臣松冈洋右已经病死，为日本侵略编制法西斯理论根据的大川周明因发狂被诊断为精神病后中止受审，最后只对 25 人进行了审判和判决。对 7 人处以绞刑（东条英机、广田弘毅、木村兵太郎、松井石根、土肥原贤二、板垣征四郎、武藤章），16 人处以无期徒刑（荒木贞夫、星野直树、平沼骐一郎、木户幸一、贺屋兴宣、桥本欣五郎、小矶国昭、南次郎、畑俊六、冈敬纯、大岛浩、白鸟敏夫、岛田繁太郎、梅津美治郎、佐藤贤了、铃木贞一），2 人判处有期徒刑（东乡茂德 20 年，重光葵 7 年）。

11 月 22 日，麦克阿瑟将判决书予以批准。但是他并没有按照宪章的要求立即执行判决，而是把广田弘毅、土肥原贤二等被告的上诉书递交给了美国最高法院，而使得执行对所有被告的判决推迟了。12 月 6 日，美国最高法院竟然蛮横地以 5 票对 4 票的投票结果同意审理被告的上诉。消息一经传出，整个世界舆论一片哗然。当时在东京法庭的中国法官梅汝璈表示："如果代表 11 国的国际法庭所作的决定要由某一国的法庭来重新审理，不管它是多么高的法院，都会使人担心，任何国际决定和行动都要同样受到一个国家的重审和改变。"在世界舆论的强大压力之下，美国司法部副部长向美国最高法院致函，指出它无权干涉东京国际军事法庭的判决。12 月 20 日，美国最高法院最终以 6 票对 1 票的结论拒绝重新审理。这样，在判决延后了 40 天之后，到 12 月 23 日东京时间 0 点至 0 点 30 分，才在东京巢鸭监狱院中对东条英机等 7 名主要战犯执行了绞刑。最终，东条英机等被绞死在死刑架上，结束了他们罪恶的一生。